श्रीराम जन्मभूमि घटनाक्रम

हरेन्द्र

notionpress.com

INDIA • SINGAPORE • MALAYSIA

ISBN 979-8-89363-694-9

अंतर्वस्तु

प्रस्तावना

प्रभु श्रीराम के अपनी जन्मभूमि पर नव्य भव्य और विशाल मंदिर में चार सौ छियानवे वर्ष बाद पुनः विराजमान होने पर देश और विदेश के सभी श्रद्धालुओं को आज उनका निरंतर आर्शीवाद प्राप्त हो रहा है। रामलला को अपने भवन तक आने में वर्षों का लम्बा अन्तराल बीत गया, इस बीच अनेकों घटनाएं घटित हुई और भक्तों को विभिन्न कठिनाइयों का सामना करना पड़ा है, जन्मभूमि की मुक्ति के लिए कई युद्ध लड़े गए, संघर्ष हुए, आंदोलन हुए, अनेकों लोगों ने बलिदान दिया और वर्षों तक विभिन्न न्यायालयों में मुकदमे लड़ने पड़े, इस प्रकार से कई संघर्षों के बाद सत्य, आस्था और विश्वास की जीत हुई है।

प्रभु श्रीराम सनातन जीवन के मूल स्तंभ हैं, यह पुस्तक उनकी जन्मभूमि पर कब्जे से लेकर मुक्ति एवं मंदिर निर्माण तक की यात्रा के विषय में विभिन्न श्रोतों से प्राप्त सामग्री, जानकारी और सूचनाओं के संग्रह तथा उनके संकलन उपरान्त आपकी सेवा में प्रेषित की गई है। पुस्तक में सभी पहलुओं को आम एवं बोलचाल की सरल भाषा में समाहित करने का प्रयास किया गया है जिससे कि पाठकों को अधिक से अधिक विवरण प्राप्त हो सके। मेरा विश्वास है कि यह पुस्तक पाठकों के साथ साथ आने वाली पीढ़ियों को भी ऐसी अनेकों जानकारियां प्रदान करने में मदद करेगी जिसके विषय में शायद वह वंचित रह जाते।

प्रभु श्रीराम के चरणों में समर्पित इस पुस्तक की सामग्री के संग्रह एवं ध्यानपूर्वक संकलन में बहुत ही सावधानी बरती गई है, फिर भी यदि किसी प्रकार की त्रुटि हुई है तो उसके लिए मैं विनम्र क्षमाप्रार्थी हूँ, जय श्रीराम।

हरेन्द्र

जय प्रभु श्रीराम

प्रभु श्रीराम की जन्मभूमि, पवित्र सरयू नदी के तट पर बसा हुआ अयोध्या नगर भारत के उत्तर प्रदेश राज्य में स्थित है, यह एक ऐतिहासिक और धार्मिक दृष्टि से महत्वपूर्ण प्राचीन नगर है, अयोध्या का शाब्दिक अर्थ अजेय है। अयोध्या की गौरव गाथा अत्यन्त प्राचीन है, इसका का उल्लेख हमारे कई हिन्दू पौराणिक ग्रंथों ऋग्वेद, अथर्ववेद, तैत्तिरीय आरण्यक एवं स्कंद पुराण में मिलता है, इसका इतिहास भारत की संस्कृति का इतिहास है। प्राचीन भारतीय ग्रंथों के आधार पर इसकी स्थापना दो हजार दो सौ ईस्वी पूर्व के आसपास मानी जाती है। अयोध्या को भगवान श्रीराम के पूर्वज विवस्वान के पुत्र वैवस्वत मनु ने बसाया था। यह सूर्यवंशी प्रतापी राजाओं की राजधानी रही है, इसी वंश में महाराजा सगर, भगीरथ तथा सत्यवादी हरिश्चन्द्र जैसे महापुरुष उत्पन्न हुए थे, इसी महान परम्परा में प्रभु श्री रामचंद्र जी का जन्म हुआ था। इतिहासकारों के अनुसार अयोध्या प्राचीन कोसल राज्य का हिस्सा था, जिसकी राजधानी साकेत थी, कौशल प्रदेश की प्राचीन राजधानी अवध को अयोध्या और बौद्धकाल में साकेत कहा जाने लगा था। इस नगरी पर महाभारत काल तक सूर्यवंशी राजाओं का राज रहा था। रामायण में भी कहा गया है कि इस शहर पर राजा इक्ष्वाकु के वंशज राजा दशरथ का शासन था। यहीं पर राजा दशरथ के महल में प्रभु श्रीराम का जन्म हुआ था।

भारत के ज्ञात इतिहास के अनुसार मनु भारतवर्ष के प्रथम राजा थे और अयोध्या के राजा इक्ष्वाकु उनके पुत्र थे, उनकी उन्नीस पीढ़ी के बाद राजा मांधाता हुए थे जिनके बाद उनके पुत्र पुरुकुत्स भी अयोध्या के राजा रहे थे, उनकी ग्यारह पीढ़ी के बाद राजा हरिश्चन्द्र और इकतालीसवीं पीढ़ी में यहां राजा सगर का शासन था, उसके बाद पैंतालीसवीं पीढ़ी में राजा भगीरथ और साठवीं पीढ़ी में दिलीप अयोध्या के राजा हुए थे। राजा दिलीप के पोत्र रघु थे और रघु के पुत्र अज थे, इन्हीं राजा अज के पुत्र महाराजा दशरथ थे। अयोध्या नरेश महाराजा दशरथ की तीन रानियां थी, कौशल्या, सुमित्रा और कैकेयी, रानी कौशल्या प्रभु श्रीराम की माता थी।

विभिन्न शोधों से पता चलता है कि भगवान श्री रामचंद्र का जन्म लगभग पांच हजार एक सौ चौदह ईस्वी पूर्व हुआ था। चैत्र मास की नवमी को भगवान श्रीराम का जन्म दिवस रामनवमी के रूप में मनाया जाता है। प्रभु श्रीराम मनुष्य के रूप में जन्मे थे और उन्होंने ऋषि विश्वामित्र से विद्या प्राप्त की थी, पुराणों के अनुसार प्रभु श्रीराम को भगवान विष्णु का सातवां अवतार कहा गया है। माता सीता के साथ विवाह उपरांत भगवान श्रीराम को चौदह वर्ष का वनवास हुआ था, पिता के वचन को पूरा करने के लिए प्रभु श्रीराम अयोध्या नगरी वासियों को रोता बिलखता छोड

कर वनवास के लिए चले गए थे। इन चौदह वर्षों में से बारह वर्ष उन्होंने वन में रहकर ही काटे थे। कहा जाता है कि वनवास के बारहवें वर्ष की समाप्ति के साथ ही सीता माता का हरण हो गया था, बाद के दो वर्ष उन्होंने माता सीता को ढूंढने, वानर सेना का गठन करने और रावण के साथ युद्ध लड़ने में ही बिता दिए थे। प्रभु श्रीराम के मन में अपने सभी भाइयों के प्रति परम स्नेह, सम्मान, त्याग और समर्पण का भाव था। उनकी इसी महानता के कारण वनवास गमन के समय उनके भाई लक्ष्मण जी भी उनके साथ वन को गए थे और दूसरे भाई भरत ने उनकी अनुपस्थिति में अयोध्या का राजपाट मिलने के बाद भी प्रभु श्रीराम के मूल्यों और आदर्शों को ध्यान में रखते हुए उनकी चरण पादुका सिंहासन पर रख कर प्रजा की सेवा की थी।

प्रभु श्रीराम ने वन में सादगी से भरा हुआ और तपस्वी का जीवन व्यतीत किया था। कंद मूल और फल का भोजन, झोपड़ी में रहना, भूमि पर सोना और तन पर अपने हाथों के बनाए हुए वस्त्र धारण करना ही उनकी जीवन दिनचर्या थी। उन्होंने धनुष और बाण का प्रयोग जंगल में राक्षसों और हिंसक पशुओं से रक्षा करने में किया और संतों के आश्रमों को राक्षसों के आतंक से बचा कर असंख्य राक्षसों का संहार भी किया था। भगवान श्रीराम का स्वभाव बहुत ही दयालु होने के कारण, उन्होंने दया करके सभी जीवों को अपनी छत्रछाया में लिया, केवट हो या सुग्रीव, निषादराज हो या विभीषण उन्होंने सभी से मित्रता की।

प्रभु श्रीराम ने वनवासी जीवन में कई जातियों जैसे रीछ, वानर और आदिवासियों को इकट्ठा करके एक सेना का गठन किया था और उनके साथ मिलकर लंका पर चढ़ाई की गई थी। महाकाव्य 'रामायण' के अनुसार भगवान श्रीराम ने लंका पर चढ़ाई करने से पहले रामेश्वरम में एक शिवलिंग की स्थापना और उसकी पूजा की थी, उनके द्वारा स्थापित किया गया शिवलिंग आज भी रामेश्वरम में उपस्थित है। प्रभु श्रीराम ने समुद्र पर विश्व का सर्व प्रथम पत्थरों का सेतु नल और नील के माध्यम से लंका तक पहुंचने के लिए बनवाया था, उसी को वर्तमान समय में रामसेतु कहा जाता है। पुरातत्वशास्त्री और अनुसंधान कर्ताओं ने वर्षो तक प्रयास करने के बाद प्रभु श्रीराम और सीता माता के जीवन की घटनाओं से जुड़े अनेकों स्थानों का पता लगाया है, उनके द्वारा ऐसे दो सौ उडन्चास स्थानों की खोज की गई है जहां से होते हुए वह अयोध्या से रामेश्वरम तक पहुंचे थे। वनवास के समय में प्रभु श्रीराम और माता सीता ने इन स्थानों पर कुछ समय के लिए विश्राम किया था अथवा कुछ दिनों तक यहां पर रहे थे। यह स्थान उत्तर प्रदेश, मध्य प्रदेश, छत्तीसगढ़, झारखंड, ओडिसा, आंध्र प्रदेश, कर्नाटक एवं तमिलनाडु में स्थित हैं। इन सभी स्थानों पर आज भी उनके स्मारक स्थल विद्यमान हैं।

प्रभु श्रीराम वन में अनेकों कष्टों को सहते हुए चौदह वर्ष बाद अयोध्या लौट आए थे, अयोध्या आगमन पर उनका विधि विधान के साथ राज्याभिषेक किया गया था। राजा के रूप में प्रभु श्रीराम ने अपने राज्य में एक आदर्श शासन स्थापित किया था और सत्य, दया, धर्म, मर्यादाओं और वेदों पर चलते हुए राज किया, इसी लिए प्रभु श्रीराम के राज को राम राज कहा जाता है। अयोध्या का राजा होते हुए भी उन्होंने एक संन्यासी के समान ही अपना जीवन व्यतीत किया और सदैव सत्य और न्याय का साथ दिया था। भगवान श्रीराम ने सदैव विषम परिस्थितियों में भी स्थिति पर नियंत्रण रख कर सफलता प्राप्त की थी। प्रभु श्रीराम के द्वारा किए गए कार्यों

के कारण पूरे देश में और विदेशों में राम संस्कृति और धर्म को आदर व सम्मान के साथ देखा जाता है। पुराणों में उन्हें श्रेष्ठ राजा और मर्यादा पुरुषोत्तम कहा गया है, राम शब्द जितना सुंदर है उससे कहीं अधिक महत्वपूर्ण इसका उच्चारण है, राम कहने मात्र से ही मानव शरीर और मन को आत्मिक शांति प्राप्त होती है।

प्रभु श्रीराम के जीवन के विषय में बहुत से ग्रंथ लिखे गए हैं, लेकिन मूल रुप से संस्कृत में लिखी गई वाल्मीकि कृत रामायण ही प्रमाणिक रुप से मुख्य ग्रंथ माना जाता है। वाल्मीकि रामायण में स्थान स्थान पर उनके गुणों का वर्णन मिलता है। जैसे कि धर्म के साथ सेवा और मदद करने वाला, सत्य बोलने वाला, ईमानदार और सदाचारी, अच्छा व्यवहार एवं विचार रखने वाला, गुणवान एवं ज्ञानी व हुनरमंद, दृढ़प्रतिज्ञ और मजबूत हौंसले वाला, विद्वान, बुद्धिमान और विवेक शील, कृतज्ञता, विनम्रता और अपनत्व से भरा हुआ, रक्षक के रूप में सभी प्राणियों की रक्षा करने वाला एवं मददगार, सकारात्मक और किसी की निंदा न करने वाला, सामर्थ्य शाली और सभी का भरोसा व समर्थन पाने वाला, प्रियदर्शन एवं सुन्दरछवि वाला, धैर्यवान और मन पर अधिकार रखने वाला व व्यसन से मुक्त जीवन, शांत और सहज एवं क्रोध को जीतने वाला, कांतिमान व अच्छे व्यक्तित्व का स्वामी, वीर्यवान, स्वस्थ्य, संयमी और हृष्ट-पुष्ट छवि वाला, जागरूक तथा गलत बातों का विरोधी, युद्ध में कुशल और जोशीला। रामायण के अनुसार यह सभी गुण प्रभु श्रीराम में समाये हुए हैं।

मुगलकाल में गोस्वामी तुलसीदास जी ने अवधि भाषा में महाकाव्य रामचरित मानस की रचना की थी, तुलसीदास जी द्वारा रचित रामचरित मानस अधिकतर हिन्दी भाषी और उससे जुड़े राज्यों में प्रचलित है। रामायण का अन्य विभिन्न भाषाओं में भी अनुवाद किया गया है। चक्रवर्ती राजगोपालाचारी ने तमिल में तिरुगमन रामायण लिखी थी जिसका अनुवाद उनकी पुत्री एवं गांधी जी की बहू लक्ष्मी ने किया था, अन्य भाषाओं में लिखी गई रामायण में से प्रमुख हैं, कश्मीर में कश्मीरी रामायण, मराठी में भावार्थ रामायण, तमिल भाषा में कम्बन रामायण, कन्नड़ में पंप रामायण, उड़िया में विलंका रामायण, बंगाली में रामायण पांचाली, असम में असमी रामायण आदि भारतीय भाषाओं की प्राचीनकाल में ही लिखी गई पुस्तकें हैं।

प्रभु श्रीराम का चरित्र और व्यक्तित्व विश्वव्यापी है, भारतीय राज्यों सहित विदेशों में नेपाल, लाओस, कंपूचिया, मलेशिया, कंबोडिया, इंडोनेशिया, बांग्लादेश, भूटान, श्रीलंका, बाली, जावा, सुमात्रा और थाईलैंड आदि देशों की लोक संस्कृति व ग्रंथों में प्रभु श्रीराम पूजनीय हैं। विदेशों में रामायण भी बहुत प्रचलित है, चीन के लियो ताउत्स चिंग का कथानक वाल्मीकि रामायण से संबंधित है, चीन के उपन्यासकार अचेंग की दि मंकी हृसी ऊचि हनुमानजी की कथा है। मलिशया, कंबोडिया, श्रीलंका और फिलीपींस तक प्रभु श्रीराम का प्रभाव है। इंडोनेशिया में रामकथा पर ककविन रामायण, थाइलैंड में रामकियेन और लाओस में फालाम एवं पोमचाक नाम हैं। नेपाल में भानुभक्त कृत रामायण, मलेशिया की हिकायत सेरीराम और कंपूचिया की रामकेर्ति या रिआमकेर रामायण, लाओस फ्रलक-फ्रलाम अर्थात रामजातक आदि बहुत प्रचलीत हैं। इसके अलावा कई अन्य देशों में भी वहां की स्थानीय भाषाओं में रामायण लिखी गई हैं।

प्रभु श्रीराम हमारे इतिहास के सबसे आदर्श महापुरुषों में गिने जाते हैं। हमारी संस्कृति और सदाचार की यदि कहीं बात होती है तो सर्वप्रथम श्रीराम का ही नाम लिया जाता है। मनुष्य जीवन का ऐसा कोई पहलू नहीं है जहां पर भगवान श्रीराम प्रेरणा न देते हों। भारत की दिव्यता, आस्था, आदर्शों और दर्शन में श्रीराम बसे हुए हैं, ऐसा कोई क्षेत्र नहीं है जिसमें प्रभु श्रीराम की झलक ना दिखती हो। उनका अद्भुत व्यक्तित्व, उनकी वीरता, उदारता, सत्यनिष्ठा, निर्भीकता, धैर्य, दृढ़ता और उनकी दार्शनिक दृष्टि युगों युगों तक मानव जीवन को प्रेरित करते रहेंगे। प्रभु की महिमा अपरमपार है इसी कारण अन्य समाज, पंत, धर्मों एवं संप्रदायों के लोग, यहां तक कि नास्तिक व्यक्ति भी मर्यादा पुरुषोत्तम महपुरूष के रूप मे प्रभु श्रीराम के सम्मुख शीश नवाते हैं।

जन्मभूमि घटनाक्रम

प्रभु श्रीराम के बाद उनके पुत्र कुश को दक्षिण कोशल और लव को उत्तर कोशल का राज विरासत में मिला था, कुश ने राजधानी अयोध्या का पुनर्निर्माण कराया था। सूर्यवंश की अगली चवालीस पीढ़ियों तक इसका अस्तित्व महाराजा बृहद्बल के शासन काल तक अपने चरम पर रहा था, अग्निवर्ण अयोध्या के अंतिम राजा हुए थे। कहा जाता है कि महाभारत के युद्ध के बाद अयोध्या उजाड़ जैसी हो गई थी, लेकिन यहां पर श्रीराम जन्मभूमि का अस्तित्व फिर भी बना रहा था और उनकी जन्मभूमि पर बना महल वास्तुशिल्प रत्न कृति के रूप में वैसा का वैसा ही खड़ा था।

इतिहास के अनुसार पांचवीं शताब्दी में अयोध्या पर गुप्त वंश का राज रहा था, ऐसा भी कहा जाता है कि यह नगर सातवीं शताब्दी में एक बार फिर से निर्जन हो गया था और बाद में इसका पुनर्निर्माण हुआ था। इतिहास में यह भी उल्लेख मिलता है कि ईसा से लगभग एक सौ वर्ष पूर्व उज्जैन के चक्रवर्ती सम्राट विक्रमादित्य एक दिन सरयू नदी के किनारे घने जंगल में आखेट करते हुए अयोध्या के जंगल में पहुंच गए थे, थकान होने के कारण वह अपनी सेना सहित जंगल में एक आम के वृक्ष के नीचे आराम करने लगे थे। उस समय सम्राट विक्रमादित्य को इस भूमि में कुछ चमत्कार जैसा दिखाई देने लगा, आस पास के योगी व संतों से पूछ ताछ करने पर उन्हें पता चला कि यह प्रभु श्रीराम की अवध भूमि है। बाद में उन संतों के निर्देशन में सम्राट विक्रमादित्य ने यहां पर एक भव्य मंदिर के साथ ही कूप, सरोवर और महल आदि बनवाए थे। कहते हैं कि सम्राट विक्रमादित्य ने श्रीराम जन्मभूमि पर काले रंग के कसौटी पत्थर वाले चौरासी स्तंभों पर विशाल मंदिर का निर्माण करवाया था, उस काल में इस मंदिर की भव्यता देखते ही बनती थी। इसका प्रमाण बाबरी विध्वंस के बाद कसौटी के पत्थरों से बने स्तम्भों के प्राप्त होने से भी मिलता है।

इतिहासकारों के अनुसार विक्रमादित्य के बाद के अन्य राजाओं ने समय समय पर इस मंदिर की देख रेख की थी, उन्हीं में से एक शुंग वंश के प्रथम शासक पुष्यमित्र शुंग ने भी श्रीराम मंदिर का जीर्णोद्धार करवाया था। पुष्यमित्र का एक शिलालेख अयोध्या से प्राप्त हुआ था जिसमें उन्हें सेनापति कहा गया है तथा उनके द्वारा यहां पर दो अश्वमेध यज्ञ किए जाने का वर्णन भी मिलता है।

अनेकों अभिलेखों से ज्ञात होता है कि गुप्तवंशीय चन्द्रगुप्त द्वितीय के समय और तत्पश्चात काफी समय तक अयोध्या गुप्त साम्राज्य की राजधानी रही थी। गुप्तकालीन महाकवि कालिदास ने अयोध्या का रघुवंश में कई बार उल्लेख भी किया है।

अयोध्या नगरी सदियों से भारतीय जन मानस और हिन्दुओं की आस्था का शीर्षस्थ केंद्र रही है। वेदों में भी अयोध्या में रामजन्म का स्पष्ट प्रमाण है, ऋग्वेद के दशम मंडल में भी इसका प्रमाण मिलता है। अथर्व वेद के दशम खंड के इकत्तीसवें अनु वाक्य के द्वितीय मंत्र में स्पष्ट कहा गया है कि आठ चक्रों व नौ प्रमुख द्वार वाली श्री अयोध्या देवताओं की पुरी है, उसी अयोध्या में मंदिर महल है।

स्कंद पुराण में भी कहा गया है कि श्रीराम के जन्मस्थान पर जाने भर से मोक्ष की प्राप्ति होती है, इसलिए भी श्रीराम जन्मभूमि हिन्दुओं के लिए अति महत्वपूर्ण है।

जैमिनीय संहिता में भी सरयू नदी के विशेष स्थान से जन्मभूमि की दिशा और दूरी का बिल्कुल सटीक ब्यौरा देते हुए भगवान श्रीराम की जन्मभूमि की स्थिति बताई गई है।

महर्षि वाल्मीकि ने भी रामायण में जन्मभूमि की शोभा एवं महत्ता की तुलना दूसरे इन्द्रलोक से की है। वाल्मीकि रामायण में धन और धान्य एवं रत्नों से भरी हुई अयोध्या की अतुलनीय छटा एवं गगनचुंबी इमारतों के वहां होने का वर्णन मिलता है और इसमें भगवान श्रीराम के जन्म का वर्णन भी किया गया है, वाल्मीकि रामायण के बाल खंड के आठवें श्लोक से श्रीराम जी के जन्म के बारे में जानकारी शुरू होती है। एक स्थान पर महर्षि वाल्मीकि वर्णन करते हैं-

ततो य्रो समाप्ते तु ऋतुना षट् समत्युयः।
ततश्च द्वादशे मासे चैत्रे नावमिके तिथौ॥
नक्षत्रे दितिदैवत्ये स्वोच्चसंस्थेषु पंचसु।
ग्रहेषु कर्कटे लग्ने वाक्पताविन्दुना सह॥
प्रोद्यमाने जनन्नाथं सर्वलोकनमस्कृतम्।
कौसल्याजयद् रामं दिव्यलक्षसंयुतम्॥

अर्थात, चैत्र मास के शुक्लपक्ष की नवमी तिथी को पुनर्वसु नक्षत्र और कर्क लग्न में कौशल्यादेवी ने दिव्य लक्षणों से युक्त सर्वलोकवन्दित श्रीराम को जन्म दिया।

अयोध्या मूल रूप से मंदिरों का शहर है, पुरातात्विक और दस्तावेजी साक्ष्यों से पता चलता है कि यहां पर हिन्दू, बौद्ध एवं जैन धर्म से जुड़े मंदिरों के अवशेष हैं। कहा जाता है कि अयोध्या पहले वैष्णव उपासना का केंद्र भी रही थी। भगवान श्रीराम का जन्मभूमि स्थल भारत के हिन्दुओं के लिए अनादि काल से अति महत्वपूर्ण आध्यात्मिक महत्व और आस्था का स्थान है, प्रभु श्रीराम सनातन हिन्दू धर्म की आस्था के स्तंभ हैं और भारत देश की आत्मा हैं।

1033 ईस्वी में राजा सुहेलदेव ने बहराइच के युद्ध में सोमनाथ मंदिर को तोडने वाले महमूद गजनवी के भांजे सैयद सालार तुर्क को मार डाला था, उसने अपनी सत्ता के विस्तार में अयोध्या के क्षेत्र को भी शामिल करने का प्रयास किया था, लेकिन गजनवी के कदमों पर चलते हुए अयोध्या को नुकसान पहुंचाने का उसका सपना भी उसके साथ ही मिटटी में मिला दिया गया था।

1090 ईस्वी के आस पास, अयोध्या पर कन्नौज के राजा चंद्रदेव का शासन हुआ करता था, राजा चंद्रदेव ने सरयू नदी के तट पर 'चंद्रहरि' अर्थात 'चंद्र भगवान' को समर्पित एक बड़ा मंदिर बनवाया था, मुगल काल में इस मंदिर को भी औरंगजेब के आदेश पर ध्वस्त कर दिया गया था।

1130 और 1150 में गहरवार राजपूत वंश के सम्राट गोविंदचंद्र ने श्रीराम जन्मभूमि स्थल पर मंदिर का निर्माण कराया था, विष्णु हरि शिलालेख से पता चलता है कि उन्होंने पूरे क्षेत्र में लगभग एक हजार कुओं, टैंकों, विश्राम गृहों का भी निर्माण कराया था।

1193 ईस्वी में कन्नौज के राजा जयचंद मुहम्मद गोरी से पराजित हो गये थे, उसके बाद से अयोध्या दिल्ली सल्तनत के अधीन आ गयी थी।

1440 ईस्वी में जौनपुर के शर्की शासक महमूद शाह के शासन क्षेत्र में अयोध्या के भी शामिल होने का उल्लेख मिलता है। लेकिन उस समय तक भी श्रीराम मंदिर की गरिमा बनी हुई थी।

चौदहवीं शताब्दी तक विभिन्न आक्रमणों के बाद भी प्रभु श्रीराम की जन्मभूमि पर बना भव्य मंदिर बचा रहा था। आक्रमणकारी अयोध्या में भगवान श्रीराम के मंदिर को तोड़ने में सफल नहीं हो सके थे। कहते हैं कि सिकंदर लोदी के शासनकाल तक भी अयोध्या में जन्मभूमि पर मंदिर सुरक्षित था और उस समय भव्य एवं विशाल मंदिर खड़ा हुआ था।

1526 ईस्वी में हिन्दुस्तान पर मुगलों का शासन स्थापित हो चुका था, धार्मिक असहिष्णु और इस्लामिक आतताई आक्रमणकारी बाबर पानीपत के पहले युद्ध में इब्राहिम लोदी को हराकर भारत आया था। उसके बाद से ही आक्रांता मुगल आक्रमणकारियों ने काशी, मथुरा के साथ ही अयोध्या में भी लूटपाट का तांडव मचा दिया था और मंदिरों के पुजारियों की हत्या करके मंदिर और मूर्तियां तोड़ने का क्रम शुरू कर दिया था। उन्होंने श्रीराम जन्मभूमि एवं अयोध्या को नष्ट करने के कई प्रयास किए और इसके लिए लूटपाट के साथ साथ आतंकित करते हुए पुजारियों की हत्या करना और अन्य कोशिशें शुरू कर दी थी।

1528 ईस्वी में बाबर अयोध्या में आया और यहाँ पर एक सप्ताह तक रहा भी था, उस मुस्लिम आक्रांता बाबर ने जन्मभूमि पर स्थित सदियों पुराने मन्दिर को अपने सेनापति मीर बाकी के हाथों 1528 में तोप से ध्वस्त करवा दिया था। उसके आदेश पर ही मीर बाकी ने प्रभु श्रीराम जी के प्राचीन मंदिर को खंडित करके उस स्थान पर मस्जिद का निर्माण करवा दिया था और इसी को बाद में बाबरी मस्जिद का नाम दिया गया था। मंदिर को ध्वस्त करने के बाद उस स्थान पर मस्जिद बना कर मीर बाकी ने ना तो अपनी धार्मिक आवश्यकता को पूरा किया था और ना ही यह इस्लाम की मान्यता थी, लोकिन उसे तो इस कृत्य से केवल भारतीय हिन्दुओं की आस्था, अस्मिता और गौरव को आघात पहुंचाना था।

बाबरनामा के अनुसार भी स्पष्ट है कि 1528 में अयोध्या पड़ाव के समय बाबर ने मस्जिद निर्माण का आदेश दिया था। बाबर के हुक्मनामों के अनुसार उसके सेनापति मीर बाकी ने जब श्रीराम मंदिर को तोडक़र बाबरी मस्जिद बनवानी शुरू की थी तो उस समय उसको काफी परेशानियों का सामना करना पड़ा था। कहते हैं कि मजदूर दिन में मस्जिद की जिस दीवार को

खड़ी करते थे, रात में हिन्दुओं द्वारा उसे गिरा दिया जाता था, इस प्रकार से दीवारें बनाने और गिराने का यह क्रम बहुत दिनों तक चलता रहा था। मस्जिद बनवाने के बाद से अयोध्या में श्रीराम जन्मस्थान की मुक्ति के लिये युद्धों, सशस्त्र संघर्ष और बलिदान का लंबा इतिहास है।

मंदिर तोड़े जाने के समय जन्मभूमि मंदिर पर सिद्ध महात्मा श्यामनंदजी महाराज का अधिकार था। भीटी के राजा महताब सिंह बद्रीनारायण ने मंदिर को बचाने के लिए बाबर की सेना से युद्ध लड़ा था, कई दिनों तक युद्ध चला और अंत में उनके हजारों वीर सैनिक शहीद हो गए थे। उस समय अयोध्या के पास के सनेथू नामक गांव के पंडित देवीदीन पाण्डेय ने आसपास के गांवों के सूर्यवंशीय क्षत्रियों को एकत्रित किया और एक बार फिर से युद्ध हुआ, इस युद्ध में देवीदीन पाण्डेय सहित हजारों हिन्दू शहीद हो गए थे और बाबर की सेना जीत गई थी। इसके पन्द्रह दिन बाद हंसवर के महाराजा रणविजय सिंह ने केवल कुछ हजार सैनिकों के साथ रामलला को मुक्त कराने के लिए आक्रमण किया और मीर बाकी की विशाल सेना के साथ युद्ध हुआ, लेकिन महाराजा सहित सभी वीरगति को प्राप्त हो गए थे। इसके बाद रानी जयराज कुमारी हंसवर ने अपने पति की वीरगति के बाद जन्मभूमि की रक्षा का बीड़ा उठाया और तीन हजार वीरांगनाओं की सेना बनाकर जन्मभूमि की मुक्ति के लिए हमला बोल दिया था। इस छापामार युद्ध में उन्होंने बाबर के सिपहसालार मीर बाकी को मार गिराया था और जन्मभूमि पर कब्जा कर लिया था। लम्बे समय तक उन्होंने छापामार युद्ध जारी रखा था। उसी समय स्वामी महेश्वरानंदजी ने संन्यासियों की सेना बनाई और रानी जयराज कुमारी हंसवर के नेतृत्व में यह युद्ध चलता रहा। लेकिन इस युद्ध में स्वामी महेश्वरानंद और रानी जयराज कुमारी अपनी बची हुई सेना के साथ शहीद हो गए थे और जन्मभूमि पर पुनः मुगलों का अधिकार हो गया था।

देश के कुछ मंदिर विरोधी इतिहासकारों तथा विचारकों ने लम्बे समय तक देश में भ्रम की स्थति बनाये रखी थी, उनका कहना था कि रामचरित मानस में ऐसी किसी घटना का वर्णन नही है कि यही श्रीराम जी की जन्मभूमि है। लेकिन उन्होंने यह कभी नहीं बताया था, कि गोस्वामी तुलसीदास जी ने रामचरित मानस से अलग भी कई अन्य ग्रंथो की रचना की है, उन्ही में से एक ग्रंथ "तुलसी शतक" भी है जिस में तुलसीदास जी ने श्रीराम जन्मभूमि के विषय में विस्तार से विवरण दिया है। तुलसी शतक में स्पष्ट कहा गया है कि बाबर के सेनापति व दुष्ट यवनों ने राम जन्मभूमि के मंदिर को तोड़कर मस्जिद का ढांचा बनाया और बहुत से हिन्दुओं को मार डाला था। तुलसीदास ने तुलसी शतक में इस पर दुख भी प्रकट किया था। मंदिर तोड़े जाने के बाद भी हिन्दू साधु रामलला की सेवा करते थे। तुलसी शतक में एक स्थान पर तुलसीदास जी लिखते हैं कि -

राम जनम महि मंदरहिं, तोरि मसीत बनाय।
जवहिं बहुत हिन्दू हते, तुलसी कीन्ही हाय॥

अर्थात, जन्मभूमि का मंदिर नष्ट करके, उन्होंने एक मस्जिद बनाई। साथ ही तेज गति से उन्होंने बहुत से हिन्दुओं की हत्या की। इसे सोचकर तुलसीदास शोकाकुल हुए।

दल्यो मीरबाकी अवध मंदिर राम समाज।

तुलसी रोवत ह्रदय हति त्राहि त्राहि रघुराज॥

अर्थात, मीरबकी ने मंदिर तथा राम समाज अर्थात राम दरबार की मूर्तियों को नष्ट किया। राम से रक्षा की याचना करते हुए तुलसी ह्रदय से रोये।

राम जनम मंदिर जहाँ तसत अवध के बीच।
तुलसी रची मसीत तहँ मीरबकी खल नीच॥

अर्थात, तुलसीदास जी कहते हैं कि अयोध्या के मध्य जहाँ राम मन्दिर था वहाँ नीच मीरबकी ने मस्जिद बनाई।

रामायन घरि घट जहाँ, श्रुति पुरान उपखान।
तुलसी जवन अजान तँह, करत कुरान अज़ान॥

अर्थात, वह कहते हैं कि जहाँ रामायण, श्रुति, वेद, पुराण से सम्बंधित प्रवचन होते थे, घण्टे घड़ियाल बजते थे, वहाँ अज्ञानी यवनों की कुरआन और अज़ान होने लगी।

अर्थात, तुलसी शतक ग्रंथ से भी यह स्पष्ट हो जाता है कि महाकवि गोस्वामी तुलसीदास जी की इस रचना में भी श्रीराम जन्मभूमि और उसके विध्वंस का विस्तृत रूप से वर्णन किया गया है।

लखनऊ गजेटियर में भी लिखा हुआ है कि जन्मभूमि के मंदिर को गिराये जाने के समय हिन्दुओं ने अपनी जान की बाजी लगा दी थी और एक लाख तिहत्तर हजार हिन्दुओं की लाशें गिर जाने के बाद मीर बाकी ने तोप से मंदिर को गिरा दिया था। 1528 में इस भव्य मंदिर को तोड़ दिया गया था और उसके स्थान पर बाबरी ढांचा खड़ा कर दिया गया था।

गुरु नानक देव जी भी एक बार हरिद्वार से जगन्नाथ पुरी की यात्रा करते हुए अयोध्या आए थे और उन्होंने अपने पूर्वजों के प्रति सम्मान व्यक्त करने के लिए श्रीराम जन्मभूमि का भ्रमण भी किया था। बाद में उन्होंने मंदिर के विध्वंस के लिए बाबर की निंदा भी की थी। उनके बाद सिखों के नौ वें गुरु तेगबहादुर जी ने भी अयोध्या का भ्रमण किया था।

प्रभु श्रीराम जी के मंदिर को ध्वस्त किए जाने की घटना के बाद इसके प्रतिकार का दायित्व अयोध्या के आचारी मंदिर पर आ गया था, वहाँ के स्वामी वासुदेवाचार्य ने उस समय आक्रांताओं से खुलकर मुकाबला किया था। उन्होंने ही दिगंबर, निर्वाणी, निर्मोही, खाकी, महानिर्वाणी, शिवकही, सिधानी नाम के वैष्णव अखाडों को रामनगरी में आमंत्रित किया था और उनके द्वारा स्थायी छावनी बनाने के लिए प्रत्येक अखाड़े को दो-दो बीघा भूमि दी गई थी, इन अखाड़ों के संयोजन में मंदिर के लिए कई युद्ध भी लड़े गए थे।

1530 से 1556 ईस्वी के मध्य हुमायूं एवं शेरशाह के शासनकाल में जन्मभूमि की वापसी के लिए लड़े गए दस युद्धों का इतिहास में उल्लेख मिलता है।

इतिहास के अनुसार भगवान श्रीराम जी की जन्मभूमि पर बने मंदिर की वापसी के लिए रामभक्तों को छिहेतत्तर युद्ध लड़ने पड़े थे, जिनमें लगभग चार लाख लोगों ने अपना बलिदान दिया था। इन युद्धों में एकाध बार ऐसा भी हुआ था, जब राजाओं और लड़ाकों ने कुछ समय के

लिए मंदिर को वापस भी प्राप्त कर लिया था, लेकिन यह स्थाई रूप से हिन्दुओं के अधिकार में नहीं रह सका था।

1556 से 1605 ईस्वी के बीच अकबर के शासनकाल में अकबर के दरबारी इतिहासकार अबुल फजल द्वारा लिखित आईने अकबरी में भी उस स्थान पर हिन्दुओं द्वारा पूजा अर्चना किए जाने का विवरण दिया गया है। अकबर के शासनकाल में भी मंदिर की मुक्ति के लिए बीस युद्ध लड़े गए थे। इन युद्धों का ही परिणाम रहा था कि अकबर को इस ओर ध्यान देने के लिए विवश होना पड़ गया था, उसने बीरबल और टोडरमल की राय पर बाबरी मस्जिद के सामने चबूतरे पर मंदिर बनाने की आज्ञा दे दी थी, खस की टाट से उस चबूतरे पर तीन फीट का एक छोटा सा मंदिर बनवा दिया गया था। जिसके बाद हिन्दुओं ने उस स्थान पर पूजा करने के लिए एक मूर्ति स्थापित कर दी थी। अकबर की इस कूटनीति से कुछ दिनों के लिए जन्मभूमि की मुक्ति के लिए रक्त नहीं बहा था। कहा जाता है कि यह व्यवस्था जहाँगीर और शाहजहाँ के समय तक जारी रही थी, लेकिन जब औरंगजेब का शासन आया तो उसने अकबर द्वारा बनवाई गई उस वेदी को नष्ट करवा दिया था।

1658 से 1707 ईस्वी के मध्य औरंगजेब के शासनकाल में मंदिर के लिए तीस बार युद्ध हुए थे। इन युद्धों का नेतृत्व बाबा वैष्णवदास, कुंवर गोपाल सिंह, ठाकुर जगदंबा सिंह आदि ने किया था। अकबर के वंशज औरंगजेब का शासन काल अत्यंत क्रूरता भरा और अमानवीय था, उसकी नीतियां बहुत ही कट्टरवादी और अकबर से एक दम उलट थीं, इसलिए उसकी कट्टर सोच का मंदिर और मस्जिद के विवाद पर भी गहरा असर पड़ा था। उसके शासन काल में ही वैष्णवदास नामक एक संत अयोध्या में आ कर रहने लगे थे, वैष्णवदास छत्रपति शिवाजी के भी गुरु थे। वह स्वयं गुरू समर्थ रामदास के शिष्य थे। उनके साथ दस हजार चिमटाधारी संन्यासी भी अयोध्या आए थे। कहा जाता है कि साधारण संन्यासी जैसे दिखने वाले वैष्णवदास एक बड़े योद्धा भी थे। अयोध्या में रहते हुए उन्होंने पांच हजार सूर्यवंशी क्षत्रियों की एक लड़ाकू सेना तैयार कर ली थी, इसके बाद उन्होंने उसी स्थान पर एक नई वेदी बनवाई थी जिसे औरंगजेब ने तुड़वा दिया था और उस पर भगवान श्रीराम की मूर्ति भी स्थापित कर दी थी। औरंगजेब को जब इस बात का पता चला तो उसने दिल्ली से अपनी सेना उन्हें सबक सिखाने के लिए अयोध्या भेजी थी। उस समय सिखों के दसवें गुरु, गुरुगोविंद सिंह जी आगरा के निकट किसी स्थान पर प्रवास कर रहे थे। वैष्णवदास ने उनसे संपर्क किया और उन्हें पूरी स्थिति बताई तथा उनसे इस विषय में सहायता का अनुरोध किया। वैष्णवदास के अनुरोध पर गुरु गोविंद सिंह जी ने उसी समय अपने साथ के हजारों निहंगों को साथ लेकर अयोध्या की ओर कूच कर दिया था। अयोध्या पहुंचने के बाद औरंगजेब की सेना के साथ युद्ध हुआ और इस युद्ध में मंदिर की रक्षा के लिए गुरुगोविंद सिंह जी की निहंग सेना ने भी चिमटाधारी साधुओं का साथ दिया था। साधुओं और निहंगों के साथ हुए इस युद्ध में मुगल सेना पराजित हो गई थी। युद्ध में हार के बाद औरंगजेब की सेना के केवल सैतालीस सैनिक ही दिल्ली वापस पहुँच सके थे, यह औरंगज़ेब के लिए श्रीराम जन्मभूमि की रक्षार्थ हिन्दू साधुओं का दिया हुआ एक गंभीर आघात था, जिससे वह तिलमिला तो उठा था, लेकिन उसके बाद उसने कभी अयोध्या की ओर आंख उठा कर नहीं देखा था। कहते हैं कि

वैष्णवदास जी अगले चार वर्षों तक अयोध्या में निवास करते रहे थे और वह वेदी एवं मूर्ति उनके समय में पूर्ण सुरक्षित रही थी।

1608 से 1611 ईस्वी के बीच भारत की यात्रा पर आने वाले विदेशी यात्री विलियम फिंच ने भी वर्णन किया था कि अयोध्या में एक स्थान पर रामचंद्र का किला है, जिसे उनका जन्मस्थान माना जाता है। साहित्यिक साक्ष्य एवं पश्चिम के यात्रियों के यात्रा वृतांत इस बात के और भी बहुत महत्वपूर्ण साक्ष्य हैं कि, यहाँ पर हिन्दुओं द्वारा पूजा अर्चना की जाती थी, ये यात्रा वृतांत आस्था, विश्वास और हिन्दुओं द्वारा उस स्थान पर लगातार पूजा करने के संकेत देते हैं। और इसकी अनदेखी भी नहीं की जा सकती है।

1658 से 1707 ईस्वी के मध्य श्रीराम जन्मभूमि की मुक्ति के लिए तीस बार युद्ध हुए थे। इन युद्धों में अयोध्या के ही संत बलरामाचार्य सेनापति के रूप में लड़ते रहे थे और अंत में उन्होंने वीरगति प्राप्त की थी। मुगलों की सेना से जन्मभूमि की रक्षार्थ हिन्दू अखाड़े के साधुओं ने भी कई युद्ध किए थे, जिनमें हजारों जन्मभूमि रक्षकों को अपने प्राणों का बलिदान देना पड़ा था।

1732 ईस्वी में औरंगजेब का शासन काल समाप्त हो गया था, इसके बाद इस क्षेत्र का शासन अवध के नवाबों के हाथों में चला गया था। क्योंकि, औरंगजेब की मृत्यु के बाद उसकी सलतनत के कई प्रांतीय गवर्नर अर्ध स्वतंत्र हो गए थे, इनमें अवध के शिया नवाब भी शामिल थे।

1751 ईस्वी में मराठों ने दोआबा क्षेत्र में पठानों को हराने में मदद करने के बदले में अवध के नवाब से अयोध्या, काशी और मथुरा को उन्हें सौंपने का अनुरोध किया था लेकिन नवाबों ने ऐसा नहीं किया।

1766 से 1771 के बीच अयोध्या में आए आस्ट्रेलियन यात्री जोसेफ टाईफेंथलर का वर्णन इस विषय में दूसरा दस्तावेज है कि, मंदिर को खंडित करके उस स्थान पर मस्जिद का निर्माण किया गया था। जोसेफ टाईफेंथलर ने भी यहाँ पर हिन्दुओं द्वारा पूजा अर्चना किए जाने का विवरण दिया है।

1775 ईस्वी में नवाब आसफुद्दौला अवध् की राजधानी को फैजाबाद से लखनऊ ले गया था, इससे पहले अवध का शासन यहीं से चलाया जाता था। नवाबों के शासन क्षेत्र 'अवध' का नाम भी 'अयोध्या' शब्द से ही लिया गया है।

1813 ईस्वी में फैजाबाद के अंग्रेज अधिकारियों ने भी मस्जिद में हिन्दू मंदिर जैसी कलाकृतियां मिलने के विषय में अपनी रिपोर्ट में लिखा था, उसके बाद से यह दावा किया जाने लगा था कि यही भगवान श्रीराम की जन्मभूमि है। उस समय हिन्दू संगठनों ने पहली बार यह दावा किया था कि बाबर ने 1528 में राम मंदिर को तोड़कर इस स्थान पर मस्जिद बनाई है। उसके बाद विवाद बढ़ता ही चला गया और दो समुदायों की आस्था को लेकर टकराव का कारण बन गया था। हालात कुछ ऐसे बनते चले गए थे कि बात बिगड़ती ही चली गई थी, दोनों समुदायों के बीच समझौते के अनेक प्रयास भी किए गए, लेकिन कोई भी पक्ष पूरे स्थल से कम लेने के लिए राजी नहीं हुआ था।

1814 से 1836 ईस्वी के बीच चंद्रवंशी हंसवर परिवार के वंशज मकरही के राजा ने नवाब नसीरुद्दीन हैदर के साथ तीन लड़ाईयां लडी थी। इन युद्धों में भीती, हंसवर, खजूरहट, दीयरा और अमेठी के राजा गुरुदत्त सिंह आदि ने भी उनका साथ दिया था

1822 ईस्वी में हाफिजुल्लाह नामक एक अधिकारी ने फैजाबाद न्यायालय में दलील दी थी उसने माना था, कि अयोध्या में सीता रसोई के पास में राजा दशरथ के पुत्र भगवान राम का जन्मस्थान है, जहां बाबर ने मस्जिद बना दी थी।

जन्मभूमि की मुक्ति के लिए गोंडा के राजा देवी बख्श सिंह बिसेन ने अवध क्षेत्र के सभी तालुकदारों और छोटे राज्यों को एक जुट करके कई लडाईयां लडी थी।

1847 से 1857 ईस्वी के मध्य में जन्मभूमि की मुक्ति के लिए गोंडा के राजा देवी बख्श सिंह बिसेन ने अवध क्षेत्र के सभी तालुकदारों और छोटे राज्यों को एक जुट करके कई लडाईयां लडी थी। अवध के आखिरी नवाब रहे वाजिद अली शाह के शासन के समय में भी बाबा ऊद्धौदास के नेतृत्व में जन्मभूमि के लिए दो बार युद्ध होने का उल्लेख इतिहास में मिलता है। नवाब के समय में हिन्दुओं ने जन्मभूमि की मुक्ति के लिए आक्रमण किया था। इस संग्राम में बहुत खून खराबा हुआ था, यह युद्ध दिन और रात दो दिन तक चला था, इस युद्ध में सैकड़ों हिन्दुओं की जान चली गई थी, उस समय हिन्दुओं ने जन्मभूमि पर कब्जा कर लिया था। इन युद्धों के परिणाम स्वरूप नवाब ने एक कमीशन का गठन कर दिया था जिसमें एक हिन्दू एक मुस्लिम और ईस्ट इंडिया कंपनी के एक प्रतिनिधि को शामिल किया गया था। इस कमीशन की रिपोर्ट का निष्कर्ष था कि उस स्थान पर कभी मस्जिद थी ही नहीं। कमीशन ने अपनी रिपोर्ट में यह भी बताया था कि मीर बाकी ने मंदिर तोड़ कर जिस ढांचे का निर्माण कराया था उसके एक पत्थर पर यह स्पष्ट रूप से लिखा है कि यह फरिश्तों के अवतरण का स्थल है, अर्थात भगवान राम का जन्म स्थान है।

1853 में अवध के नवाब वाजिद अली शाह के समय में पहली बार श्रीराम जन्मभूमि को लेकर अयोध्या में दोनों समुदायों के बीच साम्प्रदायिक हिंसा भड़क गई थी। इतिहासकारों के अनुसार ऐसा कहा जाता है कि निर्मोही अखाड़े से संबंधित सशस्त्र हिन्दू तपस्वियों के एक समूह ने बाबरी मस्जिद स्थल पर अपना कब्जा कर लिया था और इस स्थल पर श्रीराम जन्मभूमि के रुप में स्वामित्व होने का दावा कर दिया था। उस समय निर्मोही अखाड़ा ने विवादित ढांचे पर मंदिर के निर्माण की घोषणा कर दी थी उसक्के बाद दंगे भड़क उठे थे।

नवाबों के शासन के चलते हिन्दू इस मामले में अधिक खुलकर सामने नहीं आ पाए थे, लेकिन नवाबों का शासन कमजोर पड़ने तथा अंग्रेजी शासन के प्रभावी होने के साथ ही हिन्दुओं ने यह मामला उठाना शुरू कर दिया था और कहा जाने लगा था कि, भगवान श्रीराम के जन्मस्थान पर मंदिर को तोड़कर ही वहां मस्जिद बना ली गई थी। इस विवाद को लेकर हिन्दुओं और मुसलमानों के बीच में झगड़ा बढ़ने लगा था। हिन्दुओं के इस दावे के बाद से ही विवादित स्थल पर नमाज के साथ साथ पूजा भी होने लगी थी।

28 जुलाई 1855 को शाह गुलाम हुसैन ने हनुमान गढ़ी को नष्ट करने के लिए एक बड़ी सेना इकट्ठा कर ली थी, हनुमान गढ़ी मंदिर में हिन्दू और मुसलमानों के बीच खूनी संघर्ष हुआ, उस दिन नागा साधुओं और बैरागियों की सहायता से हिन्दुओं ने लगभग पिचहेत्तर मुसलमानों को मार डाला था और जन्मस्थान पर भी कब्जा कर लिया था।

अठारहवीं शताब्दी के मध्य तक मुगल सत्ता का तो पतन हो गया था, लेकिन मंदिर के लिए संघर्ष लगातार चलता रहा था, क्योंकि श्रीराम जन्मभूमि स्थल का विवाद हिन्दुओं की आस्था के साथ साथ राष्ट्रीय स्वाभिमान और राष्ट्रीय आदर्शों व राष्ट्रीय संस्कृति से जुड़ा हुआ था। अठारहवीं शताब्दी में विशुनगढ़ राज्य की सीमा अयोध्या तक थी और उसके अधीन सौलह छोटी छोटी रियासतें आती थी। उस समय संतों ने विशुनगढ़ की रानी को पत्र लिखकर उनसे भी जन्मभूमि के लिए आर्थिक मदद मांगी थी, मदद के लिए के लिए रानी ने आठ सौ सोने की मोहरें संतों को दी थी।

1855 में फैजाबाद नागरिक प्रशासन ने मस्जिद परिसर को दो भागों में विभाजित कर दिया था, जिसमें से एक भाग हिन्दुओं के लिए और दूसरा मुसलमानों के लिए निर्धारित कर दिया गया था।

1855 के बाद मुस्लिमों को मस्जिद में प्रवेश की आज्ञा मिल गई थी, लेकिन हिन्दुओं को अंदर जाने की मनाही कर दी गई थी, ऐसे में हिन्दुओं ने मस्जिद के मुख्य गुम्बद से एक सौ पचास फीट की दूरी पर बनाए गए राम चबूतरे पर पूजा करनी शुरू कर दी थी।

1856 में अमीर अली ने श्रीराम जन्मभूमि पर कब्जा करने की कोशिश की थी, लेकिन उसे ब्रिटिश सैनिकों ने मार डाला था। फैजाबाद के अंग्रेज अफसरों के एक रिकॉर्ड के अनुसार मुस्लिमों द्वारा फैजाबाद नागरिक प्रशासन से विवादित भूमि पर हिन्दुओं की गतिविधियां बढ़ने की कई बार शिकायतें की गई थी।

1857 की क्रांति के समय अयोध्या में हिन्दुओं और मुस्लिमों की एकता का विवरण भी मिलता है। इसी समय में स्थानीय मुस्लिमों ने एक बैठक करके निर्णय लिया था कि मुस्लिम समुदाय मंदिर निर्माण के लिए बाबरी मस्जिद पर अपना दावा छोड़ देगा। लेकिन, 1857 के विद्रोह को कुचलने के बाद अंग्रेजों को जब इसकी भनक लगी तो उन्होंने इस मुहिम के सूत्रधार हनुमानगढ़ी मंदिर के महंत बाबा रामशरण दास और फैजाबाद के पुजारी मौलवी अमीर अली को विवादित स्थल से कुछ ही दूरी पर स्थित कुबेर टीला के इमली के पेड़ पर एक ही रस्सी से एक साथ 18 मार्च 1858 को फांसी दे कर मार दिया था।

30 नवंबर 1858 को मोहम्मद सलीम नाम के एक व्यक्ति ने निहंग सिखों के विरुद्ध एक एफआईआर दर्ज कराई थी, निहंगों ने बाबरी मस्जिद के अंदर प्रवेश करके वहां निशान साहिब स्थापित कर दिया था और हवन करने के बाद मस्जिद की दीवारों पर 'राम' लिख दिया था। उसी दिन बाबरी मस्जिद के मुअद्दिन मुहम्मद असगर ने भी एक बैरागी साधु के विरुद्ध प्रांगण में बने हुए चबूतरे को तोड़ने पर कार्यवाही की मांग की थी।

1859 में ब्रिटिश सरकार ने विवादित स्थान पर तार की एक बाड़ लगवा दी थी। सरकार ने तारों की बाड़ खड़ी करके इस विवादित भूमि के दो भाग कर दिए थे और इस स्थान को आंतरिक और बाहरी परिसर में बांट दिया था, भीतरी हिस्से में मुसलमानों को और बाहरी हिस्से में हिन्दुओं को प्रार्थना करने की अनुमति भी दे दी गई थी।

1859 में ही निर्मोही अखाड़ा ने विवादित स्थल पर मालिकाना हक जताते हुए और हिन्दुओं को अधिकार दिलवाने के लिए मुकदमा दायर कर दिया था। दायर किए गए इस मुकदमे में विवादित भूमि पर कब्जा दिलाने की मांग की गई थी।

1883 में हिन्दुओं ने विवादित स्थान पर मंदिर बनाने का प्रयास शुरू किया था, लेकिन फैजाबाद प्रशासन ने उन्हें ऐसा करने की अनुमति नहीं दी थी, उसके बाद हिन्दू इस मामले को न्यायालय में ले गए थे।

15 जनवरी 1885 को श्रीराम जन्मभूमि के मुख्य पुजारी, निर्मोही अखाड़ा के महंत रघुवरदास ने फैजाबाद के उप न्यायाधीश के न्यायालय में एक प्रार्थना पत्र देकर अंग्रेजी सरकार के विरूद्ध स्वामित्व को लेकर दीवानी मुकदमा दायर कर दिया था, जिसमें मस्जिद से सटी भूमि पर विवादित ढांचे के बाहरी आंगन में स्थित राम चबूतरे पर बने अस्थायी मंदिर को पक्का बनाने और राम चबूतरे पर एक छतरी लगाने की मांग की गई थी। उस समय उप न्यायाधीश ने सार्वजनिक कानून व्यवस्था की स्थिति को खतरे के आधार पर उनकी याचिका निरस्त कर दी थी। न्यायाधीश का विचार था कि यदि मस्जिद के इतने पास होने की स्थिति में चबूतरे पर मंदिर बनाने की अनुमति दी गई तो यह केवल विवाद की नींव रखेगा। उस समय उप न्यायाधीश ने निर्णय दिया था कि उस स्थान पर हिन्दुओं को पूजा का अधिकार तो है, लेकिन न्यायालय जिलाधिकारी के निर्णय के विरूद्ध मंदिर को पक्का बनाने और छत डालने की अनुमति नहीं दे सकता है। इसके बाद महंत रघुवरदास ने फैजाबाद जिला न्यायालय में अपील की थी।

18 मार्च 1886 को जिला न्यायाधीश ने निर्मोही अखाड़ा के महंत रघुवरदास की अपील पर विवादित स्थान का स्वयं निरीक्षण किया था। उसके बाद उन्होंने रघुवरदास की अपील को निरस्त कर दिया था, अपील निरस्त करते हुए कहा गया था कि हिन्दुओं की पवित्र जन्मभूमि पर मस्जिद बनाना दुर्भाग्यपूर्ण है। अपने निर्णय में न्यायाधीश ने कहा कि मैंने पाया है कि बाबर द्वारा बनवाई गई मस्जिद, अयोध्या शहर की सीमा पर स्थित है और यह अत्यंत दुर्भाग्यपूर्ण है कि हिन्दुओं द्वारा विशेष रूप से पवित्र मानी जाने वाली भूमि पर एक मस्जिद बनाई गई थी। लेकिन, शिकायत का समाधान करने के लिए अब बहुत देर हो चुकी है, दोनों पक्षों को यथास्थिति बनाए रखनी होगी। लेकिन फिर भी उन्होंने वहां पर मंदिर निर्माण की आज्ञा नहीं दी थी। इसके बाद चबूतरे को मस्जिद से अलग करने के लिए एक रेलिंग बनाई गई थी।

25 मई 1886 को रघुवरदास ने अपना मुकदमा फिर से दायर किया था, जिसे अवध के न्यायिक आयुक्त ने निरस्त कर दिया था और अपने निर्णय में कहा था कि वादी के पहले के मुकदमों

को इस आधार पर निरस्त कर दिया गया है कि वादी के पास अपने दावे का समर्थन करने के लिए कोई सुबूत नहीं था।

1912 से 1934 के बीच साधु समाज और आम हिन्दू श्रद्धालुओं ने विवादित भूमि पर अपना अधिकार जमा लिया था, लेकिन अंग्रेजों ने इसे स्थायी नहीं होने दिया था। इस बीच कुछ हिन्दुओं पर मुकदमे भी चले थे, लेकिन वह सब निर्दोष सिद्ध हुए थे।

1934 के मार्च महीने में विवादित ढांचे को लेकर अयोध्या में एक बार फिर से सांप्रदायिक दंगे भड़क उठे थे, इसका कारण अयोध्या के निकट मुसलमानों द्वारा एक गाय की हत्या करना था। हिन्दुओं ने मस्जिद को तोड़ने की कोशिश की थी और चारों ओर की दीवार और गुंबदों को भी क्षतिग्रस्त कर दिया गया था, संतों ने चबूतरे का विस्तार और मूर्ति की प्राण प्रतिष्ठा का प्रयास भी किया था जिसे पुलिस ने विफल कर दिया था। बाद में ब्रिटिश सरकार ने हिन्दुओं पर लगाए गए जुर्माने से एकत्र किए गए धन से इसकी मरम्मत करवाई थी। लेकिन, इसके बाद से विवादित स्थल पर मुस्लिमों की नमाज बंद हो गई थी।

1935 में गोरक्षपीठ पर महंत दिग्विजयनाथ जी आसीन हो गए और उन्होंने जन्मभूमि की मुक्ति के लिए सत्याग्रह संघर्ष को आगे बढ़ाया। विवाद बढ़ने लगा तो अंग्रेज सरकार ने यहां के पूरे क्षेत्र को अपने अधिकार में ले लिया था और नमाज एवं पूजन दोनों पर प्रतिबंध लगा दिया था।

1936 में वक्फ बोर्ड के आयुक्त ने एक जांच की थी, जिसकी रिपोर्ट में वक्फ बोर्ड के आयुक्त ने भी कहा था कि मस्जिद का निर्माण 1528 में एक सुन्नी मुस्लिम बाबर द्वारा किया गया था।

1940 के दशक से पहले बाबरी मस्जिद को मस्जिद-ए-जन्म अस्थान अर्थात जन्म स्थान की मस्जिद कहा जाता रहा था, इस प्रकार से मस्जिद वाले स्थान को हिन्दुओं द्वारा सदैव भगवान श्रीराम की जन्मभूमि के रूप में ही जाना जाता रहा है।

1945 में इस मस्जिद से संबंधित एक और मुकदमा सामने आया था, जिसमें शिया और सुन्नी दोनों शामिल थे, इस मुकदमे में दोनों संप्रदायों ने मस्जिद पर अपना अपना दावा कर दिया था।

1946 में बाबरी मस्जिद पर शिया संगठन ने अपना दावा कर दिया था, किन्तु इस पर निर्णय हुआ था कि बाबर सुन्नी मुसलमान था इसलिए यह मस्जिद सुन्नियों की है।

23 मार्च 1946 को स्थानीय सिविल जज, एसए अहसन ने अपने निर्णय में कहा था कि, यद्यपि मस्जिद का निर्माण बाबर ने किया था जो कि एक सुन्नी मुस्लिम था, फिर भी इस बात के प्रमाण हैं कि इस स्थान का उपयोग दोनों संप्रदायों द्वारा किया जाता रहा है।

19 मार्च 1949 को निर्मोही अखाड़ा ने शासन में अपना पंजीकरण करवा दिया था और निर्मोही अखाड़ा द्वारा इस पंजीकरण में श्रीराम जन्मभूमि मंदिर का वर्णन भी किया गया था।

1949 तक बाबरी मस्जिद का मामला केवल क़ानूनी लड़ाई से लड़ा जा रहा था, उस समय तक इस मामले का राजनीतिकरण शुरू नहीं हुआ था। अयोध्या में विधान सभा का उप-चुनाव हुआ था, जिसमें हिन्दू समाज के एक बड़े संत बाबा राघव दास को जीत मिली थी, उनके विधायक

बनते ही हिन्दू समाज और मंदिर समर्थकों के हौंसले को भी बढ़ावा मिल गया था और इस विषय में उन्हें राजनीतिक समर्थन भी मिलना शुरू हो गया था। इसके फलस्वरूप 1949 में श्रीराम जन्मभूमि के लिए आंदोलनरत समर्थकों ने उत्तर प्रदेश सरकार को पत्र लिखकर विवादित स्थल पर मंदिर निर्माण की अनुमति की माँग कर दी थी।

20 जुलाई 1949 को उत्तर प्रदेश सरकार के उप सचिव ने फ़ैज़ाबाद के डिप्टी कमिश्नर के के नायर से रिपोर्ट माँगते हुए पूछा था कि जिस स्थान पर विवाद है, यह भूमि नजूल की है अथवा नगरपालिका की है।

10 अक्टूबर 1949 को इस विषय पर सिटी मजिस्ट्रेट ने कलेक्टर को अपनी रिपोर्ट दे दी थी, जिसमें उन्होंने कहा था कि, इस समय उस स्थान पर मस्जिद के बराबर में एक छोटा सा मंदिर है, इसे श्रीराम जन्मस्थान मानते हुए हिन्दू समुदाय एक सुंदर और विशाल मंदिर बनाना चाहता है। सिटी मजिस्ट्रेट ने सिफ़ारिश की थी कि यह नजूल की भूमि है और इस पर मंदिर निर्माण की अनुमति देने में कोई रुकावट नहीं है।

24 नवंबर 1949 को हिन्दुओं ने विवादित स्थल बाबरी मस्जिद के सामने क़ब्रिस्तान को साफ़ करके वहाँ पर यज्ञ और रामायण का पाठ शुरू कर दिया था, जिसमें काफ़ी भीड़ जुटी थी। झगड़ा बढ़ता देखकर प्रशासन ने उस स्थान पर एक पुलिस चौकी बनाकर बाबरी मस्जिद की सुरक्षा में अर्धसैनिक बल (पीएसी) लगा दी थी।

29 नवंबर 1949 को फैजाबाद के पुलिस अधीक्षक ने तत्कालीन डिप्टी कमिश्नर को सूचित किया था, कि यह अफवाह जोरों पर है कि हिन्दू पूर्णमासी के दिन बाबरी मस्जिद में जबरदस्ती घुस कर मूर्ति रखने की कोशिश करेंगे।

10 दिसंबर 1949 को वक्फ इंस्पेक्टर ने एक रिपोर्ट दी थी, मुसलमानों की ओर से जांच करवाने पर यह रिपोर्ट दी गई थी, उस रिपोर्ट में यह बात मुख्य रूप से कही गई थी कि बाहरी आहाते में हिन्दू मंदिर है, जहां पर बहुत से हिन्दू रहते हैं और वह नमाज के लिये जाने वाले मुस्लिमों को परेशान और प्रताड़ित करते हैं।

16 दिसंबर 1949 को फैजाबाद के डिप्टी कमिश्नर और जिलाधिकारी ने उत्तर प्रदेश के गृह सचिव को एक पत्र भेजा था, जिसमें लिखा गया था कि अयोध्या में विक्रमादित्य ने भव्य मंदिर बनवाया था जिसे बाबर ने सोलहवीं शताब्दी में तोड़ दिया था और वहां पर बाबरी मस्जिद बनवा दी थी। मस्जिद में मंदिर की निर्माण सामग्री का उपयोग भी किया गया था। उन्होंने पत्र में यह भी लिखा था कि बहुत पहले हिन्दुओं ने वहां पर एक ओर फिर से कब्जा कर लिया है। इस पत्र में यह भी लिखा गया था कि मुसलमान जब मंदिर के सामने से नमाज के लिए जाते हैं, तो कई बार उनके जूते न उतारने पर झगड़ा होता है।

22-23 दिसंबर 1949 की रात में मस्जिद परिसर में प्रभु श्रीराम, माता सीता और लक्ष्मण जी की मूर्तियां प्रकट हुई। हिन्दुओं का कहना था कि रामलला स्वयं प्रकट हुए हैं जबकि दूसरे पक्ष का कहना था कि मस्जिद पर अधिकार करने के लिये रात में हनुमान गढ़ी के नागा बाबा

अभिराम दास और उनके साथियों ने दीवार फाँदकर अंदर श्रीराम जानकी और लक्ष्मण जी की मूर्तियाँ रख दी थी, चारों ओर यह प्रचार हो गया था कि भगवान श्रीराम ने वहाँ पर प्रकट होकर अपने जन्मस्थान पर वापस क़ब्ज़ा प्राप्त कर लिया है। उसके बाद बड़ी संख्या में युवक और साधू वहाँ पर उपस्थित भगवान श्रीराम के विग्रह की पूजा अर्चना करने लगे थे और इसके बाद से ही हिन्दुओं ने वहां पर पूजा अर्चना करनी शुरू कर दी थी। लेकिन इस घटना के बाद भारी हंगामा हुआ था विवाद और भी बढ़ गया था और मुस्लिम पक्ष दावा करने लगा था कि बाबरी मस्जिद के भीतर रात में हिन्दुओं ने मूर्ति रख दी हैं। विवादित स्थल पर रामलला की मूर्ति रखे जाने की शिकायत स्थानीय प्रशासन से अयोध्या के टेढी बाजार निवासी एक व्यक्ति हाजी फेकू ने मौखिक रूप से की थी और उसने प्रशासन से वहां से मूर्ति हटाये जाने की मांग भी की थी। लेकिन अयोध्या का कोई भी मुस्लिम थाने में लिखित रूप में अपनी आपत्ति या शिकायत अथवा प्राथमिकी दर्ज कराने नहीं पहुंचा था।

शुक्रवार कि प्रातः अर्थात जुमे को मुस्लिम समुदाय के लोग सुबह की नमाज़ के लिए बाबरी मस्जिद में आए, लेकिन प्रशासन ने उनसे कुछ दिन की मोहलत माँगकर उन्हें वापस कर दिया था। इसके बाद सिपाही माता प्रसाद की मौखिक सूचना के आधार पर 23 दिसंबर 1949 की प्रातः अयोध्या पुलिस स्टेशन में मामले की प्राथमिकी दर्ज कराई गई थी, इस मामले में पुलिस सब इंस्पेक्टर रामदेव दुबे ने भारतीय दंड संहिता की धारा 147/448/295 के अन्तर्गत एक एफआईआर दर्ज की थी, उसमें घटना का विवरण देते हुए लिखा गया था कि, रात में पचास साठ लोग ताला तोड़कर और दीवार फांदकर मस्जिद में घुस गए थे और वहां पर उन्होंने श्री रामचंद्रजी की मूर्ति की स्थापना कर दी थी।

23 दिसंबर 1949 से बिना किसी व्यवधान के 'श्रीराम जन्मभूमि' को मुक्त करने के लिए मस्जिद के सामने हिन्दुओं का अखंड कीर्तन लगातार चलता रहा था। इसके सात दिन बाद ही फैजाबाद न्यायालय ने बाबरी मस्जिद को विवादित भूमि घोषित कर दिया था और इसके मुख्य दरवाजे पर ताला लगा दिया गया था। फैजाबाद न्यायालय के आदेश के बाद ही श्रीराम जन्मभूमि और बाबरी मस्जिद का लम्बा कानूनी विवाद पैदा हो गया था। न्यायालय से जो मामला सुलझाने की कोशिश पहले से चल रही थी, मूर्ति स्थापना के कारण पूरा मामला विवादित ढाँचे में बदल गया था और मंदिर बनाने का जो संकल्प उस दिन साधु और संत समाज ने लिया था, उसे पूरा करने के लिए आगे के लिए रास्ते बनाते चले गए थे।

कहा जाता है कि तत्कालीन प्रधानमंत्री जवाहरलाल नेहरू को जब इस बात की जानकारी मिली, तो उन्होंने उत्तर प्रदेश के तत्कालीन मुख्यमंत्री को एक तार भेजा था जिसमें लिखा गया था कि, "अयोध्या की घटना से मैं बहुत विचलित हूँ, मुझे पूरा विश्वास है कि आप इस मामले में व्यक्तिगत रुचि लेंगे, ख़तरनाक मिसाल क़ायम की जा रही है, जिसके परिणाम बुरे होंगे।"

इसके बाद उत्तर प्रदेश सरकार के मुख्य सचिव ने कमिश्नर फ़ैज़ाबाद को लखनऊ बुलाकर पूछा था कि प्रशासन ने इस घटना को क्यों नहीं रोका और मूर्तियाँ क्यों नहीं हटवाईं गई। फ़ैज़ाबाद के ज़िला मजिस्ट्रेट के के नायर ने इसका उल्लेख करते हुए मुख्य सचिव को लंबा पत्र लिखा था, जिसमें कहा गया था कि इस मुद्दे को व्यापक जन समर्थन प्राप्त है और प्रशासन के थोड़े

से लोग उन्हें रोक नहीं सकते थे, यदि हिन्दू नेताओं को गिरफ़्तार किया जाता तो हालात और भी अधिक ख़राब हो सकते थे।

29 दिसंबर 1949 को उत्तर प्रदेश के तत्कालीन मुख्यमंत्री गोविंद वल्लभ पंत के आदेश पर विवादित स्थल के मुहाने पर लोहे की सरिया वाला दरवाजा लगाकर उस पर ताला लगा दिया गया था। लेकिन उस स्थान पर होने वाली पजा को बन्द नहीं किया गया था।

29 दिसंबर 1949 को ही प्रशासन ने बढ़ते सांप्रदायिक तनाव को नियंत्रित करने के लिए विवादित स्थल को अपने अर्न्तगत ले लिया था। अपर दंडाधिकारी ने विशेष रूप से दंड प्रक्रिया संहिता, 1898 की धारा 145 के अर्न्तगत एक प्रारंभिक आदेश जारी कर दिया था और इस स्थान को नगरपालिका बोर्ड के अध्यक्ष के अर्न्तगत रखने का निर्देश दे दिया था। जिसके बाद फैजाबाद नगरपालिका के तत्कालीन अध्यक्ष प्रियादत्तराम को वहां का रिसीवर नियुक्त कर दिया गया था।

5 जनवरी 1950 को बाबरी मस्जिद की पूरी संपत्ति को सरकार के द्वारा कुर्क कर दिया गया था। कुर्की के बाद उस पर ताला लगा दिया गया था और पुलिस का पहरा बैठा दिया गया था।

16 जनवरी 1950 को गोपाल सिंह विशारद ने एक याचिका न्यायालय में प्रस्तुत की थी, जिसमें मूर्तियां न हटाने और नियमित पूजन की अनुमति मांगी गई थी। याचिका में परिसर का स्वामित्व भी मांगा गयाथा। इसी बीच स्वामित्व एवं ताला खोलने और जन साधारण को भीतर से दर्शन करने का एक और वाद महंत परमहंस रामचंद्र दास ने फैजाबाद के सिविल जज न्यायालय में दायर करके ढांचे के बीच वाले मुख्य गुंबद के नीचे स्थित भगवान की प्रतिमाओं की पूजा की मांग कर दी थी। इस प्रकार से फैजाबाद न्यायालय में दो मुकदमे दायर किए गए थे, जिसमें एक में रामलला की मूर्ति न हटाने तथा दूसरे में पूजा करने के हिन्दुओं के अधिकार को बनाऐ रखने की मांग की गई थी और रामलला की पूजा करने की अनुमति मांगी गई थी। इस पर न्यायालय ने दोनों पक्षों को पूजा करने की अनुमति दे दी थी। न्यायालय ने मूर्तियां यथास्थान बनाये रखने, केवल पुजारी द्वारा नियमित पूजन करने और जन सामान्य द्वारा केवल बाहर से दर्शन करने का आदेश दिया था। इसके साथ प्रशासन द्वारा भीतर के प्रांगण के दरवाजे को बंद रखने तथा तालाबंदी को भी यथावत रखने का आदेश दिया था, लेकिन स्वामित्व का मुकदमा विचाराधीन रखा गया था, जिला न्यायालय में दोनों मामले लंबित चल रहे थे। इसके बाद शीघ्र निर्णय करने की याचिका इलाहाबाद उच्च न्यायालय में लगा दी गई थी। इस केस में तीन दिन बाद ही मिले अंतरिम आदेश से विशारद और हिन्दू पक्ष को कुछ राहत मिल गई थी। गोपाल सिंह विशारद द्वारा दायर वाद के साथ, अन्य पक्षों द्वारा श्रीराम जन्मभूमि पर दावा करते हुए वक्फ के संबंध में तीन और मुकदमे दायर किए गए थे।

19 फरवरी 1950 को फैजाबाद के सिविल न्यायाधीश ने विवादित स्थल के विषय में एक अस्थायी निषेधाज्ञा जारी कर दी थी।

21 फरवरी 1950 को मुस्लिमों ने दावा कर दिया था कि जिस इमारत में रामलला स्थापित किए गए हैं, वहां पर मस्जिद थी और वह मस्जिद इबादत के लिए बाबर के हुक्म से बनाई गई थी।

03 मार्च 1950 को 19 फरवरी 1950 के फैजाबाद के सिविल न्यायाधीश के निर्णय की पुष्टि की गई, न्यायाधीश ने इसे एक निर्विवाद तथ्य के रूप में दर्ज किया और कहा कि मुकदमे की तारीख के समय भगवान राम और अन्य की मूर्तियां उस स्थान पर मौजूद थे, इसके साथ ही कार्यकारी अधिकारियों द्वारा लगाए गए कुछ प्रतिबंधों के अन्तर्गत, वादी सहित हिन्दुओं द्वारा उस स्थान पर पूजा की जा रही थी। न्यायालय ने आदेश दे दिया था कि उस स्थान से मूर्तियां नहीं हटेंगी और वहां पर पूजा होती रहेगी, किंतु उस स्थान की संपत्ति में कोई परिवर्तन नहीं किया जा सकता है।

24 अप्रेल 1950 को उत्तर प्रदेश सरकार की ओर से उप कमिश्नर फैजाबाद ने न्यायालय में एक लिखित बयान दायर किया था, जिसमें कहा गया था कि, मुकदमे में संपत्ति को बाबरी मस्जिद के रूप में जाना जाता है और यह लंबे समय से मुसलमानों की पूजा के उद्देश्य से एक मस्जिद के रूप में उपयोग किया जाता रहा है। इसका उपयोग श्री रामचंद्रजी के मंदिर के रूप में नहीं किया गया है। 22 दिसंबर 1949 की रात में मूर्तियों को चोरी छिपे गलत तरीके से अंदर रख दिया गया था, उक्त गलत कृत्य के परिणाम स्वरूप, सार्वजनिक शांति और शांति को खतरे में डालने वाली स्थिति पैदा हो गई थी और सार्वजनिक अधिकारियों को शांति और शांति के उल्लंघन को रोकने के लिए हस्तक्षेप करना पड़ा था।

5 दिसंबर 1950 को दिगंबर अखाड़े के बैरागी साधु और श्रीराम मंदिर के आंदोलन को धार देने वाले परमहंस रामचंद्र दास ने भी सिविल न्यायाधीश फैजाबाद के न्यायालय में एक मुकदमा दायर कर दिया था, फैजाबाद के न्यायालय से उन्होंने आम दर्शनार्थियों के लिए पूजन और दर्शन का अधिकार मांगते हुए याचना की थी और न्यायालय से कहा था कि मुस्लिम पक्ष हिन्दुओं की पूजा में बाधा डालता है, इसलिए मुस्लिमों को संबंधित स्थल पर पूजा में बाधा डालने से रोका जाये।

3 मार्च 1951 को गोपाल सिंह विशारद मामले में फैजाबाद न्यायालय ने मुस्लिम पक्ष को पूजा में बाधा न डालने के लिए निर्देशित कर दिया था। ऐसा ही आदेश परमहंस रामचंद्र दास जी की ओर से दायर मुकदमे में भी दिया गया था।

1955 में उच्च न्यायालय ने दोनों मुकदमों को जल्द निस्तारित करने के निर्देश दिये थे। इस समय तक तक मुस्लिम पक्ष की ओर से न तो किसी ने परिसर पर दावा प्रस्तुत किया था और न ही मुकदमे में कोई हस्तक्षेप किया था। दोनों याचिकाकर्ताओं ने जो भी मांग की गई थी वह केवल शासन प्रशासन से ही थी।

26 अप्रैल 1955 को इलाहाबाद उच्च न्यायालय ने 19 फरवरी 1950 के फैजाबाद के सिविल न्यायाधीश द्वारा जारी यथास्थिति आदेश की पुष्टि कर दी थी।

30 नवंबर 1858 का मौहम्मद असगर का सरकारी रिकार्ड में दर्ज एक पत्र भी श्रीराम जन्मभूमि बाबरी मस्जिद विवाद में एक महत्वपूर्ण दस्तावेज है, इस पत्र में कहा गया था कि अंदर के अहाते में हिन्दू कई सौ वर्ष से पूजा करते चले आ रहे हैं।

17 दिसंबर 1959 को रामानंद संप्रदाय की ओर से निर्मोही अखाड़े के छह व्यक्तियों ने एक मुकदमा दायर करके विवादित स्थल पर अपना दावा ठोक दिया था, साथ ही मांग की थी कि श्रीराम जन्मभूमि पर फैजाबाद नगरपालिका के तत्कालीन अध्यक्ष प्रियादत्तराम को रिसीवर बनाना गलत है, पूजा अर्चना उनका अधिकार है, इसलिए प्रियादत्तराम को हटाकर उन्हें की अनुमति दी जाए।

21 दिसंबर 1959 को निर्मोही अखाड़े ने भी फैजाबाद न्यायालय में विवादित भूमि पर मालिकाना हक होने का दावा पेश कर करते हुए एक मुकदमा दायर किर दिया था। निर्मोही अखाड़ा ने दावा किया था कि वह श्रीराम जन्मभूमि की सारी व्यवस्था देखता है और अखाड़ा ही उसका प्रबंधक है। अखाड़े ने तर्क दिया था कि 1885 में इस स्थान के राम चबूतरे पर निर्माण तथा छत्र लगाने का दावा करने वाले महंत रघुवर दास निर्मोही अखाड़े के थे अतएव पूरे परिसर पर उसी का स्वामित्व है।

इस समय तक श्रीराम जन्मभूमि से सम्बंधित सभी मुकदमे उचित ठहराये जाते रहे थे, इसके बाद एक वर्ष के भीतर ही सुन्नी सेंट्रल वक्फ बोर्ड भी न्यायालय पहुंच गया था।

18 दिसंबर 1961 को उत्तर प्रदेश सुन्नी वक्फ बोर्ड ने बाबरी मस्जिद स्थल पर कब्जा करने के लिए फैजाबाद न्यायालय में एक मुकदमा दायर किया। इस मुकदमे में वक्फ बोर्ड ने मस्जिद व आसपास की भूमि पर अपना अधिकार भी जता दिया था और बाबरी मस्जिद से श्रीराम की मूर्तियों को हटाने की मांग भी कर दी गई थी। सुन्नी वक्फ बोर्ड ने प्रार्थना की थी कि यह स्थान मुसलमानों का है, इसलिए विवादित ढांचे के भीतर से मूर्तियां हटा दी जाएं और इस स्थान को हिन्दुओं से लेकर मुसलमानों को दे दिया जाए।

6 जनवरी 1964 को एक आदेश जारी करके विवादित स्थल के मालिकाना हक को लेकर वर्षों से सिविल न्यायालय फैजाबाद में चल रही मुकदमेबाजी के चारों मुकदमे एक साथ जोड़ दिए गए थे।

29 अगस्त 1964 को मुंबई के संदीपनि आश्रम में विश्व हिन्दू परिषद का गठन किया गया था, उसके बाद विश्व हिन्दू परिषद ने श्रीराम जन्मभूमि बाबरी मस्जिद मामले पर राष्ट्रव्यापी जनांदोलन खड़ा करके आम आदमी का ध्यान इस ओर खींचा था और इस आन्दोलन में महत्वपूर्ण भूमिका निभाई थी। सालों साल यह मामले न्यायालय में चलते रहे थे, न्यायालयों में विवाद लंबित होने से चर्चाओं में और अधिक तेजी आ गई थी। देश में श्रीराम जन्मभूमि और बाबरी मस्जिद विवाद पर माहौल बदलने लगा था, श्रद्धालुओं के बीच इस विवाद की और अधिक चर्चा होने लगी थी, साथ ही पूरे देश में जन्मभूमि की मुक्ति के लिए आक्रोश बढने लगा था। हिन्दू समाज और धार्मिक संगठन न्यायालयों के माध्यम से समाधान निकालने की बाट जोह रहे थे, न्यायालय मे इस विवाद के साथ धीरे धीरे समय आगे बढता जा रहा था।

1980 के दशक में विश्व हिन्दू परिषद ने अयोध्या में श्रीराम को समर्पित एक भव्य मंदिर निर्माण के लिए पूरे देश में अभियान शुरू कर दिया था।

1980 में भारतीय जनता पार्टी के गठन के बाद भारतीय जनता पार्टी श्रीराम जन्मभूमि आंदोलन के लिए एक राजनीतिक आवाज बन गई थी।

1983 के अप्रेल महीने में उत्तर प्रदेश के मुजफ्फरनगर शहर के राजकीय इन्टर कालेज के मैदान में एक विराट हिन्दू सम्मेलन का आयोजन किया गया था, जिसमें जिले का कोई ऐसा गांव नहीं था जहां से रामभक्त इसमें शामिल न हुए हों। मुजफ्फनगर के इतिहास में इतनी भीड़ कभी नहीं हुई थी, भक्तों के लिए भोजन और पानी की व्यवस्था स्थानीय स्तर पर की गई थी और घर घर से भोजन के पैकेट दिए गए थे। इस सम्मेलन के मुख्य वक्ता रज्जू भैया थे और अध्यक्षता गुलजारी लाल नंदा ने की थी। हिन्दू जागरण मंच की ओर से यह सम्मेलन आयोजित किया गया था, जिसमें उत्तर प्रदेश सरकार के पूर्व मंत्री और कई बार विधायक रहे दाऊदयाल खन्ना ने श्रीराम जन्मभूमि अयोध्या, काशी विश्वनाथ मंदिर और श्रीकृष्ण जन्म स्थान मथुरा की मुक्ति का प्रस्ताव प्रस्तुत किया था। दाऊदयाल खन्ना ने तत्कालीन प्रधानमंत्री इंदिरा गांधी को पत्र लिखकर इन तीनों धर्मस्थलों के विषय में शीघ्र समाधान खोजने का अनुरोध भी किया था। यह सम्मेलन दाऊदयात खन्ना की मांग पर श्रीराम मंदिर के ताले खोलने की नीव बना था, जिसके कारण तत्कालीन केंद्र सरकार को झुकना पड़ा था।

1984 में भारतीय जनता पार्टी ने अपना पहला आम चुनाव लड़ा था, देश के बहुसंख्यक समाज की भावनाओं को देखते हुए बाद के समय में भारतीय जनता पार्टी इस आंदोलन में खुलकर शामिल हो गई थी। भारतीय जनता पार्टी ने इस आंदोलन के एक भाग के रूप में कई रैलियाँ और मार्च आयोजित किए थे। 1984 में एक साथ कई घटनाएँ हुईं थी, जिनके कारण मंदिर आंदोलन की पक्की नींव तैयार हो गई थी। 1984 में ही जयपुर में भी अखिल भारतीय स्तर की एक बैठक के माध्यम से विभिन्न हिन्दू धार्मिक और आध्यात्मिक नेताओं सहित चार सौ से अधिक धर्मगुरुओं ने आंदोलन के भविष्य की रूपरेखा तैयार करने के लिए पंद्रह दिनों तक मंथन किया था।

7 अप्रैल 1984 से श्रीराम मंदिर शिलान्यास की रूपरेखा तैयार करने के लिए दिल्ली के विज्ञान भवन में दो दिवसीय एक विशाल धर्म संसद का आयोजन किया गया था। विश्व हिन्दू परिषद द्वारा आयोजित इस धर्म संसद में सनातन धर्म एवं वैदिक धर्म के विभिन्न संप्रदायों के पांच सौ अठ्ठाइस संतों ने एकमत से श्रीराम जन्मभूमि मुक्ति के लिए निर्णय के प्रस्ताव का समर्थन कर दिया था। विश्व हिन्दू परिषद के गठन के लगभग बीस वर्ष बाद आयोजित अपनी पहली धर्म संसद में अयोध्या, मथुरा और काशी के धर्मस्थलों को हिंदुओं को सौंपने का प्रस्ताव भी पारित किया गया था। साठ़ के दशक में विश्व हिन्दू परिषद का गठन हो चुका था, लेकिन उसका विकास और विस्तार इस वर्ष में अधिक हुआ था और इसी वर्ष विश्व हिन्दू परिषद ने धर्म संसद का आयोजन किया था, इसमें यह संकल्प लिया गया था कि हर हाल में श्रीराम जन्मभूमि को मुक्त कराना है।

इससे पहले बाबरी मस्जिद का विवाद न्यायालयों में लड़ा जाता रहा था और स्थानीय लोग ही मुक़दमे लड़ रहे थे, लेकिन विश्व हिन्दू परिषद के इसमें शामिल होने के बाद से बाहर के लोग

भी इस आंदोलन से जुड़ने लगे थे। इसके बाद से ही इस आंदोलन में देश भर से अन्य संत और महात्मा भी शामिल हो गए थे। लेकिन उस समय तक कोई बहुत बड़ा नाम उनके साथ नहीं आ पाया था। तमाम कोशिशों के बाद भी कोई बड़े शंकराचार्य विश्व हिन्दू परिषद के साथ आंदोलन में शामिल नहीं हुए थे। विश्व हिन्दू परिषद के अशोक सिंघल भी इन सबसे मिल कर प्रयास करते रहे थे, लेकिन उन्हें भी इस विषय में कुछ लाभ नहीं हुआ था। विश्व हिन्दू परिषद ने मंदिर के लिए केवल आंदोलन का रास्ता ही नहीं अपनाया था, जब भी समझौते की कोशिश हुई थी परिषद ने उसमें भी अपनी भूमिका निभाई थी।

18 जून 1984 को दिगंबर अखाड़ा, अयोध्या में आयोजित संतों की एक सभा में इसमें प्रदेश सरकार के पूर्व मंत्री दाऊदयाल खन्ना को जन्मभूमि मुक्ति अभियान समिति का संयोजक बनाया गया था।

21 जुलाई 1984 को अयोध्या के वाल्मीकि भवन में एक बैठक करके विश्व हिन्दू परिषद ने दिगंबर अखाड़ा के संतों के माध्यम से भगवान श्रीराम के जन्मस्थल को मुक्त करने और वहां पर मंदिर बनाने के लिए श्रीराम जन्मभूमि मुक्ति यज्ञ समिति का गठन कर दिया था। तत्तकालीन गोरक्षपीठाधीश्वर महंत अवैद्यनाथ को अध्यक्ष मनोनीत किया गया और उपाध्यक्ष पद पर परमहंस रामचंद्र दास एवं महंत नृत्यगोपालदास को चुना गया था। महंत अवैद्यनाथ ने अपने शिष्यों और लोगों से कहा था कि चुनाव में उसी पार्टी को वोट देना जो हिन्दुओं के पवित्र स्थानों को मुक्त कराएंगी, बाद में इस अभियान का नेतृत्व भारतीय जनता पार्टी के नेता लालकृष्ण आडवाणी ने संभाल लिया था।

25 सितंबर 1984 को श्रीराम जन्मभूमि की मुक्ति के लिए जन जागरण के उद्देश्य से मुक्ति यज्ञ समिति के संयोजन में बिहार के सीतामढ़ी से एक रामजानकी रथ यात्रा शुरू की गई थी। एक मोटर को रथ का रूप दिया गया था, जिसमें श्रीराम और माता जानकी की मूर्तियों को कैद में दिखाया गया था।

7 अक्टूबर 1984 को हजारों श्रीराम भक्तों एवं साधु संतों ने अयोध्या स्थित सरयू नदी के तट से जल लेकर श्रीराम जन्मभूमि की मुक्ति का संकल्प लिया था और इस सभा में मंदिर का ताला खोलने की माँग की गई थी। शाम को अयोध्या के वाल्मीकि भवन में बैठक करके श्रीराम जन्भूमि मुक्ति आंदोलन के पैंतीस सदस्यीय संरक्षक मंडल का गठन किया गया था। इस बैठक में भारतीय जनता पार्टी के युवा नेता मुख्तार अब्बास नकवी ने यह कह कर हलचल मचा दी थी कि वह मंदिर निर्माण के लिए कारसेवा करने वाले पहले कारसेवक होंगे।

8 अक्टूबर 1984 को अयोध्या में बजरंग दल की भी स्थापना कर दी गई थी, जनजागरण के उद्देश्य से एक पदयात्रा शुरू की गई थी। उस समय श्रीराम जन्मभूमि आंदोलन के लिए राम जानकी रथ यात्रा भी चल रही थी।

8 अक्टूबर 1984 को श्रीराम जन्मभूमि मुक्ति संकल्प यात्रा विशाल रैली के रूप में लखनऊ के लिए रवाना हो गई थी। आयोजकों ने तत्कालीन सरकार से 'श्रीराम जानकी रथ यात्रा' को सुरक्षा

देने की मांग की थी, लेकिन अयोध्या से प्रस्थान के समय सरकार ने सुरक्षा देने से साफ मना कर दिया था। इसके बाद संतों के आवाहन पर विश्व हिन्दू परिषद की ओर से वहाँ उपस्थित युवाओं को यात्रा की सुरक्षा का दायित्व दिया गया था। जिस प्रकार से प्रभु श्रीराम के कार्य के लिए हनुमान जी सदैव उपस्थित रहे हैं, उसी प्रकार से बजरंगियों की यह टोली 'बजरंग दल' के रूप में श्रीराम जी की जन्मभूमि की मुक्ति के लिए कार्य कर रही थी।

14 अक्टूबर 1984 को जनजागरण यात्रा लखनऊ पहुंची थी, वहां पर बेगम हजरत महल पार्क में हुई एक विशाल सभा में विश्व हिन्दू परिषद के संस्थापक महासचिव अशोक सिंघल ने प्रस्ताव रखा था कि, श्रीराम जन्भूमि का स्वामित्व अविलंब जगद्गगुरु रामानंदाचार्य को सौंप दिया जाए। उस समय तक श्रीराम जन्मभूमि न्यास का गठन नहीं हुआ था, मंदिर निर्माण की मांग को लेकर यह प्रथम जनसभा थी। लखनऊ के बेगम हजरत महल पार्क में विशाल सभा के माध्यम से मंदिर के लिए हुंकार भरी गई थी और इसी दिन मुक्ति यज्ञ समिति के शीर्ष प्रतिनिधि मंडल ने उत्तर प्रदेश के तत्कालीन मुख्यमंत्री नारायणदत्त तिवारी से भेंट करके उन्हें अपनी मांग से अवगत करा दिया था। उस समय संत समाज ने मुख्यमंत्री से मिल कर आधिकारिक रूप में मंदिर का ताला खोलने और जन्भूमि स्थल पर मंदिर बनाने की माँग रखी थी, यह माँग करने वालों में मुख्य रूप से अशोक सिंघल, महंत अवैद्यनाथ और परमहंस रामचंद्र दास शामिल थे।

31 अक्टूबर 1984 को श्रीराम जानकी रथ यात्रा लखनऊ होते हुए दिल्ली पहुंचनी थी और वहां पर सभा के आयोजन के साथ ही एक प्रतिनिधि मंडल तत्कालीन प्रधानमंत्री इंदिरा गांधी से भी भेंट करने वाला था। यह यात्रा गाजियाबाद तक ही पहुंची थी कि उसी दिन तत्कालीन प्रधानमंत्री इंदिरा गांधी की उनके सुरक्षा गार्डों ने हत्या कर दी थी। जिसके कारण 2 नवंबर 1984 को प्रस्तावित विशाल हिन्दू सम्मेलन और आगे के सभी कार्यक्रमों को स्थगित कर दिया गया था और इसी के साथ ही यह संकल्प यात्रा भी स्थगित हो गई थी।

26 मार्च 1985 को जन्मभूमि मंदिर की मुक्ति के लिए विश्व हिन्दू परिषद और श्रीराम जन्मभूमि मुक्ति यज्ञ समिति ने पचास लाख रामभक्तों का बलिदानी जत्था तैयार करने की घोषणा कर दी थी। मुक्ति आंदोलन के लिए विश्व हिन्दू परिषद और श्रीराम जन्मभूमि मुक्ति यज्ञ समिति का नेतृत्व सक्रिय हो गया था।

18 अप्रैल 1985 को महंत परमहंस रामचंद्र दास ने घोषणा कर दी थी कि यदि आगामी रामनवमी तक श्रीराम जन्मभूमि मंदिर पर लगा ताला सरकार ने नहीं खुलवाया तो वे आत्मदाह करके अपने प्राण त्याग देंगे। इस बीच श्रीराम जन्मभूमि मुक्ति आंदोलन के अर्न्तगत की जा रही यात्राओं, बैठकों और सभाओं एवं बयानों से मंदिर की दावेदारी का अभियान और तेज हो गया था।

1986 तक अयोध्या में इस विषय में लगभग शांति सी ही रही थी और विवादित स्थान तनाव से मुक्त रहे थे। इस बीच किसी समुदाय द्वारा कोई कानूनी गतिविधि भी नहीं की गई थी, जिला और उच्च न्यायालयों द्वारा सुनाए गए निर्णय के आधार पर यथास्थिति बनी हुई थी। लेकिन दूसरी ओर बीच के इस समय में विश्व हिन्दू परिषद के अभियान के कारण अन्य दूसरे संगठन भी मंदिर आंदोलन से जुड़ते चले गए थे, इनमें साधुओं का संगठन, अखिल भारतीय संत समिति

और बजरंग दल प्रमुख थे। संत समाज के इस अभियान के साथ जुड़ने से आंदोलन को बहुत लाभ हुआ था, संतों के प्रवचनों से आम जनता को श्रीराम जन्मभूमि के विषय में सही बात का पता चलता था, अब तक जिनको इस आंदोलन की जानकारी नहीं थी, वे लोग भी इससे जुड़ने लगे थे, संत अपने प्रवचनों में जनता को मंदिर के विषय में सही बात समझाने लगे थे। कुंभ के अवसर पर एवं धार्मिक अनुष्ठानों के द्वारा भी संत समाज ने श्रीराम जन्मभूमि की मुक्ति के लिए बहुत प्रचार किया था।

21 जनवरी 1986 को अयोध्या के अधिवक्ता उमेशचंद्र पांडेय ने भी रामलला के द्वार पर लगा ताला खुलवाने के लिए फैजाबाद के मुंसिफ न्यायालय में एक मुकदमा दायर कर दिया था। लेकिन न्यायालय ने इस पर कोई भी आदेश देने से साफ मना कर दिया था। इससे पहले वहाँ लंबित श्रीराम जन्मभूमि बाबरी मस्जिद मुक़दमों से पांडेय का अब तक कोई संबंध नहीं था, इसके बाद उन्होंने फैजाबाद जनपद न्यायाधीश के न्यायालय में इस विषय में एक मुकदमा दायर किया था।

1 फरवरी 1986 को जनपद न्यायाधीश ने अधिवक्ता उमेशचंद्र पाण्डेय की अपील पर सुनवाई करते हुए रामलला के दरवाजे पर लगे ताले को खुलवाने का आदेश दे दिया था। ज़िला मजिस्ट्रेट और पुलिस कप्तान ने जनपद न्यायाधीश के न्यायालय में उपस्थित हो कर कहा था कि उस स्थल का ताला खुलने से शांति व्यवस्था बनाए रखने में कोई परेशानी नहीं होगी। इस बयान को ही आधार बनाकर जनपद न्यायाधीश ने अधिवक्ता उमेशचंद्र पाण्डेय की अपील पर सुनवाई करते हुए हिन्दुओं को विवादित स्थल पर पूजा और दर्शन की अनुमति देने के लिए लगभग सैंतीस वर्ष से बंद पड़े हुए विवादित स्थल का ताला खोलने का आदेश दे दिया था। अयोध्या में शांति रहने के बाद, फैजाबाद के जिला मजिस्ट्रेट ने विवादित स्थल के मुख्य द्वार पर ताला लगाने का अपना पहले का आदेश रद्द कर दिया था। क्योंकि जिला न्यायालय ने विवादित स्थल पर हिन्दू समुदाय द्वारा रामलला के दर्शन करने के लिए दरवाजा खोलने का निर्देश दे ही दिया था, उस आदेश का अनुपालन फैजाबाद के जिला मजिस्ट्रेट ने किया था और जनपद न्यायाधीश के आदेश पर मुख्य द्वार खोल दिया गया था। रामलला की जन्मभूमि का ताला खुलते ही मंदिर समर्थकों का उत्साह बढ़ गया था। लेकिन मुसलमानों ने इस फैसले का विरोध जारी रखा था, जिसका परिणाम यह हुआ कि दरवाजा केवल एक घंटे से भी कम समय के लिए खोला गया और उसके बाद यह दरवाजा फिर से बंद रहने लगा था।

मंदिर का ताला खुलने के घंटे भर के भीतर ही इस का दूरदर्शन पर समाचार भी प्रसारित कर दिया गया था। इसके बाद तो अयोध्या में चल रहा मंदिर मस्जिद विवाद पूरे देश और दुनिया की जानकारी में आ गया था।

3 फरवरी 1986 को अयोध्या निवासी मोहम्मद हाशिम ने इलाहाबाद उच्च न्यायालय में एक मुकदमा दायर किया और उसमें जनपद न्यायाधीश फैजाबाद के आदेश पर रोक लगाने की मांग कर दी थी। न्यायालय ने उसी दिन अगले आदेश तक यथास्थिति बनाए रखने का आदेश पारित कर दिया था। हाशिम अंसारी बाबरी मस्जिद केस के सबसे पुराने पक्षकार थे। वह 1949 से ही बाबरी केस की पैरवी कर रहे थे। श्रीराम जन्मभूमि मामले के पक्षकार रहे महंत परमहंस रामचंद्रदास और हाशिम अंसारी की आपस में दोस्ती थी। वह न्यायालय में तो एक दूसरे का

विरोध करते थे, लेकिन दोनो आपस में मित्र भी थे, केस की सुनवाई के बाद इन दोनों को हमेशा बाहर साथ में मिलते देखा जाता था।

15 फरवरी 1986 को मुस्लिमों ने बाबरी मस्जिद संघर्ष समिति का गठन कर लिया था। मुस्लिमों में विवादित स्थल का ताला खोले जाने की तुरन्त प्रतिक्रिया भी हुई थी। उन्होंने उस निर्णय के विरोध में तथा बाबरी मस्जिद की रक्षा के लिए इस संघर्ष समिति का गठन किया था, इसके बाद आज़म ख़ान और ज़फ़रयाब जिलानी की अगुवाई में जवाबी आंदोलन चालू कर दिया था। विवादित स्थल का ताला खोले जाने से पहले मंदिर विवाद पर मुस्लिम राजनीती उतनी आक्रामक नहीं थी, लेकिन इस घटना के बाद से वह भी पूरी गरमा गई थी।

12 मई 1986 को सुन्नी वक्फ बोर्ड ने भी अयोध्या के जनपद न्यायाधीश के द्वारा विवादित स्थल का ताला खोलने के लिये दिये गए निर्णय के विरूद्ध इलाहाबाद उच्च न्यायालय की लखनऊ खंडपीठ में अपील भी दायर कर दी थी, लेकिन वहां पर उनकी यह अपील निरस्त हो गई थी।

1986 में ही रामलला विराजमान का भव्य मंदिर बनाने के लिए विश्व हिन्दू परिषद ने श्रीराम जन्मभूमि न्यास ट्रस्ट का गठन कर दिया था। इस बीच दोनों ओर से सुलह समझौते की बातचीत भी शुरू हुई थी, यह भी कोशिश की गई थी कि, हिन्दू समाज राम चबूतरे से आगे ख़ाली पड़ी हुई भूमि पर मंदिर बना ले और मस्जिद को पीछे की ओर छोड़ दे, लेकिन विश्व हिन्दू परिषद और राष्ट्रीय स्वयंसेवक संघ ने इन सब बातों को नकार दिया था। उसके बाद हिन्दू और मुस्लिम दोनों की ओर से देश भर में सांप्रदायिक ध्रुवीकरण की राजनीति शुरू हो गई थी और भारतीय जनता पार्टी भी इस समय तक मंदिर आंदोलन के साथ खुलकर सामने आ ही चुकी थी।

1987 में उत्तर प्रदेश की तत्कालीन कांग्रेस सरकार ने श्रीराम जन्मभूमि मुक्ति यात्राओं को प्रतिबंधित कर दिया था, दूसरी ओर आंदोलनकारियों ने देश भर में श्रीराम जन्मभूमि मुक्ति यज्ञ समितियों का गठन कर लिया था।

4 अक्टूबर 1988 को बाबरी मस्जिद संघर्ष समिति के द्वारा अयोध्या में मिनी मार्च और लांग मार्च के साथ विवादित स्थल पर नमाज पढ़ने की घोषणा की गई थी। लेकिन विवाद को बढ़ने से रोकने के लिए सरकार के अनुरोध पर इन कार्यक्रमों को वापस ले लिया गया था।

1 फरवरी 1989 को प्रयाग में कुंभ मेले के आयोजन के अवसर पर विश्व हिन्दू परिषद ने संतों का एक सम्मेलन आयोजित किया था। संतों के सम्मेलन की तृतीय धर्मसंसद में एक लाख संतों ने श्रीराम शिला पूजन तथा इसी वर्ष 9 नवंबर 1989 को मंदिर का शिलान्यास करने की घोषणा कर दी थी। इस कुंभ मेले के अवसर पर मंदिर निर्माण के लिए देश के गांव गांव में शिला पूजन कराने का निर्णय भी लिया गया था। उस समय विश्व हिन्दू परिषद के नेतृत्व पर उत्तर प्रदेश की तत्कालीन सरकार द्वारा शिलान्यास रोके जाने के लिए कई प्रकार के दबाव भी डाले गए थे, लेकिन विश्व हिन्दू परिषद ने शिलान्यास का कार्यक्रम स्थगित नहीं किया था।

27 मई 1989 को विश्व हिन्दू परिषद ने अयोध्या में विवादित स्थल पर पच्चीस करोड़ रुपए की लागत से श्रीराम जन्मभूमि पर मंदिर बनाने की घोषणा कर दी थी। उस समय ग्यारह प्रांतों

के साधु संतों की हरिद्वार में एक बैठक आयोजित की गई थी, जिसमें मंदिर निर्माण के लिए देश भर से चंदा जमा करने की योजना बनाई गई थी।

11 जून 1989 को भारतीय जनता पार्टी ने पालमपुर कार्य समिति में प्रस्ताव पास किया था कि न्यायालय इस मामले का निर्णय नहीं कर सकता है, इसलिए सरकार या तो समझौते से अथवा संसद में क़ानून बनाकर श्रीराम जन्मस्थान हिन्दुओं को सौंप दे। पालमपुर अधिवेशन में भारतीय जनता पार्टी ने श्रीराम जन्भूमि पर भव्य मंदिर निर्माण को अपने चुनावी घोषणापत्र में शामिल करने की घोषणा कर दी थी और मंदिर निर्माण को सुविधाजनक बनाने के लिए सभी संभावनाओं पर विचार करने का वादा भी किया था।

1989 के लोकसभा चुनावों के बाद से ही श्रीराम मंदिर का निर्माण भारतीय जनता पार्टी के चुनावी घोषणा पत्र का एक हिस्सा बन गया था, लेकिन उस समय उसमें विवादित स्थल पर मंदिर निर्माण के विषय में कुछ नहीं कहा गया था।

इसके बाद उत्तर प्रदेश की तत्कालीन कांग्रेस सरकार ने इलाहाबाद उच्च न्यायालय में एक याचिका दायर करके अनुरोध किया था कि श्रीराम जन्मभूमि बाबरी मस्जिद विवाद के चारों मुक़दमे फ़ैज़ाबाद से अपने पास मँगाकर जल्दी निर्णय कर दिया जाए।

1 जुलाई 1989 को भगवान रामलला विराजमान नाम से सिविल न्यायालय फैजाबाद में पांचवां मुकदमा दायर किया गया था।

10 जुलाई 1989 को इलाहाबाद उच्च न्यायालय ने श्रीराम जन्मभूमि बाबरी मस्जिद विवाद के सभी मामले अपने पास मंगाने का आदेश दे दिया था। उच्च न्यायालय ने सभी मामले तीन न्यायाधीशों की पूरी पीठ द्वारा निपटाने का निर्णय लिया और अयोध्या विवाद के सभी मामले लखनऊ खंडपीठ के हवाले कर दिये गए थे।

13 जुलाई 1989 को अयोध्या में बजरंग दल का शक्ति दीक्षा समारोह अयोजित किया गया, जिसमें मंदिर आंदोलन को एक नई धार दी गई थी।

14 अगस्त 1989 को इलाहाबाद उच्च न्यायालय की लखनऊ पीठ ने मंदिर और बाबरी मस्जिद विवाद पर लंबित सभी मामलों को एक साथ जोड़ दिया था। इस विषय में वरिष्ठ अधिवक्ता देवकी नंदन अग्रवाल ने इलाहाबाद उच्च न्यायालय में भगवान श्रीराम की ओर से एक मुकदमा दायर किया था, इसके बाद पूर्व के सभी मुकदमों को उच्च न्यायालय में स्थानांतरित कर दिया गया था। रामलला विराजमान के नाम पर एक अन्य मुकदमा उच्च न्यायालय में दायर हुआ था, जिसमें निर्मोही अखाड़ा (1959) और सुन्नी वक्फ बोर्ड (1961) के पक्षकारों को प्रतिवादी के रूप में नामित किया गया था।

इलाहाबाद उच्च न्यायालय ने एक स्थगनादेश भी जारी कर दिया था, कि श्रीराम जन्मभूमि बाबरी मस्जिद विवाद के मामले का निर्णय आने तक मस्जिद और सभी विवादित भूखंडों की वर्तमान स्थिति में कोई बदलाव नहीं किया जा सकता है।

19 अगस्त 1989 को जगदगुरु स्वामी शांतानंद ने श्रीराम मंदिर के लिए सर्वप्रथम शिला पूजन कर दिया था, लेकिन उस समय इन शिलाओं का मंदिर के रुप में स्थापित किया जाना आसान प्रतीत नहीं होता था। विश्व हिन्दू परिषद ने प्रस्तावित मंदिर के शिलान्यास की घोषणा पहले ही कर रखी थी, मंदिर के शिलान्यास से पहले विश्व हिन्दू परिषद ने पूरे देश में इसके लिए अभियान भी चला रखा था। अयोध्या में मंदिर निर्माण के लिए हिन्दू एकजुट होने लगे थे और शिलान्यास के लिए पूरे देश में यात्राएं आयोजित की जाने लगी थी। हिन्दुओं की आस्था के केन्द्र रामलला की जन्मभूमि को पुनः प्राप्त करने का अभियान पूरी तेज गति से आगे बढ़ रहा था। इसके बीच में समय समय पर श्रीराम जन्मभूमि आंदोलन की बागड़ोर विभिन्न हाथों में आती चली गई थी। समय के साथ मंदिर निर्माण के लिए पूरे देश के हिन्दुओं की भावनाऐं और भी अधिक आंदोलित होनी शुरु हो गई थी।

22 सितंबर 1989 को नई दिल्ली के बोट क्लब पर आयोजित की गई जनसभा में साधु संतों ने शिलान्यास कार्यक्रम में बाधा डालने पर सरकार को कड़े संघर्ष की चेतावनी दे दी थी।

30 सितंबर 1989 से देश भर में शिलापूजन कार्यक्रमों की शुरुआत कर दी गई थी। पूरे देश में शिलापूजन की अलख तेजी से जग रही थी। श्रीराम जन्भूमि पर मंदिर निर्माण के लिए देश के घर घर में आवाज पहुंच चुकी थी और शिलान्यास का संकल्प धीरे धीरे गति पकड़ चुका था।

23 अक्टूबर 1989 को भारत के सर्वोच्च न्यायालय द्वारा अयोध्या से संबंधित सभी कानूनी मुकदमों को इलाहाबाद उच्च न्यायालय की लखनऊ पीठ को आवंटित कर दिया गया था, इसके बाद बाबरी मस्जिद विवाद से जुड़ा पूरा मामला इलाहाबाद उच्च न्यायालय की स्पेशल बेंच की जांच के घेरे में आ गया था।

दूसरी ओर इलाहाबाद उच्च न्यायालय ने विवादित भूमि पर यथास्थिति बनाए रखने का आदेश दे दिया था।

2 नवंबर 1989 को काशी के हिन्दू विद्वानों ने रामलला से एक सौ बानवे फीट की दूरी पर दक्षिण पूर्व के कोने में भूमि का चयन करने के बाद शिलान्यास के लिए स्थान निश्चित कर दिया था।

5 नवंबर 1989 से हजारों की संख्या में साधू संत एवं श्रद्धालु पूजित शिलाएं लेकर अयोध्या पहुंचने लगे थे। संवैधानिक बाधाओं के बाद भी विश्व हिन्दू परिषद्र शिलान्यास पर अडिग था और देश भर से पूजित रामशिलाएं अयोध्या पहुंचने लगी थीं।

9 नवंबर 1989 को तत्कालीन उत्तर प्रदेश सरकार ने यह कहते हुए शिलान्यास की अनुमति दे दी थी, कि विवादित स्थल की मौके पर नाप तौल के अनुसार शिलान्यास किया जाने वाला भूखंड विवादित क्षेत्र से बाहर स्थित है। कहा जाता है कि बहुत ही दबाव और खींचतान के बाद बडी मुश्किल से सरकार ने विश्व हिन्दू परिषद को विवादित क्षेत्र के पास शिलान्यास करने की अनुमति पर सहमति दी थी। इस प्रकार से मंदिर समर्थकों के आगे दबाव का सामना कर रही सरकार ने यह स्पष्ट कर दिया था कि जिस स्थान पर शिलान्यास प्रस्तावित किया गया है, वह

स्थान गैर विवादित है और वहां पर शिलान्यास किया जा सकता है। इस बाच विश्व हिन्दू परिषद ने पूरे देश में शिलापूजन कार्यक्रम की घोषणा करते हुए माहौल को और भी गर्म कर दिया था।

9 नवंबर 1989 को विश्व हिन्दू परिषद की अगुवाई में हजारों हिन्दू कार्यकर्ताओं ने शीर्ष साधु संतों और बड़ी संख्या में श्रद्धालु रामभक्तों की उपस्थिति में अयोध्या में सामाजिक समानता का संदेश देते हुए विवादित स्थल के पास श्रीराम मंदिर का शिलान्यास कर दिया था। शिलान्यास की पहली ईंट बिहार के रहने वाले अनुसूचित जाति के कामेश्वर चौपाल ने रखी थी। इस आन्दोलन ने जातियों में बंटे हुए हिन्दू समाज को एक सूत्र में जोडने का काम किया था। उस दिन कामेश्वर चौपाल ने नारा दिया था 'रोटी के साथ राम', यह नारा देश भर के हिन्दुओं के अंतर्मन पर छा गया था और उस समय देश के लोगों में जनभावनाओं का ज्वार उमड़ पड़ा था। इस घटना के बाद से अयोध्या विवाद देश का सबसे बड़ा धार्मिक मुद्दा बन गया था।

10 नवंबर 1989 को शिलान्यास के अगले ही दिन हजारों की संख्या में रामभक्त कुदाल, फावड़े आदि लेकर सरयू तट से श्रीराम जन्मभूमि मंदिर की ओर बढ़ने लगे थे, लेकिन प्रशासन ने उन्हें बलपूर्वक रोक दिया था। जिला मजिस्ट्रेट के आदेश पर कारसेवा को रोका गया था और इसके बाद मंदिर निर्माण की योजना भी स्थगित कर दी गई थी, लेकिन विश्व हिन्दू परिषद ने दावा किया था कि जिस स्थान पर शिलान्यास किया गया है वह अविवादित भूमि है, और वहां पर शिलान्यास करने से अब रोका नहीं जा सकता है। इस प्रकार से शिलान्यास के बाद मंदिर निर्माण का संकल्प और भी जोर शोर से फलीभूत होने ओर की बढ़ चला था। इस समय तक भारतीय जनता पार्टी भी मंदिर आंदोलन को खुलकर अपने हाथ में ले चुकी थी, जिसका नेतृत्व उस समय के भारतीय जनता पार्टी के राष्ट्रीय अध्यक्ष लालकृष्ण आडवाणी कर रहे थे।

दूसरी ओर सुन्नी वक्फ बोर्ड दावा कर रहा रहा था कि मुस्लिम इस भूमि का उपयोग लंबे समय से कब्रिस्तान के रूप में करते आ रहे हैं, अतः यह भूमि हमारी है।

28 जनवरी 1990 को विश्व हिन्दू परिषद द्वारा प्रयाग में आयोजित संत सम्मेलन में 14 फरवरी 1990 से मंदिर के लिए कारसेवा करने की घोषणा कर दी गई थी।

6 फरवरी 1990 को तत्कालीन प्रधानमंत्री वीपी सिंह ने संतों से विवाद का हल करने के लिए एक समिति के गठन की घोषणा की और चार माह में इस समस्या के समाधान का दावा किया था।

24 जून 1990 को हरिद्वार में विराट हिन्दू सम्मेलन का आयोजन किया गया था, हरिद्वार भी उस समय उत्तर प्रदेश राज्य का ही हिस्सा था। विश्व हिन्दू परिषद के केंद्रीय मार्गदर्शक मंडल की इस बैठक में संतों ने देवोत्थान एकादशी अर्थात 30 अक्टूबर 1990 को अयोध्या में श्रीराम जन्मभूमि पर नव्य भव्य और विशाल मंदिर निर्माण के लिए कारसेवा की घोषणा कर दी थी। इस घोषणा के अनुसार ही बहुत बड़ी संख्या में कारसेवक अयोध्या में कारसेवा करने के लिए पहुंचे थे।

23 अगस्त 1990 को परमहंस रामचंद्रदास ने अपना वह मुक़दमा वापस ले लिया था, जो कि उन्होंने चालीस वर्ष पहले दायर किया था, उन्होंने इसके पीछे का कारण यह बताया था कि उन्हें न्यायालय से न्याय मिलने की अब कोई उम्मीद नहीं रही है, इसलिए इस मुकदमे का कुछ

लाभ नहीं है। उस समय तक परमहंस रामचंद्रदास को श्रीराम जन्म भूमि न्यास का अध्यक्ष भी बना दिया गया था।

31 अगस्त 1990 से अयोध्या में भगवान श्री राम के प्रस्तावित भव्य मंदिर निर्माण के लिए पत्थरों को तराशने का कार्य भी शुरू कर दिया गया था, जब कि उस समय तक मंदिर का निर्माण केवल एक सपना ही था।

1 सितंबर 1990 को अयोध्या में एक कार्यक्रम का आयोजन किया गया था जिसका नाम था अरणी मंथन, जिसमें अग्नि प्रज्ज्वलित करने के बाद इस अग्नि से प्राप्त ज्योति को देश के शहरों और गांव गांव तक पहुंचाया गया था। विश्व हिन्दू परिषद ने इसे 'राम ज्योति' नाम दिया था। इस 'राम ज्योति' के अभियान के सहारे विश्व हिन्दू परिषद ने देश की जनता को कारसेवा में हिस्सेदारी के लिए तैयार कर लिया था। लेकिन, उत्तर प्रदेश के तत्कालीन मुख्यमंत्री मुलायम सिंह यादव ने इस कारसेवा पर प्रतिबंध लगाने की घोषणा कर दी थी और कहा था कि मेरे रहते 'अयोध्या में परिंदा भी पर नहीं मार पाएगा।'

25 सितंबर 1990 को भारतीय जनता पार्टी के तत्कालीन अध्यक्ष लालकृष्ण आडवाणी ने श्रीराम जन्मभूमि की मुक्ति और मंदिर निर्माण के लिए। विश्व हिन्दू परिषद की मांग को बढ़ावा देने और उसके समर्थन में तथा हिंदुओं को इस महत्वपूर्ण मुद्दे के साथ जोड़ने के लिए कारसेवा में हिस्सा लेने की घोषणा कर दी थी। इसके साथ साथ ही उन्होंने गुजरात के सोमनाथ मंदिर से अपनी रथयात्रा शुरू कर दी थी, यह रथ यात्रा कारसेवा के लिए 30 अक्टूबर 1990 तक अयोध्या पहुँचनी थी। सोमनाथ से चल कर और देश के विभिन्न क्षेत्रों से होते हुए लालकृष्ण आडवाणी की इस रथ यात्रा ने बिहार में प्रवेश किया, उसके बाद धनबाद, राँची, हजारीबाग और नवादा होते हुए यह यात्रा पटना पहुँची थी। पटना के गांधी मैदान में उन्हें सुनने के लिए अपार जनसमूह के रूप में लगभग तीन लाख लोगों की भीड़ इकट्ठी हुई थी। वहां पर उपस्थित जनसमूह जय श्रीराम और सौगंध राम की खाते हैं, मंदिर वहीं बनाएँगे जैसे नारे लगा रहा था।

जिस प्रकार से इस रथयात्रा में लालकृष्ण आडवाणी को सम्मान मिला था उसकी उन्होंने कभी कल्पना भी नहीं की थी। उस समय देश के हिन्दुओं ने उन्हें इतना सम्मान दिया था जिसका उन्हें आभास भी नही था। आडवाणी जी का कहना था कि देश की जनता से इस प्रकार की प्रतिक्रिया मिलने की मुझे उम्मीद ही नहीं थी। क्योंकि, उस यात्रा के समय लोग आकर उनके रथ की पूजा करते थे और उनके पैर भी छूते थे।

19 अक्टूबर 1990 को सरकार ने विवादित स्थल एवं समीपवर्ती क्षेत्र का अधिग्रहण करने के लिए श्रीराम जन्मभूमि बाबरी मस्जिद क्षेत्र का अधिग्रहण अध्यादेश, 1990 की घोषणा कर दी थी। लेकिन यह अध्यादेश दिनांक 23 अक्टूबर 1990 को निरस्त कर दिया गया था।

22 अक्टूबर 1990 को अयोध्या के लिए जा रहे कारसेवकों को रास्ते में रोकने के लिए सरकारी प्रयास तेज कर दिए गए थे। उत्तर प्रदेश सरकार ने रेलगाड़ियों व बसों की तलाशी लेकर रास्ते में कारसेवकों को उतारा और गिरफ्तार कर लिया था। लेकिन उस समय अशोक सिंघल गोपनीय तरीके से अयोध्या पहुँच गए थे।

23 अक्टूबर 1990 को पटना की सभा के बाद आडवाणी बिहार के समस्तीपुर पहुँचे थे, वहाँ पर भी अपार जनसमूह इकट्ठा हुआ था, समस्तीपुर में भी उन्होंने लोगों को संबोधित किया था, जय श्रीराम के और अन्य नारे भी लगे थे। उस समय आडवाणी के साथ लगभग पचास हज़ार लोगों की भीड़ रुक रुक कर चल रही थी, इतना बड़ा जन समर्थन साथ में होने के बाद भी बिहार की तत्कालीन लालू प्रसाद यादव की सरकार ने आडवाणी जी की रथ यात्रा को रोक लिया था, सरकार ने पहले से ही उन्हें गिरफ़्तार करने की योजना बना रखी थी, लेकिन ऐसे में इतने बड़े जन समुदाय के बीच में से बिना विरोध हुए उनकी गिरफ़्तारी होना बहुत बड़ी चुनौती थी। परन्तु बिहार सरकार ने लालकृष्ण आडवाणी की रथ यात्रा को रुकवा दिया था और उन्हें समस्तीपुर में गिरफ्तार करवा लिया था।

दूसरी ओर लालकृष्ण आडवाणी की गिरफ्तारी के बाद उत्तर प्रदेश, गुजरात, कर्नाटक और आंध्र प्रदेश में साम्प्रदायिक दंगे भड़क उठे थे, देश के बहुत से क्षेत्र कर्फ्यू की चपेट में आ गए थे। अपने नेता की गिरफ्तारी के विरोध में भारतीय जनता पार्टी ने केन्द्र की सत्तारूढ़ राष्ट्रीय मोर्चा की सरकार से अपना समर्थन वापस ले लिया था और केन्द्र सरकार गिरा दी गई थी। लेकिन, उस समय तक देश भर से हजारों कार सेवक मंदिर निर्माण का संकल्प लिये हुए अयोध्या में जमा हो चुके थे। मंदिर निर्माण के लिए देशभर से लाखों शिलाएं, ईंटें यहां भेजी जा चुकी थी।

30 अक्टूबर 1990 को अयोध्या में कारसेवा करने की घोषणा पहले ही की जा चुकी थी, चारों दिशाओं से कारसेवक श्रद्धालु अयोध्या की ओर कूच कर चुके थे। अतः देश के कोने कोने से बडी संख्या में कारसेवक अयोध्या की ओर उमड़ पड़े थे, अयोध्या में कडी सुरक्षा व्यवस्था कर दी गई थी और कर्फ्यू लगा दिया गया था, कर्फ्यू को लगे हुए चार दिन हो चुके थे। उत्तर प्रदेश के तत्कालीन मुख्यमंत्री मुलायम सिंह यादव ने ऐलान कर ही रखा था, कि अयोध्या में परिंदा भी पर नहीं मार सकता है। लेकिन, उस समय तक श्रीराम जन्मभूमि पर श्रद्धालुओं के दर्शन करने पर रोक नहीं लगाई गई थी, किन्तु दर्शन करने के लिए वहां पर कोई जा भी नहीं सकता था। क्योंकि, सरकार ने अयोध्या जाने वाले सभी रास्तों को सील करा दिया था, रेलगाड़ियों का संचालन भी अयोध्या के रास्ते से जाने के लिए रोक दिया गया था और इस ओर को जाने वाली सभी बसों का संचालन भी रोक दिया गया था।

दूसरी ओर अयोध्या में भारी भीड़ जुटती जा रही थी, उस भीड में दो प्रकार के लोग जमा थे, एक तो वह लोग थे जो कि प्रति वर्ष की भांति कार्तिक पूर्णिमा पर अयोध्या की चौदह कोसी परिक्रमा करने के लिए देश के विभिन्न भागों से यहां पर पहुंचे हुए थे। दूसरे वह जन समुदाय था जो कि कारसेवा के लिए देश भर से यहां पर आया हुआ था। विश्व हिन्दू परिषद ने यहां आने वाले अपने सभी कारसेवकों को पहचान पत्र दिए हुए थे, साथ में उस क्षेत्र की छोटी सड़कों और पगडंडियों के नक्शे भी उन्हें दे रखे थे, हजारों कारसेवक पैदल चलकर अलग अलग रास्तों से और सुरक्षा बलों से बचते हुए अयोध्या पहुंच चुके थे। इन कारसेवकों को संघ और विश्व हिन्दू परिषद के कार्यकर्ताओं ने अलग अलग स्थानों पर छुपा कर ठहराया हुआ था।

राष्ट्रीय स्वयं सेवक संघ के तत्कालीन अध्यक्ष विष्णु हरि डालमियां और महंत अवैद्यनाथ एवं स्वामी चिन्मयानंद तथा शंकराचार्य वासुदेवानंद को रास्ते में गिरफ्तार कर लिया गया था। दूसरी ओर अयोध्या जाने के लिए आ रहे राष्ट्रीय स्वयं सेवक संघ के सह सर कार्यवाह राजेंद्र उर्फ रज्जू भैया को पुलिस ने लखनऊ में ही गिरफ्तार कर लिया था। भारतीय जनता पार्टी के उस समय के बड़े नेता अटल बिहारी वाजपेई लखनऊ हवाई अड्डे पर गिरफ्तार कर लिए गए थे, दूसरी ओर भारतीय जनता पार्टी के अध्यक्ष लाल कृष्ण आडवाणी पहले ही बिहार में गिरफ्तार हो चुके थे। कारसेवा आंदोलन के मुख्य सूत्रधार रहे विश्व हिन्दू परिषद के अशोक सिंघल और श्रीशचंद्र दीक्षित पुलिस के हाथ नहीं आ सके थे, वह दोनो पहले ही 29 अक्टूबर को अयोध्या पहुंच चुके थे।

अयोध्या नगर में कारसेवक जन्मभूमि स्थल की ओर कारसेवा के लिए बढ़ रहे थे, प्रातः काल के समय में जन्मभूमि की ओर पहला जत्था आगे बढ़ा, लेकिन पुलिस ने उन्हें बल पूर्वक खदेड़ दिया था, उसके बाद वह सभी कारसेवक हनुमानगढ़ी के सामने आकर बैठ गए थे। दूसरी ओर मठ और मंदिरों से निकलकर दूसरे स्थानों से आए हुए सैकड़ों कारसेवक और बहुत से अयोध्यावासी भी अपने घरों से निकलकर अयोध्या की सड़कों पर जन्मभूमि स्थल की ओर बढ़ने लगे थे। अधिकारियों ने उन्हें रोकने की कोशिश की थी, लेकिन कारसेवक रूकने को तैयार नहीं थे, उन्होंने रास्ते की कई बैरिकेडिंग भी गिरा दी थी।

अलग अलग स्थानों पर इकटठे हुए कारसेवकों के अन्य जत्थे भी जन्मभूमि की ओर बढ़ रहे थे, पुलिस को आदेश दिए गए थे कि जहां से भी रामभक्त कारसेवक चलें, उन्हें वहीं पर गिरफ्तार कर लिया जाए, इस प्रकार के आदेश पर पुलिस लोगों को गिरफ्तार कर रही थी। पुलिस ने कुछ साधु संतों को पकड़ कर एक बस में बैठाया लिया था, यह बस उन्हें ले कर चलने ही वाली थी कि एक साधु ने बस चालक को धक्का दे दिया और वह बस चालक की सीट पर जा कर बैठ गया, उसके बाद वह साधु बस को चलाते हुए जन्मभूमि की ओर ले गया और वहां पर बने हुए लोहे के तीन फाटक तोड़ते हुए बस को जन्मभूमि परिसर से कुछ दूरी पर रोक दिया। इसके साथ ही अन्य साधुओं का जोश भी बढ़ गया और सभी साधु परिसर में प्रवेश कर गए थे। श्रीशचंद्र दीक्षित ने अचानक वहां पहुंच कर कारसेवकों को अंदर आने का इशारा कर दिया था, उनके आते ही कारसेवकों ने तोड़ फोड़ करनी शुरू कर थी और इसके बाद वहां पर कारसेवा शुरू कर दी गई थी। इस सब के साथ ही कारसेवकों की सुरक्षा बलों से भिड़ंत भी हो गई थी।

विश्व हिन्दू परिषद के अशोक सिंघल के साथ दूसरा जत्था भी वहां पर आ पहुंचा था, पुलिस ने उन पर लाठीचार्ज शुरू कर दिया था और उस जत्थे को वहीं रोक दिया था, एक लाठी अशोक सिंघल के सिर में भी लग गई थी जिससे उनके सिर से खून बहने लगा था, परन्तु वह फिर भी आगे बढ़ने की कोशिश करते रहे। इसके बाद पुलिस ने उन्हें धकेलते हुए जत्थे से अलग कर दिया था, इससे अशोक सिंघल सहित कई कारसेवक घायल हो गए थे। कारसेवकों को घेर-घेर कर वहां से पकड़ा जा रहा था और उनकी गिरफ्तारियां की जा रही थी। अशोक सिंघल के घायल होने की सूचना चारों ओर फैल चुकी थी, हनुमानगढ़ी की गली में भीड बढ़ चुकी थी, लाठीचार्ज के बाद भी हजारों कारसेवक सुरक्षा के बाहरी घेरे और लोहे के फाटकों को तोड़कर जन्मभूमि क्षेत्र में घुस गए थे, दूसरी ओर गुंबद की दीवार और खिड़कियां तोड़ दी गई थी, बाहरी दीवार

की ईंटे भी उखाड़ी जा चुकी थीं। देखते ही देखते तीन कारेसवक गुबंद पर चढ़ गए थे, और उन्होंने उस पर भगवा झंडा फहरा दिया था। विश्व हिन्दू परिषद द्वारा घोषित की गई कारसेवा की जा चुकी थी और विवादित ढांचे के गुंबद पर झंडा फहरा दिया गया था। इस बीच भीड़ के अनियंत्रित होने और विवादित ढांचे को तोडने का प्रयास करने पर पुलिस ने गोली चला दी थी, जिसमें कुछ कारसेवक मारे भी गए थे।

प्रशासन द्वारा शाम को लगभग चार बजे सेना को बुला लिया गया था, लेकिन उस समय विवादित स्थल को सेना के हाथों में नहीं सौपा गया था। जिला प्रशासन की योजना यह थी की बाबरी ढांचे की मरम्मत करवा कर उसकी सुरक्षा सेना से कराई जाएगी।

जन्मभूमि पर कारसेवा के बाद अशोक सिंघल ने अपने बयान में कहा था कि, हिन्दू समाज की ऐतिहासिक विजय पर मैं सभी राम भक्तों को बधाई देता हूं। अशोक सिंघल के इस बयान के तुरंत बाद उत्तर प्रदेश के तत्कालीन मुख्यमंत्री मुलायम सिंह यादव ने भी एक बयान जारी कर दिया था, कि अयोध्या में कारसेवा नहीं हुई है और बाबरी मस्जिद को कोई नुकसान नहीं हुआ है।

इस कारसेवा के बाद रामलला हम आऐंगे, मंदिर वहीं बनाएंगे का नारा पूरे देश में गूंज उठा था और सौगंध राम की खाते हैं, मंदिर वहीं बनाएंगे, 'बच्चा बच्चा राम का, जन्मभूमि के काम का जैसे नारे पूरे देश में गुंजायमान होने लगे थे, देश भर के हिन्दुओं का जोश उफान पर आ गया था।

2 नवंबर 1990 को एक बार फिर से श्रीराम जन्मभूमि की ओर कारसेवकों के कूच की घोषणा कर दी गई थी। उस समय अयोध्या में रूके हुए कारसेवकों का जोश ऊंचइयों पर था और बाहर से भी बडी संख्या में अन्य कारसेवक अयोध्या पहुंच गए थे। इस बार भी कारसेवाकों और सुरक्षा बलों के बीच में संघर्ष हुआ था। उत्तर प्रदेश की तत्कालीन सरकार ने भीड़ के अनियंत्रित होने और विवादित ढांचे को तोडने का प्रयास करने पर पुलिस को गोली चलाने के आदेश दे रखे थे, विश्व हिन्दू परिषद के कार्यकर्ताओं ने बाबरी मस्जिद को ध्वस्त करने की कोशिश भी की थी जिसके परिणाम स्वरूप मस्जिद को आंशिक रूप से नुकसान भी पहुंचा था। सुरक्षा बलों की गोलीबारी में कोठारी बंधुओं सहित कई कारसेवक मारे गए थे, उस दिन की यह तारीख इतिहास के काले अध्याय में दर्ज हो गई थी, उन दोनो भाइयों की कहानी अत्यंत ही मार्मिक है। प्रातः काल का समय था हनुमान गढ़ी के सामने संकरी गली में कारसेवक बढ़े चले आ रहे थे, आसपास के घर की छतों पर पुलिस तैनात थी, उस दिन 30 अक्टूबर की घटना से खार खाए बैठे अर्धसैनिक बल के जवानों ने सामने से आ रहे कारसेवकों को देखते ही उन पर फायरिंग शुरू कर दी थी, भगदड़ के बीच कोठारी बंधु लाल कोठी के निकट एक घर की ओट में चले गए थे, जिस समय गोलियों की बौछार रूकी तो दोनो भाई धीरे से बाहर निकले, लेकिन इसी बीच उनके सिर और छातियां गोलियों से छलनी कर दी गईं थी। उस दिन कोठारी बंधुओं ने श्रीराम जन्मभूमि के लिए अपने प्राणों का बलिदान दे दिया था, इस गोलीबारी में ग्यारह कारसेवक भगवान श्रीराम के चरणों में अपना बलिदान दे कर सदा के लिए इस लोक से विदा हो गए थे।

3 नवंबर 1990 की देर रात तक राष्ट्रीय स्वयं सेवक संघ और विश्व हिन्दू परिषद के शीर्ष नेतृत्व के बीच इस घटना के बाद हुई बैठकों में गहन मंथन चला था। विश्व हिन्दू परिषद तीसरे दौर की कारसेवा के लिए कारसेवकों का कूच कराना चाहती थी, लेकिन उस समय राष्ट्रीय स्वयंसेवक संघ इसके लिए तैयार नहीं हुआ था। 30 अक्टूबर 1990 की कारसेवा के बाद यह आंदोलन एक प्रकार से संघ परिवार और उत्तर प्रदेश सरकार के बीच में शक्ति परीक्षण का मुद्दा बन गया था। कारसेवकों पर दो बार गोली चलने की घटना से संघ नेतृत्व को चिंता थी, राष्ट्रीय स्वयंसेवक संघ का नेतृत्व इन घटनाओं से बहुत आहत हुआ था। क्योंकि, संघ अपने कार्यकर्ताओं की जिंदगी दांव पर लगाने के लिए बिलकुल तैयार नहीं था। दूसरी ओर विश्व हिन्दू परिषद के अशोक सिंघल तीसरे कूच के लिए आह्वान करने को तैयार थे और इस विषय पर सरकार से आर पार की लड़ाई लड़ लेना चाहते थे, उनका कहना था कि मुस्लिम तुष्टीकरण के चक्कर में हिन्दुओं के साथ यह अत्याचार किया जा रहा है।

4 नवंबर 1990 को एक बार फिर से अशोक सिंघल ने तीसरा कूच करने का निश्चय कर लिया था। अशोक सिंघल यह सोचते थे कि दो बार गोली चलने के बाद सुरक्षा बलों में भी सरकार के प्रति आक्रोश पनप सकता है, उनका अपना विचार यह भी था कि इस बार सुरक्षा बल कारसेवकों के ऊपर गोली नहीं चलाएंगे और वह कारसेवकों के पक्ष में विद्रोह भी कर सकते हैं। जिसके बाद कारसेवक विवादित स्थल तक बिना किसी रोक टोक के आसानी से पहुंच जाएंगे और यह हिन्दुओं की बहुत बड़ी जीत होगी। परन्तु, इस बैठक में संघ के वरिष्ठ प्रचारक और अयोध्या आंदोलन के उस समय के रणनीतिकार भाऊराव देवरस ने साफ मना कर दिया था, वह अपने निर्णय पर पुनर्विचार को तैयार नहीं हुए थे। उनका कहना था संघ का काम किसी के साथ संघर्ष या टकराव करना नहीं है, हम युवकों को उनके घरों से आत्मघाती रास्ते पर चलने के लिए यहां नहीं लाए हैं, यह संघ की विचारधारा के विरूद्ध भी है। अयोध्या में आए हुए हिन्दू समाज के एक एक व्यक्ति के जीवन की जिम्मेदारी संघ परिवार पर है, यदि हम इसी प्रकार से निहत्थे कार्यकर्ताओं को मरने के लिए खड़े कर देंगे तो हिन्दू समाज का संघ के ऊपर से भरोसा उठ जाएगा, इसलिए उचित यही होगा, कि कूच के स्थान पर सत्याग्रह और जेल भरो आंदोलन चलाए जाएं और हिन्दू समाज को जाग्रत किया जाए।

इसके बाद देश भर में एक महीने का जेल भरो आंदोलन चलाकर और देश भर के कारसेवकों को अयोध्या बुलाकर जन जागरण अभियान चलाया गया था।

1 दिसंबर 1990 व 14 दिसंबर 1990 को इस विवाद पर अयोध्या में समझौते का प्रयास भी किया गया था, बाबरी मस्जिद एक्शन कमेटी के साथ विश्व हिन्दू परिषद ने द्विपक्षीय वार्ता की थी लेकिन यह बातचीत सफल नहीं हो सकी थी।

1 दिसंबर 1990 को भारत के तत्कालीन प्रधानमंत्री चंद्रशेखर ने भी गंभीरता दिखाते हुए बातचीत के माध्यम से श्रीराम जन्मभूमि बाबरी मस्जिद विवाद को सुलझाने की कोशिश की थी, उन्होंने इस प्रयास में विवाद को सुलझाने की कोशिश के लिए केन्द्र सरकार के एक वरिष्ठ मंत्री के साथ तीन राज्यों के मुख्यमंत्रियों की एक कमेटी बनाई थी, जिसमें उत्तर प्रदेश, राजस्थान और

महाराष्ट्र के तत्कालीन मुख्यमंत्रियों को शामिल किया गया था। दोनों पक्षों की आपस में एक साथ बैठक भी हुई थी, लेकिन मुस्लिम पक्ष के प्रतिनिधि और इतिहासकार अयोध्या जा कर मौक़ा मुआयना करने के बाद ही दोबारा बातचीत में आने के लिए कह कर चले गए थे। उसके बाद 25 जनवरी 1991 को यह वार्ता टूट गई थी।

इस विवाद को सुलझाने के लिए प्रधानमंत्री चंद्रशेखर के निकट मित्र एवं उस समय के देश के एक नामी और चर्चित तांत्रिक चंद्रास्वामी ने भी कुछ प्रयास किए थे, लेकिन उनके प्रयास से भी कोई ठोस परिणाम नहीं निकल सका था और वह भी इसमें असफल रहे थे।

4 अप्रैल 1991 को दिल्ली के वोट क्लब पर श्रीराम जन्मभूमि पर मंदिर निर्माण को लेकर एक विशाल रैली का आयोजन किया गया था, देश भर से लगभग पच्चीस लाख रामभक्त इस रैली में दिल्ली पहुँचे थे। यह भारत के इतिहास की विशालतम रैलियों में से एक थी। रैली के भाषणों में जिस समय संतों की गर्जना हो रही थी, उसी समय सूचना मिली कि उत्तर प्रदेश में मुलायम सिंह यादव ने मुख्यमंत्री पद से इस्तीफा दे दिया था। इस रैली की विशालता को देख कर बाद में तत्कालीन केन्द्र सरकार ने बोट क्लब पर सभाएं करना ही प्रतिबंधित कर दिया था।

1991 के जून महीने में उत्तर प्रदेश में दोबारा चुनाव हुए और प्रदेश में कल्याण सिंह के नेतृत्व में भारतीय जनता पार्टी की नई सरकार का गठन हो गया था। भारतीय जनता पार्टी को श्रीराम जन्मभूमि पर मंदिर निर्माण के नाम पर उत्तर प्रदेश में जनादेश प्राप्त हो चुका था, मंदिर का विरोध करने वाले पराजित हुए थे, अब हिन्दुओं को भी लगने लगा था कि श्रीराम जी की जन्मभूमि पर मंदिर निर्माण का रास्ता आसान हो जाएगा।

18 सितंबर 1991 को कांग्रेस की केन्द्र सरकार ने पूजा स्थलों के सम्बन्ध में एक कानून, प्लेसेज़ ऑफ़ वर्शिप एक्ट 1991 (उपासना स्थल अधिनियम 1991) भारत की संसद में पारित कर दिया था। इसके अन्तर्गत 15 अगस्त 1947 तक के अस्तित्व में आए हुए किसी भी धर्म के पूजा स्थल को एक आस्था से दूसरे धर्म में परिवर्तित करने पर और किसी भी स्मारक के धार्मिक आधार पर रखरखाव पर रोक लगाने का प्रावधान था। लेकिन यह कानून मान्यता प्राप्त प्राचीन स्मारकों पर लागू नहीं होता था।

परन्तु, इसमें एक मुख्य बात यह भी थी, कि यह अधिनियम उत्तर प्रदेश राज्य के अयोध्या में स्थित श्रीराम जन्मभूमि बाबरी मस्जिद और उक्त स्थान या पूजा स्थल से संबंधित किसी भी वाद, अपील या अन्य कार्यवाही के लिए लागू नहीं होता था। क्योंकि, लम्बे समय से मुकदमे बाजी के कारण अयोध्या में विवादित ढ़ाचे को इसके क्षेत्र से बाहर रखा गया था, बाबरी मस्जिद के विवाद का मामला वर्ष 1947 अर्थात भारत की आजादी के पहले से न्यायालय में था। अयोध्या में विवादित मस्जिद पूजा स्थल कानून 1991 के बनने से पहले ही कानूनी जांच के अन्तर्गत आती थी, इसीलिए इस कानून में इसकी संरचना को छूट दी गई थी। दूसरा उद्देश्य यह भी था कि इस विवाद के लिए समाधान से भी बीच का रास्ता निकाला जा सकता था। यदि इस कानून में ऐसा नहीं होता तो श्रीराम जन्मभूमि बाबरी मस्जिद विवाद सदैव उलझा ही रहता।

29 सितंबर 1991 को ऋषिकेश में आयोजित विश्व हिन्दू परिषद के मार्गदर्शक मंडल की बैठक में अयोध्या के अलावा काशी, मथुरा समितियों की भी घोषणा हो गई थी।

7 अक्टूबर 1991 को उत्तर प्रदेश में सत्तारूढ़ भारतीय जनता पार्टी की सरकार ने एक आदेश जारी करके विवादित ढांचे के आस पास की 2.77 एकड़ भूमि का अधिग्रहण कर लिया था। लेकिन सुन्नी वक्फ बोर्ड ने तुरन्त इसे न्यायालय में चुनौती दे दी थी।

2 नवंबर 1991 को राष्ट्रीय एकता परिषद की बैठक में उत्तर प्रदेश के तत्कालीन मुख्यमंत्री कल्याणसिंह ने विवादित ढाँचे की सुरक्षा का आश्वासन दिया था।

1991 के नवंबर माह में ही सर्वोच्च न्यायाल ने मुस्लिमों की मांग पर उत्तर प्रदेश सरकार को अधिगृहीत भूमि पर बने ढांचे को यथावत बनाये रखने के निर्देश जारी कर दिये थे।

मार्च 1992 में श्रीराम जन्मभूमि न्यास ने सरकार से पूर्व में अधिग्रहीत बयालीस एकड़ भूमि को रामकथा कुंज में रामकथा पार्क के निर्माण के लिए प्रदान करने की मांग रख दी थी, जिसके फलस्वरूप उत्तर प्रदेश की सत्तारूढ भारतीय जनता पार्टी की कल्याण सिंह सरकार ने विवादित ढांचे के पास की बयालीस एकड़ भूमि श्री रामकथा कुंज न्यास को पट्टे पर दे दी थी। इसके बाद न्यास ने इस भूमि के समतलीकरण का काम शुरू कर दिया था।

1992 के अप्रेल महीने में मुस्लिमों ने अधिगृहित भूमि पर चल रही गतिविधियों को रोकने के लिए उत्तर प्रदेश सरकार के विरूद्ध उच्चतम न्यायालय में मनहानि का मामला दायर कर दिया था। लेकिन फिर भी अगले तीन महीने तक अधिगृहित भूमि पर मंदिर निर्माण के लिए तेजी से गतिविधियां चलती रही थी। उच्चतम न्यायालय ने राज्य सरकार को यथास्थिति बनाए रखने का निर्देश भी दिया था, लेकिन सरकार वहां पर चल रही गतिविधियों को नहीं रोक सकी थी। अप्रैल 1992 में ही राष्ट्रीय एकता परिषद के शिष्टमंडल ने अयोध्या का भ्रमण भी किया था।

8 मई 1992 को विश्व हिन्दू परिषद के समर्थक साधुओं ने तत्कालीन प्रधानमंत्री पीवी नरसिंह राव से मुलाकात की थी। अयोध्या में श्रीराम मंदिर के निर्माण के विषय में उनके बुलावे पर प्रधानमंत्री निवास पर श्रृंगेरी, पुरी, द्वारका ज्योतिर्पीठ और कांची के शंकराचार्य पहुंचे थे तो राव उनके स्वागत में धोती पहने और शरीर पर केवल अंगवस्त्र डाले हुए खडे हुए शंख बजा कर स्वस्ति वचन पढ रहे थे। उस समय इतना धार्मिक प्रधानमंत्री देख कर शंकराचार्यों के आश्चर्य का भी ठिकाना नहीं रहा था।

9 जुलाई 1992 को विश्व हिन्दू परिषद के तत्वावधान में कंक्रीट के चबूतरे का निर्माण शुरू कर दिया गया था। इसके बाद भारत के गृहमंत्री ने अयोध्या का दौरा किया था और प्रधानमंत्री से वार्ता के बाद 26 जुलाई को चार बजे से कारसेवा बंद करने की घोषणा कर दी गई थी।

23 जुलाई 1992 को सर्वोच्च न्यायालय ने विवादित स्थल पर यथास्थिति बनाए रखने का निर्णय सुनाया था।

1992 के जुलाई और नवंबर महीनों के बीच विश्व हिन्दू परिषद और आल इंडिया बाबरी मस्जिद एक्शन कमेटी के बीच कई दौर की बातचीत भी हुई थी, लेकिन इस बातचीत से भी कोई निष्कर्ष नहीं निकाल सका था।

16 अक्टूबर 1992 को तत्कालीन प्रधानमंत्री के साथ विश्व हिन्दू परिषद के नेताओं की दूसरी बैठक हुई थी।

23 अक्टूबर 1992 को विवादित स्थल की पुरातत्विक सामग्री के अध्ययन के लिए भी एक बैठक का आयोजन किया गया था, जिससे कि विवादित स्थल के विषय में सही जानकारी प्राप्त की जा सके।

31 अक्टूबर 1992 को आयोजित हुई पाँचवीं धर्म संसद में अयोध्या में श्रीराम जन्मभूमि पर मंदिर निर्माण के लिए कारसेवा करने की अंतिम घोषणा कर दी गई थी। अब तक तत्कालीन केन्द्र सरकार ने मंदिर निर्माण के विषय में कोई निर्णय नहीं लिया था, अतः इसके बाद विश्व हिन्दू परिषद और भारतीय जनता पार्टी ने केन्द्र सरकार के ढीले ढाले रवैये की आलोचना करते हुए यह निर्णय लिया था।

8 नवंबर 1992 को तत्कालीन केंद्र सरकार के साथ विश्व हिन्दू परिषद की तीसरी और अंतिम बैठक हुई थी।

10 नवंबर 1992 को देश के विभिन्न राजनीतिक दलों के नेताओं से तत्कालीन प्रधानमंत्री की वार्ता हुई और इस बैठक में विवादित ढाँचे की रक्षा का संकल्प दोहराया गया था।

16 नवंबर 1992 को उत्तर प्रदेश सरकार ने सर्वोच्च न्यायालय में हलफनामा दाखिल करके न्यायालय को आश्वासन दिया था, कि अयोध्या के विवादित क्षेत्र में किसी भी प्रकार का निर्माण कार्य नहीं करने दिया जाएगा। इसके साथ ही सरकार ने यह भी कहा था कि सर्वोच्च न्यायालय के आदेशों के अनुसार वहां पर केवल सांकेतिक कारसेवा होगी।

23 नवंबर 1992 को राष्ट्रीय एकता परिषद की बैठक में भारतीय जनता पार्टी के बहिष्कार की घोषणा कर दी गई और विवादित ढाँचे की रक्षा के लिए सर्व सम्मत प्रस्ताव पास किया गया था।

25 नवंबर 1992 को सर्वोच्च न्यायालय ने केंद्र सरकार को कारसेवा रोकने के लिए उचित कार्रवाई करने का आदेश दिया था।

26 नवंबर 1992 को कारसेवा को रोकने में उत्तर प्रदेश सरकार की मदद करने के लिए केंद्रीय अर्धसैन्य बलों की नब्बे कंपनियाँ अयोध्या पहुँच गई थी।

28 नवंबर 1992 को उत्तर प्रदेश सरकार ने सर्वोच्च न्यायालय को भरोसा दिलाया था, कि अयोध्या में केवल सांकेतिक कारसेवा ही होगी और स्थायी या अस्थायी निर्माण नहीं करने दिया जाएगा।

29 नवंबर 1992 को सर्वोच्च न्यायालय द्वारा उत्तर प्रदेश के मुरादाबाद जिले के जिला न्यायाधीश को अयोध्या के हालात पर निगरानी रखने के लिए पर्यवेक्षक नियुक्त कर दिया गया था।

30 नवंबर 1992 को अयोध्या की स्थिति पर चर्चा करने के लिए नई दिल्ली में केंद्रीय मत्रिमंडल की एक बैठक भी हुई थी।

2 दिसंबर 1992 को तत्कालीन प्रधानमंत्री ने उच्चस्तरीय बैठक करके हालात की समीक्षा की थी। दूसरी ओर वाराणसी में लालकृष्ण आडवाणी ने कहा था, कि उत्तर प्रदेश सरकार किसी भी हालत में अयोध्या में कारसेवकों के विरुद्ध बल प्रयोग नहीं करेगी और कारसेवा हर हाल में होगी।

3 दिसंबर 1992 को भारतीय जनता पार्टी के वरिष्ठ नेताओं ने एक बैठक करके निर्णय लिया कि श्रीराम जन्मभूमि मंदिर के पक्ष में भारी जनमत तैयार करने के लिए अयोध्या जाते समय रास्ते में पड़ने वाले उत्तर प्रदेश के विभिन्न क्षेत्रों, शहरों और गांवों का भ्रमण किया जायेगा।

5 दिसंबर 1992 को राष्ट्रीय स्वयंसेवक संघ, विश्व हिन्दू परिषद, शिव सेना और बजरंग दल के नेताओं ने घोषणा की थी कि 6 दिसंबर को केवल प्रतिकात्मक कारसेवा की जायेगी। दूसरी और कारसेवकों को जो कि देश के विभिन्न कोनों से आए थे यह निर्देश दिए गए थे कि समस्त कारसेवक प्रातः काल में सरयू के तट से जल और दो मुट्ठी बालू ले कर बाबरी मस्जिद अर्थात विवादित ढांचे के सामने सीमेंट के बने चबूतरे पर डालेंगे और साधु संत वहां पर बसूली से केवल टुक टुक करेंगे और कारसेवा के अन्तर्गत केवल राम चबूतरे की सफाई का काम किया जायेगा।

1990 की कारसेवा में गोलियों का शिकार हुए बलिदानी कारसेवकों की मौत से उपजी संवेदनाओं और प्रतिक्रिया ने इस आन्दोलन को और तेज धार दी हुई थी। लाखों कारसेवक अयोध्या में एकत्रित हो चुके थे, बहुत से कारसेवक कई दिनों से अयोध्या में कारसेवा के लिए डटे हुए थे। चारों ओर से देश के विभिन्न प्रांतों से अयोध्या की ओर अन्य कारसेवकों का जनसमूह बढ़ा चला आ रहा था। फैजाबाद की गलियाँ हों या अयोध्या का सरयू नदी का तट प्रत्येक स्थान पर हिन्दू कारसेवकों का महासागर उफान पर था। कारसेवकों को विभिन्न मंदिरों के साथ विवादित ढांचे से लगे उत्तर प्रदेश सरकार की ओर से अधिग्रहीत बयालीस एकड़ के रामकथा कुंज परिसर में लगाए गए कैंपों में ठहराया गया था।

हनुमान गढी की गलियों में स्थित दुकानों से कारसेवक और पुलिस के जवान साथ साथ सामान खरीद रहे थे। राष्ट्रीय स्वयंसेवक संघ, विश्व हिन्दू परिषद शिव सेना और बजरंग दल के कार्यकर्ता इन सभी कारसेवकों की गतिविधियों को नियंत्रित कर रहे थे।

लेकिन, संघ परिवार के आह्वान पर अयोध्या पहुँचे दो लाख से अधिक कारसेवक इस बात से उत्तेजित हो रहे थे कि उनके नेतृत्व ने एक दिन पहले केवल सरयू जल और बालू लाकर सांकेतिक कारसेवा का निर्णय क्यों किया है। अयोध्या में कई तरह की ख़बरें घूम रही थीं। इससे पहले आसपास की कुछ मज़ारें तोड़ी जा चुकी थीं और अनिष्ट की आशंका से अनेक मुस्लिम परिवार सुरक्षा के लिए अयोध्या से बाहर भी चले गए थे।

6 दिसंबर 1992 की तारीख पूरे देश के लिए एक इतिहास बनने की ओर अग्रसर थी, उस समय तक पूरे देश में जन भावनाओं का ज्वार उमड़ पड़ा था, उस दिन विश्व हिन्दू परिषद की केवल प्रतीकात्मक कारसेवा की घोषणा के बाद भी युवाओं के जोश का बांध रोका नहीं जा सका था।

भगवान श्रीराम की जन्मस्थली पर मंदिर निर्माण के लिए सांकेतिक नींव रखने के उद्देश्य से अयोध्या पहुंचे कारसेवकों की भीड़ के लिए प्रातः काल के समय भी व्यवस्था ठीक ठाक थी, किसी भी प्रकार की कोई कमी नहीं दिखाई पड रही थी, किसी प्रकार की कोई आशंका भी किसी के मन में नहीं थी, इसके साथ ही किसी अनहोनी का भी अनुमान नहीं था, सब कुछ ठीक ठाक चल रहा था।

तनाव पूर्ण माहौल के बीच सवा बारह बजे से साँकेतिक कार सेवा का मुहूर्त था। अनुशासन बनाए रखने के लिए सिर पर पीली पट्टी पहने स्वयंसेवकों की टोली हाथ में लाठी लेकर तैनात थी।

प्रातः आठ बजे से ही विभिन्न प्रांतों से आए कारसेवक और पत्रकारों का समूह विवादित ढांचे के पास पहुंचने लगा था। उस दिन अयोध्या में देश विदेश के लगभग तीन चार सौ पत्रकार, फोटोग्राफर एवं वीडियो कैमरामैन अपना काम कर रहे थे। पत्रकारों के लिए मानस भवन ट्रस्ट की छत तथा नीचे विवादित स्थल पर स्थान सुरक्षित किया गया था।

कारसेवकों का समूह श्रीराम जन्म भूमि की ओर जाने वाले प्रत्येक मार्ग पर उमडा हुआ था, सडकें और गलियाँ कारसेवकों से भरी पड़ी थी और अयोध्या उन्हें समेट नहीं पा रही थी। चारों ओर जय श्रीराम के नारे लगाए जा रहे थे, कारसेवक गिरते पड़ते श्रीराम जन्मभूमि स्थल की ओर भागे जा रहे थे।

जिला प्रशासन ने कारसेवकों को रोकने के लिए विवादित भूखंड में प्रवेश करने के लिए बने अस्सी फुट चौड़े रास्ते पर स्थित साक्षी गोपाल मंदिर वाले द्वार को मोटे रस्सों से रोक दिया था। लेकिन दूसरी ओर कारसेवकों ने मानव भवन ट्रस्ट और राम दीवार के बीच की रामकथा कुंज की ओर जाने वाली गली के बैरियर को गिरा कर खोल दिया था।

प्रातः नौ बजे कारसेवक सरयू नदी के किनारे से होते हुए रामकथा कुंज पर इकट्ठा होने लगे थे। कारसेवक पुरम और रामकथा कुंज में कारसेवकों की भीड इकट्ठा हो रही थी। श्रीराम जन्मभूमि पर रामलला का दर्शन बन्द कर दिया गया था। शिलान्यास स्थल से कुछ ही मीटर की दूरी पर रामकथा कुंज के बाहर कतारों में कारसेवक बैठे हुए थे। सामने विवादित ढांचा खड़ा हुआ था।

प्रातः काल में नौ बजे का समय था, उस समय तक किसी को भी यह अनुमान नहीं था यहाँ पर इतना बड़ा कुछ हो सकता है। प्रत्येक स्थान पर राष्ट्रीय स्वयंसेवक संघ के कार्यकर्ता हाफ पैंट पहने हुए सीटियाँ बजा कर आने जाने वाले लोगों को रस्ता बता रहे थे।

श्रीराम जन्मभूमि स्थल के भीतर पुरुष एवं महिला केन्द्रीय रिजर्व पुलिस की टुकड़ी तैनात थी। बाबरी मस्जिद अर्थात विवादित ढ़ांचे के बाहर पीएसी को लगाया गया था। कारसेवकों का दल विशाल समतल क्षेत्र में खड़ा हुआ था, उससे लगभग चौदह फीट की ऊंचाई पर लोहे की बैरीकेडिंग से घिरा हुआ पिच्चानवे फीट चौड़ा और एक सौ छब्बीस फीट लम्बा विवादित ढांचा केन्द्रीय सुरक्षा बलों की कड़ी सुरक्षा में कैद था।

दस बजे के आसपास रामकथा कुंज से कारसेवकों की लाइन रेत लेकर चबूतरे के आसपास डालने हेतु लग गई थी। कारसेवकों के साथ एक सुरक्षा दस्ता भी चल रहा था। इसके अलावा राष्ट्रीय

स्वयंसेवक संघ, विश्व हिन्दू परिषद शिव सेना और बजरंग दल के कार्यकताओं ने कारसेवकों को परिसर के अन्दर प्रवेश करने से रोकने के लिए एक मानव श्रंखला भी बना रखी थी।

रामकथा कुंज पर लगे माइक से भाषण दिये जा रहे थे और कारसेवकों को मंदिर निर्माण के लिए लिए किए गए कारसेवा के आव्हान और आग्रह का औचित्य भी बताया जा रहा था, कि ऐसा किस लिए और क्यों किया जा रहा है, इसके साथ में कारसेवकों को सांकेतिक कारसेवा के लिए कई प्रकार के निर्देश भी दिए जा रहे थे।

दूसरी ओर रामकथा कुंज वाले गेट से विवादित स्थल पर प्रवेश करने के लिए कारसेवकों और सुरक्षा बलों के बीच में धक्का मुक्की चल रही थी, बिना पास के किसी को भी अन्दर नहीं जाने दिया जा रहा था।

साढे दस बजे से ही कारसेवकों का हुजूम विवादित ढांचे की ओर बढने का प्रयास करने लगा था। कारसेवकों ने यहां भी धक्का मुक्की शुरू कर दी थी, उनका पहला झटका राष्ट्रीय स्वयंसेवक संघ के कर्यकर्ताओं ने संभाल लिया था, किन्तु फिर भी दो चार कारसेवक इस रोक को धता बता कर भीतर घुस ही गए थे, लेकिन उन्हें किसी प्रकार से बलपूर्वक बाहर निकाल दिया गया था। यह क्रम साढे दस बजे के बाद तक चलता रहा था।

कारसेवा के नेतृत्व के लिए अपने तय कार्यक्रम के अनुसार, प्रातः काल के समय भारतीय जनता पार्टी के वरिष्ठ नेता लालकृष्ण आडवाणी ने कुछ अन्य नेताओं के साथ तत्कालीन सांसद और उस समय के भाजपा के फायरब्रांड नेता विनय कटियार के आवास "हिंदूधाम" पर एक बैठक की और उसके बाद वह वहां से विवादित ढांचे की ओर चल पड़े थे, उस समय पूरा रास्ता उत्तेजित कारसेवकों से पटा पड़ा था। नेतृत्व के लिए पहुंचे नेताओं को सामने देखकर कारसेवकों ने अपने आप उन्हें रास्ता देना शुरु कर दिया था। भाजपा के सभी शीर्ष नेता सर्व प्रथम विवादित ढांचे के पास बनी पूजा वेदी पर पहुंचे, यह वह स्थान था जहां पर दोपहर बारह बजे प्रतीकात्मक कारसेवा होनी थी।

लगभग ग्यारह बजे भारतीय जनता पार्टी के बड़े नेता कारसेवा स्थल पर आये, उसी समय अचानक अफ़रातफ़री शुरू हो गई थी, सिर पर पीली पट्टी बांधे संघ के स्वयंसेवकों ने लाठियां भांजीं और किसी प्रकार से स्थिति को नियंत्रित किया था।

लगभग बीस मिनट तक सभी बड़े नेताओं ने कारसेवा की तैयारियों का अवलोकन किया और उसके बाद सभी लोग ढांचे से लगभग दो सौ मीटर दूर स्थित रामकथा कुंज के मंच की ओर बढ़ चले थे। इस मंच पर पहले से ही बहुत से प्रमुख नेता और साधू संत कारसेवा की तैयारियों के लिए उपस्थित थे। भारी संख्या में मीडिया भी वहां पर उपस्थित था। धीरे धीरे विश्व हिन्दू परिषद के बडे पदधिकारी, राष्ट्रीय स्वयं सेवक संघ एवं अन्य भारतीय जनता पार्टी नेताओं के साथ साथ प्रमुख साधू संत महात्मा भी रामचबूतरे पर पहुंच गए थे, वहाँ पर ही एक स्थान पर विवादित 2.77 एकड भूमि पर स्थित रामचबूतरे को साफ करने के बाद उस स्थान पर पूजन

किया जाना था। चबूतरा साफ किया जा चुका था, अनेक साधु संत और सिद्ध महात्माओं से राम चबूतरा भर चुका था, अब कारसेवा शुरु होने में कुछ पल का समय ही बाकी था।

गर्भगृह दर्शनार्थियों के लिए पहले से ही बन्द किया जा चुका था, किसी को भी रामलला के दर्शन की अनुमति नहीं थी। साक्षी गोपाल मंदिर वाले रास्ते को रस्सियों से घेर दिया गया था। पत्रकारों और महात्माओं को छोड कर किसी भी कारसेवक को अंदर आने की अनुमति नहीं दी गई थी।

लेकिन, ग्यारह बजे के समय तक कारसेवकों में हलचल कुछ अधिक ही बढ़ चुकी थी और धीरे धीरे स्थिति अनियंत्रित होने लगी थी। इसी बीच टिड्डी दल की तरह से बड़ी संख्या में कारसेवक साक्षी गोपाल मंदिर वाले गेट पर जमा हो गए थे। सभी दिशाओं से कारसेवक बढे चले आ रहे थे उनकी संख्या बढती ही चली जा रही थी। चारों और शोर हो रहा था, जय श्रीराम के साथ साथ कई प्रकार के नारे लगाए जा रहे थे। उपस्थित जनसमूह सौगंध राम की खाते हैं, मंदिर यहीं बनाएँगे जैसे नारे लगा रहा था। रामलला हम आऐ हैं, मंदिर यहीं बनाएंगे' का नारा भी वातावरण में गूंज रहा था इसके साथ ही बच्चा बच्चा राम का, जन्मभूमि के काम का जैसे नारे गुंजायमान हो रहे थे।

दो तीन जत्थों में कारसेवक समस्त अवरोधों को धता बता कर विवादित स्थल के अंदर घुस ही गये थे, इनकी संख्या कई सौ थी, यह सब बार बार विवादित ढांचे की ओर कूच करने का प्रयास करते रहे। साधु महात्माओं और विश्व हिन्दू परिषद के पदाधिकारियों ने उन्हें किसी प्रकार शांत किया। लेकिन जोश से भरे हुए कारसेवक किसी की भी बात सुनने को तैयार नहीं थे।

रामकथा कुंज पर स्थित विश्व हिन्दू परिषद के मंच से राष्ट्रीय स्वयं सेवक संघ के कार्यकर्ताओं को निर्देश दिया गया कि इन अवांछित ढंग से घुसे हुए कारसेवकों को बाहर निकाल दिया जाए। राष्ट्रीय स्वयं सेवक संघ के कार्यकर्ता एक एक कारसेवक को समझा बुझा कर बाहर निकाल रहे थे। पांच छह कार्यकर्ता मिल कर भी एक कारसेवक को काबू में करके बाहर नहीं निकाल पा रहे थे। वह सब जब भी किसी कारसेवक को पकड़ कर बाहर निकालने की कोशिश करते थे, वह कारसेवक उसी स्थान पर भूमि पर बैठ जाता था।

दूसरी ओर साक्षी गोपाल मंदिर वाले घेरे पर कारसेवकों का दबाव बढता जा रहा था। सुरक्षा कार्मियों, राष्ट्रीय स्वयं सेवक संघ के कार्यकर्ताओं एवं कारसेवकों के बीच धक्का मुक्की चल रही थी, जिन कारसेवकों को जबरदस्ती पकड कर बाहर निकाला जाता था, वह सभी इकटठे हो कर साक्षी गोपाल मंदिर वाले फाटक पर पहुंच कर दबाव बनाने लगते थे। यह क्रम लगभग साढे ग्यारह बजे तक चलता रहा था।

मानस भवन ट्रस्ट के सामने, राम कथा कुंज और श्रीराम जन्मभूमि पुलिस चौकी के सामने से जहाँ तक भी नजर जाती थी कारसेवकों की भीड़ ही भीड़ नजर आ रही थी, श्रीराम जन्मभूमि का प्रवेश द्वार पूरी तरह से कारसेवकों से भर गया था, सड़कें और गलियां भी ठसाठस भर चुकी थी। सुरक्षा बलों के दबाव और कारसेवकों के रेले को बैरिकेटिंग भी झेल नहीं पा रही थी,

खाली हाथ कारसेवक जय श्रीराम के नारे लगा रहे थे, चारों ओर जय श्रीराम के नारे गूंज रहे थे और शोर मचा हुआ था।

सुरक्षा बल के जवान और प्रशासनिक अधिकारी हतप्रभ और परेशान थे, उनकी कुछ समझ में नहीं आ रहा था कि अब क्या करें।

प्रातः ग्यारह बजकर तीस मिनट पर भारतीय जनता पार्टी के कुछ नेताओं ने कारसेवकों को समझाने के लिए वहाँ पर भ्रमण किया, उसी समय साढे ग्यारह बजे के आस पास ही शिव सेना के कारसेवकों का एक जत्था साक्षी गोपाल मंदिर की ओर से विवादित ढांचे में घुसने हेतु दबाव बनाने में कामयाब हो ही गया था। उन्होंने वहाँ पर लगाई गई बल्लियां भी धवस्थ कर दी थी।

अचानक लगभग तीस युवक माथे पर पीले रंग का पट्टा बांधे हुए दूसरी दिशा से आये और कारसेवकों को प्रवेश द्वार की ओर धकेलने लगे। लेकिन इस दृश्य को देखने वाले कुछ कारसेवकों ने इस गतिविधि का कड़ा विरोध भी किया था। इसी समय रामकथा कुंज के मंच से कारसेवकों को साक्षी गोपाल मंदिर की ओर जाने का निर्देश दिया गया। बजरंग दल के कारसेवकों ने मौके पर पहुंच कर लोगों को पीछे करना शुरू कर दिया था, ऐसा करने से दोनों ओर से नारे बाजी धक्का मुक्की और गुत्थम गुत्था शुरु हो गई थी।

कारसेवा की कमान संभाल रहे बजरंग दल के पदाधिकारियों की ओर से मंच के लाउडस्पीकर से बजरंग दल के कार्यकर्ताओं को वापस आने का निर्देश दिया गया। बजरंग दल के कार्यकर्ताओं के वापस जाते ही विवादित ढांचे पर उसके पूर्वी हिस्से से पथराव शुरू कर दिया गया। पथराव के कारण राम चबूतरे पर बैठे साधु संत भी वहाँ से इधर उधर हटने लगे थे।

अचानक पौने बारह बजे के आस पास भीड पूरी तरह से अनियंत्रित हो गई थी, भीड ने पुलिस का घेरा तोड कर विवादित ढांचे की ओर बढना शुरू कर दिया था। परिसर के भीतर स्थित केन्द्रीय रिजर्व पुलिस बल के जवानों ने कारसेवकों से आग्रह किया कि आप सभी ढांचे को काई नुकसान ना पहुंचाऐं, लेकिन उनकी बात किसी ने नहीं मानी थी और विवादित ढांचे की ओर बढना जारी रखा था।

उस समय वहाँ पर उपस्थित भारतीय जनता पार्टी के बडे नेता रामकथा कुंज के बारामदे में एक ओर बैठे हुए पूरे समय तक चुपचाप यह सब कुछ होता हुआ देखते रहे। सभी नेता अचानक हुई इस घटना से काफी परेशान दिखाई पड़ रहे थे, इस समय तक यह लोग भी समझ गए थे कि अब पूरी स्थिति उनके हाथों से निकल चुकी है, सब बडे नेता असहाय से दिखाई पड़ रहे थे।

प्रातः ग्यारह बजकर पैंतालीस मिनट पर बजरंग दल व शिवसेना के लोगों ने सुरक्षा घेरा तोडने का प्रयास शुरु कर दिया था, फिर तो सभी कारसेवकों में गुम्बदों पर चढने व उन्हें तोडने की होड़ सी लग गई थी।

प्रातः ग्यारह बजकर पचास मिनट पर कारसेवकों का एक और समूह पूर्व नियोजित रास्ते से आगे बढ़ने लगा था। उग्र कारसेवकों ने गुम्बदों पर पत्थर और ईंटों को फेंकना शुरू कर दिया था। कुछ देर बाद ही दक्षिणी हिस्से से भी पथराव शुरू कर दिया गया था और कहीं कहीं पर

हाथापाई भी होने लगी थी। इसी बीच कुछ युवक स्टील का बाडा लांघकर परिसर में प्रवेश कर गए थे। उसी समय अनेक युवकों ने अपने साथ लाये हुए हथौडे और कुल्हाडियाँ निकाल ली थी। अचानक से फावड़ा, गैंता, सम्बल आदि तोडने के सामान भी कारसेवकों के हाथों में आ चुके थे।

साक्षी गोपाल मंदिर की ओर लगाई गई बांस और बल्लियां पहले ही गिरा दी गई थी, जिस रस्से से रास्ता रोका गया था वह रस्सा भी टूट चुका था। अनेक कारसेवकों ने वहां पड़ी हुई उन बांस बल्लियों और रस्सों को उठा कर तेजी से विवादित ढांचे की ओर बढना शुरु कर दिया था। अब तक हजारों कारसेवक विवादित ढांचे के भीतर आ चुके थे, कारसेवक विवादित परिसर में पहुंच गए थे, जिन्हें देख कर महीनों से वहाँ की रक्षा करने वाले केन्द्रीय रिजर्व पुलिस बल के जवानों ने उस स्थान से पीछे हटने का निर्णय ले लिया था। विवादित स्थल पर तैनात केन्द्रीय सुरक्षा बल के जवान भी वहां से भागने लगे थे।

राम चबूतरा क्षण भर में हमलावर कारसेवकों की गिरफ्त में आ चुका था, कारसेवक अन्दर की बाढ फांद कर गर्भ गृह में घुसने की कोशिश कर रहे थे।

लगभग ग्यारह बज कर पचपन मिनट पर विवादित स्थल के पूर्वी भाग से एक के बाद एक तीन बार लम्बी सीटी बजने की आवाज सुनाई दी, लोगों ने समझा कि कार्यकर्ताओं को नियंत्रित करने के लिए सीटी बजाई गई है। लेकिन, कुछ ही क्षणों में जब विवादित ढांचे की बैरिकेडिंग के पीछे खड़े केन्द्रीय सुरक्षा बलों की नजर इस हलचल पर पड़ी तो उन्होंने देखा कि कारसेवकों का एक झुंड ढांचे के पूर्वी हिस्से की बैरिकेडिंग पर चढ़ने का प्रयास कर रहा था, उसके बाद देखते ही देखते वह सब पूर्वी गलियारे में घुस गए थे। इसके बाद वह लोग रस्सी के सहारे छत पर पहुंच गए थे।

प्रेस फोटोग्राफर उनके फोटो खींचने लगे तो छीन कर उनके कैमरे तोड़ दिए गए थे। इस बीच अचानक जोर जोर से जय श्रीराम के नारे लगाते सैंकड़ों कारसेवकों ने मस्जिद की ओर धावा बोल दिया था, ये लोग बैरिकेडिंग फांदकर गुंबद पर चढ़ गए थे, कुछ लोग दीवारों पर चढ कर मुख्य गुंबद पर रस्सियां फंसाने लगे थे, जिससे कि उस पर चढ कर भगवा ध्वज फहराया जा सके। उग्र भीड ने गुम्बदों पर चढ़ कर प्रहार करना शुरु कर दिया था।

पुलिस अधिकारी भी हतप्रभ और असाहय से हो कर सबकुछ देख रहे थे, इतनी भीड़ के सामने वह सब भी असहाय थे। वैसे भी उत्तर प्रदेश की तत्कालीन भारतीय जनता पार्टी सरकार ने मंदिर आंदोलन को लेकर अयोध्या में जमा हुए राम भक्तों पर बल प्रयोग और गोली नहीं चलाने का आदेश दिया हुआ था।

दोपहर बारह बजे के आस पास कारसेवकों की भीड को देख कर अन्य सुरक्षा बलों ने भी उनसे दूर खिसकना शुरु कर दिया था। पथराव शुरू होते ही सुरक्षा बलों के जवान वहां से भाग खड़े हुए थे।

दूसरी ओर दक्षिण से भी कारसेवकों का विशाल रैला आ गया था और उसने बाढ लांघ कर वहाँ पर स्थित एक नीम के पेड़ पर धावा बोल दिया था। उस पेड़ की डाल को पकड कर वह सब बांयी ओर की गुंबद पर चढ गये थे। बाबरी मस्जिद की गुंबदें तोडी जाने लगी थी अंदर भी

तोडफोड शुरु हो गई थी चारों ओर धूल उड रही थी, सब ओर केवल तोड़ फोड़ और विध्वंस ही दिखाई दे रहा था।

दूसरी ओर पुलिस नियंत्रण टावर से जिला मजिस्ट्रेट, वरिष्ठ पुलिस अधीक्षक और अनेक वरिष्ठ अधिकारी असहाय हो कर गुम्बद गिराये जाने का दृश्य देखते रहे थे।

चारों ओर जय श्रीराम के नारे लगाए जा रहे थे, अत्यधिक खुशी के जोश में कारसेवक नाच कूद कर गा रहे थे। भगवा ध्वज को हाथों में लिये हुए और बाड़ की पाइप, कंटीले तारों वाली लोहे की ऐंगल आदि हाथों में लेकर कारसेवक नाच गा रहे थे कि रामलला हम आये हैं, मंदिर यहीं बनायेंगे। देखो रामलला हम आ ही गए अब मंदिर यहीं बनायेंगे।

बाहर की दीवारें टूट चुकी थी, विवादित ढांचे की चहारदीवारी की खिडकियां भी तोड़ दी गई थी और वह नीचे बिखरी पड़ी थी। गुम्बद की आमलक तोड कर गिरायी जा चुकी थी, ईंट गारे से बनी कमल दल वाली पत्तियाँ भी तोडी जा चुकी थी।

इस बीच पीएसी और सुरक्षा बलों के अलावा, रामकथा कुंज की माइक से भी लगातार कारसेवकों से नीचे आने का अनुरोध किया जा रहा था। विश्व हिन्दू परिषद, भारतीय जनता पार्टी एवं धर्माचार्यों ने भी कारसेवकों से नीचे आने का अनुरोध किया था, लेकिन कारसेवक किसी की नहीं सुन रहे थे और दोगुने उत्साह के साथ तोड़फोड करने में लगे हुए थे। इन सब को समझाने के प्रयास बेकार ही रहे थे, कारसेवक बेकाबू हो चुके थे, स्थिति नियंत्रण से बाहर हो गई थी, दोपहर तक बाबरी मस्जिद का विवादित ढांचा ढहाया जाता रहा था।

चारों ओर से उन कारसेवकों का महासागर सा दिखाई दे रहा था जो कि अभी तक बाबरी मस्जिद तक नहीं पहुंच पाए थे, हर कोई श्रीराम जन्मभूमि की ओर जाने की कोशिश कर रहा था। ये सभी ज़ोर ज़ोर से 'जय श्रीराम' और 'हर हर महादेव' के नारे लगाने लगे थे।

दूसरी ओर हज़ारों की संख्या में कारसेवकों के समूह ने बाबरी मस्जिद की दीवारों पर गैंती से हमला बोल दिया था, यह दीवार लगभग ढ़ाई फीट चौड़ाई की थी। दीवार को पतला करना शायद उनके प्लान का हिस्सा था, इस कारण से उन कारसेवकों ने मोटी दीवार में दोनों ओर से झीरी काटना शुरू कर दिया था, ऐसा लग रहा था कि सब अपने काम में प्रशिक्षित हैं। झीरी काटने के बाद दीवार उस जगह से पतली हो गई थी, उसी समय उन्हीं में से कुछ लोगों ने सभी दीवारों में छेद करने शुरू कर दिये और नीचे कुछ लोग रस्सा लेकर तैयार खड़े थे, उन्होंने रस्सा एक छेद से डाल कर दूसरे छेद से बाहर की ओर खींचा और मस्जिद का ढांचा नीचे की ओर खींच दिया था। क्योंकि बाबरी मस्जिद एक टीले जैसी ऊंचाई वाले स्थान पर बनी हुई थी, रस्सों के दोनों छोर नीचे लटका दिए गए थे जहां खड़े हज़ारों कारसेवकों को कहा गया था कि वो उस रस्से को ज़ोर से खींचे, इस प्रकार से खींचने पर सबसे पहला गुंबद गिरा दिया गया था।

दोपहर दो बजे उग्र कारसेवकों ने पहला गुम्बद ढ़हा कर गिरा दिया था, सबसे पहले बाबरी मस्जिद का यह पहला उत्तरी गुम्बद ढहाया गया था। गुम्बद के गिरने से पहले इस पर चढ़े एक युवक को कई बार उतरने के लिए कहा गया था, किन्तु उसने किसी की बात नहीं सुनी थी,

अचानक वह भी गुंबद के मलबे के साथ नीचे आ गिरा था। जिस समय यह पहला गुंबद गिरा कई कारसेवक भी साथ में गिर गए थे, जिस के कारण पन्द्रह कारसेवकों को चोटें आई थी, चार पांच तो मलबे के नीचे भी दब गए थे। ऐसा भी कहा जाता है कि कारसेवकों में से दो युवकों के पास बन्दूकें भी थी। इन सबने अपने ढीले ढाले वस्त्रों के भीतर यह हथियार छुपाये हुए थे। यही हथियार गुंबद पर चढे हुए युवकों तक पहुंचाये गये थे।

जिस समय बाबरी मस्जिद ढहाई जा रही थी, इसी बीच सरकार ने केन्द्रीय बलों को जिला प्रशासन के अधीन कर दिया था। पहला गुंबद गिरते ही अयोध्या के तत्कालीन जिलाधिकारी ने रिजर्व में रखे गए सुरक्षा बलों को कैंट से अयोध्या की ओर कूच करने का आदेश जारी कर दिया था। इसकी सूचना भी कारसेवकों में फैल गई थी। सुरक्षा बल के जवानों ने विवादित ढांचे की ओर कूच करने का प्रयास किया तो कारसेवकों ने जगह जगह पर बाड़ लगा कर उनका रास्ता रोक दिया था, सशस्त्र बल रानोपाली क्रासिंग तक पहुंच चुके थे और उन्होंने बलपूर्वक रास्ता साफ करवाने के लिए सिटी मजिस्ट्रेट से लिखित आदेश मांगा, लेकिन सिटी मजिस्ट्रेट ने लिखित में आदेश देने से मना कर दिया था और इन्तजार करने के लिए कह दिया था, बाध्य हो कर सुरक्षा बलों को वापस लौटना पड़ा था।

प्रारम्भ में रामकथा कुंज के वक्ताओं ने मंच से गुम्बद पर चढे लोगों से नीचे उतर जाने की अपील की थी, लेकिन जैसे ही पहला गुम्बद टूटा मंच पर बैठे वक्ताओं का स्वर भी बदल गया था। जब ढांचा काफी क्षतिग्रस्त हो गया तो तमाम उपस्थित नेताओं के स्वर भी बदलने लगे थे और वह कारसेवकों को आर्शीवाद देने की मुद्रा में आ गए थे।

उसी समय मंच से किसी की आवाज आई कि एक धक्का और दो, बाबरी मस्जिद तोड दो। इसके बाद ही कारसेवक शेष बचे हुए गुम्बदों की ओर चील की तरह झपट पड़े थे। गुंबद के साथ ही ढांचे की चारों ओर बनी दीवार तथा प्रवेश द्वार भी ढह चुके थे, उसके बाद दूसरे गुम्बद को भी गिराना शुरू कर दिया गया था।

सांय चार बजे के आस पास मस्जिद के विवादित ढांचे के दक्षिण की ओर के दूसरे गुम्बद को भी गिरा कर ध्वस्त कर दिया गया था।

बाबरी मस्जिद के ढांचे का कोई बडा हिस्सा जब भी नीचे गिरता था तो कुछ कारसेवक उससे घायल हो जाते थे, उस समय की इस तोड़ फोड में कई कारसेवक तो मारे भी गए थे। लेकिन हिन्दू भावनाओं का उन्माद और कारसेवकों का जोश थम नहीं रहा था। तोडफोड में जैसे जैसे ढांचे का हिस्सा गिर रहा था, वैसे वैसे कारसेवक ईंट बल्लियां तथा मलवा उठा कर वापस जाने लगे थे।

सांय चार बजकर पैंतालीस मिनट तक अन्त में बीच वाले गुम्बद को भी मिट्टी में मिला दिया गया, इस प्रकार से अब तीसरा अन्तिम गुम्बद भी धराशाई हो चुका था और बाबरी मस्जिद ध्वस्थ की जा चुकी थी।

सांय पांच बजकर पच्चीस मिनट पर विवादित ढाँचे का नामोनिशान भी नहीं बचा था और छह बजे तक पूरा ढांचा मिट्टी में मिला दिया गया था। कारसेवकों का एक दल उस स्थान को साफ

करने का काम कर रहा था। सभी कारसेवक जमा हुए मलबे और टीले के समतलीकरण में लग गए थे।

दूसरे गुट ने तोडफोड से पहले गर्भगृह से हटाई गई मूर्तियों को वहाँ ला कर स्थापित कर दिया था। बाद में कुछ लोगों को वहां पर मौजूद पुजारी ने बताया था, कि कारसेवक जिस समय गर्भगृह में घुसे थे तो वह सब वहां पर विराजमान रामलला को चूम रहे थे और उस स्थल पर मौजूद मुख्य पुजारी की चरणरज भी ले रहे थे। रामलला की मूर्तियाँ सूर्यास्त से पहले ही त्रिपाल गृह में वापस स्थापित कर दी गई थी और वहां पर एक अस्थाई मंदिर बना दिया गया था। कारसेवकों के चेहरों पर खुशी और विजयी भाव दिखाई दे रहे थे।

ऐसा अनुमान है कि मस्जिद को गिराने में लगभग डेढ़ लाख से अधिक कारसेवक शामिल हुए थे। जो घटना घटित हो चुकी थी उसका किसी को सपने में भी आभास नहीं था, सबका मानना था कि मस्जिद पर ऊपर से वार होगा और केवल कुछ तोड़फोड़ ही होगी। इस घटना के बाद विचार किया जाने लगा था कि, तीनों गुम्बदों को जिस प्रकार से गिराया गया था, उससे ऐसा लगता था कि यह कारसेवकों के किसी प्रशिक्षित एवं विशेषज्ञ समूह की सुनियोजित योजना थी और एक दस्ते ने बहुत ही सोचे समझे तरीके से इस कार्यवाही का नेतृत्व किया था। इसी दस्ते के एक हिस्से ने कारसेवकों को पुलिस का घेरा तोड़ कर परिसर में प्रवेश करने के लिए उकसाया था और दूसरे ग्रुप ने जिनके हाथो में हथोड़े, कुल्हाडी और लोहे की छडें थी उन्होंने विवादित ढांचे के चारों ओर लगे स्टील के बाडे को लांघ कर गुम्बदों को तोडना शुरु कर दिया था। ऐसा भी कहा जाता है कि कारसेवकों को पत्रकारों पर हमला करने के लिए भी उकसाया गया था जिससे कि उस समय इस घटना की रिकार्डिंग नहीं हो सके।

6 दिसंबर 1992 रविवार का दिन अयोध्या की भूमि पर सोलहवीं सदी में बनी विवादित बाबरी मस्जिद के लिए अन्तिम दिन बन गया था। चार सौ चौंसठ वर्ष पुराने बाबरी मस्जिद के विवादित ढांचे को देखते ही देखते मिट्टी में मिला दिया गया था। यही श्रीराम जन्मभूमि आन्दोलन का निर्णायक मोड़ भी था और इस विषय पर हिन्दुओं की निर्णायक विजय सुनिश्चित करने का दिन भी था। मुस्लिम आक्रांताओं ने श्रीराम मंदिर को खंडित कर जिस प्रकार से मस्जिद का निर्माण करवाया था उसका अंत हो चुका था।

अयोध्या में स्थान स्थान पर अनेकों लोग लड्डू, चीनी, बताशा, इलायची दाना और पानी बांटते घूम रहे थे। कहीं कहीं पर घरों के बाहर थालियों में लाई, चूड़ा बताशा सजा कर रक्खा हुआ था, जगह जगह पर मिठाईयां बांटी जा रही थी, रास्ते से निकलने वाले लोगों का मुंह मीठा कराया जा रहा था। चारों ओर जय श्रीराम के गगनभेदी नारे लगाए जा रहे थे, पटाखे छोड़े जा रहे थे, लोग घंटे घडियाल बजा कर जुलूस निकाल रहे थे। गुलाल उडाया जा रहा था, कई स्थानों पर लोग एक दूसरे को हल्दी लगा रहे थे। पूरा वातावरण श्रीराम के रंग में रंग गया था लोगों ने छतों पर केसरिया झंडा फहरा दिया था, छतों और छज्जों पर मोमबत्तियों और दीयों की कतारें लगी हुई थी, घरों में पूजा अर्चना हो रही थी। कारसेवकों का संकल्प पूरा होने पर पूरे देश के

सनातनी हिन्दुओं में खुशी का माहौल पैदा हो गया था, देश भर में खुशियां मनाई जा रहीं थी पटाखे फोड़े जा रहे थे।

जिस अयोध्या नगरी में अनेकों प्रतापी राजा हुए थे, श्रीराम जी की उस जन्मभूमि की ऐसी दुर्दशा मुगलों ने की थी, जिसका उस काल में कोई अनुमान भी नहीं लगा सकता था। वर्तमान समय में श्रीराम भक्त पुनः जागृत हो गए थे और पूरा राष्ट्र जागृत हुआ तो अयोध्या के पावन धाम से उस कलंक को मिटा दिया गया था, कारसेवकों ने श्रीराम जन्मभूमि पर पुनः भव्य मंदिर बनाने का रास्ता साफ कर दिया था, राम नाम का जयकारा चारों ओर गूंजे ऐसा कार्य किया गया था। जिस स्थान से सैंकड़ों वर्ष पूर्व प्रभु श्रीराम को निर्वासित किया गया था अब उनको उनके पावन धाम में स्थापित करने का समय पास आ गया सा प्रतीत होने लगा था।

जिस दिन मस्जिद ढ़हाई गई थी, उसी दिन 6 दिसंबर 1992 को बाबरी मस्जिद विध्वंस मामले में दो एफ़आईआर दर्ज कर दी गई थी, बाद में इन दोनों मुक़दमों से अलग सैंतालीस और मुक़दमे दर्ज कराए गए थे, जिनमें पत्रकारों के साथ मारपीट और लूटपाट जैसे आरोप लगाए गए थे। अयोध्या के थाना रामजन्म भूमि में शाम के लगभग पांच बजकर पन्द्रह मिनट पर विवादित ढांचा विध्वंस का पहला मुकदमा (क्राइम नंबर 197/92) लिखा गया था। तत्कालीन थाना प्रभारी की ओर से सभी कारसेवकों के विरूद्ध केस दर्ज किया गया था जिसमें उन पर डकैती, लूट पाट, चोट पहुंचाने और सार्वजनिक पूजा के स्थान को नुक़सान पहुंचाने एवं धर्म के आधार पर दो गुटों में शत्रुता बढ़ाने जैसे आरोप लगाए गए थे।

पहले मुक़दमे के ठीक दस मिनट बाद इसी थाने में तत्कालीन चौकी इंचार्ज ने दूसरा मुकदमा (क्राइम नंबर 198/92) दर्ज कराया था, यह भारतीय जनता पार्टी, विश्व हिन्दू परिषद, बजरंग दल और राष्ट्रीय स्वयंसेवक संघ से जुड़े उन आठ लोगों के विरूद्ध था जिन्होंने रामकथा पार्क में मंच से कथित रूप से भड़काऊ भाषण दिया था। जिसमें अशोक सिंघल, गिरिराज किशोर, लाल कृष्ण आडवाणी, मुरली मनोहर जोशी, विष्णु हरि डालमिया, विनय कटियार, उमा भारती व साध्वी ऋतंधरा को नामजद किया गया था। यह एफआइआर धार्मिक उन्माद भड़काने, जनहानि के आशय से अफवाह फैलाने सहित अन्य धारा में दर्ज हुई थी। इसी थाने में मीडिया कर्मियों की ओर से भी अलग अलग तारीखों में सैंतालीस मुकदमे दर्ज कराए गए थे।

बाबरी मस्जिद ढांचें को ढहाये जाने के बाद देश में तेजी से हुए घटनाक्रम के परिणामस्वरूप केन्द्र की कांग्रेस सरकार ने उत्तर प्रदेश की भाजपा सरकार को बर्खास्त कर दिया था। लालकृष्ण आडवाणी ने नैतिकता के आधार पर लोकसभा में विपक्ष के नेता पद से त्यागपत्र दिया था।

7 दिसंबर 1992 की रात में केंद्रीय अर्धसैन्य बलों ने विवादित परिसर पर अपना नियंत्रण कर लिया था। विशेष बसें और रेलगाड़ियाँ चलाकर कारसेवकों को अयोध्या से बाहर निकाला गया था।

8 दिसंबर 1992 की प्रातः तक भी बाबरी मस्जिद गिराए जाने के बाद उस विवादित स्थल पर कारसेवा लगातार जारी रही थी। बाबरी मस्जिद के नीचे पत्थर के बारह स्तंभ कारसेवकों ने खुदाई में निकाले थे, ये स्तंभ मस्जिदों की संरचना सिद्धांत के बिल्कुल उलट थे, इन स्तंभों पर

विशिष्ट हिन्दू रूपांकन मिले थे। मोल्डिंग और हिन्दू देवताओं की आकृति भी कारसेवकों ने देखे जाने का दावा किया था। बाबरी मस्जिद के विध्वंस के समय पत्थर पर तीन शिलालेख पाए गए थे। सबसे महत्वपूर्ण एक पत्थर पर खुदा हुआ विष्णु हरि शिलालेख है। खुदाई में जो अवशेष मिले थे उनमें सुदर्शन चक्र की कलाकृतियां, देवी देवताओं की प्रतिमा और अमृत कलश, पुष्प कलश और ऊंचे ऊंचे खंबे मिले थे।

8 दिसंबर 1992 को लालकृष्ण आडवाणी, मुरली मनोहर जोशी, अशोक सिंघल, उमा भारती, विनय कटियार और विष्णु हरि डालमिया सहित कई नेता गिरफ्तार कर लिए गए थे।

बाबरी मस्जिद विध्वंस की घटना के तुरंत बाद हुई प्रतिक्रिया में पाकिस्तान और बंगलादेश में कई मंदिर तोड़ दिए गए थे और देश भर में भी सांप्रदायिक उन्माद फैलने के साथ साथ तनाव बढ़ गया था, कई स्थानों पर मुस्लिम समाज कट्टरपंथियों और अराजक तत्वों के उकसावे में आ गया था, जिस कारण पूरे देश में सांप्रदायिक अशांति फैल गई थी। देश के कई शहरों में हिंसा हुई थी और हज़ारों लोग इस हिंसा की बलि चढ़ गए थे, उस समय देश भर में हुए दंगों में लगभग दो हजार से अधिक लोग मारे गए थे। मुंम्बई शहर में भी व्याप्त सांप्रदायिक तनाव के परिणामस्वरूप दंगे शुरू हो गए थे। दक्षिण मुंबई के डोंगरी क्षेत्र में मुस्लिम कट्टरपंथियों द्वारा कुछ हिन्दू कामगारों की हत्या कर दी गई थी, मुस्लिम बहुल क्षेत्रों में हिन्दुओं को छुरा घोंपने और एक विकलांग सहित छह हिन्दुओं को जलाने की घटना के बाद वहां पर जवाबी कार्रवाई के बदले में स्थिति को स्थानीय आपराधिक तत्वों ने हाईजैक कर लिया था। उस समय मुंम्बई दंगे में लगभग नौ सौ लोगों की जान गई थी। मध्य प्रदेश की राजधानी भोपाल में भी भयानक दंगा हुआ था, इसमें भी लगभग एक सौ चालीस लोगों की जान हिंसा में गई थी। इसी प्रकार से देश भर के अलग-अलग स्थानों पर सांप्रदायिक हिंसा में हज़ारों लोगों की जान चली गई थी।

9 दिसंबर 1992 की रात को केन्द्र सरकार ने एक गजट जारी करके देश के पांच धार्मिक संगठनों पर प्रतिबंध लगा दिया था। केन्द्र सरकार के गृह मंत्रालय ने राष्ट्रीय स्वयंसेवक संघ, विश्व हिन्दू परिषद और बजरंग दल पर आरोप लगाया था कि इन संगठनों का बाबरी मस्जिद विध्वंस में सक्रिय रोल रहा था और ये संगठन देश में साम्प्रदायिक उन्माद फैला रहे थे, इसलिए इनकी गतिविधियों को नियंत्रित करना आवश्यक था। लेकिन साम्प्रदायिक उन्माद की स्थिति और हिन्दू जन भावनाओं को देखते हुए केंद्र सरकार ने इन संगठनों के किसी बड़े नेता को गिरफ्तार नहीं किया था।

13 दिसंबर 1992 को केंद्र सरकार ने राम जन्मभूमि थाने में दर्ज पहली एफआइआर में दर्ज लोगों के मुक़दमे की जांच सीबीआई को सौंप दी थी। सीबीआइ ने उसी दिन थाना राम जन्मभूमि में तत्कालीन थानाध्यक्ष की ओर से दर्ज कराई गई पहली एफआइआर को आधार बनाकर अपना रेगुलर केस दर्ज किया था। जबकि दूसरी एफ़आईआर में दर्ज मामलों की जांच को यूपी सीआईडी को सौंपा गया था। बाद में इन सारे मुक़दमों की जाँच सीबीआई को दी गई थी।

16 दिसंबर 1992 को मस्जिद को गिराए जाने के दस दिन बाद देश के तत्कालीन प्रधानमंत्री पीवी नरसिंह राव ने बाबरी मस्जिद को दोबारा से बनवाने की घोषणा कर दी थी।

बाबरी मस्जिद के विध्वंस और सांप्रदायिक दंगों के लिए अग्रणी परिस्थितियों को देखने के लिए उच्च न्यायालय के सेवानिवृत्त न्यायमूर्ति एमएस लिब्रहान के नेतृत्व में एक आयोग का गठन भी कर दिया गया था। लिब्राहन आयोग को अपनी जांच रिपोर्ट सौंपने के लिए अधिकतम तीन महीने का समय दिया गया था।

18 दिसंबर 1992 को नई दिल्ली में उत्तर प्रदेश पुरातत्व विभाग के भूतपूर्व निदेशक सहित चार बड़े इतिहासकारों ने एक संवाददाता सम्मेलन में दावा कर दिया था कि अयोध्या में तोड़े गए बाबरी मस्जिद ढांचे के मलवे से निकले अवशेष ग्यारहवीं से बारहवीं सदी के बीच श्रीराम मंदिर होने की पुष्टि करते हैं। इन में से कुछ इतिहासकार 6 दिसंबर को अयोध्या में उपस्थित भी थे। इन इतिहासकारों ने बताया था कि बाबरी मस्जिद को गिराए जाने के बाद उसके मलवे से लगभग चार सौ अवशेष निकले थे। इनमें से कुछ का विशेषज्ञों से अध्ययन भी कराया गया था। यह भी संभावना व्यक्त की गई थी कि और भी बहुत कुछ नीचे दबा हुआ है। इन इतिहासकारों ने ढांचे के मलवे से निकले अवशेषों में से कुछ के चित्र भी संवाददाताओं को दिए थे, इसके साथ ही इस दावे के समर्थन में उन अवशेषों की एक वीडियो फिल्म भी दिखाई गई थी।

इतिहासकारों के अनुसार मलबे में पांच फुट लम्बा और दो फुट चौड़ा लाल पत्थर का एक शिलालेख भी निकला था, इससे पता चलता था कि विष्णु हरि को समर्पित यह प्राचीन मंदिर ग्यारहवीं बारहवीं सदी में अयोध्या के साकेत मंडल में स्थित श्रीराम जन्मभूमि में बनवाया गया था। बीस पंक्तियों का यह शिलालेख मंदिर की प्रतिष्ठा के समय नागरी लिपि और संस्कृत भाषा में बनाया गया था। इतिहासकारों ने यह भी बताया था कि मलबे से मंदिर की दीवार के तीन अलंकृत टुकड़े, मंदिर के कोने के छज्जे का टुकड़ा और द्वारशाखा का एक हिस्सा भी मिला था, इसके साथ ही भगवान श्रीराम की श्याम रंग की एक तीन फुट ऊंची पत्थर की प्रतिमा और काले पत्थर के स्तम्भ भी मिले थे, इन स्तम्भों में हिन्दू देवी देवताओं के चित्र खुदे हुए थे। मलबे से कुछ खंडित मूर्तियां, एक घंटा, भैरो और गणेश की प्रतिमा भी निकलीं थी। मलवे से मिले इन सभी अवशेषों को अयोध्या में स्थित रामकथा कुंज पार्क में रखा गया था।

इतिहासकारों के द्वारा इस नई जानकारी से युक्त एक पत्र उनके फोरम की ओर से तत्कालीन प्रधानमत्रीं को भेजा गया था, जिसमें इन अवशेषों का अध्यन करने की मांग की गई थी, जिससे कि यह स्पष्ट हो सके कि वहाँ पर श्रीराम मंदिर ही था। उन्होंने देश और विदेशों के इतिहासकारों व पुरात्त्वविदों से भी यही अपील की थी।

21 दिसंबर 1992 को अधिवक्ता हरिशंकर जैन ने विवादित स्थल पर पूजा अर्चना का काम हिन्दू समाज को सौंपने के लिए एक याचिका दायर कर दी थी।

1 जनवरी 1993 को न्यायालय ने श्रद्धालुओं को विवादित परिसर में विराजमान रामलला के टेंट के अस्थाई मंदिर में दर्शन और पूजन के लिए मांगी गई अनुमति दे दी थी। हरिशंकर जैन की याचिका के आधार पर हिन्दू समाज को पूजा अर्चना एवं भोग लगाने का अधिकार मिल गया था।

6 जनवरी 1993 को विवादित परिसर में खुदाई के समय मंदिर के शिखर एक का टुकडा जिसे आमलक कहा गया है यहां से मिला था, उस समय यह खुदाई उत्तर प्रदेश प्रशासन द्वारा परिसर में लोहे की बाड़ लगवाने के लिए की जा रही थी। शिखर के उस टुकड़े से यह स्पष्ट हो रहा था कि इस स्थान पर मंदिर को गिराकर ही मस्जिद बनी हुई थी और ध्वस्त किये गए बाबरी ढांचे के नीचे मंदिर दबा हुआ था।

7 जनवरी 1993 को केंद्र सरकार ने एक अध्यादेश जारी कर दिया था, जिसके अर्न्तगत रामलला की सुरक्षा के नाम पर विवादित स्थल और उसके आसपास की 67.703 एकड़ भूमि का अधिग्रहण कर लिया गया था, इस अध्यादेश को संसद की मंज़ूरी मिलने के बाद क़ानून में बदल दिया गया था। अगले दिन, भारत के राष्ट्रपति ने संसद अधिनियम 143 (1) के अर्न्तगत मामला सर्वोच्च न्यायालय को सौंप दिया था, लेकिन सर्वाच्च न्यायालय ने पूरे मामले को फिर से इलाहाबाद उच्च न्यायालय में भेज दिया था।

1 मार्च 1993 को बाबरी मस्जिद विध्वंस मामले के केस की पत्रावली फैजाबाद न्यायालय से ललितपुर के विशेष न्यायालय में भेज दी गई थी। उस समय कारसेवकों के विरूद्ध एफ़आईआर संख्या 197 की सुनवाई के लिए ललितपुर में एक विशेष न्यायालय का गठन किया गया था।

25 अगस्त 1993 को तत्कालीन केन्द्र सरकार ने थाना राम जन्मभूमि में दर्ज अन्य मुकदमों की भी सीबीआइ जांच की मंजूरी दे दी थी।

27 अगस्त 1993 को सीबीआई ने थाना राम जन्मभूमि में अशोक सिंघल सहित आठ नामजद आरोपितों के विरुद्ध दर्ज कराई गई दूसरी एफआइआर पर अपना केस दर्ज करके उसकी विवेचना शुरू कर दी थी। इसी दिन मीडिया कर्मियों की ओर से दर्ज कराई गई सैंतालीस एफआइआर पर भी सीबीआइ ने रेगुलर केस दर्ज करके उनकी जांच शुरू कर दी थी। सीबीआइ ने पूरे प्रकरण में कुल उड़नचास केस दर्ज करके अपनी जांच को आगे बढ़ाया था। अशोक सिंघल साहित आठ नामजद आरोपितों के विरुद्ध थाना रामजन्म भूमि में दर्ज मुकदमे की सुनवाई के लिए ललितपुर में अस्थाई न्यायालय का गठन किया गया था, जबकि अज्ञात कारसेवकों के विरुद्ध दर्ज कराए गए मुकदमे की सुनवाई लखनऊ सीबीआइ न्यायालय में शुरू हुई थी। बाद में ललितपुर में चल रहे मुकदमे को रायबरेली न्यायालय में स्थानांतरित कर दिया गया था।

9 सितंबर 1993 को बाबरी मस्जिद विध्वंस प्रकरण को उच्च न्यायालय के आदेश पर ललितपुर से रायबरेली न्यायालय में स्थानांतरित कर दिया गया था, क्योंकि एफ़आईआर संख्या 198 की सुनवाई रायबरेली के विशेष न्यायालय में की जानी थी।

10 सितंबर 1993 को बाबरी मस्जिद विध्वंस केस से संबन्धित पत्रावली रायबरेली न्यायालय पहुंच गई थी और अब आगे की सुनवाई वहीं पर होनी थी।

1993 के सितंबर माह में सीबीआइ ने सभी केस लखनऊ स्थित सीबीआइ न्यायालय में चलाए जाने की सिफारिश भी की थी।

5 अक्टूबर 1993 को सीबीआई ने बाबरी मस्जिद विध्वंस में एफ़आईआर संख्या 198 को भी शामिल करते हुए एक संयुक्त आरोप पत्र लखनऊ के विशेष न्यायालय में दाखिल कर दिया था, क्योंकि यह दोनों मामले एक दूसरे के साथ जुड़े हुए थे। इस आरोप पत्र में शिव सेना प्रमुख बाला साहेब ठाकरे, उत्तर प्रदेश के पूर्व मुख्यमंत्री कल्याण सिंह, चंपत राय, धरमदास, महंत नृत्य गोपाल दास, अशोक सिंघल, मुरली मनोहर जोशी, विनय कटियार, पवन कुमार पांडेय, बृज भूषण शरण सिंह, उमा भारती, साध्वी ऋतंभरा, गिरिराज किशोर, अयोध्या के तत्कालीन जिलाधिकारी आरएएस श्रीवास्तव एवं वरिष्ठ पुलिस अधीक्षक डीबी राय के नाम भी अभियुक्तों के रूप में जोड़ दिए गए गए थे।

8 अक्टूबर 1993 को उत्तर प्रदेश की तत्कालीन सरकार ने बाबरी मस्जिद विध्वंस मामलों के ट्रांसफर के लिए एक नई अधिसूचना जारी कर दी थी, जिसमें बाकी मामलों के साथ आठ नेताओं के विरूद्ध एफ़आईआर संख्या 198 को जोड़ दिया गया था। इसका अर्थ यह था कि बाबरी मस्जिद ढहाए जाने से जुड़े सभी मामलों की सुनवाई अब लखनऊ के विशेष न्यायालय में होगी।

1993 में ही तत्कालीन राष्ट्रपति ने सर्वोच्च न्यायालय को रिफरेंस भेजकर कुछ सवाल पूछे थे, कि क्या अयोध्या में विवादित ढांचे से पहले वहां पर हिन्दू मन्दिर या हिन्दू धार्मिक स्थल था। सर्वोच्च न्यायालय की पांच न्यायाधीशों की पीठ ने इन सवालों को बेकार और अनावश्यक बताते हुए बिना उत्तर दिये वापस कर दिया था। लेकिन, पांच में से दो न्यायाधीशों ने अलग से दिए गए एक निर्णय में रिफरेंस वापस करते हुए यह भी कहा था कि ऐसा नहीं है कि न्यायालय इस प्रश्न का उत्तर देने में सक्षम नहीं है, उन्होंने कहा था कि यदि इस विषय में पुरातत्व और इतिहासकारों के विशेषज्ञों से प्राप्त साक्ष्य हों और उन्हें बहस में शामिल करके परखा जाता है तो इसका उत्तर दिया जा सकता है।

24 जनवरी 1994 को बाबरी मस्जिद विध्वंस केस की पत्रावली विशेष न्यायाधीश लखनऊ को स्थानांतरित कर दी गई थी। उसके बाद इलाहाबाद उच्च न्यायालय की लखनऊ पीठ में बाबरी मस्जिद विध्वंस से संबंधित केस चलना शुरू हो गया था।

24 अक्टूबर 1994 को सर्वोच्च न्यायालय ने तीन दो के बहुमत से अयोध्या अधिनियम में कुछ क्षेत्रों के अधिग्रहण की संवैधानिकता को लागू रखने का आदेश दे दिया था। मुख्य न्यायाधीश जेएस वर्मा के बहुमत के निर्णय में तर्क दिया गया था कि प्रत्येक धार्मिक अचल संपत्ति का अधिग्रहण किया जा सकता है। सर्वोच्च न्यायालय ने जो निर्णय दिया था उसमें कहा गया था कि मस्जिद में नमाज अदा करना इस्लाम का अभिन्न अंग नहीं है, जब तक कि उस मस्जिद का इस्लाम में कोई विशेष महत्व न हो। इस्माइल फारूकी नाम के एक व्यक्ति ने अयोध्या में निश्चित क्षेत्र अधिग्रहण अधिनियम, 1993 की वैधता को चुनौती देते हुए एक याचिका दायर कर दी थी। इस अधिनियम के द्वारा केंद्र ने बाबरी मस्जिद और उसके आस पास की 67.703 एकड़ भूमि का अधिग्रहण कर लिया था।

सर्वोच्च न्यायालय ने संदर्भित कानूनी कार्रवाई के साथ अपना निर्णय देते हुए विवादित स्थल और पूरी भूमि पर किसी भी प्रकार के निर्माण को प्रतिबंधित कर दिया था। इसके अलावा अगले आदेश तक यथास्थिति बनाए रखने का आदेश भी दे दिया था।

1996 में लखनऊ के विशेष न्यायालय ने बाबरी मस्जिद विध्वंस के सभी मामलों में आपराधिक साज़िश की धारा को जोड़ने का आदेश दिया था, इस मामले में सीबीआई ने भी एक पूरक आरोप पत्र दाख़िल किया था, जिसके आधार पर न्यायालय इस निर्णय पर पहुंचा था, कि लालकृष्ण आडवाणी सहित सभी नेताओं पर आपराधिक साज़िश के आरोप तय करने के लिए पर्याप्त सुबूत हैं। विशेष न्यायालय ने आरोप निर्धारण के लिए अपने आदेश में कहा था, चूँकि सभी मामले एक ही कृत्य से जुड़े हुए हैं, इसलिए सभी मामलों में संयुक्त मुक़दमा चलाने का पर्याप्त आधार बनता है। इसके बाद लालकृण आडवाणी सहित दूसरे सभी अभियुक्तों ने इस आदेश को इलाहाबाद उच्च न्यायालय में चुनौती दे दी थी।

11 जनवरी 1996 को सीबीआई ने नौ आरोपितों के विरुद्ध दूसरा पूरक आरोप पत्र लखनऊ के विशेष न्यायालय में दाखिल कर दिया था जिसमें रामविलास वेदांति, धरम दास, महंत नृत्य गोपाल दास, महामंडलेश्वर जगदीश मुनि महाराज, बैकुंठलाल शर्मा, परमहंस राम चन्द्र दास, विजय राजे सिंधिया व सतीश कुमार को मुख्य आरोपी बनाया गया था।

1998 में केंद्र में भारतीय जनता पार्टी के नेतृत्व में सरकार का गठन हो गया था। समय ने करवट बदली और अटलबिहारी वाजपेयी जी देश के प्रधानमंत्री बन गए थे तथा लालकृष्ण आडवाणी को गृहमंत्री बनाया गया था। समय की नजाकत को देखते हुए विश्व हिन्दू परिषद तथा साधु संतों ने अब मंदिर आंदोलन को धीमा चलाने का निर्णय ले लिया था।

27 जुलाई 2000 को लिब्रहान आयोग ने अपनी जांच के क्रम में कल्याण सिंह को पेश करने के लिए जमानती वारंट जारी कर दिया था।

18 जनवरी 2001 से प्रयाग के कुंभ मेले के समय आयोजित धर्म संसद की बैठक में 12 मार्च 2002 से श्रीराम मंदिर का निर्माण शुरू करने का निर्णय लिया गया था।

12 फ़रवरी 2001 को इलाहाबाद उच्च न्यायालय ने बाबरी मस्जिद विध्वंस के सभी मामलों की संयुक्त चार्जशीट को तो सही माना था, लेकिन साथ में यह भी कहा था कि लखनऊ के विशेष न्यायालय को आठ नामज़द अभियुक्तों वाला दूसरा केस सुनने का अधिकार नही है, क्योंकि उसके गठन की अधिसूचना में वह केस नंबर शामिल नहीं था।

लालकृष्ण आडवाणी और अन्य हिन्दू वादी नेताओं पर दर्ज किया गया य़ह मुक़दमा क़ानूनी दांव पेच और तकनीकी कारणों में फंस कर रह गया था। इस केस में बनाए गए अभियुक्तों के वकीलों ने यह सिद्ध कर दिया था कि उत्तर प्रदेश सरकार की प्रशासनिक चूक के कारण उनके विरूद्ध ग़लत रूप से आरोप लगा दिए गए हैं। इस कथित प्रशासनिक चूक का लाभ आडवाणी और अन्य अभियुक्तों को उन पर लगाए गए आपराधिक साज़िश के आरोप को हटाने में मिल गया था, क्योंकि ये आरोप केवल एफ़आईआर संख्या 197 के मामले में लगाए गए थे। इलाहाबाद उच्च न्यायालय ने सीबीआई

को निर्देश दिया था, कि यदि उनके पास आडवाणी और अन्य लोगों के विरूद्ध आपराधिक षड्यंत्र के सुबूत हैं तो रायबरेली न्यायालय में पूरक आरोप पत्र दाखिल कर सकते हैं।

4 मई 2001 को विशेष न्यायाधीश ने भारतीय जनता पार्टी के नेता लालकृष्ण आडवाणी और मुरली मनोहर जोशी सहित तेरह नेताओं के ऊपर से बाबरी मस्जिद गिराने की साजिश करने का आरोप हटा दिया था। वर्ष 2001 में ही बाबरी मस्जिद विध्वंस के इस मामले में इलाहाबाद उच्च न्यायालय के निर्णय के विरूद्ध सीबीआई ने सक्षम न्यायालय में पुनर्विचार याचिका दायर कर दी थी।

17 अक्टूबर 2001 को विश्व हिन्दू परिषद के नेता अशोक सिंघल रामलला का दर्शन करने के लिए अयोध्या पहुँचे थे, इस पर विवाद गहरा गया था, लेकिन उस समय प्रशासन ने उन पर कोई कार्रवाई नहीं की थी।

1 जनवरी 2002 को भारत के तत्कालीन प्रधानमंत्री अटल बिहारी वाजपेयी ने अयोध्या विभाग के नाम से एक विभाग शुरू करावा दिया था, इस विभाग का काम श्रीराम जन्मभूमि बाबरी मस्जिद विवाद को सुलझाने के लिए हिन्दुओं और मुसलमानों से बातचीत करना था।

16 फरवरी 2002 को प्रधानमंत्री अटलबिहारी वाजपेयी ने कहा था, कि दोनों पक्षों ने यदि अपना रुख यथावत रखा तो विवाद निपटाने का एकमात्र रास्ता न्यायालय का निर्णय ही होगा।

27 फरवरी 2002 की प्रातः काल में साबरमती एक्सप्रेस से हिन्दू कारसेवक कार्यकर्ता यात्रा कर रहे थे, श्रीराम मंदिर आंदोलन के चलते हुए अयोध्या में आयोजित एक कार्यक्रम से गुजरात के यह सभी कार्यकर्ता वापस अपने घर लौट रहे थे। उस समय अधिकतर यात्री सो रहे थे। गुजरात के गोधरा रेलवे स्टेशन के पास पहुंचते ही साबरमती एक्सप्रेस को अराजक तत्वों ने घेर लिया था और उसकी एस-6 बोगी में आग लगा दी थी, बोगी से आग की लपटें और धुएं का गुबार निकलने लगा था, ट्रेन के अंदर भीषण आग लगी हुई थी जिससे कि उस बोगी के सभी यात्री आग की चपेट में आ गए थे, इस हादसे में झुलसकर उनसठ कारसेवकों की दर्दनाक मौत हो गई थी। बाद में इस मामले में हुई कार्यवाही में एक हजार पांच सौ लोगों के विरूद्ध प्राथमिकी दर्ज की गई थी।

28 फ़रवरी 2002 को अगले ही दिन गोधरा में हुए साबरमती एक्सप्रेस कांड के कारण जनता में आक्रोश फैल गया था और गुजरात के कई भागों में दंगा भड़क उठा था, इस दंगे में दो हजार से अधिक लोग मारे गए थे, इस कांड ने गुजरात के माथे पर एक अमिट दाग लगा दिया था।

5 मार्च 2002 को विश्व हिन्दू परिषद और न्यास ने श्रीराम जन्मभूमि बाबरी मस्जिद विवाद पर न्यायालय के निर्णय को मानने की घोषणा कर दी थी।

6 मार्च 2002 को केंद्र सरकार ने जन्मभूमि बाबरी मस्जिद विवाद की जल्दी सुनवाई के लिए इलाहाबाद उच्च न्यायालय का दरवाजा खटखटाया था। 2002 में ही असलम भूरा नामक एक व्यक्ति सर्वोच्च न्यायालय के बहुमत के उस फैसले के विरूद्ध न्यायालय की शरण में चले गए थे, जिसमें अयोध्या अधिनियम में कुछ क्षेत्रों के अधिग्रहण की संवैधानिकता को लागू रखने का आदेश दिया गया था।

13 मार्च 2002 को न्यायालय ने विवादित स्थल पर यथास्थिति बनाए रखने का आदेश दे दिया था और 24 अक्टूबर 1994 के अपने पिछले निर्णय को बनाए रखा था, इसके साथ ही कहा गया था कि अधिग्रहीत भूमि पर कोई गतिविधि नहीं होगी।

1 अप्रैल 2002 को इलाहाबाद उच्च न्यायालय लखनऊ की तीन न्यायाधीशों की खंडपीठ ने विवादित स्थल का मालिकाना हक तय करने के लिए अयोध्या शीर्षक विवाद की सुनवाई प्रारम्भ कर दी थी।

1 अगस्त 2002 और 23 अक्टूबर 2002 को इलाहाबाद उच्च न्यायालय ने मुस्लिम पक्षकारों के विरोध के बाद भी विवादित स्थल की भूमि के नीचे का जियो रेडियोलाजिकल सर्वे एक प्राइवेट कंपनी, तोजो विकास इंटरनेशनल प्राइवेट लिमिटेड से कराने का आदेश दे दिया था।

17 सितंबर 2002 को तत्कालीन राज्य सरकार ने बाबरी मस्जिद विध्वंस के मामले में सर्वोच्च न्यायालय में शपथ पत्र दे कर कहा था, कि सीबीआई इस प्रकरण को रायबरेली न्यायालय में ले जा सकती है।

29 नवंबर 2002 को सर्वोच्च न्यायालय ने बाबरी मस्जिद विध्वंस के प्रकरण की सुनवाई को रायबरेली न्यायालय में करने का आदेश दे दिया था।

22 जनवरी 2003 को लिब्रहान आयोग ने बाबरी मस्जिद विध्वंस प्रकरण में साक्ष्य दर्ज करने का कार्य पूरा कर लिया था।

17 फरवरी 2003 को तोजो विकास इंटरनेशनल प्राइवेट लिमिटेड कंपनी ने विवादित स्थल की भूमि के नीचे का जियो रेडियोलाजिकल सर्वे करने के बाद अपनी विस्तृत रिपोर्ट इलाहाबाद उच्च न्यायालय को सौंप दी थी। इस सर्वे रिपोर्ट में भूमि के नीचे कुछ विसंगतियां पाई गई थीं, जिनके आधार पर ही उच्च न्यायालय ने 5 मार्च 2003 को भारतीय पुरातत्व सर्वेक्षण विभाग को विवादित स्थल की खुदाई करने का आदेश दिया था।

5 मार्च 2003 को इलाहाबाद उच्च न्यायालय ने भारतीय पुरातत्व सर्वेक्षण विभाग को विवादित स्थल पर खुदाई का निर्देश दे दिया था, जिसके बाद भारतीय पुरातत्व सर्वेक्षण ने सही स्थिति का पता लगाने के लिए विवादित स्थल के नीचे की भूमि की खुदाई की प्रक्रिया शुरू कर दी थी।

12 मार्च 2003 से 7 अगस्त 2003 तक पांच महीने में पुरातत्व सर्वेक्षण विभाग ने नब्बे ट्रेंचों की खुदाई कर दी थी। इसमें दसवीं सदी के एक हिन्दू मंदिर के अवशेष पाए जाने का दावा किया गया था, पुरातत्वविदों ने बाबरी मस्जिद से पहले की एक बड़ी संरचना के यहां पर होने के संकेतों की भी सूचना दी थी।

13 मार्च 2003 को सर्वोच्च न्यायालय ने असलम उर्फ भूरे के अयोध्या अधिनियम में कुछ क्षेत्रों के अधिग्रहण की संवैधानिकता को लागू रखने के आदेश के मामले में कहा था कि अयोध्या में अधिग्रहित स्थल पर किसी भी गतिविधि की अनुमति नहीं है।

21 मार्च 2003 को सर्वोच्च न्यायालय के आदेश के अनुपालन में, बाबरी मस्जिद विध्वंस के प्रकरण की सुनवाई को रायबरेली न्यायालय में करने हेतु संम्बन्धित पत्रावली रायबरेली के विषेश न्यायालय में पहुंच गई थी।

29 मार्च 2003 को न्यायालय ने बाबरी मस्जिद विध्वंस के प्रकरण के सभी आरोपियों को न्यायालय में उपस्थित होने का सम्मन भेज दिया था।

2003 में ही सीबीआई ने बाबरी मस्जिद विध्वंस के प्रकरण की एफ़आईआर 198 के अन्र्तगत आठ अभियुक्तों के विरूद्ध पूरक आरोप पत्र दाख़िल कर दिया था। बाबरी मस्जिद ढहाने की आपराधिक साज़िश के आरोप को सीबीआई इसमें नहीं जोड़ सकी थी, क्योंकि बाबरी मस्जिद ढहाने में आपराधिक साज़िश वाली एफ़आईआर संख्या 197 और भड़काऊ भाषण वाली एफ़आईआर संख्या 198 दोनों अलग अलग थीं।

22 अगस्त 2003 को भारतीय पुरातत्व सर्वेक्षण ने इलाहाबाद उच्च न्यायालय को अपनी रिपोर्ट सौंप दी थी, पचास दिग्गज वैज्ञानिकों की टीम ने खुदाई में भाग लिया था, महीनों तक पूरी टीम ने कठिन परिश्रम किया था, वैज्ञानिकों ने कई रातों का जागरण किया था। उसके के बाद यह रिपोर्ट सौंपी गई थी। इस टीम के वैज्ञानिकों में साइंटिस्ट, पुरातत्वविद्, लिपि विशेषज्ञ, मूर्तिकला विशेषज्ञ, मंदिर स्थापत्यकला विशेषज्ञ, वास्तुविद्, ड्राइंग एवं सर्वे विशेषज्ञों के अलावा रसायनज्ञ भी शामिल थे। सभी विशेषज्ञ प्रतिदिन प्रातः उत्खनन में जुट जाते थे और देर रात तक रिपोर्ट तैयार करके प्रातः तीन बजे तक उस रिपोर्ट को दिल्ली भेज देते थे। इस रिपोर्ट में संबंधित स्थल पर भूमि के नीचे एक विशाल हिन्दू धार्मिक ढांचे अर्थात मंदिर होने की बात कही गई थी। भारतीय पुरातत्व सर्वेक्षण ने खुदाई में मिले मंदिर के भग्नावशेषों की सही उम्र कार्बन डेटिंग पद्धति से निकालकर न्यायालय को बताई थी। खुदाई मे भूमि के भीतर एक हजार दो सौ ईसा पूर्व के तीन मंदिरों के अवशेष मिले थे, ये मंदिर दसवीं, ग्यारहवीं एवं बारहवीं शताब्दी के थे। प्राचीन ईंटें, दीवारों पर उत्कीर्ण देवीय मूर्तियां, आमलक और मकरमुख आदि भग्नावशेषों का विस्तृत ब्योरा संबंधित विषय विशेषज्ञों की टिप्पणी सहित दो वॉल्यूम की रिपोर्ट में दर्ज किया गया था। इन अति प्राचीन भग्नावशेषों की सही उम्र का पता लगाने के लिए अत्याधुनिक कार्बन डेटिंग पद्धति सी- चौदह का उपयोग किया गया था। पहले वॉल्यूम में तीन सौ पेज की रिपोर्ट और दूसरे हिस्से में उत्खनन के समय मिले साक्ष्यों के सैकड़ों फोटोग्राफ्स, स्कैच व ड्राइंग आदि संलग्न किए गए थे। लेकिन मुसलमानों ने पुरातत्व सर्वेक्षण की इस रिपोर्ट पर भी सवाल उठा दिए थे।

भारतीय पुरातत्व सर्वेक्षण द्वारा उच्च न्यायालय में अपनी रिपोर्ट के साथ यह सभी वस्तुएं जमा करवाई गई थी -

1. सैंतालीस फील्ड नोट बुक
2. एक सौ बयासी ड्राइंग और नक्शे
3. सात हजार सात सौ सतत्तर रंगीन निगेटिव
4. एक हजार पांच सौ दस श्वेत श्याम निगेटिव
5. छियालीस एलबम में चार हजार दो सौ तिरानवै फोटोग्राफ

6. दस वीडियो कैसेट
7. तेरह डिजीटल कैसेट और उनकी सीडी के दस सैट
8. दस सीडी के सैट जिनमें खुदाई के ग्यारह वीडियो कैसेट बनाए गए थे
9. खुदाई की सीडी और ब्रोमाइट प्रिंट
10. खुदाई में मिले मिट्टी के बर्तनों और सील न किये गए बक्सों का ब्यौरा देने वाला रजिस्टर
11. खुदाई में मिले सामान का ब्यौरा देने वाला रजिस्टर
12. प्रतिदिन का ब्यौरा देने वाला रजिस्टर
13. खुदाई के इन्डेक्स
14. लैपटाप की हार्ड डिस्क का संक्षिप्त विवरण।

पुरातत्व सर्वेक्षण को इस खुदाई में उत्तर वैदिक कालीन इंसानी उपस्थित के अवशेष मिले थे, इस कालखंड की वस्तुऐं ग्रे, ब्लैक और लाल रंगों से पुती हुई थी। भूमि के नीचे देवियों की टेराकोटा की मूर्तियां, पहिए, बीट्स आदि मिले थे, जिनका कालखंड ईसा पूर्व तीन सौ से एक हजार वर्ष तक का बताया गया था। खुदाई में भारी मात्रा में ईसा पूर्व पहली और दूसरी शताब्दी में शुंग काल के अवशेष भी पाए गए थे। इसमें मदर गाडेस, इंसान और जानवरों की टेराकोटा की मुर्तियां, बीट्स, हेयर पिन और बर्तन आदि शामिल थे। इनमें पहली से तीसरी शताब्दी के कुषाण काल के साक्ष्य के रुप में चूडियां, सिरेमिक के सामान आदि मिले थे और बड़ी संरचनाओं के निर्माण के साक्ष्य भी मिले थे। चौथी से छठवीं शताब्दी में चन्द्रगुप्त मौर्य के समय के सिक्के और बर्तनों के अवशेष भी मिले थे। उस काल के भवनों के अवशेष भी मिले थे, जिससे यह पता चला कि गुप्त काल में भवन निर्माण में कोई बड़ा बदलाव नहीं आया था और निर्माण पहले की तरह ही चलता रहा था। खुदाई में सातवीं से दसवीं शताब्दी, उत्तर गुप्त-राजपूत काल के समय पकी हुई ईंटों से निर्माण कार्य की झलक मिलती थी। इसी काल के गोलाकार मंदिर के अवशेष मिले थे, जो कि गंगा यमुना के मैदान के समकालीन मंदिरों से मेल खाते थे। उस स्थान पर ग्यारहवीं से बारहवीं शताब्दी, शुरुआती मध्ययुगीन काल के समय की एक बड़ी संरचना के अवशेष भी मिले थे, जिसके पचास में से केवल चार खंबे ही मिले थे। इस संरचना के मलबे पर खंबों के आधार वाला बड़ा हाल मिला था जो कि रिहाइशी इमारत से बिल्कुल अलग था और इसके लम्बे समय तक सार्वजनिक उपयोग के साक्ष्य भी मिले थे जिनका कालखंड बारहवीं से सोलहवीं शताब्दी का था।

इस खुदाई में मुगल कालीन स्थापत्य कला को प्रमाणित करने वाले रेस्ड प्लेटफार्म के साथ ही दो सक्सेसिव फ्लोर पाए गए थे जिनकी मोटाई तेईस से पच्चीस सेंटीमीटर थी। यहां पर उत्तर मुगल काल के अवशेष भी मिले थे, रिपोर्ट में बहुत ही विस्तार से प्रत्येक काल की ढ़ांचा गत बनावट का तकनीकी ब्यौरा दिया गया था।

रिपोर्ट के चेप्टर चार में एक खंड सर्कुलर श्राइन अर्थात गोलाकार पूजा स्थल का दिया गया था, रिपोर्ट के अनुसार खुदाई में एक पूर्व की ओर मुख वाला ईटों का बना हुआ गोलाकार और कुछ क्षतिग्रस्त पूजा स्थल का ढांचा भी मिला था। इसका पूर्वी सिरा वर्गाकार था और एक हिस्सा

अंग्रेजी के अक्षर वी के आकार का बना हुआ था, जिसमें जल बाहर निकालने के लिए उत्तर की ओर एक परनाला जैसी संरचना बनी हुई थी, लेकिन यह टूटा हुआ था। स्वाभाविक तौर पर यह मूर्ति के अभिषेक के लिए बनाई गई थी, लेकिन वहां पर मूर्ति नहीं मिली थी। रिपोर्ट के चेप्टर चार में ही संरचना या ढांचा शीर्षक में खुदाई में मिली संरचना का विवरण देते हुए अलग से एक खंड विवादित ढांचे के नीचे विशाल ढांचे का दिया हुआ था, इसमें साफ साफ कहा गया था कि विवादित ढांचा पहले से उपस्थित निर्माण के ऊपर खड़ा हुआ था और वहां पर एक बडी संरचना उपस्थित थी।

रिपोर्ट के अनुसार खुदाई में डेकोरोटेड अष्टकोणीय सैन्डस्टोन ब्लाक में चार कोनों पर फूलदार कलाकृतियां पाई गई थी, यह निश्चित रूप से बारहवीं शताब्दी की थी, क्योंकि इसी प्रकार की कलाकृतियां सारनाथ के कुमारदेवी के धर्मचक्र जिना विहार में पाई गई थीं और वह भी बारहवीं शताब्दी की थी।

भूमि के नीचे गुप्त और कुषाण काल की जो दीवारें भी मिली थी वह कोई साधारण इमारत नहीं थी, वह एक विशाल संरचना के रूप में थी। इसके साथ ही चूना पत्थर की शुंग कालीन दीवार भी मिली थी। आठ नम्बर ट्रेंच की लेयर संख्या सात से लिए गए चारकोल के नमूनों का कालखंड वर्ष नब्बे से तीन सौ चालीस के बीच का पाया गया था।

इलाहाबाद उच्च न्यायालय के निर्देश पर ध्वस्त ढ़ांचे के नीचे खुदाई करने के बाद भारतीय पुरातत्व सर्वेक्षण ने जो रिपोर्ट दी थी, उसे मुस्लिम पक्ष ने मानने से इंकार कर दिया था और उस पर अपनी आपत्ति जताते हुए अपनी प्रतिक्रिया दी थी, लेकिन न्यायालय ने इन आपत्तियों को नकार दिया था और रिपोर्ट को सही मानते हुए साक्ष्य के रूप में स्वीकार कर लिया था।

मुस्लिम पक्ष को भारतीय पुरातत्व सर्वेक्षण की इस रिपोर्ट पर कुछ इस प्रकार से आपत्तियां थी -

मुस्लिम पक्ष की ओर से न्यायालय में कहा गया था कि भारतीय पुरातत्व सर्वेक्षण द्वारा तैयार किया गया कालखंड निर्धारण और घटना क्रम का कोई वैज्ञानिक आधार नहीं है। रिपोर्ट के चेप्टर एक से लेकर नौ तक के लेखकों का वर्णन है, लेकिन चैप्टर दस "समरी आफ द रिजल्ट" के लेखक के विषय में कुछ नहीं बताया गया है, इसलिए चेप्टर दस को रिपोर्ट से अलग किया जाए और उसे साक्ष्य का हिस्सा नहीं माना जाए। रिपोर्ट में बहुत सी विसंगतियां हैं और ऐसा लगता है कि उसका निष्कर्ष किसी निश्चित थ्योरी का समर्थन करने के लिए तैयार किया गया है।

खुदाई से जुडे सभी पेपर प्रस्तुत करने का न्यायालय का स्पष्ट आदेश होने पर भी भारतीय पुरातत्व सर्वेक्षण विभाग ने कुछ दस्तावेजों को जमा करने में देर की थी और साथ ही चीजों के पुरातात्विक जांच के समय तैयार किये गए नोट्स भी नष्ट कर दिये थे, जो कि रिपोर्ट की सत्यता पर प्रश्नचिन्ह लगाता है। मुस्लिम पक्ष की शिकायत पर उच्च न्यायालय ने आदेश दिया था कि बीआर मणि खुदाई का नेतृत्व नहीं करेंगे और उनके स्थान पर हरि मांझी को इसका मुखिया नियुक्त किया गया था। लेकिन बीआर मणि फिर भी खुदाई कार्य से जुड़े रहे थे और उन्होंने रिपोर्ट तैयार करने में भी सह लेखक की भूमिका निभाई थी।

आगे कहा गया था कि विशाल संरचना का सिद्धान्त गलत है, क्योंकि भारतीय पुरातत्व सर्वेक्षण विभाग की रिपोर्ट इस बिन्दु पर चुप है कि यदि दीवार संख्या सौलह पहली दीवार है तो बाकी की तीन दीवारें कहां हैं। दीवार संख्या सौलह में अन्दर की ओर मेहराब है जो कि इस्लामी इमारत का चिन्ह है। रिपोर्ट के खंड एक के पृष्ठ संख्या बयालीस सी में दीवार संख्या सौलह और पचास खंबों की बात मनघड़ंत है और स्वीकार करने योग्य नहीं है, क्योंकि वहां पर किसी भी खंबे का आधार नहीं था और न ही उनमें एक दूसरे के बीच में कोई पंक्ति योजना है, वह समान लेवल पर भी नहीं हैं और ना ही उन खंबों में भार सहन करने की क्षमता है। खुदाई के गड्ढों में विभिन्न स्तरों पर एक दूसरे के बीच सामंजस्य का नहीं होना रिपोर्ट का आधार संदेहास्पद बनाता है। भारतीय पुरातत्व सर्वेक्षण का रवैया पक्षपाती था क्योंकि खुदाई के विभिन्न गड्ढों में कटे के निशान वाली विभिन्न जानवरों की हड्डियां पाई गई थीं, लेकिन उन पर जानबूझ कर विचार नहीं किया गया, यदि उन पर वैज्ञानिक तरीके से जांच करने के बाद विचार किया गया होता तो भारतीय पुरातत्व सर्वेक्षण के लिए यह राय देना संभव ही नहीं था कि खुदाई में मिली चीजें उत्तर भारत के मंदिर से मेल खाती हैं।

खुदाई में विभिन्न स्तरों पर पाई गई टेराकोटा की बासठ इंसानों और एक सौ इकत्तीस जानवरों की मूर्तियां प्राचीन काल से जुड़ती हैं, उनकी कोई सुसंगतता नहीं है। भारतीय पुरातत्व सर्वेक्षण की रिपोर्ट में गोलाकार पूजा स्थल जिसमें उत्तर की ओर एक परनाला होने की बात कही गई है, जिसे भगवान शिव से संबंधित माना जा सकता है, उससे स्ट्रकचर के बौध अथवा जैनियों से जुड़े होने की भी संभावना है, क्योंकि उसका रास्ता बहुत संकरा है और डायमीटर भी छोटा है जिसके कारण एक अकेले व्यक्ति का भी वहां पर घुस कर अभिषेक करना संभव नहीं है। खुदाई में मिले श्रीवत्सा को जैन धर्म और कमल को बौद्ध और इस्लाम से भी जोड़ कर देखा जा सकता है। बिना किसी पक्के आधार के खंडित पत्थर की मूर्ति को युगल देवता बना दिया गया है, ऐसा लगता है कि यह बाद में खोजा गया है, क्योंकि इसका वर्णन रोजाना रजिस्टर और साइट नोटबुक में नहीं है।

मुस्लिम पक्ष की ओर से यह भी कहा गया था कि किसी हिन्दू देवी देवता की मूर्ति नहीं मिली है और न ही वहां पर कोई हिन्दू पूजा का सामान मिला है, इसलिए वहां पर हिन्दू मंदिर के अवशेष कहना उचित नहीं है। खुदाई में मिले खंबे, दरवाजे, चौखट, षटकोणीय खंबा, अमलका, युगल देवता, कमल कलाकृति आदि को मंदिर के अवशेष बताया गया है लेकिन उनका कोई महत्व नहीं है, क्योंकि यह सब चीजें मलबे से मिली हैं। भारतीय पुरातत्व सर्वेक्षण विभाग की रिपोर्ट एकतरफा है और यह कुछ पूर्व सिद्धान्तों से प्रभावित है।

खुदाई में चमकीले टाइल्स आदि का मिलना मंदिर होने की थ्योरी के विरूद्ध है, क्योंकि यह चीजें मध्य सल्तनत काल की हैं और एस के मीरमीरा की इंडियन पाटरी किताब के अनुसार ग्लेज टाइल्स मुस्लिम हैबटेशन है। न्यायालय ने इन सभी आपत्तियों को सिरे से नकार कर निरस्त कर दिया था।

2 सितंबर 2003 को लिब्रहान आयोग ने पेश नहीं होने पर कल्याणसिंह के विरूद्ध गैर जमानती वारंट जारी कर दिया था।

19 सितंबर 2003 को बाबरी मस्जिद विध्वंस के प्रकरण में रायबरेली न्यायालय से लालकृष्ण आडवाणी को आरोप मुक्त कर दिया गया था। न्यायालय ने लालकृष्ण आडवाणी की एक याचिका सुनवाई के लिए स्वीकार कर ली थी और उन्हें आरोपों से यह कहते हुए बरी कर दिया गया था कि उनके विरूद्ध केस चलाने के लिए पर्याप्त सुबूत नहीं हैं।

10 अक्टूबर 2003 को न्यायालय द्वारा बाबरी मस्जिद विध्वंस के प्रकरण में आरोप तय करने के लिए तिथि निश्चित कर दी गई थी, इसी बीच मुरली मनोहर जोशी ने इलाहाबाद उच्च न्यायालय में पुर्नविचार याचिका दाखिल कर दी थी।

5 जुलाई 2005 का दिन अयोध्या के लिए एक मनहूस दिन था, विवादित परिसर में विराजमान रामलला के टेंट के अस्थाई मंदिर पर आतंकियों ने हमला कर दिया था। परिसर के पास पहुंचते ही आतंकियों की मार्शल जीप में जोरदार धमाका हुआ, जिससे परिसर की बैरीकेडिंग पूरी तरह से टूट गई थी। अचानक पांच आतंकियों ने भीतर प्रवेश किया और वहां पहुंचते ही गोलियां चलानी शुरू कर दी थी, इन गोलियों की गूंज चारों ओर सुनाई देने लगी थी। आतंकवादियों में से दो का उद्देश्य केवल रामलला के टेंट को उड़ाना था, उनके तीन अन्य साथियों का उद्देशय विवादित स्थल के बराबर में स्थित सीता रसोई में प्रवेश करना था। सीता रसोई एक बड़ी इमारत थी और कुछ ऊँचाई पर स्थित थी, वहाँ से उन्हें पूरा परिसर दिखाई दे सकता था और वह सुरक्षित भी रह सकते थे, इसीलिए आतंकी सीधे सीता रसोई की ओर बढ़े चले जा रहे थे। उनका उद्देश्य इस हमले को लम्बे समय तक चलाते रहना और अधिक से अधिक नुकसान करना था। लेकिन ये सभी हमलावर आतंकी वहां पर तैनात सुरक्षा बलों के हाथों मार गिराए गए थे। इस हमले में तीन नागरिकों की भी मौत हुई थी। आतंकी हमले के बाद राम कोट क्षेत्र को रेड ज़ोन एरिया घोषित करते हुए सभी गलियों व चौराहों पर बैरिकेडिंग लगा दी गई थी, बिना आज्ञा के कोई भी वाहन इस क्षेत्र में प्रवेश नहीं कर सकता था।

6 जुलाई 2005 को इलाहाबाद उच्च न्यायालय ने रायबरेली न्यायालय के लालकृष्ण आडवाणी को आरोप मुक्त करने के आदेश को रद्द कर दिया था और कहा था कि, आडवाणी और अन्य लोगों के विरूद्ध मुक़दमे चलते रहेंगे। उच्च न्यायालय ने बाबरी मस्जिद विध्वंस के प्रकरण में सभी आठों आरोपियों पर रायबरेली न्यायालय में मुकदमा चलाने का निर्देश भी दिया था। यह मुकदमा न्यायालय में चला अवश्य लेकिन उसमें आपराधिक साज़िश के आरोप नहीं बन सके थे।

28 जुलाई 2005 को लालकृष्ण आडवाणी सहित सभी आरोपियों पर रायबरेली न्यायालय में बाबरी मस्जिद विध्वंस के मामले में आरोप तय किए गए और न्यायालय में मुकदमे की सुनवाई चलती रही थी, इस मामले में पहली गवाही 2007 में हुई थी।

2007 में ही श्रीराम जन्मभूमि बाबरी मस्जिद भूमि विवाद के मामले में इलाहाबाद उच्च न्यायालय में एक आवेदन दिया गया था, जिसमें विवादित स्थल की भूमि के राजस्व रिकॉर्ड में छेड़छाड़ का आरोप लगाया गया था। इस पर उच्च न्यायालय ने जांच का आदेश दे दिया था। मामले की फारेंसिक जांच विधि विज्ञान प्रयोगशाला लखनऊ में करवाई गई थी, जिसकी रिपोर्ट में कहा गया था कि भूमि के राजस्व रिकॉर्ड से छेड़छाड़ हुई है, विभिन्न स्याही में और

विभिन्न लिखावट में शब्द जामा मस्जिद और मस्जिद बढ़ाया गया है। रिपोर्ट में निष्कर्ष था कि जिस व्यक्ति ने मूल दस्तावेज तैयार किए थे उस व्यक्ति ने ये शब्द जामा मस्जिद और मस्जिद नहीं लिखा था।

30 जून 2009 को बाबरी मस्जिद विध्वंस के प्रकरण में लिब्राहन आयोग ने भी अपनी रिपोर्ट भारत सरकार के गृह मंत्रालय को सौंप दी थी, लेकिन इसे बाद में सार्वजनिक किया गया था।

बाबरी मस्जिद विध्वंस की जाँच रिपोर्ट में लिब्राहन आयोग ने पाया था कि मस्जिद को एक गहरी साज़िश के अन्तर्गत गिराया गया था। इस रिपोर्ट में संघ परिवार, विश्व हिन्दू परिषद, बजरंग दल और भारतीय जनता पार्टी के प्रमुख नेताओं को उन घटनाओं के लिए ज़िम्मेदार माना गया था जिनके कारण बाबरी विध्वंस की घटना हुई थी। आयोग ने साज़िश में शामिल लोगों पर मुक़दमा चलाए जाने की सिफ़ारिश भी की थी। लिब्राहन आयोग को जांच रिपोर्ट सौंपने के लिए सरकार ने अधिकतम तीन महीने का समय दिया था, लेकिन समय समय पर इसकी अवधि बढ़ती चली गई थी और इस प्रकार से सतरह वर्ष के लम्बे अन्तराल में इस आयोग का कार्यकाल अड़तालीस बार बढ़ाया गया था, लिब्राहन आयोग के काम काज पर लगभग आठ करोड़ रुपए खर्च हुए थे।

20 मई 2010 को इलाहाबाद उच्च न्यायालय ने विवादित ढांचा ढ़हाने के मामले में तकनीकी आधार पर इक्कीस नेताओं को आरोप मुक्त कर दिया गया था। बाबरी मस्जिद विध्वंस के दोनों मामलों को अलग करने का निचले न्यायालय का निर्णय इलाहाबाद उच्च न्यायालय ने भी यथावत रखा था, उच्च न्यायालय ने कहा था कि मामले में दो प्रकार के अभियुक्त थे, पहले वह नेता थे जो कि मस्जिद से दो सौ मीटर की दूरी पर स्थित मंच से कारसेवकों को भड़का रहे थे और दूसरे स्वयं वह कारसेवक थे जिन्होंने बाबरी मस्जिद को गिराया था, अर्थात लालकृष्ण आडवाणी और अन्य नेताओं के नाम आपराधिक साज़िश में नहीं जोड़े जा सकते थे।

26 जुलाई 2010 को इलाहाबाद उच्च न्यायालय की लखनऊ खंड पीठ ने श्रीराम जन्मभूमि विवाद की सुनवाई पूरी कर ली थी और उस पर अपना आदेश सुरक्षित रख लिया था। न्यायालय ने सभी पक्षों को मैत्रीपूर्ण चर्चा के माध्यम से इस मुद्दे को हल करने का सुझाव भी दिया था, लेकिन दुर्भाग्य से किसी भी पक्ष ने इस मामले में रूचि नहीं दिखाई थी। इसके बाद 24 सितंबर 2010 को निर्णय की तारीख नियत कर दी गई थी। यह मुकदमा न्यायालय में बाबरी मस्जिद को गिराए जाने वाले मुकदमे से अलग चल रहा था।

17 सितंबर 2010 को रमेशचंद्र त्रिपाठी नाम के एक पूर्व नौकरशाह ने श्रीराम जन्मभूमि विवाद पर निर्णय की घोषणा को टालने के लिए इलाहाबाद उच्च न्यायालय में एक मुकदमा दायर कर दिया था, लेकिन उच्च न्यायालय ने इसे अस्वीकार कर दिया था।

21 सितंबर 2010 को रमेशचंद्र त्रिपाठी ने इलाहाबाद उच्च न्यायालय के आदेश को चुनौती देने के लिए सर्वोच्च न्यायालय का रुख कर लिया था, लेकिन वहां पर भी न्यायाधीश अल्तमस कबीर और न्यायाधीश एके पटनायक की पीठ ने इस मामले की सुनवाई से साफ मना कर दिया था, इसके बाद इस मामले को दूसरी पीठ के पास भेज दिया गया था।

23 सितंबर 2010 को सर्वोच्च न्यायालय ने इलाहाबाद उच्च न्यायालय के निर्णय पर पूर्व नौकरशाह रमेशचंद्र त्रिपाठी की याचिका पर अंतरिम रोक लगा दी थी, इस अपील में सुलह समझौते के प्रयास को टालने का अनुरोध किया गया था।

28 सितंबर 2010 को सर्वोच्च न्यायालय ने रमेशचंद्र त्रिपाठी की याचिका को निरस्त कर दिया था, जिससे कि निर्णय का रास्ता साफ हो गया था।

विवादित स्थल के मालिकाना हक को लेकर वर्षों से मुकदमेबाजी चल रही थी इस संबंध में सिविल न्यायालय फैजाबाद में चार दावे किए गए थे। 6 जनवरी 1964 को एक आदेश जारी करके चारों मुकदमे एक साथ जोड़ दिए गए थे। 10 जुलाई 1989 को प्रथम चार मुकदमे मौलिक और सामूहिक सुनवाई के लिए इलाहाबाद उच्च न्यायालय में स्थानांतरित कर दिए गए थे। 5 फरवरी 1992 को दिगंबर अखाड़ा के परमहंस रामचंद्रदास ने अपना मुक़दमा वापस ले लिया था। इसी दिन उच्च न्यायालय ने रामलला विराजमान के मुकदमे को भी अन्य मुकदमों के साथ सामूहिक सुनवाई के लिए अपने पास मंगवा लिया था।

इलाहाबाद उच्च न्यायालय की विशेष पीठ को एक सौ बिन्दुओं पर अपना निर्णय देना था। इनमें मुख्य थे कि क्या विवादित स्थल श्रीरामचन्द्र जी की जन्मभूमि है, क्या यह स्थल बाबर द्वारा वर्ष 1528 में बनवाई गई मस्जिद है, क्या वहां पर 1949 में भी श्रीराम की मूर्तियां विराजमान थी, क्या वर्ष 1949 के पहले विवादित स्थल पर नमाज पढ़ी जाती थी। निर्णय इस बात पर भी दिया जाना था कि क्या लगभग सवा सौ वर्ष पहले 1885-86 में इस मामले पर सुनाया गया न्यायालय का निर्णय अभी तक लागू था। निर्मोही अखाड़ा ने मस्जिद से सटे राम चबूतरे पर मंदिर बनाने का दावा किया था, जिसे न्यायालय ने यह कहते हुए निरस्त कर दिया था कि ऐसा होने से वहां पर प्रतिदिन विवाद होता रहेगा।

अयोध्या विवाद में आस्था की धरती पर मंदिर पक्ष और मस्जिद पक्ष के अपने अपने दावे थे। मंदिर पक्ष का कहना था कि यह स्थापित पौराणिक मान्यता है कि अयोध्या में भगवान श्रीराम का जन्म हुआ था, जिस स्थान पर उनका जन्म स्थान है उसे प्राचीन काल से ही रामकोट मोहल्ला कहा जाता रहा है। रामकोट में एक सौ तीस फीट लंबा और नब्बे फीट चौड़ा चारदीवारी से घिरा एक भवन बाहर से देखने में मस्जिद जैसा दिखता है, लेकिन उसमें न तो अजान देने के लिए कोई मीनार है और न ही वजू के लिए कोई स्थान है, यहां पर बीस फीट गुणा पन्द्रह फीट गुणे पांच फीट का एक राम चबूतरा था, जिस पर अकबर के शासन काल से ही पूजा हो रही थी। हिन्दू समाज के विरोध के कारण ही विवादित परिसर में वजू व मीनार नहीं बनाई जा सकी थी और सुन्नी वक्फ बोर्ड कब्रिस्तान का अपना दावा वापस ले चुक था। विवादित भवन के स्तंभ सहित कई स्थानों पर इस प्रकार की कलाकृतियां और हिन्दू धार्मिक चिन्ह उकेरे हुए दिखते थे, जिनका उपयोग किसी मस्जिद में किया ही नहीं जाता है। 22 - 23 दिसंबर 1949 की रात रामकोट, अयोध्या में शोर मचा कि रामलला प्रकट हो गए हैं, बड़ी संख्या में युवक और साधु वहाँ पर उपस्थित भगवान श्रीराम के विग्रह की पूजा अर्चना करने लगे थे, सिपाही माता प्रसाद की मौखिक सूचना के आधार पर 23 दिसंबर 1949 की प्रातः अयोध्या पुलिस स्टेशन में

मामले की प्राथमिकी दर्ज कराई गई थी, अयोध्या का एक भी मुस्लिम थाने में अपनी अपत्ति, कोई भी शिकायत या प्राथमिकी दर्ज कराने नहीं पहुंचा था।

मस्जिद पक्ष का कहना था कि दावे वाली जायदाद मस्जिद ही है, जिसका निर्माण बाबर ने वर्ष 1528 में कराया था, इसलिए इसे बाबरी मस्जिद कहा गया, इसे मुसलमानों की इबादत के लिए वक्फ कर दिया गया था। मस्जिद की देखरेख के लिए बाबर ने शाही खजाने से साठ रूपये प्रति वर्ष की धनराशि स्वीकृत की थी, जो कि मुगल शासन रहने तक मिलती रही थी, अवध के नवाब ने भी अपने शासन काल में यह धनराशि तीन सौ दो रूपये तीन आना छह पाई कर दी थी जो कि ब्रिटिश शासन के समय भी मिलती रही थी। 1885 में महंत रघुबर दास के दावे के साथ लगे नक्शे में मस्जिद होने की बात स्वीकार की गई थी, उन्होंने केवल चबूतरे के लिए दावा किया था। बाबर के सुन्नी मुस्लिम होने के कारण वक्फ की गई मस्जिद को सुन्नी सेंट्रल वक्फ बोर्ड में दर्ज किया गया था। मस्जिद पर मुसलमानों का कब्जा वर्ष 1528 से लगातार चला आ रहा है, इस कारण से किसी जमाने में कोई यह सिद्ध भी कर दे कि बाबरी मस्जिद के बनने से पहले वाले स्थान पर मंदिर बना हुआ था, तो भी मस्जिद से मुसलमानों का दावा समाप्त नहीं किया जा सकता है। 16 दिसंबर 1949 तक मस्जिद में नमाज पढ़ी जाती रही थी, उस समय उसमें कोई मूर्ति नहीं थी, लेकिन यदि किसी व्यक्ति ने मस्जिद के अंदर मूर्ति रख भी दी तो यह एक आपराधिक कृत्य है। मस्जिद के अंदर कोई व्यक्ति मूर्ति पूजने या मूर्ति के दर्शन करने के लिए आता है तो वह अपराध करता है। अयोध्या में पहले से ही रामचन्द्रजी की जन्मभूमि पर एक मंदिर उपस्थित है, जिसमें मूर्तियां विराजमान हैं, ऐसे में बाबरी मस्जिद को लेकर दावा करना एक दम अनुचित है।

29 सितंबर 2010 को केन्द्र सरकार के गृह मंत्रालय ने श्रीराम मंदिर बाबरी मस्जिद विवाद पर इलाहाबाद उच्च न्यायालय के निर्णय को देखते हुए कानून व्यवस्था और शांति बनाए रखने के लिए पूरे देश में पक्की व्यवस्था कर दी थी, देश भर में पर्याप्त सुरक्षा बल लगा दिए गए थे, विशेष रूप से उत्तर प्रदेश में प्रत्येक प्रकार के पुलिस बल को मिलाकर कुल एक लाख नब्बे हजार पुलिस कर्मी लगाए गए थे। गृहमंत्रालय ने पहले से ही पूरे देश में बल्क एसएमएस और एमएमएस पर 22 सितंबर 2010 से प्रतिबंध लगा रखा था और अब अगले आदेश तक बल्क एसएमएस और एमएमएस पर रोक लगा दी गई थी।

30 सितंबर 2010 को वह दिन भी आ गया जब इलाहाबाद उच्च न्यायालय ने अपने निर्णय में अयोध्या के विवादित स्थल को श्रीराम जन्मभूमि घोषित कर दिया था। विवाद पर निर्णय को सुनाने में उच्च न्यायालय को लगभग चालीस मिनट का समय लगा था। उस दिन न्यायालय लोगों की भीड़ से भरा हुआ था, सभी की नजरें उच्च न्यायालय के कमरा नंबर इक्कीस पर टिकी हुई थीं, धीरे धीरे समय आगे बढ़ रहा था जिसके साथ सभी की धड़कनें भी बढ़ती जा रही थी। दोपहर तीन बजकर चालीस मिनट पर निर्णय के मूल आदेश को पढ़ना शुरू किया गया, इसके बाद दोपहर चार बजकर बीस मिनट पर इस निर्णय को देने वाले न्यायाधीश सुधीर अग्रवाल, धर्मवीर शर्मा और एसयू खान निर्णय सुनाकर कोर्टरूम से बाहर निकल कर अपने चैंबर की ओर चले गए थे।

अपने निर्णय में न्यायालय ने 2.77 एकड़ भूमि का बंटवारा कर दिया था, इस निर्णय में न्यायालय ने सुन्नी वक्फ बोर्ड, निर्मोही अखाड़ा और रामलला के बीच इस भूमि को बराबर बराबर भागों में बांटने का आदेश दिया था। न्यायालय ने तीन प्रकार से भूमि का विभाजन किया था, रामलला विराजमान के लिए एक तिहाई, निर्मोही अखाड़े के लिए एक तिहाई और सुन्नी वक्फ बोर्ड के लिए एक तिहाई भूमि बराबर बराबर बांट दी गई थी।

उच्च न्यायालय ने ध्वस्त बाबरी मस्जिद का गुंबद, जिसके नीचे वर्तमान में रामलला का अस्थायी मंदिर बना हुआ था, उसे हिन्दुओं को आवंटित कर दिया था। उसके पास का राम चबूतरा और सीता रसोई निर्मोही अखाड़े को दे दिए गए थे। दूसरी ओर सुन्नी वक्फ बोर्ड के एक तिहाई हिस्से में विवादित भूमि का बाहरी प्रांगण शामिल था। इस प्रकार से सभी पक्षों को भूमि का बराबर भाग सौंपा गया था।

न्यायाधीश धर्मवीर शर्मा ने अपने निर्णय में लिखा था कि विवादित स्थल भगवान राम का जन्मस्थान है, जन्मस्थान एक विधिक व्यक्ति होता है। यह स्थान भगवान राम के बाल रूप की दैवीय भावना को प्रदर्शित करता है। हर एक व्यक्ति को किसी भी रूप में उनका ध्यान करने का अधिकार है। विवादित भवन का निर्माण बाबर ने करवाया था, इसके निर्माण के वर्ष के बारे में कुछ नहीं कहा जा सकता है, लेकिन इसे इस्लाम के सिद्धांतों के विरूद्ध बनवाया गया था, इसलिए इसको मस्जिद नहीं कहा जा सकता है। विवादित ढांचे को उसी स्थान की पुरानी संरचना को गिराकर बनवाया गया था। भारतीय पुरातत्व सर्वेक्षण द्वारा उपलब्ध कराए गए साक्ष्यों से यह सिद्ध हुआ है कि वह संरचना हिन्दुओं का एक विशाल धार्मिक स्थान थी। विवादित ढांचे के मध्य गुंबद में 1949 के 22-23 दिसंबर की रात को मूर्तियां रखी गई थीं विवाद के दो पक्षकारों सुन्नी सेंट्रल वक्फ बोर्ड और निर्मोही अखाड़ा के दावे समय बाधित नहीं हैं। यह स्थापित हुआ है कि वाद में शामिल की गई संपत्ति रामचंद्र जी की जन्मभूमि है और हिन्दुओं को उनकी पूजा करने का अधिकार है। यह स्थान उनके लिए दैवीय है और हिन्दू अनंतकाल से इसकी तीर्थ यात्रा कर रहे हैं। यह सिद्ध हो चुका है कि विवादित स्थल का बाहरी परिसर भी हिन्दुओं के कब्जे में था और हिन्दू अंदर के परिसर में भी पूजा करते रहे हैं। यह भी स्थापित हो चुका है कि विवादित ढांचे को मस्जिद नहीं माना जा सकता है, क्योंकि उसे इस्लाम के सिद्धांतों के विरूद्ध बनाया गया था।

न्यायाधीश सुधीर अग्रवाल ने निर्णय में लिखा था कि परिसर का बीच वाला भाग जिसको विवादित कहा गया था और जिसमें हिन्दुओं की आस्था और विश्वास के अनुसार भगवान राम का जन्म यहीं पर हुआ था। इसका प्रमाण नहीं मिलता है कि यहां की मस्जिद का निर्माण बाबर ने करवाया था, न ही ये सिद्ध हुआ है कि यह मस्जिद उसके कार्यकाल में बनी थी। मुस्लिम पक्ष ने इसको मस्जिद के रूप में स्वीकार किया और इसका उपयोग किया। सुबूतों के अभाव में यह कहना मुश्किल है कि विवादास्पद निर्माण किसने और कब करवाया था। लेकिन यह सच है कि यह निर्माण अवध क्षेत्र में जोसेफ टिंफेथेलर के दौरे से पहले किया गया था। इस ढांचे का निर्माण यहां पर पहले से मौजूद मंदिर को तोड़कर किया गया था। विवादित ढांचे के बीच वाली गुंबद के नीचे 22-23 दिसंबर 1949 की रात मूर्तियां रखी गई थी। परिसर के अंदर वाला हिस्सा

दोनों समुदायों से संबंधित है, क्योंकि दोनों ही पक्ष इसका उपयोग वर्षों से करते रहे हैं। बाहरी अहाते में आने वाले राम चबूतरे, भंडारा और सीता रसोई को निर्मोही अखाड़े को सौंपा जाता है।

न्यायाधीश एसयू खान का निर्णय था कि मस्जिद निर्माण के लिए बाबर द्वारा या उसके आदेश पर किसी मंदिर को नहीं तोड़ा गया था। इसका निर्माण मंदिर के अवशेषों पर किया गया था। इसकी कुछ सामग्री का भी उपयोग मस्जिद निर्माण में किया गया था। साक्ष्यों से यह साबित नहीं हो सका है कि निर्मित भाग समेत विवादित परिसर पर बाबर या जिसके आदेश पर इसका निर्माण किया गया था, उसका अधिकार था। मस्जिद के निर्माण में आने के कुछ समय बाद हिन्दुओं का मानना था कि विवादित परिसर के एक भाग में भगवान राम का जन्मस्थान उपस्थित है। मस्जिद के निर्माण के कुछ समय बाद हिन्दुओं ने विवादित स्थान को भगवान राम के सही जन्मस्थान या उस स्थान के रूप में इसकी पहचान शुरू कर दी थी जिसमें सही जन्मस्थान स्थित था। 1855 में पहला कानूनी विवाद शुरू होने से पहले राम चबूतरा और सीता रसाई वाद में आए और वहां पर पूजा शुरू हो चुकी थी। यह अदभुत था कि मस्जिद परिसर के अंदर हिन्दू धर्मस्थल था जहां पर हिन्दू पूजा करते थे। दोनों पक्षों का पूरे विवादित स्थल पर कब्जा था। मुस्लिम और हिन्दू विवादित परिसर के अलग अलग भागों का उपयोग कर रहे थे। इसका औपचारिक विभाजन नहीं हुआ था, दोनों का पूरे विवादित परिसर पर कब्जा है। दोनों पक्ष अपने मालिकाना हक की शुरुआत को सिद्ध नहीं कर सके, इसलिए धारा 110 साक्ष्य कानून के अर्न्तगत कब्जे के आधार पर दोनो मालिक हैं। 1949 से कुछ दशक पहले से हिन्दुओं ने मस्जिद के बीच वाले गुंबद के नीचे वाले स्थान को भगवान राम का जन्मस्थान मानना शुरू कर दिया था। मस्जिद के बीच वाले गुंबद के नीचे पहली बार 23 दिसंबर 1949 को मूर्तियां रखी गई। दोनों पक्षों के कब्जे के आधार पर दोनो को मालिक घोषित किया जाता है। इस संबंध में इस शर्त के साथ प्रारंभिक घोषणा की जाती है कि अंतिम घोषणा की तैयारी के समय जब स्थल का बंटवारा हो तो जो बींच के गुंबद के नीचे का भाग हिन्दुओं को मिले, जहां पर इस समय अस्थाई मंदिर है। इसके साथ ही सभी पक्षों को इसका एक तिहाई भू भाग का मालिक घोषित किया जाता है।

इलाहाबाद उच्च न्यायालय की विशेष पीठ के सामने इस मामले की गवाही 1995 से प्रारम्भ हुई थी, हिन्दू अर्थात मंदिर पक्ष की ओर से चव्वन गवाह और मस्जिद पक्ष की ओर से तैंतीस गवाह पेश हुए थे। इस केस में लगभग एक हजार पांच सौ पृष्ठों पर गवाही दर्ज हुई थी।

इलाहाबाद उच्च न्यायालय ने जो निर्णय सुनाया था वह भारतीय पुरातत्व सर्वेक्षण विभाग की रिपोर्ट पर आधारित था, इसका वर्णन न्यायालय ने भी अपने निर्णय में किया था। क्योंकि इससे पहले उच्च न्यायालय की लखनऊ पीठ ने वर्ष 2003 में विवादित ढांचे वाले स्थान का पुरातात्विक सर्वेक्षण करने का आदेश दिया था। न्यायालय ने अपने निर्णय में यहां तक कहा था कि चार सौ पचास वर्षों से मौजूद एक इमारत के ऐतिहासिक तथ्यों की अनदेखी नहीं की जा सकती है। अपने इस निर्णय में इलाहाबाद उच्च न्यायालय ने जहां पर रामलला विराजमान हैं, उसी स्थान पर रहने का आदेश दिया था। इसके अलावा यह भी कहा गया था कि जिस स्थान पर रामलला की पूजा होती है वही श्रीराम जन्मभूमि भी है। सुन्नी वक्फ बोर्ड यह सिद्ध नहीं कर सका था कि मस्जिद का निर्माण बाबर ने करवाया था या उसके सेनापति मीर बाकी ने।

इलाहाबाद उच्च न्यायालय ने माना था कि मस्जिद का निर्माण मंदिर के अवशेषों पर हुआ था और इसमें इन अवशेषों का उपयोग भी किया गया था। न्यायालय ने यह भी माना था कि दोनों ही समुदाय के लोग इस स्थान का उपयोग करते चले आ रहे थे। इसलिए इस भूमि पर अकेले सुन्नी वक्फ बोर्ड का दावा सही नहीं है। न्यायालय ने सुन्नी वक्फ बोर्ड का दावा समय बाधित अर्थात देरी से दाखिल मानते हुए निरस्त कर दिया था। न्यायालय ने सुन्नी वक्फ बोर्ड के उस दावे को भी निरस्त कर दिया था जिसमें कहा गया था कि विवादित भूमि पर 1949 तक उनका कब्जा था और 1949 में जबरन उन्हें यहां से हटा दिया गया था। उच्च न्यायालय ने अपने आदेश में उन दलीलों को भी निरस्त कर दिया जिसमें कहा गया था कि जब 1949 में वहां पर मूर्तियां रखी गई उस समय उन्होंने मामला दायर नहीं किया था। इसलिए न्यायालय ने भूमि के एक तिहाई हिस्से पर सुन्नी वक्फ बोर्ड को अधिकार दिया था।

13 अप्रेल 2011 को विश्व हिन्दू परिषद ने अयोध्या में मंदिर निर्माण के संकल्प के साथ सर्वदेव अनुष्ठान कार्यक्रम की शुरूआत कर दी थी, इसमें देश भर से श्रीराम भक्तों के जत्थे भाग लेने के लिए यहां पहुंचे थे। यह अनुष्ठान भजन कीर्तन और हवन पूजन के साथ संपन्न हुआ था। इससे पहले विश्व हिन्दू परिषद ने देश भर में श्रीराम महोत्सव के आयोजन किये थे, अयोध्या के मठ और मंदिरों में भक्तों ने माथे पर अयोध्या की माटी से तिलक लगा कर मंदिर निर्माण का संकल्प लिया था। श्रीराम महोत्सव का समापन भी सर्वदेव अनुष्ठान की शुरुआत के साथ हो गया था। विश्व हिन्दू परिषद ने इस आयोजन को पूरे जोर शोर से एक महीने के लिए, अर्थात 13 मई 2011 तक चलाने का निर्णय लिया था, इस बीच देश भर के सभी वरिष्ठ पदाधिकारी अयोध्या में इकट्ठे हो गये थे। चार वर्ष से बन्द पड़ी मंदिर के पत्थर तराशने वाली कार्यशाला भी इस बीच खोल दी गई थी और उसमें भी इतने वर्षों बाद चहल पहल बढ़ गई थी।

9 मई 2011 को सर्वोच्च न्यायालय ने इलाहाबाद उच्च न्यायालय के निर्णय पर रोक लगा दी थी। इस विवाद से जुड़े हुए कुछ पक्षों ने इस निर्णय पर नाराजगी व्यक्त की थी, इसी नाराजगी के बाद यह मामला सर्वोच्च न्यायालय में पहुंच गया था, जिसके बाद सर्वोच्च न्यायालय ने यथास्थिति बनाए रखने का आदेश दिया था। सर्वोच्च न्यायालय में सभी पक्षों द्वारा दायर याचिकाओं को एक पीठ ने स्वीकार किया था, जिसके बाद न्यायाधीश आफतम आलम और आरएम लोढ़ा की खंडपीठ ने उच्च न्यायालय के निर्णय को एक "अजीब" निर्णय बताया था। न्यायाधीश आरएम लोढ़ा का कहना था कि इस निर्णय में उच्च न्यायालय द्वारा एक नया आयाम दिया गया है, क्योंकि मुकदमे मे किसी भी पक्ष ने विभाजन के आदेश की मांग नहीं की थी, इसके लिए किसी ने कोई प्रार्थना भी नहीं की थी। विवादित स्थल के विभाजन की डिक्री कैसे पारित की जा सकती है जब कि किसी भी पक्ष ने इसके लिए प्रार्थना ही नहीं की है, इसलिए यह एक अजीब प्रकार का आदेश है।

2011 में इलाहाबाद उच्च न्यायालय के बाबरी मस्जिद विध्वंस के विषय में दिए गए निर्णय के विरूद्ध सीबीआई ने भी सर्वोच्च न्यायालय का रुख़ कर लिया था।

20 मार्च 2012 को बाबरी मस्जिद विध्वंस पर एक हलफ़नामा दायर किया गया जिसमें दोनों मामलों की एक साथ सुनवाई के पक्ष में दलील दी गई थी।

16 मई 2014 को लोकसभा चुनाव जीत कर भारतीय जनता पार्टी ने केन्द्र में सरकार का गठ़न कर लिया था और देश की सत्ता संभाल ली थी। भारतीय जनता पार्टी ने 2014 के अपने चुनावी घोषणापत्र में एक बार फिर से श्रीराम मंदिर निर्माण के वादे को दोहराया था और कहा था कि "अयोध्या में मंदिर के निर्माण की सुविधा के लिए संवैधानिक ढांचे के अंदर सभी संभावनाओं का पता लगाया जाएगा।" चुनाव प्रचार के समय भारतीय जनता पार्टी ने अयोध्या में श्रीराम जन्मभूमि पर भगवान श्रीराम का भव्य मंदिर निर्माण करने की घोषणा की थी। क्योंकि यह विवाद न्यायालय में लंबित था इसलिए न्यायालय के निर्णय का सम्मान करने की बात भी दोहराई गई थी। इसके बाद देश के हिन्दुओं के मन में श्रीराम मंदिर का निर्माण होने की आस जाग उठी थी।

2015 में बाबरी मस्जिद विध्वंस के मामले की सुनवाई करते हुए सर्वोच्च न्यायालय ने आडवाणी, उमा भारती, मुरली मनोहर जोशी और कल्याण सिंह सहित वरिष्ठ भारतीय जनता पार्टी नेताओं को नोटिस जारी कर दिए थे और उनसे बाबरी मस्जिद विध्वंस केस में आपराधिक साज़िश की धारा नहीं हटाने की सीबीआई की याचिका पर अपने उत्तर देने के लिए कहा गया था।

2015 में ही विश्व हिन्दू परिषद ने बाबरी मस्जिद की विवादित भूमि पर मंदिर निर्माण के लिए राष्ट्रव्यापी शिलाएं एकत्रित करने की घोषणा कर दी थी, महंत नृत्य गोपाल दास ने जोर देकर कहा था कि देश के प्रधानमंत्री नरेन्द्र मोदी के नेतृत्व में भारत सरकार मंदिर का निर्माण करवा सकती है। लेकिन, उत्तर प्रदेश की तत्कालीन समाजवादी पार्टी के नेतृत्व वाली सरकार ने उस समय साफ साफ कह दिया था कि मंदिर निर्माण के लिए अयोध्या में शिलाओं को आने ही नहीं दिया जायेगा, क्योंकि इससे देश में सांप्रदायिक तनाव बढेगा।

26 फरवरी 2016 को देश के जाने माने वकील सुब्रमण्यम स्वामी ने भी सर्वोच्च न्यायालय में अपनी एक याचिका दायर करके विवादित स्थल पर मंदिर बनाए जाने की मांग कर दी थी।

मार्च 2017 में सर्वोच्च न्यायालय ने बाबरी मस्जिद विध्वंस मामले में निर्णय दिया कि, आडवाणी और अन्य नेताओं के विरूद्ध लगाये गए आरोपों को हटाया नहीं जा सकता है और इस मामले को फिर से शुरू किया जाना चाहिए।

21 मार्च 2017 को सर्वोच्च न्यायालय ने श्रीराम मंदिर बाबरी मस्जिद विवाद का समाधान मध्यस्थता के माध्यम से करने का प्रस्ताव भी दिया था। तत्कालीन प्रधान न्यायाधीश जस्टिस जेएस खेहर की अध्यक्षता वाली उस पीठ में जस्टिस डीवाई चंद्रचूड़ और एस के कौल भी शामिल थे, सर्वोच्च न्यायालय की उस पीठ ने कहा था कि यह मामला अति संवेदनशील और भावनात्मक है, इसलिए सभी संबंधित पक्षों को विवाद का समाधान निकालने के लिए नए सिरे से प्रयास करने चाहिए। लेकिन उस समय के हिन्दू और मुस्लिम पक्षकारों में से किसी ने भी सर्वोच्च न्यायालय की पीठ के इस प्रस्ताव को स्वीकार नहीं किया था।

19 अप्रेल 2017 को सर्वोच्च न्यायालय ने बाबरी मस्जिद विध्वंस मामले में भाजपा के वरिष्ठ नेता लालकृष्ण आडवाणी, मुरली मनोहर जोशी और उस समय की केन्द्र सरकार में कैबिनेट

मंत्री उमा भारती की मुश्किलें बढ़ा दी थी। सर्वोच्च न्यायालय ने इन तीनों नेताओं सहित भाजपा और विश्व हिन्दू परिषद के चौदह नेताओं पर अयोध्या में विवादित ढांचा ढहाने की साजिश का मुकदमा चलाने का आदेश दे दिया था। सीबीआइ की याचिका पर न्यायमूर्ति पीसी घोष और आरएफ नरीमन की पीठ ने नेताओं के विरूद्ध रायबरेली के न्यायालय में चल रहा मुकदमा भी लखनऊ के न्यायालय में स्थानांतरित कर दिया था, सत्र न्यायालय को मुकदमे की प्रतिदिन सुनवाई करके दो साल में निर्णय सुनाने का आदेश भी दिया गया था।

सीबीआइ ने ढांचा ढहने के मामले में तकनीकी आधार पर आरोप मुक्त हुए नेताओं पर आपराधिक साजिश का मुकदमा चलाने की मांग की थी। सीबीआइ ने इलाहाबाद उच्च न्यायालय के 20 मई 2010 के आदेश को चुनौती दी थी, जिसमें इक्कीस नेताओं को आरोप मुक्त कर दिया गया था। सीबीआइ की याचिका पर सर्वोच्च न्यायालय ने इन नेताओं को आरोप मुक्त करने का इलाहाबाद उच्च न्यायालय का आदेश भी निरस्त कर दिया था। इनमें से आडवाणी और जोशी सहित आठ नेताओं पर रायबरेली न्यायालय में मुकदमा चल रहा था। लेकिन, उसमें साजिश के आरोप नहीं थे। आठ में से दो आरोपियों की मृत्यु हो चुकी थी। बाकी के तेरह आरोपी पूरी तरह से छूट गए थे। इन तेरह में से चार आरोपियों की मृत्यु हो चुकी थी। बचे हुए आरोपियों में से कल्याण सिंह प्रमुख थे, जो ढांचा ढहने के समय उत्तर प्रदेश के मुख्यमंत्री थे और उस समय राजस्थान के राज्यपाल थे।

लखनऊ के विशेष न्यायालय में एफआइआर नंबर 197-1992 के आधार पर कारसेवकों के उपर मुकदमा चल रहा था जिसमें आपराधिक साजिश के आरोप थे। सर्वोच्च न्यायालय ने कहा था कि नेताओं और कारसेवकों के विरूद्ध लंबित मामलों की लखनऊ में संयुक्त सुनवाई होगी। लखनऊ का सेशन न्यायालय आडवाणी, जोशी और अन्य पर आपराधिक साजिश के अतिरिक्त आरोप तय करेगा। सत्र न्यायालय को कार्यवाही चार सप्ताह के भीतर शुरू करने को कहा गया था और नए सिरे से ट्रायल नहीं करने का आदेश दिया गया था, मुकदमे की सुनवाई जिस स्तर पर चल रही थी, उसी से आगे चलेगी। मुकदमे का ट्रायल पूरा होने तक इस मामले की सुनवाई कर रहे न्यायाधीश का स्थानांतरण नहीं किया जाएगा। न्यायालय सुनवाई में तब तक कोई स्थगन नहीं देगा, जब तक न्यायाधीश को यह न लगे कि सुनवाई करना असंभव हो गया है। सीबीआइ सुनिश्चित करेगी कि सुनवाई के समय गवाह जरूर उपस्थित रहे, जिससे कि सुनवाई इस कारण टल नहीं सके। सत्र न्यायालय को मुकदमे की प्रतिदिन सुनवाई करके दो वर्ष में निर्णय सुनाने का आदेश दिया गया था। सर्वोच्च न्यायालय ने साफ कर दिया था कि संविधान में राज्यपाल को मुकदमे से मिली छूट का लाभ कल्याण सिंह को भी मिलेगा। जब तक कि वे राज्यपाल के पद पर हैं, उन पर न तो आरोप तय होंगे और न ही मुकदमा चलेगा। लेकिन, न्यायालय ने यह भी कहा था कि उनके पद से हटने के बाद उन पर आरोप निर्धारित होंगे और मुकदमा भी चलेगा। सर्वोच्च न्यायालय की टिप्पणी थी कि हम पच्चीस वर्षो से आडवाणी और जोशी के मौलिक अधिकारों की दुहाई की बात सुन रहे थे। कुछ भी हो, न्याय होना चाहिए, पच्चीस वर्ष पहले हुए अपराध ने संविधान के धर्मनिरपेक्ष ताने बाने को हिलाकर रख दिया था, न्यायालय ने यह टिप्पणी भी की थी कि इलाहाबाद उच्च न्यायालय को यह निर्णय बहुत पहले करना चाहिए था।

7 अगस्त 2017 को सर्वोच्च न्यायालय ने श्रीराम जन्मभूमि विवाद में 1994 के इलाहाबाद उच्च न्यायालय के निर्णय को चुनौती देने वाली याचिकाओं पर सुनवाई करने के लिए एक तीन सदस्यीय पीठ का गठन कर दिया था।

8 अगस्त 2017 को उत्तर प्रदेश शिया केन्द्रीय वक्फ बोर्ड ने श्रीराम जन्मभूमि विवाद में अपने एक निवेदन में सर्वोच्च न्यायालय से कहा था कि विवादित स्थल से उचित दूरी पर मुस्लिम बाहुल्य क्षेत्र में मस्जिद बनाई जा सकती है।

11 अगस्त 2017 को सर्वोच्च न्यायालय की तीन न्यायाधीशों की पीठ ने श्रीराम जन्मभूमि विवाद मामले की सुनवाई शुरू कर दी थी, इस पीठ में मुख्य न्यायाधीश दीपक मिश्रा और जस्टिस अशोक भूषण और अब्दुल नज़ीर शामिल थे।

11 सितंबर 1917 को सर्वोच्च न्यायालय ने इलाहाबाद उच्च न्यायालय के मुख्य न्यायाधीश को निर्देश दिया कि दस दिनों के भीतर दो अतिरिक्त जिला न्यायाधीशों की नियुक्ति करें, यह न्यायाधीश विवादित स्थल की यथास्थिति बनाए रखने की निगरानी करेंगे।

15 नवंबर 2017 को धार्मिक आध्यात्मिक गुरू श्री श्री रविशंकर ने लखनऊ में उत्तर प्रदेश के मुख्यमंत्री योगी आदित्यनाथ से मुलाकात के बाद, राष्ट्रीय स्वयंसेवक संघ के प्रचारक, अयोध्या के दिगंबर अखाड़े के महंत, भाजपा नेता विनय कटियार और कई अन्य हिन्दू और मुस्लिम संगठनों के प्रतिनिधियों से मुलाकात की थी। श्री श्री ने अगले दिन 16 नवंबर 2017 को अयोध्या का दौरा भी किया था। वहां पर उन्होंने कहा था कि बाबरी मस्जिद श्रीराम मंदिर विवाद का एक मात्र समाधान हिन्दुओं और मुसलमान दोनों के सहयोग से एक भव्य मंदिर का निर्माण करना है। उन्होंने दोनों पक्षों के बीच मध्यस्थता करने का प्रयास शुरू किया था जो कि असफल रहा था।

20 नवंबर 2017 को श्रीराम जन्मभूमि विवाद में उत्तर प्रदेश शिया केन्द्रीय वक्फ बोर्ड ने अपने एक और निवेदन में सर्वोच्च न्यायालय से कहा कि मंदिर निर्माण अयोध्या में किया जा सकता है और मस्जिद का निर्माण लखनऊ में हो सकता है।

5 दिसंबर 2017 को सर्वोच्च न्यायालय में श्रीराम जन्मभूमि बाबरी मस्जिद विवाद को लेकर सुनवाई हुई। सुनवाई के समय सभी पक्षों के वकीलों ने अपने तर्क रखे, इसके बाद इस मामले की अगली सुनवाई 8 फरवरी 2018 को निश्चित की गई थी।

सुन्नी वक्फ बोर्ड की ओर से पक्ष रखते हुए उनके वकील कांग्रेस पार्टी के वरिष्ठ नेता और पूर्व मंत्री कपिल सिब्बल ने दलील दी थी कि सुनवाई को जुलाई 2019 तक टाल दिया जाए, क्योंकि यह मामला राजनीतिक हो चुका है। उनकी ओर से न्यायालय में कहा गया था कि इस मामले की जल्द सुनवाई सुब्रमण्यम स्वामी की अपील के बाद शुरू हुई है, जो कि इस मामले में कोई पार्टी भी नहीं हैं, न्यायालय को देश में गलत संदेश नहीं भेजना चाहिए, बल्कि एक बड़ी पीठ के साथ मामले की सुनवाई करनी चाहिए, श्रीराम मंदिर का निर्माण भारतीय जनता पार्टी के 2014 के घोषणापत्र में शामिल है, न्यायालय को उसके जाल में नहीं फंसना चाहिए, देश का माहौल

अभी ऐसा नहीं है कि इस मामले की सुनवाई सही तरीके से हो सके, आखिर क्यों इस मसले को लेकर हड़बड़ी में सुनवाई हो रही है।

लेकिन सर्वोच्च न्यायालय ने सिब्बल की दलील पर सुनवाई को नहीं रोका था। दूसरी ओर 2019 में देश में लोकसभा चुनाव होने वाले थे और राजनीतिक क्षेत्रों में कहा जाने लगा था कि यह कांग्रेस पार्टी की श्रीराम जन्मभूमि मामले की सुनवाई में अड़ंगा लगाने की एक चाल है। यही बात हिन्दू संगठन भी कह रहे थे।

8 फरवरी 2018 को सर्वोच्च न्यायालय ने सिविल याचिकाओं पर सुनवाई शुरु कर दी थी। याचिकाकर्ताओं का तर्क था कि सर्वोच्च न्यायालय को 1994 के इस्माइल फारुकी जजमेंट को पुनर्विचार के लिए सात न्यायाधीशों की पीठ के पास भेजना चाहिए।

14 मार्च 2018 को सर्वोच्च न्यायालय ने श्रीराम जन्मभूमि विवाद में सुब्रमण्यम स्वामी की याचिका सहित अन्य सभी अंतरिम याचिकाओं को निरस्त कर दिया था।

20 जुलाई 2018 को सर्वोच्च न्यायालय ने अपील को बड़ी बेंच में भेजने की मांग पर अपना फैसला सुरक्षित रख लिया था। इस केस में इलाहाबाद उच्च न्यायालय ने वर्ष 2010 में विवादित भूमि को सुन्नी वक्फ बोर्ड, निर्मोही अखाड़ा और रामलला के बीच बराबर बराबर बांटने का आदेश दिया था। इलाहाबाद उच्च न्यायालय के इस निर्णय के विरुद्ध चौदह अपील दायर की गई थी, जब यह केस सुनवाई के लिए आया तो मुस्लिम पक्षकारों की ओर से मांग की गई थी कि इस मामले को संविधान पीठ के पास भेजा जाना चाहिए।

2 सितंबर 2018 को सर्वोच्च न्यायालय ने एक बड़ी बेंच बनाने से मना कर दिया था, तीन न्यायाधीशों की पीठ ने दो एक के बंटवारे में निर्णय सुनाया था कि 1994 के इस्माइल फारुकी केस के निर्णय में एक बड़ी पीठ के द्वारा सुनवाई के लिए पुनर्विचार की आवश्यकता नहीं है।

27 सितंबर 2018 को सर्वोच्च न्यायालय ने श्रीराम जन्मभूमि विवाद को पांच न्यायाधीशों की संविधान पीठ को सौंपने से भी मना कर दिया था।

29 अक्टूबर 2018 को सर्वोच्च न्यायालय ने अपने निर्णय में श्रीराम जन्मभूमि विवाद की सुनवाई जनवरी 2019 के पहले सप्ताह में तीन न्यायाधीशों की पीठ के समक्ष करने के लिए तय कर दी थी।

6 नवंबर 2018 को उत्तर प्रदेश की भारतीय जनता पार्टी सरकार ने फैजाबाद जिले का नाम बदल कर अयोध्या कर दिया था। एक समय अयोध्या कोशल राज्य की राजधानी हुआ करती थी, लेकिन नवाबों के समय में फैजाबाद की नींव पड़ी थी। सरयू किनारे स्थित फैजाबाद शहर की स्थापना अठ्रहवीं शताब्दी में नवाब सआदत अली खान ने की थी। उनके उत्तराधिकारी मंसूर खान ने अयोध्या को अपना सैन्य मुख्यालय बनाया था और मंसूर के बेटे शुजा-उद-दौला ने फैजाबाद को एक प्रमुख शहर के रूप में विकसित करने के अलावा अयोध्या को अवध की राजधानी बनाया था।

24 दिसंबर 2018 को सर्वोच्च न्यायालय ने श्रीराम जन्मभूमि बाबरी मस्जिद मामले में 4 जनवरी 2019 को सुनवाई की तारीख तय कर दी थी।

4 जनवरी 2019 को सर्वोच्च न्यायालय ने कहा कि वह श्रीराम जन्मभूमि बाबरी मस्जिद मामले में सुनवाई की तारीख तय करने के लिए दस जनवरी को आदेश पारित करेगा।

8 जनवरी 2019 को भारत के मुख्य न्यायाधीश रंजन गोगोई ने अपनी प्रशासनिक शक्तियों का उपयोग करते हुए सितंबर 2018 के निर्णय को पलट दिया था और पांच न्यायाधीशों की संविधान पीठ के समक्ष मामले को सूचीबद्ध कर दिया था।

25 जनवरी 2019 को सर्वोच्च न्यायालय ने श्रीराम जन्मभूमि बाबरी मस्जिद विवाद की सुनवाई के लिए मुख्य न्यायाधीश रंजन गोगोई की अध्यक्षता में पांच न्यायाधीशों की पीठ का पुनर्गठन कर दिया था। यह पीठ भी अपने आप में अभूतपूर्व थी क्योंकि इसमें वर्तमान मुख्य न्यायाधीश और वरिष्ठता के आधार पर भावी चार मुख्य न्यायाधीश शामिल किए गए थे, जिनके नाम थे, जस्टिस रंजन गोगोई, जस्टिस एसए बोबडे, जस्टिस एनवी रमण, जस्टिस यूयू ललित और जस्टिस डीवाई चंद्रचूड़।

इस पांच सदस्यीय पीठ का गठन पूर्व जस्टिस दीपक मिश्रा की अध्यक्षता वाली तीन सदस्यीय पीठ के उस निर्णय के विपरीत था, जिसमें उन्होंने मामले को पांच सदस्यीय पीठ के पास भेजने से साफ मना कर दिया था। लेकिन उस समय मुस्लिम पक्षकारों ने इस केस को पांच सदस्यीय संविधान पीठ के पास भेजने का स्वागत किया था।

लेकिन, इस विषय पर कानूनी विशेषज्ञों के विचार अलग अलग थे और इस पीठ का गठन होना भी बहस का एक मुद्दा बन गया था, सर्वोच्च न्यायालय के पूर्व मुख्य न्यायाधीश बीएन खरे का कहना था कि, मुख्य न्यायाधीश को संविधान पीठ के गठन का अधिकार है, यदि मुख्य न्यायाधीश को लगता है कि इसमें कानूनी सवाल है तो वह ऐसा कर सकते हैं, ऐसा पहले भी हो चुका था। लेकिन एक पूर्व एडिशनल सॉलिसिटर जनरल का कहना था कि जब तीन सदस्यीय पीठ ने इस मामले को बड़ी पीठ के पास भेजने से मना कर दिया था तो प्रशासनिक स्तर पर इसे पांच सदस्यीय पीठ के पास नहीं भेजा जा सकता था, यह गैरकानूनी है।

सुनवाई से पहले ही इस मामले में राजनीति भी होने लगी थी। विश्व हिन्दू परिषद सहित कई हिन्दू संगठन मंदिर का निर्माण करने के लिए अध्यादेश लाने की मांग कर रहे थे। राष्ट्रीय जनतांत्रिक गठबंधन की सहयोगी शिवसेना ने कहा था कि यदि 2019 के चुनाव से पहले मंदिर नहीं बनता है तो यह लोगों के साथ धोखा होगा और इसके लिए भारतीय जनता पार्टी और राष्ट्रीय स्वयंसेवक संघ को माफी मांगनी पड़ेगी।

29 जनवरी 2019 को केन्द्र सरकार ने विवादित स्थल के आसपास की 67.703 एकड़ भूमि को मूल मालिकों को वापस करने की अनुमति लेने के लिए एक याचिका दायर करके सर्वोच्च न्यायालय से अनुरोध किया था कि उसे अयोध्या में 2.77 एकड़ के श्रीराम जन्मभूमि बाबरी मस्जिद विवादित स्थल के आसपास की अधिग्रहित 67.703 एकड़ भूमि उसके असली मालिकों

को सौंपने की अनुमति दे दी जाये। केन्द्र सरकार ने दावा किया था कि केवल 0.313 एकड़ भूमि ही उस स्थान पर विवादित है जिस पर वह ढांचा खड़ा था जिसे कारसेवकों ने 6 दिसंबर 1992 को गिरा दिया था।

31 जनवरी 2019 और 1 फरवरी 2019 को प्रयागराज में चल रहे अर्ध कुंभ मेले के अवसर पर एक धर्म संसद आयोजित की गई थी, इस धर्म संसद में एक हजार के लगभग धार्मिक नेता और बडी संख्या में साधु संत शामिल हुए थे, इनमें से अधिकांश संघ परिवार से संम्बन्धित धार्मिक नेता थे। दो दिवसीय धर्म संसद में मंदिर निर्माण की तारीख की घोषणा करने पर विचार विमर्श किया गया था, परन्तु उस समय मंदिर निर्माण की तिथि की घोषणा नहीं की गई थी। राष्ट्रीय स्वयंसेवक संघ के प्रमुख मोहन भागवत को लगता था कि न्यायालय से इस विवाद का समाधान होना संभव नहीं है, इसलिए उन्होंने कानूनी प्रक्रिया से अलग सरकार द्वारा एक अध्यादेश ला कर श्रीराम मंदिर निर्माण की वकालत की थी। राष्ट्रीय स्वयंसेवक संघ और विश्व हिन्दू परिषद ने विवादित बाबरी मस्जिद श्रीराम जन्मभूमि स्थल पर मंदिर निर्माण के लिए आंदोलन को 2019 में होने वाले लोक सभा चुनाव तक अस्थायी रूप से स्थगित करने की भी घोषणा कर दी थी।

लेकिन मंदिर विरोधी दुष्प्रचारकों को लगता था कि आंदोलन को स्थगित करने का निर्णय ले कर राष्ट्रीय स्वयं सेवक संघ और विश्व हिन्दू परिषद के नेताओं ने श्रीराम जन्मभूमि आंदोलन को पुनर्जीवित करने की कोशिश की है और इसे आम चुनावों के लिए भारतीय जनता पार्टी का केंद्रीय चुनावी मुद्दा बनाने की कोशिश की जा रही है।

4 फरवरी 2019 को अयोध्या में श्रीराम जन्मभूमि बाबरी मस्जिद के विवादित स्थल के पास की भूमि अधिग्रहण करने संबंधी 1993 के केन्द्र सरकार के कानून की संवैधानिक वैधता को सर्वोच्च न्यायालय में चुनौती दे दी गई थी। रामलला के भक्त और लखनऊ के दो वकीलों सहित सात व्यक्तियों ने यह याचिका दायर की थी। इस याचिका में दलील दी गयी थी कि संसद राज्य की भूमि का अधिग्रहण करने के लिये कानून बनाने में सक्षम नहीं है। याचिका में कहा गया था कि राज्य की सीमा के भीतर धार्मिक संस्थाओं के प्रबंधन के लिये कानून बनाने का अधिकार केवल राज्य विधान मंडल के पास है। याचिका कर्ताओं के अनुसार अयोध्या के उन क्षेत्रों का अधिग्रहण कानून 1993 संविधान के अनुच्छेद 25 के अन्तर्गत प्रदत्त और संरक्षित हिन्दुओं के धर्म के अधिकार का अतिक्रमण करता है। याचिका कर्ताओं ने न्यायालय से अनुरोध किया था कि केन्द्र और उत्तर प्रदेश सरकार को 1993 के कानून के अन्तर्गत अधिग्रहित 67.703 एकड़ भूमि, विशेष रूप से श्रीराम जन्मभूमि न्यास, राम जन्मस्थान मंदिर, मानस भवन, संकट मोचन मंदिर, जानकी महल और कथा मंडल में स्थित पूजा स्थलों पर पूजा, दर्शन और धार्मिक कार्यक्रमों के आयोजन में हस्तक्षेप नहीं करने का निर्देश दिया जाये। याचिका में कहा गया था कि संविधान के अनुच्छेद 294 में स्पष्ट प्रावधान है कि संविधान लागू होने की तारीख से उत्तर प्रदेश के भीतर स्थित भूमि और संपत्ति राज्य सरकार के अधीन है। याचिका में यह भी कहा गया था कि ऐसी स्थिति में अयोध्या में स्थित भूमि और संपत्ति उत्तर प्रदेश राज्य की संपत्ति है और केन्द्र सरकार अयोध्या में स्थित भूमि तथा संपत्ति सहित उसका कोई भी हिस्सा अपने अधिकार में नहीं ले सकती है।

26 फरवरी 2019 को सर्वोच्च न्यायालय ने इस विवाद के समाधान हेतु कहा था कि इस विवाद का समाधान मध्यस्थता से ही उचित होगा, अतः इसके लिए मध्यस्थता का प्रयास किया जाना चाहिए।

8 मार्च 2019 को सर्वोच्च न्यायालय की पांच न्यायाधीशों की संविधान पीठ ने श्रीराम जन्मभूमि बाबरी मस्जिद भूमि स्वामित्व विवाद की मध्यस्थता के आदेश के साथ ही इसके लिए तीन सदस्यों का एक पैनल गठित कर दिया था।

पैनल की अध्यक्षता सर्वोच्च न्यायालय के सेवानिवृत्त न्यायाधीश खलीफुल्ला को दी गई थी और आर्ट ऑफ लिविंग के संस्थापक और आध्यात्मिक गुरु श्री श्री रविशंकर और मद्रास उच्च न्यायालय के वरिष्ठ वकील श्रीराम पांचू को पैनल का सदस्य बनाया गया था। न्यायालय का कहना था कि समिति आपसी समझौते से सर्वमान्य हल निकालने की कोशिश करे।

मध्यस्थता की बैठक उत्तर प्रदेश के फैजाबाद में अत्यंत गोपनीयता के साथ आयोजित की जानी थी और उत्तर प्रदेश सरकार को इस कार्यवाही को सुविधाजनक बनाने के लिए निर्देशित किया गया था। यह प्रक्रिया बंद कमरे में करने के निर्देश दिए गए थे और मीडिया को कार्यवाही का विवरण प्रकाशित करने से रोक दिया गया था। पैनल को इस विषय पर एक सप्ताह के भीतर बातचीत शुरू करनी थी और यदि आवश्यक हो तो पैनल इसके विषय में कानूनी सहायता भी ले सकता था और यदि आवश्यक समझा जाए या अन्य किसी भी कठिनाई की स्थिति में इस पैनल में अन्य सदस्यों को भी शामिल किया जा सकता था। पैनल को इस मुद्दे पर मध्यस्थता करने और चार सप्ताह के भीतर प्रगति रिपोर्ट प्रस्तुत करने के लिए आठ सप्ताह का समय दिया गया था।

दूसरी ओर रामलला विराजमान और अन्य हिन्दू वादी संगठनों ने इस मध्यस्थता का विरोध कर दिया था, लेकिन मुस्लिम संगठनों ने इसका समर्थन किया था। मुस्लिम पक्षकारों के वकील ने सर्वोच्च न्यायालय में दावा किया था कि निर्मोही अखाड़ा मध्यस्थता के लिए तैयार है। निर्मोही अखाड़ा एक मात्र ऐसा हिन्दू संगठन था जो कि मध्यस्थता के लिए तैयार था। अन्य हिन्दू संगठनों का कहना था कि श्री श्री रविशंकर को श्रीराम मंदिर मामले के बीच में लाना गलत है और हम न्यायालय के इस निर्णय पर विचार करने के बाद आगे का कदम उठाएंगे। वहीं मुस्लिम पक्षकार इकबाल अंसारी का कहना था कि मध्यस्थता के लिए जो पैनल बनाया गया है इससे हल निकल जाए तो बहुत ही अच्छा होगा, लेकिन ऐसा हो पाना मुश्किल है क्योंकि इसमें कई पक्षकार शामिल हैं। मध्यस्थता समिति ने बंद कमरे में संबंधित पक्षों से बात की थी, लेकिन हिन्दू पक्षकार गोपाल सिंह विशारद ने सर्वोच्च न्यायालय के सामने निराशा व्यक्त करते हुए लगातार सुनवाई की गुहार लगा दी थी।

श्री श्री रविशंकर ने दिल्ली आगरा राजमार्ग पर उत्तर प्रदेश के कोसीकलां कस्बे में स्थित स्थानीय आश्रम पर देशी और विदेशी भक्तजनों के बीच कहा था, कि उन्हें पूरा विश्वास है कि अयोध्या में श्रीराम मंदिर निर्माण का मुद्दा सभी पक्षों में आपसी सहमति बनाकर सुलझा लिया जाएगा और मंदिर निर्माण का रास्ता साफ हो जाएगा इसके लिए मैं देश के कोने कोने में जाकर दोनों

समुदायों के बीच सौहार्द बनाने की कोशिश जारी रखूंगा, सब कुछ सही दिशा में चल रहा है, लोग एक दूसरे के पास आ रहे हैं, यह अच्छी बात है। मैं दोनों पक्षों के बीच समझौते की कोशिश कर रहा हूं, हमारी इस कोशिश को पूरे देश से समर्थन भी मिल रहा है, सभी पक्षों से बातचीत का क्रम बनाते हुए प्रयास आगे भी जारी रहेगा, उम्मीद है अयोध्या में मंदिर के निर्माण का रास्ता जल्द खुल जाएगा।

मध्यस्थता पैनल ने विचार विमर्श के बाद सर्वोच्च न्यायालय में अपनी अंतरिम रिपोर्ट सौंप दी थी। उसमें कहा गया था कि वह दोनो पक्षों के बीच में सहमति बनाने में सफल नहीं हो सके हैं। हिन्दू पक्ष ने मध्यस्थता का पहले ही कड़ा विरोध किया था, वहीं मुस्लिम पक्ष का कहना था कि समिति को उनका समर्थन था। इस मध्यस्थता पैनल से पहले भी एक बार अपने स्तर से वर्ष 2017 में श्री श्री रविशंकर ने विवादित पक्षों के बीच मध्यस्थता करने का प्रयास शुरू किया था लेकिन उस समय उनका वह प्रयास भी असफल रहा था।

9 अप्रैल 2019 को निर्मोही अखाड़ा ने सर्वोच्च न्यायालय में अधिग्रहीत भूमि को मूल मालिकों को वापस करने की केंद्र की याचिका का विरोध कर दिया था।

10 मई 2019 को सर्वोच्च न्यायालय ने अंतरिम रिपोर्ट सौंपने के बाद मध्यस्थता पैनल को अपनी रिपोर्ट पूरा करने के लिए 15 अगस्त 2019 तक का समय दे दिया था।

23 मई 2019 को सत्रहवीं लोकसभा के चुनाव परिणामों की घोषणा के बाद केन्द्र में दोबारा से भारतीय जनता पार्टी की सरकार बन गई थी और एक बार फिर से देश की बागडोर प्रधानमंत्री नरेन्द्र मोदी के हाथों में आ गई थी।

दूसरी ओर 2019 के लोकसभा चुनाव के लिए भारतीय जनता पार्टी ने अपना चुनावी घोषणा पत्र जारी करते समय इसे 'संकल्प पत्र' नाम दिया था। चुनाव के समय भारतीय जनता पार्टी ने अयोध्या में श्रीराम जन्मभूमि पर भगवान श्रीराम का भव्य मंदिर निर्माण करने का संकल्प अपने घोषणापत्र में दोहरा दिया था। इस घोषणा पत्र में भी मंदिर निर्माण का मुद्दा शामिल करते हुए मंदिर के निर्माण का संकल्प लिया गया था। भारतीय जनता पार्टी ने एक बार फिर से साफ कर दिया था कि मंदिर निर्माण उसके एजेंडे में शामिल है और कोशिश है कि सौहार्दपूर्ण माहौल में मंदिर का निर्माण होना चाहिए। लेकिन विपक्षी दल चुनाव प्रचार के समय तथा उससे पहले और बाद में भी भारतीय जनता पार्टी पर कटाक्षों के वार कर रहे थे, इस प्रकार के राजनीतिक प्रहार भारतीय जनता पार्टी के ऊपर समय समय पर लगातार किये जाते रहे थे। उनका कहना था कि इनका नारा है कि, मंदिर वहीं बनाएंगे लेकिन यह लोग तारीख नहीं बतायेंगे। मंदिर निर्माण का मुद्दा भारतीय जनता पार्टी की नींव के साथ जुड़ा हुआ था और पार्टी प्रत्येक चुनाव में इस मुद्दे को उठाती भी रही थी। 2014 के लोकसभा चुनाव के समय भी मंदिर निर्माण का वादा किया गया था, लेकिन सरकार के स्तर पर इस विषय में कोई खास कदम नहीं उठाया गया था, उस समय श्रीराम मंदिर मामले के विवाद का सर्वोच्च न्यायालय में लंबित होने का हवाला दिया गया था। इस समय तक भी श्रीराम जन्म भूमि बाबरी मस्जिद विवाद की सुनवाई सर्वोच्च न्यायालय

में चल रही थी, इसलिए भारतीय जनता पार्टी का कहना था कि सर्वोच्च न्यायालय के निर्णय का सम्मान किया जायेगा।

सर्वोच्च न्यायालय के मध्यस्थता के द्वारा अयोध्या भूमि विवाद के निपटारे के लिए दिये गए आदेश पर भी अब तक कोई समाधान नहीं निकल सका था। परन्तु देश के हिन्दू समुदाय और श्रीराम भक्तों को पूरा विश्वास हो चला था कि सर्वोच्च न्यायालय यदि पक्ष में निर्णय सुनायेगा तो अब मंदिर का निर्माण अवश्य हो जायेगा।

11 जुलाई 2019 को सर्वोच्च न्यायालय ने मध्यस्थता पैनल से उनकी रिपोर्ट पर इस समय तक की प्रगति मांग ली थी।

1 अगस्त 2019 को मध्यस्थता समिति ने सर्वोच्च न्यायालय को सीलबंद लिफाफे में अपनी अन्तिम रिपोर्ट प्रस्तुत कर दी थी, सर्वोच्च न्यायालय की पांच न्यायाधीशों की संवैधानिक पीठ ने पहले ही साफ कहा हुआ था कि यदि आपसी सहमति से कोई समाधान नहीं निकलता है तो इस केस में प्रति दिन सुनवाई की जायेगी।

1 अगस्त 2019 को मामले की सुनवाई करते हुए सर्वोच्च न्यायालय ने कहा था कि इस मामले में मध्यस्थता की कोशिश सफल नहीं हुई है। समिति के अंदर और बाहर, पक्षकारों के रुख में कोई बदलाव नहीं दिखा है। इसके साथ ही न्यायालय ने श्रीराम जन्मभूमि विवाद मामले में गठित मध्यस्थता कमैटी भंग कर दी थी। उसके बाद संवैधानिक पीठ ने कह दिया था कि अब 6 अगस्त 2019 से इस मामले की प्रतिदिन सुनवाई होगी और यह सुनवाई हफ्ते में तीन दिन मंगलवार, बुधवार और गुरुवार को की जायेगी।

2 अगस्त 2019 को यह स्पष्ट हो गया था कि अयोध्या में श्रीराम मंदिर और बाबरी मस्जिद विवाद की अब 6 अगस्त 2019 से प्रतिदिन सुनवाई की जायेगी। मध्यस्थता की कोशिश विफल होने के बाद सर्वोच्च न्यायालय ने इस मामले पर सुनवाई के लिए आगे की रूपरेखा तय कर दी थी। न्यायालय का कहना था कि अब इस मामले की सुनवाई तब तक चलेगी, जब तक कि कोई निष्कर्ष नहीं निकल जाता है। न्यायालय ने अपने आदेश में यह कहा कि सुनवाई की शुरुआत वाद संख्या तीन और पांच से होगी। सबसे पहले निर्मोही अखाड़े का मुकदमा और उसके बाद रामलला विराजमान का मामला सुना जाएगा।

6 अगस्त 2019 को सर्व प्रथम निर्मोही अखाड़ा के तर्कों के साथ सुनवाई शुरू हुई, निर्मोही अखाड़े ने न्यायालय में श्रीराम जन्मभूमि के पूरे क्षेत्र का मालिकाना हक मांग लिया था। निर्मोही अखाड़े की ओर से कहा गया था कि उन्हें वहां पर पूजा का अधिकार मिलना चाहिए।

इस पर मुख्य न्यायाधीश ने निर्मोही अखाड़ा से कई प्रश्न पूछे थे, न्यायालय ने अखाड़ा पक्ष के वकील से कहा कि आप सबसे पहले अपनी बात रख रहे हैं, इसलिए आप पूरे मामले को शुरू से बताएं। मुख्य न्यायाधीश रंजन गगोई ने पूछा था, कि श्रीराम मंदिर का ढ़ांचा क्या है। न्यायाधीश ने यह भी पूछा कि श्रीराम जन्म स्थान में प्रवेश कैसे होता है, यहां पर सीता रसोई

से जाना होता है अथवा हनुमान द्वार से होते हुए जाते हैं। उन्होंने कहा कि सबसे पहले आप हमारे सामने श्रीराम जन्म स्थान की स्थिति साफ करें।

7 अगस्त 2019 को सुनवाई के समय हिन्दू पक्ष, निर्मोही अखाड़ा और भगवान रामलला विराजमान की ओर से दलीलें रखी गई थी। न्यायालय ने पक्षकारों के वकीलों से अपना अपना दावा सिद्ध करने के लिए उनसे कई प्रश्न किये थे और उनसे सुबूत भी मांगे गए थे।

भगवान रामलला विराजमान की ओर से श्रीराम जन्मभूमि पर मालिकाना हक का दावा पेश करते हुए दलीलें दी गईं थी, दूसरी ओर रामलला विराजमान ने अपना पक्ष रखते हुए भूमि का मालिकाना हक भी मांग लिया था। उन्होंने कहा कि पूरी की पूरी जन्मभूमि ही भगवान श्रीराम की है, इस विषय में उन्होंने 1776 में भारत आये एक यात्री के वर्णन का हवाला भी दिया था। रामलला की ओर से उनके निकट मित्र द्वारा दाखिल किये गए मुकदमें मे जन्म स्थान पर मालिकाना हक का दावा करते हुए उनके वकील ने कहा कि वाल्मीकि रामायण में तीन स्थान पर वर्णन है कि भगवान श्रीराम का जन्म अयोध्या में हुआ था। रामलला विराजमान पक्ष के वकील ने आगे कहा कि इतने लंबे समय के बाद इस बात का सुबूत देना मुश्किल होगा कि भगवान श्रीराम ने यहां पर जन्म लिया था, लेकिन लाखों हिन्दू भक्तों की इस स्थान पर अटूट आस्था और विश्वास यह सिद्ध करने के लिए प्रयाप्त है कि यही श्रीराम जन्मभूमि है।

निर्मोही अखाड़े की ओर से न्यायालय के समक्ष दस्तावेज प्रस्तुत करने पर असमर्थता जताई गई, निर्मोही अखाड़ा ने कहा कि 1982 में पड़ी डकैती में भूमि के खसरा संबंधी दस्तावेज चोरी हो गए थे।

न्यायालय ने हिन्दू पक्ष के वकील से प्रश्न किया कि क्या कभी पहले किसी धार्मिक व्यक्तित्व जैसे पैगम्बर या ईसामसीह के विषय में ऐसा प्रश्न न्यायालय में आया है, क्या कभी ईसामसीह के बेथलहम में जन्म लेने का प्रश्न न्यायालय में रहा है। इस पर वकील ने कहा कि उन्हें इस विषय में पता नहीं है, वह जानकारी करके बताएंगे। न्यायालय ने वकील से पूछा कि क्या भगवान की मूर्ति का कालखंड परखने के लिए उसकी कार्बन डेटिंग हुई है। हिन्दू पक्ष के वकील ने इस का कोई उत्तर नहीं दिया और उन्होंने उस समय रिसीवर की रिपोर्ट का हवाला न्यायालय को दिया था।

इसके बाद न्यायालय ने अयोध्या में 22 और 23 दिसंबर 1949 की रात में मूर्तियां रखने से संबंधित प्रश्न पूछने शुरू किये। न्यायालय ने पूछा कि क्या विवादित स्थल पर मूर्तियां रखा जाना गलत नहीं था और वह गलती लगातार जारी नहीं रही थी। इस बीच मुख्य न्यायाधीश ने कहा कि मूर्तियां पहले चबूतरे पर रखी थीं जिन्हें उठाकर अंदर रखा गया था। इस पर हिन्दू पक्ष के वकील ने कहा कि ऐसा करना गलत था कि नहीं यह इस पर निर्भर करता है कि वह ढांचा जो कि अब ढह गया है वह मंदिर था या मस्जिद। उन्होंने कहा कि यदि यह मान भी लिया जाए कि ऐसा होना लगातार चलने वाली गलती थी, तो भी न्यायालय ने उसमें हस्तक्षेप करके और वहां रिसीवर नियुक्त करके उस गलती को रोक दिया था।

8 अगस्त 2019 को छह अगस्त से शुरू हुई प्रतिदिन सुनवाई का तीसरा दिन था, मामले की सुनवाई के समय रामलला के वकील ने अपने तर्क रखे थे। इस बीच न्यायालय ने उनसे भी कई प्रश्न पूछे थे। रामलला के वकील ने बताया कि न्यायालय ने जब श्रीराम जन्मभूमि को मुद्दई मानने से मना कर दिया था, उस समय रामलला को पक्षकार बनना पड़ा था, क्योंकि रामलला नाबालिग हैं, इसलिए उनके दोस्त यह मुकदमा लड़ रहे हैं, पहले रामलला की ओर से देवकीनंदन अग्रवाल ने इस मुकदमे को लड़ा था, अब उनके स्थान पर त्रिलोकीनाथ पांडेय यह मुकदमा लड़ रहे हैं।

इसके बाद न्यायाधीश अशोक भूषण ने रामलला के वकील से पूछा था कि क्या जिस तरह से उत्तराखंड उच्च न्यायालय ने गंगा को व्यक्ति माना था उसी प्रकार से जन्म स्थान को भी व्यक्ति माना जा सकता है। इस पर रामलला के वकील ने कहा कि हां, वह सजीव है और राम जन्मभूमि व्यक्ति हो सकता है और रामलला भी, क्योंकि वह केवल एक मूर्ति नहीं हैं, बल्कि देवता हैं और हम उन्हें सजीव मानते हैं। उन्होंने जन्मभूमि का पक्ष रखते हुए कहा कि जन्मभूमि के विषय में बहुत कुछ कहा गया है। संस्कृत के श्लोक जननी जन्मभूमि स्वर्गादिप गरीयसी का हवाला देते हुए कहा कि जन्मभूमि स्वर्ग से बढकर होती है, यह श्रीराम का जन्म स्थान है और जन्म स्थान किसी सामान्य स्थान को नहीं कहा जाता है, स्थान और स्थल में अन्तर होता है, यह एक ऐसा स्थान है जिसमें सबकी आस्था है। रामलला के वकील का कहना था कि मुकदमें के मामले में समय सीमा महत्वपूर्ण होती है, अखाडा और सुन्नी वक्फ बोर्ड का मुकदमा समय बाधित निरस्त हुआ है। भगवान राम वहां हमेशा से हैं और अब न्यायालय को निर्णय करना है कि इस पर किसका अधिकार है।

रामलला विराजमान के वकील ने इलाहाबाद उच्च न्यायालय के निर्णय पर भी प्रश्न उठाया था और कहा था कि उनका मुकदमा मंजूर किया गया मुकदमा भूमि पर मालिकाना हक घोषित करने का था, किसी भी पक्ष ने भूमि के बंटवारे की माँग नहीं की थी। इसलिए न्यायालय को इस भूमि का बंटवारा नहीं करना चाहिए था।

9 अगस्त 2019 को शुक्रवार का दिन था, चौथे दिन की सुनवाई चल रही थी मुस्लिम पक्ष ने न्यायालय द्वारा सप्ताह में पांच दिन सुनवाई करने पर आपत्ति जता दी थी। मुस्लिम पक्ष, एम सिद्दिकी और आल इंडिया सुन्नी वक्फ बोर्ड की ओर से पांच दिन सुनवाई का विरोध करते हुए स्थिति साफ करने की मांग की गई थी, मुस्लिम पक्षकरों के वकील ने न्यायालय से कहा था कि यदि न्यायालय इस मामले की सुनवाई पूरे पांच दिन करेगा और इस प्रकार से सुनवाई हुई तो यह अमानवीय होगा और हम पीठ के सामने ठीक प्रकार से अपना पक्ष नहीं रख पाएंगे। मुस्लिम पक्षकारों के वकील ने आगे कहा कि सुनवाई इस प्रकार से हड़बड़ी में नहीं की जा सकती है। हमें दस्तावेजों के उर्दू और संस्कृत से अंग्रेजी में अनुवाद करने हैं और दिन भर दलीलें पेश करने के बाद यह सब करना संभव नहीं होगा। इसके साथ ही वकील ने कहा कि मुझे परेशान किया जा रहा है, यदि लगातार सुनवाई होती है तो मुझे यह केस छोड़ने के लिए मजबूर होना पड़ेगा, इलाहाबाद उच्च न्यायालय ने भी अपने निर्णय की सुनवाई जल्दबाजी में नहीं की थी।

इस पर मुख्य न्यायाधीश का कहना था कि हमने आपकी शिकायत सुन ली है, जल्द ही इस विषय में आपको सूचित कर दिया जाएगा।

लेकिन, पांच न्यायाधीशों की पीठ ने इस विरोध को स्वीकार नहीं किया था, मुख्य न्यायाधीश ने कहा कि सप्ताह में पांच दिन सुनवाई चालू रहेगी। सर्वोच्च न्यायालय की परंपरा तोड़ते हुए शुक्रवार को अयोध्या विवाद पर सुनवाई करने का निर्णय लिया गया था, अन्यथा शुक्रवार और सोमवार को शीर्ष न्यायालय केवल नये केसों पर सुनवाई करता है।

13 अगस्त 2019 को पांचवे दिन की लगातार सुनवाई चालू थी, सर्वोच्च न्यायालय ने कहा कि उन्हें सुनवाई की कोई जल्दी नहीं है, पक्षकार अपने अनुसार समय लेकर अपना पक्ष रख सकते हैं।

इस बीच न्यायालय ने रामलला के वकील से पूछा कि राम का जन्म स्थान कहाँ है। रामलला पक्ष के वकील ने इसका उत्तर देते हुए कहा कि श्रीराम का जन्मस्थान बाबरी मस्जिद के गुंबद के नीचे है। साथ ही वकील ने यह भी कहा है कि सर्वोच्च न्यायालय ने ही अपने एक निर्णय में कहा था कि मंदिर के लिए मूर्ति होना आवश्यक नहीं है। अब श्रीराम जन्मभूमि को लेकर जो आस्था है, वह सभी शर्तों को पूरा करती है, यदि कोई स्थान देवता है, तो फिर उसके लिए आस्था मान्य होनी चाहिए। उन्होंने मुस्लिम पक्ष की दलील को पढ़ा और कहा कि मुस्लिम पक्ष के पास कोई सुबूत नहीं है कि उनके पास विवादित स्थल का कब्जा है, अथवा कब्जा चला आ रहा है। साथ ही उनकी ओर से यह भी कहा गया कि मुस्लिम पक्ष की ओर से विवादित स्थल पर उनका मालिकाना हक सिद्ध नहीं किया गया है और जब भी हिन्दू वहाँ पर पूजा करने की खुली छूट माँगते हैं, तो विवाद होना शुरू हो जाता है। रामलला पक्ष के वकील ने एक मुस्लिम गवाह का हवाला देते हुए कहा कि बहात्तर वर्ष के मोहम्मद हाशिम ने गवाही में कहा था, कि हिन्दुओं के लिए अयोध्या उतना ही महत्व रखता है, जितना समुदाय विशेष के लिए मक्का का महत्व है। सुनवाई के बीच में जस्टिस अशोक भूषण ने चित्रकूट में कामदगिरी परिक्रमा के विषय में बताया, उन्होंने कहा कि लोगों की आस्था और विश्वास है कि वनवास जाते समय भगवान राम, लक्ष्मण और सीता उस स्थान पर ठहरे थे।

14 अगस्त 2019 बुधवार को छठे दिन की सुनवाई थी, इस दिन की सुनवाई में रामलला विराजमान की ओर से उनके वकील ने अपनी दलीलें रखीं, इस समय न्यायालय की ओर से उनसे प्रश्न पूछे गए कि क्या मंदिर को तोड़ने का आदेश बाबर ने ही दिया था, इसके क्या सुबूत हैं।

रामलला विराजमान के वकील ने कहा कि शिया वक्फ बोर्ड ने 1945 में कहा था कि श्रीराम के जन्मस्थान पर मस्जिद बनाई गई है, मुस्लिम कानून के अन्तर्गत किसी दूसरे की भूमि पर मस्जिद नहीं बनाई जा सकती है, इसके अलावा उन्होंने जन्मभूमि स्थान के कुछ नक्शे भी न्यायालय के सामने रखे। रामलला विराजमान की ओर से अपने पक्ष में ऐतिहासिक दस्तावेज और पुरातात्विक सुबूत प्रस्तुत किए गए थे और इस पर पुराणों का उल्लेख भी किया गया था।

न्यायाधीश बोबडे ने सुन्नी वक्फ बोर्ड के वकील से प्रश्न पूछा, बोर्ड के वकील ने इस पर उत्तर दिया कि उन्होंने 1946 में इस निर्णय के विरुद्ध सूट दायर किया था।

16 अगस्त 2019 को सातवें दिन रामलला विराजमान के वकील ने कहा कि विवादित स्थल पर मस्जिद नहीं थी और वहां पर मन्दिर ही था एवं हिन्दू पूजा करते थे। मुसलमान सड़क पर भी नमाज पढ़ते हैं तो क्या सड़क को मस्जिद मान लिया जाए और उस पर मालिकाना हक़ जता दिया जाए।

इस पर मुस्लिम पक्ष के वकील ने कहा कि संविधान पीठ के 1994 के निर्णय में नमाज कहीं भी पढ़ीं जा सकती है इस बात को को स्पष्ट नहीं किया गया है और यह इस्लाम की सही व्याख्या नहीं है।

20 अगस्त 2019 को आठवें दिन की सुनवाई के समय रामलला विराजमान के वकील ने दलील पेश करते हुए कहा कि विवादित भूमि पर मस्जिद बनाने के लिए मंदिर ढहाया गया था। भारतीय पुरातत्व सर्वेक्षण की खुदाई में जो चीजें सामने आई हैं, उसके अनुसार जहां मस्जिद बनाई गई थी वहां पर मंदिर था और उसके नीचे एक विशाल निर्माण था।

21 अगस्त 2019 को नौ वें दिन की सुनवाई में सर्वोच्च न्यायालय ने पक्षकारों से कहा कि यहां पर स्थान का प्रश्न है आस्था पर कोई सवाल नहीं उठा रहा है, इसलिए इसके सुबूत उपल्ब्ध करवाओ।

इसके बाद चली सुनवाई में रामलला विराजमान की ओर से बहस पूरी हुई और श्रीराम जन्मभूमि पुनरुद्धार समिति ने बहस शुरू कर दी थी।

22 अगस्त 2019 को दसवें दिन की सुनवाई में उन हलफनामों का वर्णन किया गया जिसमें मुस्लिमों द्वारा यह कहा गया था कि, यदि विवादित स्थल का मालिकाना हक हिन्दुओं को दे दिया जाता है तो इस पर उनकी ओर से कोई विरोध नहीं किया जाएगा।

गोपाल सिंह विशारद की मृत्यु के बाद उनके पुत्र राजेन्द्र सिंह की ओर से पक्ष रखते हुए उनके वकील ने कहा कि श्रीराम जन्मभूमि में मंदिर तोड़ कर बाबरी मस्जिद बनाई गई थी। 1934 में वहां पर दंगा हुआ था और उसी समय से मुसलमानों ने उस स्थान पर नमाज पढ़नी बंद कर दी थी तथा हिन्दू उसी स्थान पर पूजा करते थे, यदि वहां का कब्जा हिन्दुओं को दे दिया जाता है तो इस पर उनका कोई विरोध नहीं होगा। इसी प्रकार की बातें अयोध्या में रहने वाले कुछ मुसलमानों ने 1950 में फैजाबाद के जिला न्यायालय में हलफनामा दाखिल करके भी कही थी। रामलला के उपासक होने के आधार पर अबाधित पूजा अर्चना का अधिकार मांगते हुए गोपाल सिंह विशारद की ओर से न्यायालय में इन हलफनामों का हवाला दिया गया था और न्यायालय से उन पर विचार करने की अपील की गई थी।

इसके बाद वकील ने 1949 में मूर्ति रखे जाने के विवाद के बाद जन्मभूमि को सरकार के कब्जे में ले लेने और वहां पर रिसीवर नियुक्त करने की धारा 145 के अर्न्तगत हुई कार्यवाही का हवाला देते हुए बताया कि उस समय पब्लिक नोटिस निकला था, जिसके उत्तर में अयोध्या में रहने वाले बीस लोगों ने फैजाबाद न्यायालय में हलफनामे दाखिल किये थे, उनमें कुछ मुस्लिम भी शामिल थे। वकील ने अब्दुल गनी के एक हलफनामे का अंश भी पढ़ा जिसमे कहा गया था

कि अयोध्या राम जन्मभूमि में मंदिर तोड़कर बाबरी मस्जिद बनाई गई थी। 1934 में दंगा हुआ था जिसके बाद वहां पर नमाज बंद हो गई थी। वकील ने हसन अली मोहम्मद के हलफनामे का भी अंश पढ़ा जिसमें कहा गया था कि बाबरी मस्जिद राम जन्मभूमि है। मुस्लिम यहां पर शुक्रवार को नमाज पढ़ते थे, हिन्दू अंदर पूजा करते थे, 1934 के बाद मुस्लिमों ने नमाज बंद कर दी थी, यदि सरकार इसे हिन्दुओं को दे देती है तो मुझे कोई ऐतराज नहीं है। वकील ने यह भी बताया कि इलाहाबाद उच्च न्यायालय के फैसले और रिकार्ड मे इनके विषय में बताया गया है, लेकिन उच्च न्यायालय ने हलफनामों को यह कह कर अस्वीकार कर दिया था कि, जिनके हलफनामे हैं उनसे इस समय बहस नहीं हो सकती है।

इस पर पीठ के न्यायाधीश एसए बोबडे ने कहा था कि यह ठीक है कि हलफनामे दाखिल किए गए थे, लेकिन हलफनामे में जो बात कही गई है उसकी सत्यता बहस पर नहीं परखी गई है, इसीलिए उच्च न्यायालय ने उन्हें स्वीकार नहीं किया था। इस पर वकील ने पुनः कहा कि उनका मुवक्किल रामलला का उपासक है और वह मानता है कि जन्मस्थान के मालिक भगवान रामलला ही हैं और उसका पूजा का कानूनी अधिकार है जो जारी रहना चाहिए। उन्होंने ने 1856 से लेकर बाद तक के सरकारी दस्तावेजी रिकार्ड का हवाला देकर यह सिद्ध करने की कोशिश भी की थी कि अयोध्या में वह स्थान राम जन्मभूमि है मंदिर तोड़ कर ही मस्जिद बनाई गई थी और वहां पर प्राचीन काल से हिन्दू पूजा करते चले आ रहे हैं।

23 अगस्त 2019 को ग्यारहवें दिन न्यायालय ने निर्मोही अखाड़ा की पैरवी कर रहे वकील से कहा कि आप अपना नजरिया स्पष्ट करें और साफ साफ बताएं कि आप जन्मस्थान को देवता और कानूनी व्यक्ति मानते हैं कि नहीं। इस पर निर्मोही अखाड़ा के वकील ने कहा कि वह उन्हें कानूनी व्यक्ति मानने से इन्कार नहीं कर रहे हैं, और मालिकाना हक का दावा नहीं कर रहे हैं, केवल पूजा प्रबंधन का अधिकार और कब्जा मांग रहे हैं।

इस पर जस्टिस डीवाइ चंद्रचूड़ ने कहा कि आपकी लिखित दलीलों में इससे उलट बात कही गई है। यदि आप भगवान रामलला का उपासक होने का दावा करते हैं तो विवादित संपत्ति से मालिकाना हक खो देंगे, इससे तो आपका संपत्ति पर एक तिहाई का दावा सीधे समाप्त हो जाता है।

26 अगस्त 2019 को बारहवें दिन की सुनवाई में इलाहाबाद उच्च न्यायालय के निर्णय में श्रीराम जन्मभूमि के एक तिहाई हिस्से के मालिक निर्मोही अखाड़ा ने रामलला विराजमान की ओर से दाखिल मुकदमे का विरोध जारी रखा था। क्योंकि, इलाहाबाद उच्च न्यायालय के 2010 में श्रीराम जन्मभूमि को तीन बराबर बराबर भागो में बांटने के आदेश पर सभी पक्षों ने इस निर्णय को सर्वोच्च न्यायालय में चुनौती दे रखी थी। इस विषय में कुल चौदह अपीलें दायर की गई थी जिन पर पांचों न्यायाधीशों की संविधान पीठ ने सुनवाई की थी। सुनवाई के समय निर्मोही अखाड़ा के वकील ने कहा कि 1850 से भी पहले से श्रीराम जन्मभूमि मंदिर है, हिन्दू वहां पर पूजा करते चले आ रहे हैं और हिन्दुओं ने कभी यहां से अपना अधिकार नहीं छोड़ा है। निर्मोही अखाड़ा शुरू से यहां पूजा सेवा और प्रबंधन करता आ रहा है और निर्मोही अखाड़ा का ही जन्मभूमि मंदिर पर कब्जा था, उन्हें पूजा सेवा प्रबंधन का अधिकार और कब्जा दिलाया जाना चाहिए।

निर्मोही अखाड़ा के वकील ने रामलला विराजमान की ओर से निकट मित्र बन कर मुकदमा दाखिल करने वाले देवकी नंदन अग्रवाल पर सवाल उठाया। इस पर न्यायालय ने कहा कि आप देवता के मुकदमे का विरोध कैसे कर सकते हैं, आप रामलला का मुकदमा निरस्त करने की मांग कर रहे हैं। निर्मोही अखाड़ा के वकील ने कहा कि वह रामलला और जन्मस्थान का विरोध नहीं कर रहे हैं और न ही भूमि पर मालिकाना हक मांग रहे हैं, वह तो केवल सेवा पूजा का अधिकार और कब्जा मांग रहे हैं, उनका विरोध निकट मित्र देवकी नंदन अग्रवाल को लेकर है। देवकी नंदन अग्रवाल को निकट मित्र की हैसियत से मुकदमा करने का अधिकार नहीं है। सेवा पूजा करने वाला प्रबंधक भगवान की ओर से मुकदमा कर सकता है और उसके मुकदमे में आवश्यक नहीं है कि वह भगवान को भी पक्षकार बनाए। अखाड़ा के वकील ने कई गवाहों के बयानों और दस्तावेजों का हवाला दिया और कहा कि यदि निकट मित्र का मुकदमा नहीं रहेगा तो जन्मभूमि पर सारा कब्जा उन्हें ही मिलेगा।

इन दलीलों पर प्रधान न्यायाधीश रंजन गोगोई का कहना था कि कल को नोट दाखिल करके इस मुद्दे पर बहस करें और स्थिति स्पष्ट करें कि वह रामलाल के मुकदमे के समर्थन में हैं या विरोध में हैं। वह बिना वजह देवता रामलला विराजमान के मुकदमे का विरोध क्यों कर रहे हैं, दोनों पक्ष साथ में हो सकते हैं। वह अलग से सेवा और पूजा का अधिकार मांग सकते हैं, उन्हें टकराव में जाने की आवश्यकता ही नहीं है, यह सब तो सुन्नी वक्फ बोर्ड कहेगा। उन्होंने कहा कि यदि देवता ही नहीं रहेंगे तो उनकी सेवा, पूजा और प्रबंधन का अधिकार कैसे रहेगा, वह मस्जिद के तो सेवादार हो नहीं सकते हैं। न्यायालय ने कहा कि वह अपने सेवादार होने के साक्ष्य पेश करें।

27 अगस्त 2019 को चल रही तेरहवें दिन की नियमित सुनवाई में अखिल भारतीय श्रीराम जन्मभूमि पुनरुद्धार समिति का कहना था कि मीर बाकी नाम का कोई व्यक्ति था ही नहीं और न ही कभी बाबर अयोध्या आया था।

28 अगस्त 2019 को चौदहवें दिन की सुनवाई चल रही थी, अखिल भारतीय श्रीराम जन्मभूमि पुनरुद्धार समिति ने सर्वोच्च न्यायालय में बताया कि श्रीराम जन्मभूमि के राजस्व रिकॉर्ड में छेड़छाड़ हुई है और समिति के वकील कल न्यायालय में इसके प्रमाण प्रस्तुत करेंगे।

इस पर सुनवाई कर रही पीठ ने कहा कि समिति उन दस्तावेजों का संदर्भ न्यायालय को बताएं जिन पर भरोसा करते हुए वह ये दलीलें दे रहे हैं।

इस पर अखिल भारतीय श्रीराम जन्मभूमि पुनरुद्धार समिति के वकील ने अयोध्या में बाबरी मस्जिद न होने के अपने दावे को सिद्ध करने के लिए बाबरनामा, आइन-ए-अकबरी, हुमायूनामा और तुर्के जहांगीरी का हवाला दिया था और कहा था कि इन पुस्तकों में अयोध्या में मस्जिद होने की बात नहीं कही गई है। बाबर न तो अयोध्या आया था और न ही उसने वहां मस्जिद बनवाई थी।

इस पर न्यायालय ने प्रश्न किया कि यदि बाबर ने वहां मस्जिद नहीं बनवाई थी तो जो विवादित ढांचा था उसे किसने बनवाया था। वकील ने उत्तर दिया कि औरंगजेब ने मंदिर को तोड़ कर

वहां पर मस्जिद बनवाई थी। न्यायालय ने कहा कि इसे छोड़िए, आप यह बताइए कि आपका जन्मस्थान पर दावा कैसे बनता है।

पुनरुद्धार समिति के वकील ने फिर कहा कि यदि न्यायालय उनकी दलील स्वीकार कर लेता है तो सुन्नी वक्फ बोर्ड का केस खत्म हो जाएगा। सुन्नी वक्फ बोर्ड ने अपने मुकदमे में वहां पर बाबरी मस्जिद घोषित करने की मांग की है और विवादित ढांचा ढह जाने के बाद उन्होंने अपने मुकदमे में संशोधन करने के बाद उस स्थान का कब्जा मांगा है।

मुख्य न्यायाधीश रंजन गोगोई ने प्रश्न किया कि क्या आपने मुकदमे की मांग में संशोधन का विरोध किया था। इस पर उनके वकील का उत्तर था, कि वह सर्वोच्च न्यायालय में उसका विरोध कर रहे हैं। उसी समय न्यायाधीश एसए बोबडे ने कहा कि वह इस बात पर भी विचार करेंगे कि जब विवादित ढांचा ढह गया है तो उनकी मांग का क्या अर्थ रह जाता है और मुकदमे में की गई संशोधित मांग का क्या अर्थ होगा।

पुनरुद्धार समिति के वकील का कहना था कि इलाहाबाद उच्च न्यायालय में सुनवाई के समय विस्तृत रूप में यह मुद्दा उठा था और वहां पर इसका पूरा संदर्भ दर्ज है। वर्ष 2007 में इलाहाबाद उच्च न्यायालय में एक प्रार्थना पत्र दिया गया था, जिसमें राजस्व रिकॉर्ड में छेड़छाड़ का आरोप लगाया गया था, इस पर उच्च न्यायालय ने जांच का आदेश दिया था। मामले की फारेंसिक जांच विधि विज्ञान प्रयोगशाला लखनऊ में हुई थी, जिसकी रिपोर्ट में निदेशक ने कहा था, कि विभिन्न स्याही में विभिन्न लिखावट में शब्द जामा मस्जिद और मस्जिद बढ़ाया गया है। रिपोर्ट के निष्कर्ष में कहा गया था कि मूल रूप में जिस व्यक्ति ने दस्तावेज तैयार किए हैं उस व्यक्ति ने ये शब्द जामा मस्जिद और मस्जिद नहीं लिखा था।

29 अगस्त 2019 को पन्द्रहवें दिन की सुनवाई के समय मुस्लिम पक्ष ने अखिल भारतीय श्रीराम जन्मभूमि पुनरुद्धार समिति द्वारा दी गई दलीलों पर सर्वोच्च न्यायालय में आपत्ति कर दी थी। मुस्लिम पक्ष का कहना था कि समिति की ओर से न्यायालय में किस्से कहानियां सुनाए जा रहे हैं।

30 अगस्त 2019 को चल रही सोलहवें दिन की सुनवाई में हिन्दू पक्ष की ओर से दलीलें पूरी हो गई थी और इस दन शिया सेंट्रल वक्फ बोर्ड ने हिन्दू पक्ष का खुलकर समर्थन कर दिया था। शिया सेंट्रल वक्फ बोर्ड का कहना था कि बाबरी मस्जिद शिया वक्फ की थी, इसलिए इलाहाबाद उच्च न्यायालय के निर्णय में मुसलमानों को दिया गया भूमि का एक तिहाई हिस्सा शिया वक्फ बोर्ड का है और वह अपना हिस्सा हिन्दुओं को देता है। शिया वक्फ बोर्ड की ओर से उनके वकील ने पक्ष रखते हुए कहा कि बाबरी मस्जिद का निर्माण मीर बाकी ने कराया था जो कि एक शिया मुस्लिम था, 1949 में जिलाधिकारी के आदेश पर उस स्थान पर ताला लगने तक शिया मुतवल्ली ही वहां पर रहता था और उसी का कब्जा था। वहां पर शिया और सुन्नी दोनों एक साथ नमाज़ पढते थे और रमजान के समय सुन्नी द्वारा की जाने वाली विशेष नमाज कराने के लिए शिया मुतवल्ली ने वहां सुन्नी इमाम नियुक्त किया था। उन्होंने आगे कहा कि 1936 में उत्तर प्रदेश वक्फ कानून आने से पहले कभी किसी ने शिया वक्फ में दखल नहीं दी

थी। सुन्नी वक्फ बोर्ड ने 26 फरवरी 1944 को नोटिफिकेशन जारी किया था जिसकी लिस्ट में बाबरी मस्जिद को सुन्नी वक्फ घोषित किया गया था। जिसके बाद 1945 में शिया वक्फ बोर्ड ने जिला न्यायालय में बाबरी मस्जिद को शिया वक्फ घोषित करने की मांग की थी, लेकिन 1946 में न्यायालय ने वह याचिका निरस्त कर दी थी, इसके बाद भी वहां पर शिया मुतवल्ली ही रहा था। वकील ने आगे कहा था कि उस निर्णय के विरुद्ध शिया बोर्ड ने सर्वोच्च न्यायालय में विशेष अनुमति याचिका दाखिल की है।

मुख्य न्यायाधीश डीवाई चंद्रचूड़ का कहना था कि सत्तर वर्ष बाद अब इस पर चुनौती दी गई है। इस पर शिया वक्फ बोर्ड के वकील ने कहा कि शिया वक्फ बोर्ड हिन्दुओं के विरुद्ध नहीं है इसलिए उसने मामले में कभी मुकदमा करके दावा पेश नहीं किया था। इलाहाबाद उच्च न्यायालय ने भूमि का एक तिहाई हिस्सा मुसलमानों को दिया है न कि सुन्नी वक्फ बोर्ड को। इस मामले में तो मुकदमे की शुरुआत में ही 1966 में न्यायालय ने घोषित कर दिया था कि सुन्नी वक्फ था ही नहीं और उसे सही वक्फ नहीं माना गया था। ऐसे में सुन्नी वक्फ बोर्ड को नकार दिये जाने के बाद मुसलमानों को मिली भूमि शिया वक्फ बोर्ड को जाएगी और शिया वक्फ बोर्ड अपना हिस्सा हिन्दुओं को देता है। हिन्दू देवता कानूनी व्यक्ति माने जाते हैं, लेकिन अल्लाह कानूनी व्यक्ति नहीं होते है ऐसे में सुन्नी वक्फ बोर्ड भूमि पर प्रतिकूल कब्जे का दावा नहीं कर सकता है।

श्रीराम जन्मभूमि पुनुरोद्धार समिति के वकील ने 1861 के राजस्व रिकार्ड का हवाला देकर कहा कि जिलाधिकारी द्वारा की गई जांच और फोरेन्सिक रिपोर्ट में पाया गया है कि छेड़छाड़ करके जन्मस्थान के साथ कहीं पर जामा मस्जिद और कहीं मस्जिद शब्द जोड़ा गया था। रिपोर्ट कहती है कि ये विभिन्न लिखावट और विभिन्न स्याही से लिखा गया है। उन्होने बताया कि उच्च न्यायालय के आदेश पर यह जांच हुई थी जिसकी रिपोर्ट भी आयी थी। उन्होंने इस्लामिक कानून का हवाला देते हुए कहा कि विवादित ढांचा मस्जिद नहीं थी, क्योंकि मस्जिद में कम से कम दो बार अजान और नमाज होनी चाहिए। वहां पर मूर्ति या चित्र नहीं हो सकते और भी घंटा भी नहीं हो सकता है। इस्लाम के अनुसार एक स्थान पर दो धर्म स्थल, मंदिर और मस्जिद साथ नहीं हो सकते हैं।

इसके बाद हिन्दू महासभा के वकील ने कहा कि बाबर एक आक्रांता था जिसने भारत पर हमला किया था, वह यहां मुस्लिम धर्म स्थापित करने आया था, उसने मंदिर तोड़ कर मस्जिद बनाई थी। वह दासता का काला वक्त था जिसमें हिन्दुओं के अधिकार बाधित किये गए थे। भारत का संविधान लागू होने के बाद अनुच्छेद 13 के अन्तर्गत उस स्थान पर हिन्दुओं का अधिकार है। अनुच्छेद 13 कहता है कि रीति रिवाज परंपरा आदि लागू मानी जाएगी ऐसे में हिन्दुओं की वहां आस्था और पूजा अर्चना का अधिकार दोबारा स्थापित हो जाएगा। उन्होंने कहा कि 1855 से पहले कोई नहीं जानता था कि वहां पर मस्जिद थी। अकबर के समय में भी वहां पूजा होती थी। 1855 में अंग्रेजों ने सांप्रदायिक दांव खेला था और उस स्थान पर रेलिंग लगा कर उसे मस्जिद कहा गया था।

इस पर न्यायाधीश अशोक भूषण ने कहा कि अयोध्या में श्रीराम के जन्म पर कोई विवाद नहीं है, केवल निश्चित स्थान को लेकर विवाद है। हिन्दू महासभा के वकील का कहना था कि, भगवान

श्रीराम महल में जन्मे थे कोई वहां पर उनके जन्म का निश्चित स्थान कैसे बता सकता है, यदि कोई राष्ट्रपति भवन में जन्म लेता है तो यही कहा जाएगा कि राष्ट्रपति भवन में उसका जन्म हुआ है, निश्चित स्थान कैसे बताया जा सकता है।

2 सितंबर 2019 को सतरहवें दिन अयोध्या विवाद पर लगातार चल रही सुनवाई में प्रधान न्यायाधीश रंजन गोगोई के नेतृत्व वाली पांच सदस्यीय संविधान पीठ ने मुस्लिम पक्ष की दलीलें सुननी शुरू कर दी थी। मुस्लिम पक्ष का कहना था कि विवादित ढांचे के नीचे विशाल मंदिर का अवशेष नहीं था। सुनवाई में मुस्लिम पक्ष के वकील ने पीठ को बताया कि कानूनी मामलों में ऐतिहासिक बातों और तथ्यों पर पूर्ण रूप से भरोसा नहीं किया जा सकता है। सुन्नी वक्फ बोर्ड और वास्तविक याचिका कर्ताओं में से एक एम सिद्दीक की ओर से वकील ने कहा कि 1934 में हिन्दुओं ने मस्जिद को तोड़ दिया था और 1949 में वहां अवैध घुसपैठ की गई थी और 1992 में हिन्दुओं ने मस्जिद को पूरी तरह से नष्ट कर दिया था, मस्जिद को नष्ट करने के बाद हिन्दू कह रहे हैं कि ब्रिटिश लोगों ने हिन्दुओं के विरूद्ध काम किया था और अब हिन्दू कह रहे हैं कि हमारे अधिकार की रक्षा की जानी चाहिए।

सर्वोच्च न्यायालय की पीठ ने उनके वकील से कहा कि आप इस सब में मत जाइए, आपकी दलीलें केवल मुद्दे से संबंधित होनी चाहिए। इस पर वकील ने कहा कि ये सभी मुद्दे दूसरे पक्ष द्वारा उठाए गए हैं और उन्हें इनका उत्तर देने की अनुमति मिलनी चाहिए क्योंकि यह सुनवाई देश के भविष्य से जुड़ी हुई है।

इस पर रामलला विराजमान पक्ष के अधिवक्ता खड़े हुए और उन्होंने इस पर आपत्ति कर दी और साथ ही कहा कि, मुस्लिम पक्ष के वकील को केवल मुस्लिम पक्षों के मामले के विषय में चर्चा करनी चाहिए। उनकी ओर से दलील दी गई कि मुस्लिम आक्रमणकारी थे और ऐसे में हिन्दू लॉ को भी ध्यान में रखा जाना चाहिए। सुनवाई कर रहे प्रधान न्यायाधीश ने कहा कि, मुस्लिम पक्ष अपने मामले को जिस प्रकार से रखना चाहें, उसके लिए वह स्वतंत्र हैं।

मुस्लिम पक्ष के वकील ने पीठ से कहा कि इलाहाबाद उच्च न्यायालय के तीन न्यायाधीशों में से एक ने उल्लेख किया था कि ऐतिहासिक तथ्य स्वामित्व पर फैसला करने के लिए पर्याप्त आधार नहीं हो सकता। उन्होंने कहा कि तुलसीदास द्वारा लिखी गई रामचरित मानस एक काव्य है और उसे इतिहास का हिस्सा नहीं कहा जा सकता है। इस पर पीठ ने कहा था कि तुलसीदास समकालीन थे और उनके काव्य में भी तथ्य हो सकते हैं।

मुस्लिम पक्ष के वकील ने दलील दी थी कि हम जिस कानून का अनुसरण करते हैं वह वैदिक लॉ नहीं है, लीगल सिस्टम 1858 में शुरु हुआ था, क्या इस न्यायालय में हम वेद और स्कंद पुराण के कानून लागू करेंगे। परिक्रमा पूजा का एक प्रकार है, लेकिन वह साक्ष्य नहीं हो सकता है। हिन्दू पक्षकारों ने आक्रमण पर दलील दी है, मैं आक्रमण की दलील को खारिज करता हूं, मैं रामलला के वकील का बहुत सम्मान करता हूं, अब न्यायाधीश महोदय को अन्त में तय करना होगा कि वह सही की ओर हैं, अथवा गलत की ओर हैं। जहां तक वैदिक काल का प्रश्न है तो कहीं पर भी मंदिर या मठ नहीं होते थे, वैदिक काल में मूर्ति पूजा नहीं होती थी, यह सब बुद्ध

काल में आया है। 1528 के बाद के बहुत से दस्तावेज न्यायालय के सामने दिखाए जा सकते हैं कि वहां पर मस्जिद थी, जहां तक टाइटल शूट का प्रश्न है तो ऐसे मामले में ऐतिहासिक दलील का कोई अर्थ नहीं रह जाता है। किसी संपत्ति के मालिक द्वारा संपत्ति का उपयोग न करने से उसका मालिकाना हक समाप्त नहीं हो जाता है।

एक प्रश्न न्यायाधीश एसए बोबडे ने भी उनसे पूछा लिया था, कि इतिहास क्या है। मुस्लिम पक्ष के वकील ने कहा कि महाभारत इतिहास है, लेकिन रामायण काव्य है। जस्टिस बोबडे ने कहा, लेकिन काव्य में तथ्य भी तो हो सकते हैं। इस विषय पर न्यायाधीश अशोक भूषण ने भी कहा कि, काव्य भी कई बार इतिहास पर प्रकाश डालता है, यह उस पर निर्भर करता है कि काव्य कब बना है।

मुस्लिम पक्ष के वकील ने कहा कि विदेशी यात्री इतिहासकार ने कहीं पर भी मस्जिद का वर्णन नहीं किया था, यह केवल हिन्दू पक्षकारों की दलील है, क्या इस प्रकार के नकारात्मक रेफरेंस आधार हो सकते हैं, क्या हम शौकिया और गैर पेशेवर इतिहासकारों के हिसाब से चलेंगे। इस विषय में मुख्य न्यायाधीश का कहना था कि इतिहासकारों के रेफरेंस को भी देखा जाता है।

मुस्लिम पक्ष के वकील ने कहा कि न्यायाधीश एसए नजीर ने प्रश्न किया था कि क्या भगवान की संपत्ति हो सकती है, कानून में साफ है कि एक बार संपत्ति यदि वक्फ की हो जाती है तो वह संपत्ति का मालिकाना हक सर्व शक्तिमान को चला जाता है। स्वयंभू क्या है जहां भगवान प्रकट होते हैं, यदि आप भगवान शिव को बर्फ में देखते हैं तो प्रकृति ने भगवान के उस रूप को प्रकट किया है, उस क्षेत्र में वह स्वयंभू हैं। एक बार आप स्वयंभू के लिए दस्तावेज लाते हैं और परिक्रमा पर निर्भर होते हैं तो केवल परिक्रमा के आधार पर स्वयंभू को कैसे सिद्ध किया जा सकता है।

3 सितंबर 2019 को अठारहवें दिन की सुनवाई में मुस्लिम पक्ष की ओर से दिसंबर 1949 का तिथि वार पूरा विवरण प्रस्तुत किया गया था। सुनवाई के समय मुस्लिम पक्षकारों ने दावा किया था कि 22-23 दिसंबर की रात को अयोध्या में बाबरी मस्जिद के अंदर मूर्तियां रखने के लिए सुनियोजित और नजर बचा कर हमला किया गया था, जिसमें कुछ अधिकारियों की हिन्दुओं के साथ मिलीभगत थी और उन्होंने प्रतिमाओं को हटाने से मना कर दिया था। इसी बीच मुस्लिम पक्ष का प्रतिनिधित्व कर रहे अधिवक्ता ने पीठ को बताया कि फैजाबाद के तत्कालीन उपायुक्त केके नायर ने स्पष्ट निर्देश के बावजूद मूर्तियों को हटाने की आज्ञा नहीं दी थी। उन्होंने पीठ को बताया कि बाबरी मस्जिद के अंदर देवी देवताओं की प्रतिमा का प्रकट होना चमत्कार नहीं था, 22-23 दिसंबर 1949 की रात उन्हें रखने के लिए सुनियोजित तरीके से और गुपचुप हमला किया गया था। वकील ने आगे कहा कि यह केवल श्रीमान नायर का ही योगदान था। उन्होंने हिन्दू पक्षकारों द्वारा पेश की गईं विवादित स्थल के भीतर के हिस्सों की तस्वीरों का हवाला देते हुए आरोप लगाया कि नायर सहित सरकारी अधिकारियों ने स्थल पर यथास्थिति बनाए रखने के आदेश का उल्लंघन तस्वीरें खींचे जाने की इजाजत देकर किया था। बाबरी मस्जिद के अंदर प्रतिमाएं रखे जाने के बाद 5 जनवरी 1950 को इस संपत्ति को कुर्क कर दिया गया था।

इस पर सुनवाई कर रही पीठ ने टिप्पणी की थी, कि तस्वीरों का इस मामले पर कोई प्रभाव नहीं है। इस पर मुस्लिम पक्ष के वकील ने कहा था कि निश्चित रूप से उनका प्रभाव है, क्योंकि उनका उपयोग यह कहने के लिए किया गया है कि इसे मंदिर की तरह देखा जाए। इन तस्वीरों में कथित रूप से देवी, देवताओं, कमल और मोर के रेखाचित्र हैं और हिन्दुओं ने इसका प्रयोग किया है। मुस्लिम पक्ष के वकील ने इसके साथ ही उस प्रतिवेदन का भी उत्तर दिया था कि उस स्थान पर मुसलमानों का कब्जा नहीं था और वे कभी भी नियमित रूप से वहां नमाज अदा नहीं करते थे। मुस्लिम पक्ष के वकील ने आगे कहा था कि हिन्दुओं ने मुसलमानों को इबादत करने की इजाजत नहीं दी थी, इसलिए मुसलमानों ने वहां पर 1934 के बाद से कभी नमाज अदा नहीं की थी। उन्होंने आगे कहा था कि वह लोग कहते थे कि परिसीमा कानून और प्रतिकूल कब्जे का सिद्धांत आपके विरूद्ध जाता है, क्योंकि हम आपको अधिकार और इबादत की इजाजत नहीं देते।

पीठ ने पूछा था कि, तथ्यात्मक रूप से क्या मुसलमानों द्वारा कोई कार्रवाई की गई थी। इस पर वकील का कहना था कि मुसलमानों ने वक्फ निरीक्षक से इसकी शिकायत की थी। स्थल की चाभी मुस्लिम पक्ष के पास थी लेकिन वे नमाज अदा करने के लिए अंदर नहीं जा सकते थे, क्योंकि 1950 की कुर्की के बाद उस पर ताला लगा हुआ था और पुलिस उन्हें अंदर नहीं जाने देती थी और वह सब डरे हुए थे।

इस पर पीठ ने पूछा था कि क्या उस गवाह से, जिसने आरोप लगाया था कि मुसलमानों को अंदर जाने की इजाजत नहीं थी, उससे न्यायालय में बहस हुई थी। वकील ने कहा कि हम केवल उस गवाह के बयान की सत्यता पर निर्भर हैं।

मुस्लिम पक्ष सुन्नी वक्फ बोर्ड के वकील ने आगे कहा कि अयोध्या विवाद पर विराम लगना चाहिए, अब राम के नाम पर फिर कोई रथयात्रा नहीं निकलनी चाहिए। सुन्नी वक्फ बोर्ड के वकील का इशारा भारतीय जनता पार्टी द्वारा 1990 में निकाली गई उस रथयात्रा की ओर था जिसके बाद अयोध्या में हिन्दू कारसेवकों ने बाबरी मस्जिद का विध्वंस किया था। मुस्लिम पक्ष के वकील न्यायालय में यह सिद्ध करने की कोशिश कर रहे थे कि विवादित स्थान पर मंदिर नहीं बल्कि मस्जिद थी, बाबरी मस्जिद में भगवान रामलला की मूर्ति स्थापित करना छल से हमला करना है। उनकी ओर से कहा गया था कि विवादित स्थल के ढांचे के मेहराब के अंदर के शिलालेख पर 'अल्लाह' शब्द मिला था। इसके साथ ही हिन्दू पक्ष की दलील का हवाला देते हुए कहा गया था कि मुस्लिम पक्ष के पास विवादित भूमि के कब्जे के अधिकार नहीं हैं, क्योंकि 1934 में निर्मोही अखाड़ा ने गलत तरीके से अवैध कब्जा कर लिया था, इसके बाद नमाज अदा नहीं की गई थी।

4 सितंबर 2019 को उन्नीसवें दिन विवाद की सुनवाई में सुन्नी वक्फ बोर्ड ने न्यायालय में माना था कि विवादित स्थल पर हिन्दू पूजा करते थे। सुनवाई के समय मुस्लिम पक्ष सुन्नी वक्फ बोर्ड के वकील ने अपनी दलीलें दी थी और कहा थ कि 1528 में बाबर के अयोध्या आने और मस्जिद बनाने की बात कही जाती है, शिलाओं पर लिखे आलेख पर कोई शंका नहीं की जा सकती है, गजेटियर में दर्ज है कि जन्मस्थान के पास मस्जिद थी और वहां पर निर्मोही अखाड़ा

ने चबूतरा बनाया था। उस स्थान पर सिंह द्वार बनाने की आज्ञा पर भी हंगामा हुआ था, उसके बाद न्यायालय ने यथास्थिति बनाए रखने का आदेश दिया था, अर्थात वहां पर अंदर मस्जिद थी और बाहर पूजा होती थी। वकील ने विभिन्न दस्तावेज पढ़ते हुए कहा था कि, ऐतिहासिक कार्नेगी के स्केच और वर्णन भी बाबर के द्वारा बनाई गई मस्जिद की बात कहते हैं। कसौटी खंभे से बौद्ध मठ का हिस्सा होने का अनुमान लगाया गया था। हिन्दुओं ने तीन बार विवादित इमारत पर कब्जे की कोशिश की थी। उन्होंने आगे कहा कि 1828 के गजेटियर में हेमलटन ने मस्जिद का कोई वर्णन नहीं किया है, जबकि मार्को पोलो ने तो इसका वर्णन किया था। ईस्ट इंडिया कंपनी के गजेटियर में भी कहा गया कि वहां पर मस्जिद थी, जिसे बाबर का बनाया हुआ कहा जाता है और उसी स्थान पर हिन्दू लोग राम का जन्मस्थान मानते हैं। यह दावा भी किया गया है कि हिन्दुओं के कुल तीन सौ साठ मंदिर ध्वस्त किए गए थे।

5 सितंबर 2019 को अयोध्या भूमि विवाद मामले में सर्वोच्च सुनवाई का बीसवां दिन था, इस दिन मुस्लिम पक्ष की ओर से दलीलें पेश की गईं थी। निर्मोही अखाड़े के सेवादार होने के दावे पर सर्वोच्च न्यायालय की पीठ ने बाबरी मस्जिद होने का दावा कर रहे मुस्लिम पक्ष के वकील से कई प्रश्न पूछे थे। मुस्लिम पक्ष की ओर से वकील ने निर्मोही अखाड़े के गवाहों के दर्ज बयानों पर बहस करते हुए महंत भास्कर दास के बयान का हवाला भी दिया था और कहा था कि उन्होंने भी माना था कि मूर्तियों को विवादित ढांचे के भीतर रखा गया था। मुस्लिम पक्ष वकील ने केके नायर और गुरुदत्त सिंह, डीएम और सिटी मैजिस्ट्रेट की 1949 की तस्वीरों को भी न्यायालय में दिखाया, साथ ही दो गवाहों के बयान में विरोधाभास के बारे में भी न्यायालय को बताया था। मुस्लिम पक्ष की ओर से कहा गया कि ऐसा लगता है कि हिन्दू पक्ष की ओर से कई गवाहों के बयान को प्रभावित किया गया है। एक गवाह के विषय में बताते हुए वकील ने कहा था कि उसने चौदह वर्ष की उम्र में राष्ट्रीय स्वयं सेवक संघ ज्वॉइन किया था, बाद में संघ और विश्व हिन्दू परिषद ने उसको सम्मानित भी किया था। वकील ने एक अन्य गवाह के बारे में बताते हुए कहा कि, इस गवाह ने दो सौ से अधिक मामलों में गवाही दी है और वह विश्वास करता है कि एक झूठ बोलने में कोई नुकसान नहीं है। सुनवाई के समय मुस्लिम पक्ष के वकील ने अपनी दलील में कहा कि यहां पर हम 22- 23 दिसंबर 1949 के बयान पर बात कर रहे हैं, भूमि ज़बरदस्ती छीनी गई है। मुस्लिम पक्ष के वकील ने कहा कि कुछ लोग कहते हैं कि निर्मोही अखाड़ा सात सौ साल पहले से है और कुछ उससे भी पहले का मानते हैं, लेकिन मैं निर्मोही अखाड़ा की उपस्थिति 1855 से मानता हूं, 1885 में महंत रघुबर दास ने मुकदमा दायर किया था।

इस पर न्यायाधीश डी वाई चंद्रचूड़ ने कहा था कि इन विरोधाभासों के बाद भी आप यह मान रहे हैं कि निर्मोही अखाड़ा ने अपने अधिकार को स्थापित कर लिया है, यदि आप निर्मोही अखाड़ा के अस्तित्व को मान रहे हैं तो उनके संपूर्ण साक्ष्य को स्वीकार किया जाएगा।

11 सितंबर 2019 बुधवार को इक्कीसवें दिन की सुनवाई चल रही थी, मुस्लिम पक्षकार सुन्नी वक्फ बोर्ड के वकील ने अपनी दलीलें पेश की थी। बोर्ड की ओर से पेश वकील ने अपनी दलील दी कि 22 दिसंबर 1949 को जो गलती हुई उसे जारी नहीं रखा जा सकता है। क्या हिन्दू पक्षकार गलती को लगातार जारी रखने के आधार पर अपने मालिकाना हक का दावा कर सकते हैं, वह

ऐसा दावा नहीं कर सकते हैं। सुन्नी वक्फ बोर्ड के वकील ने आगे कहा कि, संवैधानिक बेंच को दो पहलुओं को देखना है, पहला यह कि विवादित स्थान पर मालिकाना हक किसका बनता है और दूसरा पहलू यह है कि क्या किये गए गलत कार्य को लगातार जारी रखा जा सकता है या नहीं। 22 दिसंबर 1949 को मस्जिद के गुंबद के नीचे मूर्ति रख दी गई थी। यह गलत हरकत की गई थी जो कि अवैध है, लेकिन इसके बाद मैजिस्ट्रेट ने यथास्थिति बहाल रखने का ऑर्डर पास कर दिया था, अर्थात गलती को लगातार जारी रखा गया था, क्या ये किसी को अपना अधिकार जताने का आधार हो सकता है। सवाल यह है कि वह विवादित भूमि किसकी है, क्या रामलला विराजमान और निर्मोही अखाड़ा इस बात की दलील दे सकते हैं कि यह उनकी है, मैं कहना चाहता हूं कि यह कभी उनकी नहीं रही है। ट्रस्टी और मैनेजमेंट कर्ता में अन्तर होता है। किसी स्थान पर गलत तरीके से कब्जा करना उस पर पजेशन का अधिकार नहीं दे सकता है। 1949 में हिन्दुओं ने गलत कृत्य किया था और विवादित स्थल पर मूर्ति रख दी गई थी। एक गलत काम किया गया था जिसे यथास्थिति के आदेश से जारी रखा गया था और इस आधार पर किसी का अधिकार उत्पन्न नहीं हो सकता है। 22 व 23 दिसंबर 1949 से लेकर 5 जनवरी 1950 के बीच लगातार अवैध व गैर कानूनी हरकत की गई, क्या इस कारण उन्हें वहां का अधिकार मिल जाता है। हिन्दू पक्षकारों को इन दस दिनों के अलावा पहले की पोजीशन सिद्ध करनी होगी। गलती किसकी थी यहां पर मजिस्ट्रेट के गलत ऑर्डर के कारण लगातार गलत होता रहा था, क्या इसके लिए मैजिस्ट्रेट पर केस चलेगा, केस नहीं चल सकता। क्या 1950 से पहले उनके पास कोई अधिकार था, उन्हें इस बात के सुबूत देने होंगे कि उससे पहले उनके पास क्या अधिकार था और उनके पास क्या सबूत हैं। निर्मोही अखाड़ा पहले बाहरी आंगन में राम चबूतरे पर पूजा करता था लेकिन फिर वो अंदर के आंगन में आ गए। इससे पहले वह भीतरी आंगन में कभी पूजा के लिए नहीं आए थे।

12 सितंबर 2019 को बाईसवें दिन की सुनवाई के समय मुस्लिम पक्ष ने 22-23 दिसंबर 1949 की रात को घटी घटना को गैरकानूनी बताया था। लेकिन इस सुनवाई में मुस्लिम पक्ष ने माना कि निर्मोही अखाड़ा ही वहां का प्रबंधन देख रहा था।

13 सितंबर 2019 को तेइसवें दिन सर्वोच्च न्यायालय ने राम जन्मस्थान को न्यायिक व्यक्ति बताते हुए उसकी ओर से भूमि पर मालिकाना हक का दावा किए जाने का विरोध करने वाले मुस्लिम पक्ष से पूछा था कि वह कौन सी विशेषताएं हैं जो जन्मस्थान देवता की तरह न्यायिक व्यक्ति मानने के लिए आवश्यक होनी चाहिए।

16 सितंबर 2019 को चौबीसवें दिन की सुनवाई में मुस्लिम पक्ष ने न्यायालय में राम जन्मस्थान को देवता मानने का जमकर विरोध किया था।

17 सितंबर 2019 को पच्चीसवें दिन की सुनवाई में सर्वोच्च न्यायालय ने पूछा था कि क्या मस्जिद में देवी देवताओं की कला कृतियां हो सकती हैं।

18 सितंबर 2019 को छब्बीसवें दिन की सुनवाई में सर्वोच्च न्यायालय ने श्रीराम जन्मभूमि बाबरी मस्जिद विवाद में सभी पक्षों को 18 अक्टूबर 2019 तक बहस पूरी करने का आदेश दिया

था। न्यायालय ने कहा था कि सुनवाई इसी प्रकार से चलती रहेगी, इस बीच यदि मध्यस्तता के माध्यम से मामले को सुलझाना चाहते हैं तो सभी पक्ष ऐसा भी कर सकते हैं।

19 सितंबर 2019 को सत्ताइसवें दिन की सुनवाई के समय न्यायालय में तीखी बहस हुई थी, मुस्लिम पक्ष के वकील ने विवादित इमारत के मुख्य गुंबद के नीचे गर्भ गृह होने के दावे को बाद में गढ़ा गया बताया था। उस दिन न्यायाधीशों ने इस विषय पर उनसे कुछ प्रश्न भी किए थे। न्यायाधीश भूषण ने कहा था कि, चर्चा हर बात पर हो सकती है, किसी तथ्य को कैसे देखना है यह न्यायालय का काम है, किसी पक्ष ने किसी भी गवाही के विषय में नहीं कहा है, इसका अर्थ यह नहीं है कि न्यायालय भी उस पर प्रश्न नहीं कर सकता है। इस पर मुस्लिम पक्ष के वकील ने कहा कि आपका यह लहजा आक्रामक है, यह मुझे डराने वाला लग रहा है।

मुस्लिम पक्ष के वकील के इस रवैये का रामलला विराजमान पक्ष के वकील ने कड़ा विरोध किया था। उन्होंने कहा था कि न्यायाधीश से इस प्रकार से बात नहीं की जा सकती है। पीठ के सदस्य न्यायाधीश डी वाई चंद्रचूड़ ने भी मुस्लिम पक्ष के वकील को टोका था, उन्होंने कहा था कि न्यायालय का काम सवाल उठाना है। हम सवाल इसलिए करते हैं जिससे कि मुकदमे को किसी निष्कर्ष तक पहुंचाने में मदद मिल सके, इसके बाद मुस्लिम पक्ष के वकील ने अपनी गलती मानते हुए तुरंत न्यायाधीश से माफी मांग ली थी।

20 सितंबर 2019 को अट्ठाइसवें दिन की सुनवाई में मुस्लिम पक्ष के वकील ने कहा था कि केवल सामाजिक और राजनीतिक उद्देशय की पूर्ति के लिए ही रामलला की ओर से मुकदमा दायर किया गया है और इसमें पुरानी चीजों को नए ढंग से पेश करने की कोशिश की गई है।

23 सितंबर 2019 को सर्वोच्च न्यायालय की संवैधानिक पीठ के सामने उन्तीस वें दिन शाम चार बजे के बजाय पांच बजे तक सुनवाई चली थी। सुनवाई के समय सुन्नी वक्फ बोर्ड के वकील ने दलील दी थी कि हम भगवान राम का सम्मान करते हैं, जन्मस्थान का सम्मान करते हैं इस देश में अगर राम और अल्लाह का सम्मान नहीं होगा तो देश खत्म हो जाएगा, यह देश विविधताओं वाला देश है, दुनिया का कोई देश इतनी विविधता वाला नहीं है, कई वर्गों से बने इस देश का स्वर्णिम इतिहास है, लेकिन विवाद भगवान के जन्मस्थान को लेकर है कि आखिर जन्मस्थान कहां हैं। धर्म शास्त्र के बारे में खुद से परिकल्पना नहीं की जा सकती है यह गलत होगा। जन्मस्थान की दलील विश्वास और आस्था पर आधारित है और यदि इस दलील को स्वीकार कर लिया गया तो इसका व्यापक असर होगा। वैदिक काल में सूर्य, नदी, पेड़ आदि की पूजा होती थी। हिन्दू पक्षकार की दलील है कि ये तमाम चीजें न्यायिक व्यक्तित्व हैं, यह न्यायिक व्यक्तित्व की बात नहीं है बल्कि आदर का भाव है। इस पर न्यायालय ने कहा था कि किसी की आस्था पर प्रश्न चिन्ह नही लगाना चाहिए, यदि हिन्दुओं की आस्था को चुनौती दी गई तो मुश्किल होगी, मुस्लिमों के लिए जैसे मक्का है, वैसे ही हिन्दुओं के लिए अयोध्या का स्थान है।

24 सितंबर 2019 को तीसवें दिन की सुनवाई के समय सर्वोच्च न्यायालय में सुन्नी वक्फ बोर्ड ने राम चबूतरा को ही राम जन्मस्थान माना था।

25 सितंबर 2019 को इकत्तीसवें दिन सर्वोच्च न्यायालय ने श्रीराम जन्मभूमि मामले में सुन्नी वक्फ बोर्ड की ओर से भारतीय पुरातत्व सर्वेक्षण की रिपोर्ट पर उठाई गई आपत्तियों पर सवाल उठाया था।

पुरातत्व सर्वेक्षण ने इलाहाबाद उच्च न्यायालय के आदेश पर विवादित स्थल की खुदाई करने के बाद 22 अगस्त 2003 को उच्च न्यायालय में अपनी रिपोर्ट दी थी। रिपोर्ट में भारतीय पुरातत्व सर्वेक्षण ने बताया था कि विवादित ढांचे के नीचे जो विशाल संरचना पाई गई है वह उत्तर भारत के मंदिरों से मेल खाती है। उच्च न्यायालय ने भारतीय पुरातत्व सर्वेक्षण से विवादित स्थल की खुदाई कर यह सुनिश्चित करने के लिए कहा था कि वहां पहले कोई मंदिर था या नहीं और क्या मंदिर तोड़ कर उस स्थान पर मस्जिद बनाई गई है। इस रिपोर्ट पर सर्वोच्च न्यायालय ने कहा कि जब आपने इलाहाबाद उच्च न्यायालय में रिपोर्ट को लेकर भारतीय पुरातत्व सर्वेक्षण की टीम के सदस्यों से कोई प्रश्न नहीं किया था तो फिर सर्वोच्च न्यायालय में अपील पर सुनवाई के समय कैसे विचार किया जा सकता है, कानून के अनुसार आपके पास उस समय मौका था जिसका आपने लाभ नहीं उठाया था। सर्वोच्च न्यायालय ने आगे कहा था कि भारतीय पुरातत्व सर्वेक्षण की रिपोर्ट एक विशेषज्ञ सुबूत है और वह कानून में स्वीकार किए जाने के लायक है।

इस पर सुन्नी वक्फ बोर्ड के वकील ने कहा था कि इस रिपोर्ट में बहुत सी खामियां और विषमताएं हैं, रिपोर्ट को सुबूत के रूप में नहीं स्वीकारा जा सकता है। उन्होंने कहा कि रिपोर्ट का निष्कर्ष जो कि चैप्टर दस है, किसने लिखा है यह भी स्पष्ट नहीं है क्योंकि उस पर किसी के साइन नहीं हैं, न ही उसमें किसी का नाम दिया गया है। रिपोर्ट के निष्कर्ष में जो बात कही गई है वह मूल रिपोर्ट से भी आगे बढ़कर है। इस पर न्यायाधीश अशोक भूषण ने कहा कि जब रिपोर्ट के शुरू में हरी मांझी और बीआर मणी का नाम दिया गया है तो यह उन्हीं की रिपोर्ट समझी जाएगी।

इसके बाद वकील ने खुदाई में मिले खंबों की वास्तविकता पर भी सवाल उठाए थे। जिस पर मुख्य न्यायाधीश ने उनसे कहा था कि भारतीय पुरातत्व सर्वेक्षण को खुदाई करके रिपोर्ट देने का काम इलाहाबाद उच्च न्यायालय ने सौंपा था। कानून के अनुसार, भारतीय पुरातत्व सर्वेक्षण कोर्ट कमिश्नर है और उसकी रिपोर्ट साक्ष्य के रूप में स्वीकार होगी। न्यायालय ने आगे कहा कि दीवानी संहिता के आदेश 26 नियम 10 के अनुसार, कमिश्नर की रिपोर्ट पर पक्षकार उससे बहस कर सकते हैं। आपके पास यह मौका था लेकिन आपने इलाहाबाद उच्च न्यायालय में भारतीय पुरातत्व सर्वेक्षण टीम के सदस्यों से बहस नहीं की थी।

इस पर सुन्नी वक्फ बोर्ड के वकील ने कहा कि उनकी ओर से इलाहाबाद उच्च न्यायालय में भी रिपोर्ट के खिलाफ आपत्तियां दाखिल की गईं थीं लेकिन उच्च न्यायालय ने कहा था कि उस पर बाद में विचार किया जाएगा। उस समय सुन्नी वक्फ बोर्ड की ओर से भारतीय पुरातत्व सर्वेक्षण टीम के सदस्यों से बहस नहीं की गई थी, क्योंकि उन्हें लगता था कि इस तरह वे उनके गवाह मान लिए जाएंगे।

26 सितंबर 2019 को बत्तीसवें दिन सर्वोच्च न्यायालय ने सुनवाई के साथ ही एक बार फिर साफ कर दिया था कि इस मामले पर सुनवाई 18 अक्टूबर 2019 से आगे नहीं बढ़ाई जायेगी, हर हाल में उस समय तक बहस पूरी करनी होगी।

27 सितंबर 2019 को तैतीसवें दिन की सुनवाई में सर्वोच्च न्यायालय ने मुस्लिम पक्ष की दलील को यह कहते हुए ठुकरा दिया था कि भारतीय पुरातत्व सर्वेक्षण की रिपोर्ट विशेषज्ञों द्वारा तैयार की गई है, अतः इसको खारिज नहीं किया जा सकता है।

30 सितंबर 2019 को चौंतीसवे दिन मुस्लिम पक्ष ने न्यायालय से कहा था कि बाबर ने उस समय जो कुछ किया था उसको अब न्यायालय नहीं जांच सकता है।

1 अक्टूबर 2019 को पैंतीसवे दिन हिन्दू पक्ष ने कहा था कि मुस्लिम पक्ष की ओर से भारतीय पुरातत्व सर्वेक्षण को बदनाम करने की साजिश हो रही है।

3 अक्टूबर 2019 को छत्तीसवें दिन की सुनवाई हुई, रामलला विराजमान के वकील ने कहा था कि मस्जिद के नीचे जो संरचना थी उसमें कमल, परनाला और वृत्ताकार श्राइन के साक्ष्य मिले हैं और इससे निष्कर्ष निकलता है कि वह पर मंदिर था, उन्होंने आगे कहा कि आर्कियोलॉजिकल साक्ष्य हमारी आस्था का समर्थन करते हैं। सदियों से लोग वहां पूजा करते रहे हैं। वहीं पर ढांचे के नीचे मंदिर की संरचना पाई गई है। हिन्दू पक्षकारों की ओर से यह भी दलील दी गई कि स्कंद पुराण कहता है कि जन्मस्थान पर जाने भर से मोक्ष की प्राप्ति होती है इसलिए भी राम जन्मस्थान हिन्दुओं के लिए महत्वपूर्ण है। रामलला विराजमान के वकील ने आगे कहा कि मस्जिद के नीचे जो खुदाई हुई उसमें विशाल संरचना मिली है और उसमें परनाला दिखा है जो मंदिर का हिस्सा है। इस तरह के अवशेष दीवारों में मिले हैं जो दसवीं वीं और ग्यारहवीं सदी के हैं, जो चित्र हैं उनसे सिद्ध होता है कि विवादित ढांचे के नीचे एक संरचना थी।

इस पर न्यायाधीश डीवाई चंद्रचूड़ ने कहा था कि आप कैसे सिद्ध करेंगे कि जो भी वहां था वह एक संरचना में ही था। इसके उत्तर में रामलला के वकील ने कहा कि एक लेवल पर छत्तीस पिलर थे और दूसरे लेवल पर चार पिलर थे। मुस्लिम पक्षकार पहले तो कहते थे कि वहां नीचे कोई संरचना थी ही नहीं लेकिन बाद में कहा कि वह ईदगाह था।

मुस्लिम पक्षकार के वकील ने कहा था कि, लेकिन ऐसा कोई साक्ष्य नहीं है जिससे यह पता चले कि पुरानी संरचना को तोड़कर मस्जिद बनाई गई थी। इस पर हिन्दू पक्षकार के वकील का कहना था कि आस्था और विश्वास एक तथ्य है और उसे सिद्ध करना हमारा काम है। दूसरे पक्षकार का कहना है कि हमारा पूजा का अधिकार विश्वास और आस्था पर आधारित है। 1961 का निर्णय है कि पूजा का अधिकार सिविल राइट्स है। आस्था और विश्वास धार्मिक नीति के अनुसार से सिद्ध होना चाहिए स्कंद पुराण कहता है कि मोक्ष जरूरी है, ऐसे में हिन्दुओं के लिए जन्मस्थान पर जाना जरूरी है।

4 अक्टूबर 2019 को सैंतीसवे दिन की सुनवाई के समय सर्वोच्च न्यायालय ने सुनवाई के लिए तय की गई समय अवधि को घटाते हुए 17 अक्टूबर 2019 कर दिया था और इस दिन तक

सुनवाई पूरी करने का आदेश दे दिया था। न्यायालय ने आगे कहा था कि समय के भीतर सुनवाई करना इसलिए आवश्यक है क्योंकि न्यायालय 17 नवंबर 2019 तक इस केस में अपना निर्णय सुनाएगा। दूसरी ओर सर्वोच्च न्यायालय ने सुरक्षा कारणों से उत्तर प्रदेश सरकार को राज्य वक्फ बोर्ड के अध्यक्ष को सुरक्षा प्रदान करने का निर्देश भी दिया था।

5 अक्टूबर 2019 को एक अन्य घटनाक्रम में विवादित स्थल के विषय में सर्वोच्च न्यायालय की सुनवाई से अलग, केके मुहम्मद का एक बयान सामने आया था, वह विवादित स्थल की खुदाई करने वाली भारतीय पुरातत्व सर्वेक्षण की टीम में शामिल रहे थे। उन्होंने अयोध्या विवाद मामले में पुरातात्विक साक्ष्यों और उससे जुड़े साहित्यिक सुबूतों पर प्रकाश डाला था और स्पष्ट शब्दों में कहा था कि अयोध्या में विवादित स्थल पर खुदाई के समय मिली लंबी दीवार और गोलाकार पूजा स्थल हिन्दू मंदिर का हिस्सा है न कि किसी ईदगाह या मस्जिद का। मुस्लिम पक्षकार बिना वजह और बिना किसी ठोस आधार के सीधे साधे मामले को पेचीदा बना रहे हैं। इस बात के काफी सुबूत हैं कि विवादित ढांचा होने के बाद भी सदियों से हिन्दू श्रद्धालु भगवान राम की पूजा करने के लिए अयोध्या जाते रहे हैं। उन्होंने साफ साफ कहा था कि पुरातत्व एक विज्ञान है और भारतीय पुरातत्व सर्वेक्षण एक स्वतंत्र एजेंसी है, उसने इलाहाबाद उच्च न्यायालय में वैज्ञानिक रिपोर्ट दी थी। यदि दीवार ईदगाह या किसी इस्लामी ढांचे का हिस्सा थी तो आप देवी देवताओं की मूर्तियां और मगरमच्छ की तस्वीर 'मकर प्रणाली' मिलने का क्या स्पष्टीकरण देंगे जो कि गंगा नदी को दर्शाती है, यह इस्लामी संस्कृति का हिस्सा नहीं हैं। उन्होंने आगे बताया था कि भारतीय पुरातत्व सर्वेक्षण ने शुरुआत में यह पता करने के लिए विवादित स्थल का ग्राउंड पेनीट्रेटिंग रडार (जीपीआर) सर्वे किया था कि क्या विवादित ढांचे के नीचे कोई और ढांचा था। इसमें पता चला था कि विवादित ढांचा किसी साफ भूमि पर नहीं बनाया गया था और पुरातत्व सर्वेक्षण की रिपोर्ट वैज्ञानिक तरीके से इसकी पुष्टि करती है, वहां पर मिली प्राणियों की तस्वीरें इस्लामिक धर्मस्थलों का हिस्सा नहीं हैं।

उन्होंने आगे कहा था कि बड़ी दीवार और स्तंभ मंदिर के हिस्से हैं जो कि बारहवीं सदी के आसपास अस्तित्व में था। खुदाई में मिले गोलाकार पूजास्थल के विषय में भारतीय पुरातत्व सर्वेक्षण के निष्कर्षो पर उन्होंने कहा था कि यह दसवीं सदी का है। यह ईदगाह का हिस्सा नहीं हो सकता क्योंकि ईदगाह सामान्यत: इकट्ठा होने का बहुत बड़ा क्षेत्र होता है, यह पूजास्थल केवल हिन्दू मंदिर का ही हिस्सा है। साहित्यिक साक्ष्यों का वर्णन करते हुए केके मुहम्मद ने बताया था कि पश्चिम के यात्रियों के यात्रा वृतांत और गैजेटियर्स भी बहुत महत्वपूर्ण साक्ष्य हैं, ये यात्रा वृतांत आस्था, विश्वास और हिन्दुओं द्वारा लगातार पूजा करने के संकेत देते हैं। इसके अलावा उन्होंने अकबर के दरबारी इतिहासकार अबुल फजल द्वारा लिखित आईने अकबरी का हवाला भी दिया था। विलियम फिंच और जोसेफ टाईफेंथलर ने यहाँ पर हिन्दुओं द्वारा पूजा अर्चना किए जाने का विवरण दिया है और इसकी अनदेखी नहीं की जा सकती है।

12 अक्टूबर 2019 को एक दूसरे घटनाक्रम में अयोध्या जिला प्रशासन ने आदेश जारी करके अयोध्या शहर में धारा 144 लागू कर दी थी। यह कदम सर्वोच्च न्यायालय का निर्णय आने से

पहले सुरक्षा कारणों से उठाया गया था, शहर में भारी संख्या में फोर्स लगा दी गई थी और साथ ही दो सौ स्कूलों को फोर्स के लिए आरक्षित कर दिया गया था।

14 अक्टूबर 2019 को अड़तीसवें दिन की सुनवाई पूरी हुई, मुस्लिम पक्ष के वकील ने अपनी बहस समाप्त कर दी थी। सुनवाई में प्रतिवादी मुस्लिम पक्ष ने न्यायालय में आरोप लगाया था कि इस मामले की सुनवाई में केवल उन्हीं से प्रश्न पूछे जा रहे हैं, जबकि हिन्दू पक्ष से कोई प्रश्न नहीं किया जा रहा है। मुस्लिम पक्ष के वकील ने कहा था कि उनका सूट लिमीटेशन के अर्न्तगत है और मुस्लिम पक्ष ने लिमिटेशन की अवधि समाप्त होने से चार दिन पहले प्रस्तुत किया था।

इस पर मुख्य न्यायाधीश का कहना था कि 23 दिसंबर 1949 के बाद विवादित स्थल पर नमाज नहीं हुई थी, लेकिन पूजा होती रही थी। मुस्लिम पक्ष के वकील का कहना था कि मस्जिद में यदि किसी कारण से नमाज नहीं हो सकी थी तो इसका अर्थ यह नहीं है कि मस्जिद का अस्तित्व खत्म हो गया है, श्रीराम जन्मभूमि न्यास का गठन ही इसलिए किया गया था जिससे कि मस्जिद को गिराया जा सके।

15 अक्टूबर 2019 को उन्तालीसवे दिन की सुनवाई के समय हिन्दू पक्ष ने न्यायालय में अपनी दलीलें दी थी। हिन्दू पक्ष के वकील ने कहा था कि सर्वोच्च न्यायालय को इतिहास की गलती को सुधारना चाहिए। उन्होंने ने कहा कि किसी को भी भारत के इतिहास को नष्ट करने की अनुमति नहीं दी जा सकती है। यहां एक विदेशी शासक आया था और बोला कि मैं बाबर हूं, कानून मेरे नीचे है। एक विदेशी यहां आकर अपने कानून लागू नहीं कर सकता है, उन्होंने आगे कहा कि हिन्दू सालों से श्रीराम जन्मभूमि के लिए संघर्ष कर रहे हैं, हिन्दुओं के लिए यह राम का जन्मस्थान है, वहीं मुस्लिमों के लिए यह एक एतिहासिक मस्जिद है। हिन्दू पक्ष के वकील ने अपना पक्ष रखते हुए सर्वोच्च न्यायालय को बताया था कि किसी भी अन्य मस्जिद में मुस्लिम लोग नमाज़ पढ़ सकते हैं, अयोध्या में पचास साठ मस्जिदें हैं, हिन्दुओं के लिए केवल रामलला का जन्मस्थल है, हम जन्मभूमि को नहीं बदल सकते हैं। उन्होंने कहा कि हिन्दू शताब्दियों से इसे श्रीराम जन्मभूमि के रूप में देखते आए हैं, मुस्लिमों के लिए सभी मस्जिद एक समान होती हैं।

मुस्लिम पक्ष के वकील ने हिन्दू पक्ष के वकील की दलीलों पर प्रश्न उठाते हुए कहा था कि क्या वह बताएंगे कि अयोध्या में कितने मंदिर हैं। हिन्दू पक्ष के वकील ने कहा कि उन्होंने मंदिर और मस्जिदों के विषय में इसलिए ये सब बताया है क्योंकि वह बताना चाहते थे कि यह श्रीराम जन्मभूमि है, मुस्लिम कैसे विवादित स्थान पर अपना दावा पेश कर सकते हैं।

इस तर्क पर मुख्य न्यायाधीश रंजन गोगोई ने हिन्दू पक्ष के वकील से कहा कि क्या आपको नहीं लगता है कि एक मस्जिद हमेशा एक मस्जिद ही रहती है। इस पर हिन्दू पक्ष के वकील ने कहा कि नहीं, मेरा ये कहना है कि एक बार जो मंदिर रहा है वहां सदैव मंदिर होना चाहिए, मैं उनके बयान पर कमेंट नहीं करना चाहता हूं, क्योंकि मैं कोई एक्सपर्ट नहीं हूं। उसी दिन हिन्दू पक्ष के दूसरे वकील की ओर से इस मामले में पक्ष रखते हुए कहा गया कि यह स्थान मुस्लिमों के क़ब्ज़े में था, इसका कोई सुबूत नहीं है।

सुनवाई के समय हिन्दू पक्ष का कहना था कि बाबर ने राम जन्मभूमि पर मस्जिद का निर्माण करवाकर घोर पाप किया था। इस पर सर्वोच्च न्यायालय की पीठ ने कहा था कि वह यहां पर बाबर के पाप और पुण्यों के विषय में बात करने नहीं बैठे हैं।

16 अक्टूबर 2019 के दिन विवादित मामले पर सर्वोच्च न्यायालय में चालीस दिनों तक लगातार चली सुनवाई पूरी हो गई थी, सभी पक्षों ने अपनी बहस पूरी कर ली थी। सर्वोच्च न्यायालय ने प्रतिवादियों को वैकल्पिक मांगों के मुद्दे पर तीन दिन के अंदर लिखित दलीलें प्रस्तुत करने की छूट दे दी थी। इस दिन न्यायालय ने अपना निर्णय सुरक्षित रख लिया था। एसा इसलिए भी किया गया था क्योंकि मुख्य न्यायाधीश रंजन गोगोई 17 नवंबर 2019 को सेवानिवृत्त होने वाले थे।

16 अक्टूबर 2019 को ही उत्तर प्रदेश सरकार ने एक आदेश जारी किया, इस आदेश में पुलिस सहित सभी विभागों के अधिकारियों को 30 नवंबर 2019 तक छुट्टी न लेने का निर्देश दिया गया था। श्रीराम जन्मभूमि मामले पर चल रही अंतिम दौर की सुनवाई का समय था, जल्द ही सर्वोच्च न्यायालय का निर्णय आने वाला था। इसी को देखते हुए सरकार पहले से ही सर्तक हो गई थी। सरकार ने घोषणा कर दी थी कि आगामी त्योहारों को देखते हुए अधिकारियों की छुट्टियां रद्द की गई हैं। क्षेत्र के सभी अधिकारियों को किसी विशेष परिस्थिति को छोड़ कर अपने कार्यालयों में उपस्थित रहने का निर्देश दिया गया था। अयोध्या में निषेधाज्ञा पहले ही लागू कर दी गई थी और आस पास के क्षेत्रों में सुरक्षा व्यवस्था कड़ी कर दी गई थी। निर्णय को लेकर चिकित्सा तंत्र को भी अलर्ट कर दिया गया था, चिकित्सा विभाग के अधिकारियों और कर्मचारियों के अवकाश पर भी 30 नवंबर तक रोक लगा दी गई थी।

16 अक्टूबर 2019 को ही एक और जानकारी मिली कि सुन्नी वक्फ बोर्ड ने अयोध्या में विवादित मंदिर मस्जिद स्थल पर अपना दावा छोड़ने का प्रस्ताव दिया है और उसे सरकार द्वारा ली गई भूमि पर कोई आपत्ति नहीं है। नवीनतम मध्यस्थता प्रयास का विवरण उस दिन सामने आया था जब सर्वोच्च न्यायालय ने विवाद पर दैनिक सुनवाई समाप्त करते हुए कहा था कि अब बहुत हो गया। ढहाई गई बाबरी मस्जिद के स्थान पर अपना दावा छोड़ने पर सहमत होने के अलावा, वक्फ बोर्ड ने यह भी कहा था कि अयोध्या में वर्तमान मस्जिदों का सरकार द्वारा नवीनीकरण किया जाए। वक्फ बोर्ड ने किसी अन्य उपयुक्त स्थान पर मस्जिद बनाने की पेशकश की थी, इससे एक सौ चौंतीस साल पुराने श्रीराम जन्मभूमि बाबरी मस्जिद विवाद में सफलता मिल सकती थी। मध्यस्थता पैनल की रिपोर्ट में यह भी कहा गया था कि वक्फ बोर्ड मस्जिदों की एक सूची प्रस्तुत कर सकता है और न्यायालय द्वारा नियुक्त समिति उन मस्जिदों के नाम बता सकती है जिनका उपयोग प्रार्थना के लिए किया जा सकता है।

18 अक्टूबर 2019 को अयोध्या भूमि विवाद में मुस्लिम पक्षकारों ने बयान जारी करके सुन्नी वक्फ बोर्ड की ओर से मामला वापस लेने संबंधी खबरों पर हैरानी जता दी थी। सुन्नी वक्फ बोर्ड को छोड़कर मुस्लिम प्रतिवादियों ने एक बयान जारी किया था, बयान में कहा गया था कि हम सुन्नी वक्फ बोर्ड के वकील के हवाले से मीडिया में आ रही इन खबरों से हैरान हैं कि उत्तर

प्रदेश सुन्नी केंद्रीय वक्फ बोर्ड बाबरी मस्जिद स्थल पर अपना दावा वापस लेने का इच्छुक है। इसमें कहा गया था कि हम यह स्पष्ट करना चाहते हैं कि उच्चतम न्यायालय के समक्ष हम, अपीलकर्ता, प्रेस को लीक किए गए प्रस्ताव को स्वीकार नहीं करते, हम न ही मध्यस्थता की प्रक्रिया को स्वीकार करते हैं और न ही दावे की वापसी को समझौता बनाने वाले तरीके को स्वीकार करते हैं।

19 अक्टूबर 2019 को मुस्लिम प्रतिवादियों ने संयुक्त रूप से मोल्डिंग ऑफ रिलीफ़ पर अपनी वैकल्पिक मांग सीलबंद लिफाफे में सर्वोच्च न्यायालय में प्रस्तुत कर दी थी। क्योंकि न्यायालय ने अयोध्या मामले में निर्णय सुरक्षित रखते समय सभी पक्षकारों को मोल्डिंग ऑफ रिलीफ़ को लेकर तीन दिन में लिखित नोट जमा करने को कहा था।

अखिल भारतीय हिन्दू महासभा ने भी मोल्डिंग ऑफ रिलीफ़ पर अपनी वैकल्पिक मांग सर्वोच्च न्यायालय में प्रस्तुत कर दी थी। मोल्डिंग ऑफ रिलीफ़ का अर्थ होता है, न्यायालय से यह कहना कि यदि हमारे पहले वाले दावे को नहीं माना जा सकता तो उसके बाद नए दावे पर विचार किया जाए।

20 अक्टूबर 2019 को निर्णय पर प्रभाव डालने की अपनी आखिरी कोशिश में मस्जिद के पैरोकार दूसरे पक्ष ने सर्वोच्च न्यायालय में सीलबंद लिफाफे में मोल्डिंग ऑफ़ रिलीफ पेश किया। मस्जिद पक्ष के छह मुस्लिम प्रतिवादियों ने न्यायालय को सच्चाई से गुमराह करने के लिए यह एक भावनात्मक पासा फेंका था, जिसमें उन्होंने वैकल्पिक राहत पर अपना पक्ष रखते हुए इस निर्णय के दूरगामी परिणाम की ओर इशारा करते हुए कहा था कि आने वाली पीढ़ियों पर इस निर्णय का क्या असर पड़ेगा। मस्जिद पक्ष की ओर से आगे कहा गया था कि निर्णय में राहत देने के साथ ही न्यायालय को यह भी ध्यान रखना होगा कि आने वाली नस्लें इस निर्णय को किस तरह से देखेंगी, यह भी सोचना होगा। अपने हलफनामे में मस्जिद के पैरोकार पक्ष की ओर से कहा गया था कि सर्वोच्च न्यायालय विवादित मुद्दे को सुलझाने के लिए दिए गए अपने निर्णय में भारत के संविधान का ध्यान रखेगा क्योंकि न्यायालय को संविधान का संरक्षक बताया गया है।

मुस्लिम पक्ष की गुहार पर प्रतिक्रिया देते हुए हिन्दू महासभा के वकील ने कहा था कि इन बातों का कोई अर्थ नहीं है। न्यायालय के समक्ष मुद्दा यह है कि राम जन्मभूमि का मालिक कौन है न्यायालय उसी पर निर्णय देगा। हिन्दू महासभा का मानना है कि पूरी भूमि के मालिक भगवान रामलला हैं और उनके सिवाय किसी और को मालिक घोषित नहीं किया जा सकता है, वैकल्पिक राहत का इस मामले में केवल इतना अर्थ है कि रामलला को मालिक घोषित करने के बाद वहां का प्रशासन और प्रबन्धन कौन देखेगा, या तो न्यायालय स्वयं प्रशासन और प्रबन्धन के लिए कोई ट्रस्ट बना दे या फिर रिलीजियस इंडोवमेंट एक्ट 1890 की धारा 5 के अर्न्तगत वह सरकार को ऐसा करने के लिए कहे, जिससे कि बाद में केंद्र सरकार वहां पर ट्रस्ट गठित कर दे।

22 अक्टूबर 2019 को सर्वोच्च न्यायालय की पीठ के सामने निर्वाणी अखाड़ा के वकील ने कहा कि उनके मुवक्किल ने मोल्डिंग ऑफ रिलीफ पर लिखित नोट प्रस्तुत करने के लिए दिए गए तीन दिन के समय की गलत गणना कर ली थी, इसलिए अब वह सर्वोच्च न्यायालय से रजिस्ट्री

में उसको प्रस्तुत करने की अनुमति देने का अनुरोध करते हैं। निर्वाणी अखाड़ा के वकील की अपील पर पीठ ने उन्हें मोल्डिंग ऑफ रिलीफ पर लिखित नोट प्रस्तुत करने की अनुमति प्रदान कर दी थी। इस केस में निर्मोही अखाड़ा और उसका प्रतिद्वंद्वी निर्वाणी अखाड़ा दोनों भगवान श्रीराम के जन्मस्थान पर पूजा का प्रबंधन करने के अधिकार की मांग कर रहे थे। निर्मोही अखाड़ा ने सेवायत के अधिकार की मांग करते हुए 1959 में इस बात का मुकदमा दायर किया था। जबकि निर्वाणी अखाड़ा को उत्तर प्रदेश सुन्नी सेंट्रल वक्फ बोर्ड और भगवान रामलला द्वारा देवकी नंदन अग्रवाल की ओर से क्रमशः 1961 और 1989 में दायर दो अलग अलग मुकदमों में प्रतिवादी बनाया गया था। लिखित नोट में यह कहा गया था कि 'उपरोक्त मुकदमों में किसी भी हिन्दू प्रतिवादी ने सेवायत के अधिकार के लिए दावा नहीं किया है। या तो उन्होंने जन्मभूमि पर स्वामित्व का दावा किया था या भगवान के मित्र के नाते विवादित ढांचे के स्थान पर मंदिर बनाने की मांग की थी। सुनवाई के समय भी निर्वाणी अखाड़ा का यही कहना था कि उसके महंत दिवंगत अभिराम दास 1949 में विवादित स्थल के पुजारी थे। इसके साथ ही 22-23 दिसंबर, 1949 की रात को विवादित स्थल की केंद्रीय गुंबद के नीचे मूर्तियां रखने के लिए दर्ज कराई गई एफआईआर में भी उन्हें एक आरोपित बनाया गया था, इस समय विवादित स्थल के पुजारी उनके चेला धरम दास हैं।

3 नवंबर 2019 को मीडिया में आई एक सूचना पर श्रीराम जन्मभूमि विवाद पर धड़कनें बढ़ाने वाली चर्चा चारों ओर होने लगी थी, कहा जा रहा था कि जिस विवादित भूमि पर मालिकाना हक का दावा किया जा रहा था, राजस्व रिकार्ड में वह भूमि नजूल की दर्ज थी, अर्थात यह भूमि सरकारी थी। जिस निर्णय का पूरा देश बेसब्री से इंतजार कर रहा था उसमें विवादित भूमि का नजूल भूमि दर्ज होना नया विवाद पैदा कर सकता था। सर्वोच्च न्यायालय में सुनवाई पूरी हो चुकी थी, अब केवल निर्णय करना था, कि वह किसे विवादित भूमि का मालिक मानता है और किसे नहीं। विवादित स्थल की भूमि की स्थिति को देखते हुए, नजूल की भूमि यदि किसी को आवंटित नहीं की गई है या उसका किसी को उपयोग का लाइसेंस नहीं दिया गया है तो वह भूमि सरकार की होती है और सरकार ही उसका मालिक होती है। उस भूमि पर कोई कब्जेदार हो सकता है, कब्जे का प्रकार अलग अलग हो सकता है लेकिन वह उसका मालिक नहीं हो सकता है। यदि दोनों में से कोई भी पक्ष भूमि पर अपना मालिकाना हक सिद्ध नहीं कर पाता, तो न्यायालय कह सकता था कि भूमि सरकार की है और सरकार उसका जो चाहे कर सकती है। लेकिन यह मुकदमा इतना सामान्य भी नहीं था, यहां पर मामला आस्था और देश की अस्मिता से जुड़ा हुआ था। ऐसे में मुकदमे की प्रकृति और निर्णय के परिणाम को देखते हुए भले ही राजस्व रिकार्ड में भूमि नजूल की दर्ज थी, न्यायालय संविधान के अनुच्छेद 142 में प्राप्त विशेष शक्तियों का प्रयोग करते हुए न्याय के हित में सरकार को भूमि के विषय में निर्देश दे सकता था। नियम के अनुसार यदि किसी भूमि का मालिक न रहे तो वह भूमि सरकार में निहित हो जाती है। विवादित ढांचे के नजूल प्लाट पर स्थित होने के विषय में इलाहाबाद उच्च न्यायालय ने भी सुनवाई की थी और अपना निर्णय भी दिया था। सुन्नी सेंट्रल वक्फ बोर्ड के मुकदमें में उच्च न्यायालय ने जो विवादित बिंदु तय किये थे, उनमें एक सवाल विवादित ढांचे के नजूल

प्लाट पर स्थित होने को लेकर था, जिसमें कहा गया था कि क्या विवादित ढ़ांचा अयोध्या के रामकोट में नजूल प्लाट खसरा संख्या 583 पर स्थिति है और यह नजूल संपत्ति है, यदि ऐसा है तो उसका क्या प्रभाव होगा। इस विषय पर उच्च न्यायालय के तीनों न्यायाधीशों के विचार अलग अलग थे, जस्टिस सुधीर अग्रवाल ने एक पूर्व निर्णय का हवाला देते हुए कहा था, कि इस तथ्य के बावजूद कि वह इमारत रामकोट मोहल्ले में नजूल प्लाट खसरा नंबर 583 पर स्थिति थी, फिर भी इसका दोनों समुदायों के पक्षकारों द्वारा किये गए दावे पर कोई असर नहीं पड़ेगा क्योंकि उत्तर प्रदेश सरकार ने विवादित संपत्ति पर कोई दावा नहीं किया है। न्यायाधीश धर्मवीर शर्मा ने कहा था कि संपत्ति नजूल प्लाट संख्या 583 पर स्थित है और संपत्ति सरकार की है। न्यायाधीश एसयू खान ने कहा था चूंकि वहां स्थित इमारत 6 दिसंबर 1992 को ढहा दी गई थी इसलिए वह संपत्ति किस प्लाट पर थी यह चिन्हित करने या सवाल का जवाब देने की आवश्यकता नहीं रही।

भूमि के नजूल होने पर श्रीराम जन्मभूमि पुनरोद्धार समिति के वकील का कहना था कि यदि ऐसा होता है तो मुकदमा खत्म होने के बाद 1993 का अयोध्या अधिग्रहण कानून क्रियान्वित हो जाएगा, उस समय सरकार उस भूमि का जो चाहे कर सकती थी। हिन्दू महासभा के वकील का कहना था कि भूमि के नजूल होने से रामलला के मुकदमें पर असर नहीं पड़ेगा, 1861 में तत्कालीन सरकार ने भूमि नजूल घोषित कर दी थी लेकिन फिर भी रामलला का वहां पहले से कब्जा था, वहां पर भगवान श्रीराम का जन्म हुआ था, वह पवित्र भूमि स्वयं में देवता है। देवता का न तो बंटवारा हो सकता है और ना ही वहां से हटाया जा सकता है।

दूसरी ओर सर्वोच्च न्यायालय में श्रीराम जन्मभूमि विवाद की सुनवाई पूरी हो चुकी थी। राजनैतिक, धार्मिक और सामाजिक रूप से संवेदनशील इस मुकदमें में दोनों ओर से किये जा रहे प्रतिस्पर्धी दावे को देखते हुए देवता के बारे में कानूनी स्थिति पर विचार करना आवश्यक था। रामलला विराजमान और जन्मस्थान की ओर से अलग से मुकदमा दाखिल करके जन्मभूमि पर मालिकाना हक का दावा किया गया था। दोनों को अलग अलग देवता और न्यायिक व्यक्ति बताते हुए निकट मित्र की ओर से मुकदमा किया गया था। हिन्दू पक्ष का पूरा जोर दोनों को देवता और न्यायिक व्यक्ति सिद्ध करने पर था जबकि मुस्लिम पक्ष जन्मभूमि को देवता और अलग से न्यायिक व्यक्ति मानने का विरोध कर रहा था। हिन्दू पक्ष का कहना था कि यहां बात देवता की संपत्ति की नहीं हो रही है बल्कि देवता की हो रही है, जन्मस्थान स्वयं में देवता है, देवता पर कोई कैसे कब्जा या प्रतिकूल कब्जे का दावा कर सकता है। हिन्दू पक्ष की ओर से जन्मस्थान को देवता और न्यायिक व्यक्ति का दर्जा दिये जाने से यह मुकदमा विशिष्ट स्थिति में आ गया था। बहस के समय मुस्लिम पक्ष ने कहा था कि जान बूझकर स्थान को देवता और न्यायिक व्यक्ति बनाया गया है जिससे कि बाकी सभी पक्षों का भूमि पर अधिकार समाप्त हो जाएं और मामले में समय सीमा और प्रतिकूल कब्जे का सिद्धांत लागू न हो। हिन्दू पक्ष की ओर से यही दलील दी गई थी कि देवता पर समय सीमा का सिद्धांत लागू नहीं होगा और न ही देवता के विरूद्ध प्रतिकूल कब्जे का दावा किया जा सकता है। उनका कहना था कि जब देवता को हटाया नहीं जा सकता तो फिर प्रतिकूल कब्जे का दावा कैसे हो सकता है। लेकिन मुस्लिम

पक्ष की दलील थी कि देवता की संपत्ति पर भी समय सीमा और प्रतिकूल कब्जे का सिद्धांत लागू होगा। कानून की नजर में मूर्ति अर्थात हिन्दू देवता न्यायिक व्यक्ति माना जाता है और उसे वही सारे अधिकार प्राप्त होते हैं जो कि किसी जीवित व्यक्ति के होते हैं। लेकिन देवता के संबंध में सबसे बड़ी खासियत यह भी है कि कानून की नजर में देवता हमेशा नाबालिग होते हैं। देवता के नाबालिग होने के कारण उनकी संपत्ति को लेकर सामान्य बालिग व्यक्ति की संपत्ति पर जो नियम लागू होते हैं वह नहीं, यहां पर उससे भिन्न नियम लागू होते हैं। इलाहाबाद उच्च न्यायालय के तीन में से दो न्यायाधीशों ने भी माना था कि जन्मस्थान देवता और न्यायिक व्यक्ति है। देवता की मूर्ति अर्थात रामलला को नाबालिग और न्यायिक व्यक्ति तीनों न्यायाधीशों ने माना था क्योंकि इस बारे में कानून तय है। देवता की संपत्ति और अधिकार पर राजस्थान उच्च न्यायालय का दिया हुआ जगन्नाथ बनाम बोर्ड आफ रेवेन्यू का निर्णय देखा जा सकता है, जिसमें उच्च न्यायालय ने कहा था कि मामले से जुड़ी भूमि देवता की है जो कि नाबालिग और न्यायिक व्यक्ति हैं, कानून के अनुसार कोई भी व्यक्ति चाहे कितना भी समय क्यों न बीत गया हो देवता के विरूद्ध उस भूमि पर किरायेदारी या उप किरायेदारी का हक प्राप्त नहीं कर सकता है। सर्वोच्च न्यायालय के बहुत से निर्णयों के बाद कानून का यह तय सिद्धांत है कि देवता नाबालिग ही माने जाते हैं। ऐसा इसलिए है क्योंकि जिस प्रकार से बच्चा अपने विषय में स्वयं निर्णय नहीं कर सकता है उसी प्रकार से देवता भी स्वयं अपने हित नहीं देख सकते हैं, उनके स्थान पर कोई और उनके हित देखता है जैसे कि निकट मित्र। कानून कहता है कि किसी भी समझौते में नाबालिग को संपत्ति से बेदखल नहीं किया जा सकता है और ऐसा समझौता नाबालिग पर लागू नहीं होता है। अंत में सर्वोच्च न्यायालय को ही यह निर्णय करना था कि न्यायालय जन्मस्थान को अलग से न्यायिक व्यक्ति और देवता मानता है कि नहीं और यदि मानता है तो उसके क्या अधिकार होंगे।

पूरे देश की नज़र अब सर्वोच्च न्यायालय के निर्णय पर टिकी हुई थी। लगभग चार सै इक्यानवे वर्ष पुराने श्रीराम जन्मभूमि बाबरी मस्जिद मामले में लगातार चालीस दिन तक सुनवाई के समय में हिन्दू और मुस्लिम पक्षकारों के बीच सबसे अधिक बहस अयोध्या की विवादित भूमि के मालिकाना हक को लेकर ही हुई थी। हिन्दू और मुस्लिम पक्षकारों की ओर से वकीलों ने ढेरों दस्तावेज और भारतीय पुरातत्व सर्वेक्षण की रिपोर्ट और धर्मग्रंथों का सहारा लिया था। इस सुनवाई में हिन्दू पक्ष की ओर से वकील, के पाराशरन, सीएस वैद्यनाथन, रंजीत कुमार, पीएन मिश्रा और हरिशंकर जैन शामिल हुए थे। हिन्दू पक्ष के वकील हरिशंकर जैन ने 1989 में लखनऊ से इस केस की पैरवी शुरू की थी। इस मुकदमें में वकीलों ने कोई फीस या पैसा नहीं लिया था। उनका कहना था कि हम तो भगवान श्रीराम के लिए लड़ रहे हैं, भला उनके लिए हम पैसा कैसे ले सकते हैं। मुस्लिम पक्ष की ओर से मुकदमा लड़ रहे वकीलों में राजीव धवन 1994 से जुड़े हुए थे और अन्य वकीलों में उनके साथ मीनाक्षी अरोड़ा, शेखर नाफड़े, जफरयाब जिलानी और निजामुद्दीन पाशा थे। सर्वोच्च न्यायालय में हिन्दू पक्षकारों ने सबसे पहले 16 दिन में 67 घंटे 35 मिनट तक मुख्य दलीलें रखी थीं। इसके बाद मुस्लिम पक्ष ने 18 दिन में 71 घंटे 35

मिनट तक अपना पक्ष रखा था। पांच दिन में दोनों पक्षों ने एक दूसरे की दलीलों पर 25 घंटे 50 मिनट तक जवाबी बहस की थी।

मंदिर मस्जिद विवाद में तेरह पक्षकारों ने प्रमुख भूमिका निभाई थी, सबसे पहले वर्ष 1950 में गोपाल सिंह विशारद ने फैजाबाद न्यायालय में मुकदमा दायर किया था। उन्होंने 'स्थान जन्मभूमि' में आराध्य की पूजा अर्चना के लिए अनुमति मांगी थी। वर्ष 1986 में उनकी मृत्यु के बाद उनके बेटे राजेंद्र सिंह मामले में उनका प्रतिनिधित्व करते रहे थे। निर्मोही अखाड़े ने 1885 से विवादित स्थल पर अपना दावा बताया था। उस समय के महंत रघुबर दास ने फैजाबाद के प्रशासन पर केस किया था। न्यायालय ने उनके दावे को खारिज कर दिया था। इसके बाद फिर से 1959 में फैजाबाद सिविल न्यायालय में मालिकाना हक के लिए मुकदमा किया था। इलाहाबाद उच्च न्यायालय के सेवानिवृत्त न्यायाधीश देवकी नंदन अग्रवाल ने 1989 में उच्च न्यायालय में रामलला के 'सखा' के रूप में याचिका दायर की थी। न्यायालय से रामलला का सखा नियुक्त होने के बाद अग्रवाल ने श्रीराम जन्मभूमि व जन्मस्थान के 'देवता' की ओर से केस दायर किया था। 2002 में अग्रवाल के निधन के बाद बनारस हिन्दू विश्वविद्यालय के प्रोफेसर टीपी वर्मा को सखा नियुक्त किया गया था। उसके बाद 2010 में वर्मा के इस पद से सेवानिवृत्त होने पर त्रिलोकी नाथ पांडेय ने सखा के पद को संभाल लिया था। मुख्य पक्षकारों में से एक अखिल भारतीय हिन्दू महासभा ने इलाहाबाद उच्च न्यायालय के निर्णय को 2010 में सर्वोच्च न्यायालय में चुनौती दी थी। अखिल भारतीय हिन्दू महासभा जन्मभूमि के किसी भी बंटवारे के विरुद्ध थी। अखिल भारतीय श्रीराम जन्मभूमि पुनरुद्धार समिति ने मुस्लिम पक्ष की ओर से दायर मुकदमे में बचाव पक्ष के रूप में उच्च न्यायालय के 2010 के निर्णय को अगस्त 2011 में चुनौती दी थी। बाद में सर्वोच्च न्यायालय ने इस याचिका को मुख्य वाद में शामिल कर लिया था। मूल वादी और उत्तर प्रदेश में जमीयत उल उलेमा ए हिंद के महासचिव सिद्दीकी थे, उन की मौत के बाद जमीयत के मौलाना अशद राशिदी याचिका कर्ता बन गए थे और उनकी ओर से दायर याचिका अयोध्या केस टाइटल सूट बन गई थी। फैजाबाद निवासी हाजी मिसबहुद्दीन ने हिन्दू पक्षकारों की ओर से दायर मामले में बतौर बचाव पक्ष अपील की थी। उनसे पहले उनके दादा शहाबुद्दीन व पिता जियाउद्दीन ने मुकदमा लड़ा था। हाजी फेंकू शुरुआती चरण में उन पांच स्थानीय मुस्लिम में से एक थे जिन्होंने बतौर बचाव पक्ष केस लड़ा था, 1960 में उनके निधन के बाद उनके बेटे हाजी महबूब अहमद उनके स्थान पर नए पक्षकार बन गए थे। इस मामले में फारूक अहमद भी पुराने पक्षकारों में से एक थे। उनका निधन 2014 में होने के बाद उनके छोटे बेटे मुहम्मद उमर ने उनका स्थान लिया था। शिया सेन्ट्रल वक्फ बोर्ड का कहना था कि मस्जिद बाबर के सेनापति मीर बाकी ने बनवाई थी जो शिया मुस्लिम था, इसलिए मस्जिद पर उसका हक बनता है। 1946 में निचली अदालत के निर्णय के विरुद्ध बोर्ड ने सर्वोच्च न्यायालय का रुख किया था। न्यायालय ने उस समय मस्जिद को सुन्नी संपत्ति बताया था। दिगंबर अखाड़े के महंत सुरेश दास ने भी सर्वोच्च न्यायालय से विवादित स्थल में पूजा की अनुमति मांगी थी। 1950 में अखाड़े के तत्कालीन महंत परमहंस रामचंद्रदास ने फैजाबाद न्यायालय में याचिका दायर की थी। उत्तर प्रदेश सुन्नी सेंट्रल वक्फ बोर्ड ने मस्जिद पर अधिकार के लिए 1961 में फैजाबाद की दीवानी

न्यायालय में मुकदमा दायर किया था। उन्होंने विवादित स्थल पर अपने कब्जे का दावा करते हुए मस्जिद परिसर से मूर्तियों को हटाने की मांग की थी। मुहम्मद हाशिम अंसारी वर्ष 1949 से बाबरी मस्जिद मामले से जुड़े थे। भगवान श्रीराम की प्रतिमाएं वहां रखे जाने के समय उन्हें कानून तोड़ने के लिए गिरफ्तार भी किया गया था। 1961 में सुन्नी सेंट्रल वक्फ बोर्ड की ओर से दायर अयोध्या टाइटल सूट में उन्हें अन्य छह लोगों के साथ शामिल कर लिया गया था। 2016 में हाशिम के निधन के बाद उनके बेटे इकबाल अंसारी मुख्य वादी बन गए थे।

5 नवंबर 2019 को राष्ट्रीय स्वयंसेवक संघ और भारतीय जनता पार्टी ने अपने मुस्लिम नेताओं के माध्यम से दूसरे पक्ष के साथ दिल्ली में बैठकों का आयोजन किया था। इन बैठकों में राष्ट्रीय स्वयं सेवक संघ और भारतीय जनता पार्टी के बड़े मुस्लिम नेता अपने समुदाय के मौलाना और शिक्षाविदों से बात करने में जुटे हुए थे। इनमें जमीयत उलेमा ए हिंद के मुखिया और शिया मौलाना भी शामिल हुए थे। भारत सरकार में अल्पसंख्यक मामलों के मंत्री मुख्तार अब्बास नकवी की अध्यक्षता में अयोध्या मामले को लेकर यह बैठक की जा रही थी। इसमें अल्पसंख्यक आयोग के चेयरमैन ने बताया कि एक समुदाय के रूप में मुस्लिमों ने ऐसे कई टर्निंग पॉइंट्स मिस कर दिए थे जब इस मुद्दे को बातचीत से सुलझाया जा सकता था, यह एक हिन्दू बहुल देश है और श्रीराम मंदिर आस्था का विषय है। मुस्लिमों को इस मुद्दे को मस्जिद और मंदिर से ऊपर उठकर देखने की आवश्यकता है। भारतीय जनता पार्टी के राष्ट्रीय अल्पसंख्यक सेल के अध्यक्ष ने कहा था कि इन बैठकों का मुख्य उद्देश्य समुदाय विशेष को यह बताना था कि सोशल मीडिया संदेशों के माध्यम से किसी को भी उत्तेजित नहीं होने देना चाहिए।

8 नवंबर 2019 से ही पूरा उत्तर प्रदेश हाई अलर्ट मोड़ पर आ गया था, प्रदेश के मुख्यमंत्री ने देर रात तक वरिष्ठ अधिकारियों की बैठक ले कर शांति व्यवस्था को बनाए रखने के लिए कड़े निर्देश दे दिए थे। प्रदेश के पुलिस महानिदेशक ने चप्पे चप्पे पर कडी सुरक्षा व्यवस्था कर दी थी गड़बड़ी करने वालों पर कठोर कार्यवाही करने के निर्देश दिए गए थे। पुलिस के अलावा आईबी व अन्य सुरक्षा एजेंसियां भी सतर्क हो गई थी। प्रदेश सरकार ने कुछ दिन के लिए सभी स्कूल, कालेज, शैक्षणिक संस्थान और प्रशिक्षण केंद्र बन्द करने का निर्णय ले लिया था। उत्तर प्रदेश के मुख्यमंत्री ने प्रदेश वासियों से अपील की थी कि अयोध्या प्रकरण में सर्वोच्च न्यायालय के निर्णय को किसी की जीत हार से जोड़कर न देखा जाए, प्रदेश में शांति और सौहार्द पूर्ण वातावरण को बनाए रखें, अफवाहों पर ध्यान न दें, यदि कोई व्यक्ति कानून व्यवस्था के साथ खिलवाड़ करेगा तो उसके विरुद्ध कठोर कार्यवाही होगी।

सोशल मीडिया मैसेज और पोस्टर पर रोक लगा दी गई थी, कोई भी अयोध्या विवाद, श्रीराम मंदिर या बाबरी मस्जिद से जुड़ा मैसेज न तो सोशल मीडिया पर शेयर कर सकता था और न ही कोई पोस्टर लगा सकता था। सांप्रदायिक सौहार्द बनाए रखने के लिए 28 दिसंबर 2019 तक यह रोक लगाई गई थी, प्रशासन का कहना था कि अयोध्या, मंदिर, मस्जिद पर कमेंट या कोई सांप्रदायिक कमेंट सोशल मीडिया पर बर्दाश्त नहीं किए जाएंगे यदि लोग अपने व्हाट्सएप्प, फेसबुक ट्विटर इंस्टाग्राम या दूसरे अन्य सोशल मीडिया ग्रुप पर आपत्तिजनक पोस्ट या कमेंट लिखते हुए पाए जाएंगे तो उन पर सख्त कार्रवाई की जाएगी। मैसेजिंग एप व्हाट्सएप्प के सभी

समूहों को निर्णय से पहली रात को ही एडमिन ओनली मोड पर कर दिया गया था, ऐसा सरकारी एजेंसियों के निर्देश पर किसी भी भड़काऊ सामग्री को रोकने के लिए किया गया था। मीडिया को सभी तरह के भड़काऊ लोगों को अलग रखने के निर्देश दिए गए थे, मीडिया के कार्यक्रमों में आपत्तिजनक भाषा, भड़काऊ भाषा आदि को बैन कर दिया गया था।

सर्वोच्च न्यायालय से आने वाले संभावित निर्णय को लेकर प्रशासन ने कार्रवाई तेज कर दी थी, गांव भी इसके क्षेत्र में शामिल हो गए थे। रामनगरी में तंग हो रहे सुरक्षा घेरे के साथ ही गांवों में भी सुरक्षा बलों की तैनाती शुरू कर दी गई थी। जिले के सवा दो सौ से ज्यादा गांव और मोहल्ले संवेदनशील और अति संवेदनशील माने गए थे साथ ही संवेदनशील स्थलों पर स्थित पिच्चानवें से अधिक धर्मस्थलों को भी सुरक्षा के घेरे में लिए जाने की रणनीति बनाई गई थी। शहर और ग्रामीण क्षेत्र में संवेदनशील स्थलों पर स्थित धर्मस्थल चिह्नित कर लिए गए थे, इनको भी सुरक्षा में रखा गया था। शहरी क्षेत्र के ऐसे सभी धर्मस्थलों के आस पास सुरक्षा बलों की तैनाती कर दी गई थी। अधिगृहीत परिसर की ओर जाने वाली सभी गलियों को बैरियर लगाकर बंद कर दिया गया था। रामकोट मुहल्ले को पूर्ण रूप से नजरबंद कर दिया गया था स्थानीय लोगों को भी पहचान पत्र दिखाने के बाद जाने दिया जा रहा था।

9 नवंबर 2019 का दिन देश के श्रीराम भक्तों और समस्त हिन्दुओं के लिए एक ऐतिहासिक दिन था, विभिन्न न्यायालयों में चले एक सौ चौंतीस वर्ष पुराने अयोध्या मंदिर मस्जिद विवाद पर सर्वोच्च न्यायालय ने अपना निर्णय सुना दिया था। सर्वोच्च न्यायालय मे लंबित विवाद का निर्णय पाँच जजों की मुख्य न्यायाधीश रजंन गोगोई की अध्यक्षता वाली पीठ द्वारा कर दिया गया था। संविधान पीठ के पैंतालीस मिनट तक पढ़े गए एक हजार पैंतालीस पन्नों के निर्णय ने देश के इतिहास के सबसे महत्वपूर्ण और एक सदी से ज्यादा पुराने विवाद का अंत कर दिया था।

इस निर्णय के अन्तर्गत सर्वोच्च न्यायालय ने इलाहाबाद उच्च न्यायालय के निर्णय को पलटते हुए शिया वक्फ बोर्ड, और निर्मोही अखाड़ा की याचिका को निरस्त कर दिया था एवं सुन्नी वक्फ बोर्ड को वाद लगाने का अधिकारी ही नहीं माना गया था। तत्पश्चात सर्वोच्च न्यायालय की बेंच के पांचों न्यायाधीशों ने एकमत होकर विवादित स्थल को मंदिर का स्थल मानते हुए, रामलला के पक्ष में निर्णय सुना दिया था। इस निर्णय के अंतर्गत विवादित भूमि को राम जन्मस्थान माना गया था और मस्जिद के लिये अयोध्या में पांच एकड़ भूमि अलग से देने का आदेश सरकार को दिया गया था।

निर्णय में मुख्य न्यायाधीश रंजन गोगोई का मत था कि ढहाया गया ढांचा ही भगवान राम का जन्मस्थान है, हिन्दुओं की यह आस्था निर्विवादित है। विवादित 2.77 एकड़ भूमि रामलला विराजमान को दी जाए, इसका स्वामित्व केंद्र सरकार के रिसीवर के पास रहेगा और तीन महीने के भीतर ट्रस्ट का गठन करके मंदिर निर्माण की योजना बनाई जाए। राम जन्मभूमि स्थान न्यायिक व्यक्ति नहीं है, जबकि भगवान राम न्यायिक व्यक्ति हो सकते हैं। न्यायालय को धर्म और श्रद्धालुओं की आस्था को स्वीकार करते हुए संतुलन बनाए रखना चाहिए, हिन्दू इस स्थान को भगवान राम का जन्मस्थान मानते हैं। मुस्लिम भी विवादित स्थान के विषय में यही कहते

हैं। प्राचीन यात्रियों द्वारा लिखी गई पुस्तकें और प्राचीन ग्रंथ दर्शाते हैं कि अयोध्या भगवान राम की जन्मभूमि रही है। ऐतिहासिक उद्धहरणों से संकेत मिलते हैं कि हिन्दुओं की आस्था में अयोध्या भगवान राम की जन्मभूमि रही है। मस्जिद के नीचे जो ढांचा था, वह इस्लामिक ढांचा नहीं था। ढहाए गए ढांचे के नीचे एक मंदिर था, इस तथ्य की पुष्टि भारतीय पुरातत्व सर्वेक्षण भी कर चुका है। उनके प्रमाणों को केवल राय बता देना भारतीय पुरातत्व सर्वेक्षण का अपमान होगा, भारतीय पुरातत्व सर्वेक्षण ने यह तथ्य भी स्थापित नहीं किया है कि मंदिर को गिराकर मस्जिद बनाई गई थी। आगे कहा गया था कि सीता रसोई, राम चबूतरा और भंडार गृह की उपस्थिति इस स्थान की धार्मिक वास्तविकता के सुबूत हैं। हालांकि, आस्था और विश्वास के आधार पर मालिकाना हक तय नहीं किया जा सकता है, यह केवल विवाद के निपटारे के संकेतक हैं। न्यायालय ने आगे कहा था कि उत्तर प्रदेश सुन्नी वक्फ बोर्ड विवादित भूमि पर अपना दावा सिद्ध करने में विफल रहा है। मस्जिद में इबादत में व्यवधान के बावजूद साक्ष्य यह बताते हैं कि प्रार्थना पूरी तरह से कभी बंद नहीं हुई थी। मुस्लिमों ने ऐसा कोई साक्ष्य प्रस्तुत नहीं किया है, जो यह दर्शाता हो कि वे 1857 से पहले मस्जिद पर पूरा अधिकार रखते थे। मीर बकी ने बाबरी मस्जिद बनवाई थी। धर्मशास्त्र में प्रवेश करना न्यायालय के लिए उचित नहीं होगा। बाबरी मस्जिद खाली भूमि पर नहीं बनाई गई थी। मस्जिद के नीचे जो ढांचा था, वह इस्लामिक ढांचा नहीं था। यह एकदम स्पष्ट है कि सौलहवीं शताब्दी का तीन गुंबदों वाला ढांचा हिन्दू कारसेवकों ने ढहाया था, जो कि वहां पर राम मंदिर बनाना चाहते थे। यह ऐसी गलती थी, जिसे सुधारा जाना चाहिए था। यदि उन मुस्लिमों के दावे को नजरंदाज कर दिया जाता है, जिन्हें मस्जिद के ढांचे से पृथक कर दिया गया तो न्याय की जीत नहीं होगी। इसे कानून के अनुसार चलने के लिए प्रतिबद्ध धर्मनिरपेक्ष देश में लागू नहीं किया जा सकता है। गलती को सुधारने के लिए केंद्र सरकार पवित्र अयोध्या में उचित स्थान पर मस्जिद के निर्माण के लिए पांच एकड़ भूमि दे।

यह भी एक संयोग ही है कि श्रीराम मंदिर से नौ तारीख का भी गहरा संबंध रहा है, 9 नवंबर 1989 को मंदिर के लिए शिलान्यास किया गया था 9 मई 2011 को विवाद का मामला सर्वोच्च न्यायालय में पहुंचा था और 9 नवंबर 2019 को सर्वोच्च न्यायालय ने रामलला विराजमान के पक्ष में निर्णय दिया था।

श्रीराम जन्मभूमि मामले में सर्वोच्च न्यायालय में सुनवाई के समय कई पुस्तकों के संदर्भ भी दिए गए थे। 'बाबरनामा', 'स्कंद पुराण' और 'अयोध्या माहात्म्य' जैसे शास्त्रों व ग्रंथों से भी दलीलें रखी गई थी। इनमें ब्रिटिश इतिहासकार हंस टी बेकर की पुस्तक 'अयोध्या' और सेवानिवृत्त आइपीएस अधिकारी किशोर कुणाल की 'अयोध्या रीविजिटेड' का नाम प्रमुखता से सामने आया था। बेकर ने अपनी पुस्तक में सातवीं सदी ईसापूर्व से अठारहवीं सदी के मध्य तक का लेखा जोखा प्रस्तुत किया था। इस में 'अयोध्या माहात्म्य' और 'अगस्त्य संहिता' के संदर्भ भी रखे गए थे। उन्होंने नेपाल में संरक्षित 'स्कंद पुराण' का अध्ययन भी किया था। 'स्कंद पुराण' का यह संस्करण भारत में उपलब्ध 'स्कंद पुराण' के संस्करण से बहुत कुछ अलग है। किशोर कुणाल की पुस्तक 'अयोध्या रीविजिटेड' में विवादित स्थान पर राममंदिर होने की बात कही गई थी और इसमें में एक नक्शा भी है। ब्रिटिश काल की पुरानी फाइलों, संस्कृत में लिखे प्राचीन तथ्यों और

पुरातत्व से मिले प्रमाणों को आधार बनाकर उन्होंने बीस साल के शोध के बाद पुस्तक लिखी थी। उन्होंने दावा किया है कि मस्जिद का निर्माण मीर बाकी ने कराया था। उन्होंने 'बाबरनामा' के विषय में कहा है कि इसमें मंदिर तोड़े जाने या मस्जिद बनाए जाने का विवरण नहीं है। यह पुस्तक उस समय चर्चा में आई थी, जब सर्वोच्च न्यायालय में सुनवाई के समय हिन्दू पक्ष के वकील ने उस में दिया नक्शा पेश किया था। इस नक्शे को मुस्लिम पक्ष के वकील ने पांचों न्यायाधीशों के सामने ही फाड़ दिया था।

राष्ट्रीय स्वंय सेवक संघ के पूर्व विचारक के एन गोविन्दाचार्य ने भी सुनवाई के समय एक आवेदन दायर करके न्यायालय से राजनीतिक दृष्टि से संवेदनशील अयोध्या के श्रीराम जन्मभूमि बाबरी मस्जिद विवाद की संविधान पीठ के सामने चल रही सुनवाई के सीधे प्रसारण या वीडियो रिकार्डिंग का अनुरोध किया था। लेकिन इस प्रकरण की सुनवाई कर रही प्रधान न्यायाधीश रंजन गोगोई की अध्यक्षता वाली संविधान पीठ ने यह अनुरोध ठुकरा दिया था।

सुनवाई के समय एक दिन सर्वोच्च न्यायालय ने पूछा था कि क्या भगवान श्रीराम का कोई वंशज इस दुनिया में कहीं भी या अयोध्या में उपस्थित है। सर्वोच्च न्यायालय में यह मुद्दा उठने के बाद स्वयं को प्रभु श्रीराम का वंशज बताने वाले दावेदारों की अलग अलग कहानियां सामने आने लगी थी। इसके बाद प्रभु श्रीराम का वंशज होने के कई दावे सामने आ गये थे, दावे किए जाने लगे थे कि हिन्दू ही नहीं मुस्लिम भी प्रभु राम के वंशजों में शामिल हैं। जयपुर राजघराने की एक महिला सांसद ने भी अपने पोथीखाने में उपलब्ध हस्तलिपि, वंशावली व दस्तावेजों के आधार पर प्रभु श्रीराम के वंशज होने के सुबूत पेश किए थे और दावा किया था कि जयपुर राज परिवार की गद्दी भगवान श्रीराम के पुत्र कुश के वंशजों की राजधानी है। इतना ही नहीं उन्होंने यह भी कहा था कि दुनिया भर में प्रभु श्रीराम उपस्थित हैं। इसी प्रकार से विभिन्न मीडिया रिपोर्टों में भी श्रीराम के वंशजों की ढेरों कहानियां भरी पड़ी हैं। भारतीय वैज्ञानिकों द्वारा किए गए एक डीएनए शोध के आधार पर भी कहा जा रहा था कि हिन्दू और मुस्लिम प्रभु श्रीराम के वंशज हैं।

अयोध्या में श्रीराम जन्मभूमि मंदिर विवाद दो सौ वर्ष पहले सामने आया था, तीन न्यायालयों में एक सौ चौंतीस वर्ष तक इससे जुड़ी याचिकाओं पर सुनवाई हुई थी। देश का यह दूसरा ऐसा मामला था जिसमें सर्वोच्च न्यायालय में इस प्रकार से इतने दिनों तक नियमित सुनवाई की गई थी। 6 दिसंबर 1992 को विवादित ढांचा ढहाने के समय भी यह मुकदमा न्यायालय में लंबित था। इसमें मुख्यतः चार मूल वाद और चौदह अपीलें थी, जिन पर इलाहाबाद उच्च न्यायालय ने 30 सितंबर 2010 को अपना निर्णय सुनाया था। अयोध्या विवाद एक राजनीतिक, ऐतिहासिक और सामाजिक एवं धार्मिक विवाद बना हुआ था जो कि नब्बे के दशक में सबसे अधिक उभार पर था। इस विवाद का मूल मुद्दा श्रीराम जन्मभूमि और बाबरी मस्जिद की स्थिति को लेकर था। विवाद इस बात पर था कि क्या एक हिन्दू मंदिर को ध्वस्त करके वहां पर मस्जिद बनाई गई थी, अथवा मंदिर को ही मस्जिद के रूप में बदल दिया गया था। मिले प्रमाणों के अनुसार अयोध्या में विवादित स्थल पर मंदिर ही था, इस बात का पक्का प्रमाण है कि मंदिर को तोड़कर ही मस्जिद का निर्माण करवाया गया था। भारतीय पुरातत्व सर्वेक्षण ने कई माह तक उस स्थान की खुदाई की थी, जो तथ्य सामने आए थे वह बहुत चौंकाने वाले थे। खुदाई में मिले शिलालेख

और मंदिर के अवशेष ही सर्वोच्च न्यायालय में हिन्दू पक्षकारों का सबसे बड़ा आधार था। सात सौ वर्ष पहले गहरवाल राजा ने मंदिर का निर्माण करवाया था। खुदाई में मिला शिलालेख इसका सबसे बड़ा प्रमाण था, इसलिए उस स्थान पर मंदिर ही था, मंदिर को तोड़ा गया था और मस्जिद बनाने के लिए मंदिर की ही नींव को उपयोग में लाया गया था। जिस विवादित स्थल पर मस्जिद होने का दावा किया जा रहा था, वह वहां कभी थी ही नहीं। उस स्थान पर कभी नमाज पढ़ी ही नहीं गई थी, मस्जिद के चार कोनों में चार मीनारें होना आवश्यक है, उस स्थान पर वह भी नहीं थी, विवादित स्थल पर वजू टैंक भी नहीं पाया गया था। इस्लामिक विद्वानों ने भी सर्वोच्च न्यायालय में माना था कि जबरदस्ती कब्जा की गई भूमि अथवा भवन में की हुई नमाज को अल्लाह भी कुबूल नहीं करता है। जिस मस्जिद की बात कही जा रही थी, उसकी दीवारों पर मूर्तियां जड़ी हुई थी, इसलिए यह हिन्दू आस्था का सबसे बड़ा केंद्र प्रभु श्रीराम का मंदिर था।

10 नवंबर 2019 को केन्द्र सरकार की ओर से राष्ट्रीय सुरक्षा सलाहकार अजीत डोभाल ने सर्वोच्च न्यायालय के निर्णय को देखते हुए देश भर में शांति व्यवस्था बनाए रखने के लिए विभिन्न धर्मों के धर्मगुरुओं के साथ बैठक की थी। उन्होंने बाबा रामदेव, प्रधानमंत्री मोदी के निकटतम धर्मगुरु स्वामी परमात्मानंद, हिन्दू धर्माचार्य सभा के अध्यक्ष अवधेशानंद गिरि, शिया मुस्लिम धर्म गुरु मौलाना कल्बे जवाद और मौलाना अरशद मदनी को अपने घर पर ही बुलाया था। इस बैठक में धार्मिक नेताओं और डोभाल के बीच देश में उस समय की स्थिति को लेकर चर्चा हुई थी। इस बैठक में यह विचार किया गया कि किस प्रकार से विभिन्न समुदायों के नेता निर्णय को ध्यान में रखते हुए समाज में सद्भावना का संदेश दे सकते हैं। मुलाकात के बाद धार्मिक नेताओं ने एक संयुक्त बयान जारी किया था जिसमें कहा गया था कि इस बातचीत ने सभी समुदायों के बीच भाईचारा और मेलजोल की भावना को बनाए रखने की दिशा में शीर्ष धार्मिक नेताओं के बीच संवाद मजबूत करने में मदद की है, हम इसे लेकर काम करते रहेंगे।

12 दिसंबर 2019 को अयोध्या मामले में दायर सभी अठारह पुनर्विचार याचिकाओं को सर्वोच्च न्यायालय के पांच जजों की पीठ ने निरस्त कर दिया था। संविधान पीठ के समक्ष केवल उन पुनर्विचार याचिकाओं पर विचार किया गया था जो कि इस विवाद से संबंधित चार मुकदमों में प्रतिवादी थे। न्यायालय ने इस मामले में पुनर्विचार से भी मना कर दिया था और कह दिया गया था कि यह मामला दोबारा से नहीं खोला जाएगा। दायर अन्य अठारह पुनर्विचार याचिकाओं में से नौ याचिकायें मूल प्रतिवादियों ने दायर की थीं जबकि शेष याचिकाएं तीसरे पक्ष ने दायर की थीं। संविधान पीठ ने उन याचिकाओं पर विचार करने से मना कर दिया था जो कि मूल वाद में प्रतिवादी नहीं थे। संविधान पीठ द्वारा इन पुनर्विचार याचिकाओं पर विचार से मना किए जाने के कारण इन याचिकाओं पर खुले न्यायालय में सुनवाई का अनुरोध भी निरस्त हो गया था।

किसी भी सिविल मुकदमें में अंतिम निर्णय आने के बाद जीतने वाले पक्ष के हक में निर्णय के क्रियान्वन के लिए विधिवत डिक्री जारी की जाती है। इस मुकदमे में सर्वोच्च न्यायालय ने रामलला की मांग मान ली थी और उनके पक्ष में निर्णय किया गया था, इसलिए न्यायालय से रामलला के हक में डिक्री जारी हुई थी। सुनवाई के बाद इलाहाबाद उच्च न्यायालय से पन्द्रह बक्सों में भरकर आए दस्तावेज वापस उच्च न्यायालय को भेज दिए गए थे, क्योंकि सुनवाई पूरी

होने के बाद निर्णय आने पर सभी दस्तावेज उस न्यायालय को वापस कर दिए जाते हैं जहां से वह आए थे। मूल निर्णय की प्रतियां तैयार होने के बाद मूल निर्णय न्यायालय के सेक्शन ग्यारह उत्तर प्रदेश राज्य से सम्बन्धित रिकार्ड रुम में भेज दिया गया था।

वर्षों की मुकदमेबाजी ने अयोध्या के इतिहास में बहुत सारे पन्ने भर दिए थे, लेकिन अब यह रामनगरी मानो भविष्य की ओर देखना सीख गई थी। यही कारण था कि देश के सबसे बड़े मुकदमे के निर्णायक क्षणों में भी उसकी नब्ज स्थिर ही रही थी, मुकदमों की सुनवाई के शोर में भी उन्होंने होश नहीं खोया था। अयोध्या के लोग इस मामले पर कभी नहीं लड़े थे, सबको न्यायालय पर भरोसा था, चाहे कोई भी निर्णय आये उन्हें वही स्वीकार था। यहां के निवासी बस इतना चाहते थे कि इस मामले को लेकर कहीं भी कोई झगड़ा न हो, सर्वोच्च न्यायालय ने अपना ऐतिहासिक फैसला सुना कर हिन्दुओं को श्रीराम जन्मभूमि पर नव्य भव्य मंदिर निर्माण का अधिकार प्रदान कर दिया था और इस विवाद पर पूर्ण विराम भी लगा दिया था।

सबसे बड़े विवाद के समापन के बाद निर्णय की बाट जोहते देश विदेश के श्रद्धालुओं की भीड़ रामनगरी के मठ मंदिरों में रामलला के दर्शन करने और पंचकोसी परिक्रमा करने के लिए बढ़ने लगी थी। दूसरी ओर रामघाट स्थित मंदिर निर्माण कार्यशाला में तराशी जा रही शिलाओं के दर्शन के लिए भी श्रद्धालुओं की भीड़ बढ़ने लगी थी, वह सब तराशी हुई शिलाओं को हसरत भरी निगाहों से निहार रहे होते थे, उनमें श्रद्धापूर्वक स्पर्श करने की ललक और होड़ सी मची रहती थी। यहां भीड़ को नियंत्रित करने के लिए पुलिस के साथ साथ स्थानीय युवा भी जुटे रहते थे जिससे कि किसी की श्रद्धा को चोट न पहुंचे। लोगों के उत्साह को देखते हुए यह अनुमान पहले से ही था कि प्रमुख मंदिरों के साथ श्रद्धालुओं की भावनाओं का ज्वार कार्यशाला में उमड़ेगा, कार्यशाला में पहुंचने वाले श्रद्धालुओं में कुछ ऐसे भी होते थे, जो यह जानना चाहते थे कि प्रस्तावित मंदिर किस प्रकार का होगा। वह उन स्तंभों को निहारते थे, जिन्हें प्रस्तावित मंदिर में लगना था, सभी श्रद्धालु स्तंभों में उत्कीर्ण मूर्तियों को देखकर रोमांचित हो उठते थे। स्थानीय गाइड उन्हें प्रस्तावित मंदिर के मॉडल के आगे ले जाकर खड़ा करता था तो अगले पल ही उनका उत्साह सातवें आसमान पर होता था।

इसी बीच मारीशस से भी एक सोलह सदस्यों का दल मानव सेवा निधि की अगुवाई में अयोध्या आया था, सभी ने सरयू पूजन के बाद कनक भवन, रामकोट रामाश्रय आश्रम, जानकी महल और हनुमान मंदिर आदि के भी दर्शन किए थे। सौहार्दमय वातावरण में मंदिर का निर्माण हो, इसके लिए वह लोग मारीशस में बांटने के लिए बीस हजार रामचरित मानस भी अपने साथ ले कर गए थे। इसी प्रकार से तमाम विदेशी यहां पर आ रहे थे, जानकी घाट के पास एवं अन्य स्थानों पर टहल रहे विदेशी चेहरों को देख कर लोग उनसे बातचीत करने लगते थे, अमेरिका के फ्लोराक्स में रहने वाली एक महिला व उनके बेटे भी रामलला के दर्शन करने के लिए अयोध्या पहुंचे थे, भगवान श्रीराम के प्रति आस्था उन्हें यहां खींच कर लाई थी। एक सामान्य श्रद्धालु की भांति उन्होंने सरयू का जल माथे से लगाया, मंदिरों को देखा, वह पूरी तरह से रामभक्ति में डूबे हुए दिखाई दे रहे थे। अपनी मां को भगवान श्रीराम का दर्शन कराने अयोध्या पहुंचे उनके

पुत्र ने मां के साथ पंचकोसी परिक्रमा भी की थी और टेंट में रामलला का दर्शन भी किया था, रामलला को टेंट में देख कर वह भी बहुत भावुक हुए थे।

अयोध्या में कई मंदिर हैं, श्रीराम जन्मभूमि पर विवाद के कारण छब्बीस वर्ष से अधिग्रहण के चलते इनमें से कुछ का अस्तित्व समाप्त हो चुका था और इनमें श्रद्धालुओं का आवागमन बन्द कर दिया गया था इसके साथ ही इनके रखरखाव पर भी रोक लगा दी गई थी। अधिग्रहण के चलते जन्मस्थान, विश्वामित्र आश्रम, कोहबर भवन, कैकेयी कोपभवन, साक्षी गोपाल, शेषावतार, संकटमोचन हनुमान मंदिर जैसे कई मंदिर अब शेष नहीं हैं। श्रीराम जन्मभूमि के रास्ते में नुक्कड़ पर स्थित दशरथ महल एक बड़ा स्थान है, यह मंदिर महल के रुप में अपनी भव्यता का अहसास कराता रहता है।

निर्णय आने के बाद जन्मभूमि पर मंदिर निर्माण के लिए भी हलचल शुरू हो गई थी, राजस्थान के भरतपुर और सिरोही जिले के पिंडवाड़ा और दौसा जिले के सिकंदरा में पत्थर तराशे जा रहे थे। यहां से वर्ष 2006 से ही पत्थर अयोध्या भेजे जा रहे थे। निर्माण का रास्ता साफ होने के बाद बीस ट्रक सेंड स्टोन प्रतिमाह भेजने की तैयारी की जाने लगी थी। विश्व हिन्दू परिषद के पदाधिकारियों ने बंसी पहाड़पुर पहुंच कर पत्थर निकालने और तराशने वाले ठेकेदारों से मिल कर इस विषय में चर्चा भी शुरू कर दी थी।

मंदिर का माडल और डिजाईन विश्व हिन्दू परिषद के तत्कालीन प्रमुख अशोक सिंहल ने बहुत पहले से ही तैयार करवा लिया था और कुंभ मेले में साधु संतों से इसकी मान्यता भी प्राप्त कर ली थी। पूर्वाभिमुख् मंदिर में चारों ओर प्रवेश द्वार बनाने की योजना बनाई गई थी। सरयू नदी के बहुत पास होने के कारण मंदिर बनाए जाने के स्थान की मिट्टी का परिक्षण करने के बाद मंदिर को पूरा भूकंप रोधी बनाने की दिशा में कार्य किया जा रहा था। पत्थरों को इंटरलॉकिंग सिस्टम से जोड़ कर उन्हें आपस में तांबे की कीलों से भी आपस में लाक करने की योजना बनाई गई थी, जिससे कि भूकंप का धक्का उन्हें हिला न सके। अष्टभुजा में खड़े शिखर को भी मीनार के आकार में निर्मित किया जाना था जो कि अंतरिक्ष की तरंगों से प्राप्त उर्जा को मंदिर तक पहुंचने का कार्य करेगा। गर्भगृह की नींव में कुर्म शिला से एक तांबे का तार जोड़ कर उसे ऊपर ले जा कर श्रीराम की प्रतिमा से स्पर्श किया जाना था, जिससे कि पृथ्वी की चुंबकीय उर्जा प्रतिमा तक पहुंच सके और उसका सीधा असर दर्शन करने वाले श्रद्धालुओं के मन पर पड़ सके।

निर्णय आने के बाद अब रामनगरी के विकास के लिए नगर निगम का सीमा विस्तार आवश्यक हो गया था। बिना सीमा विस्तार के रामनगरी की गरिमा के अनुसार विकास संभव नहीं था। अयोध्या के विकास के नए द्वार खोलने के लिए सीमा विस्तार का प्रस्ताव शासन को भेज दिया गया था। प्रस्ताव में वह राजस्व ग्राम भी जोड़े गए थे जिनका क्षेत्रफल में से पचास प्रतिशत आबाद हो चुका था। प्रस्तावित राजस्व ग्रामों में राजकीय पॉलीटेक्निक, एयरपोर्ट, डॉ. भीमराव अंबेडकर क्रीड़ा संकुल, राजकीय मेडिकल कॉलेज आदि महत्वपूर्ण संस्थान स्थित थे। ऐसा करने के पीछे नगर निगम को नई ऊंचाइयों पर ले जाने की मंशा थी।

12 नवंबर 2019 को एक नई सूचना संज्ञान में आई कि उत्तर प्रदेश के एटा जिले के जालेसर में वहां के नगर पालिका अध्यक्ष के कारखाने में श्रीराम मंदिर में लगने वाले घंटे का निर्माण शुरू कर दिया गया था। इस घंटे को बनाने का आर्डर निर्मोही अखाड़े की ओर से सर्वोच्च न्यायालय के निर्णय के तुरन्त बाद दे दिया गया था। यह खास घंटा इक्कीस क्विंटल भार का बनाया जा रहा था, अष्टधातु से बने इस घंटे की लंबाई छह फीट और चौड़ाई पांच फीट बताई गई थी। इस घंटे को बनाने में लगभग दस से बारह लाख रुपये खर्च होने का अनुमान बताया गया था। इसे बनाने में सोना, चांदी, तांबा, जस्ता, सीसा, टिन, लोहा और पारा धातुओं का उपयोग किया जा रहा था, इसकी आवाज पन्द्रह किलोमीटर दूर से सुनी जा सकेगी ऐसा भी बताया जा रहा था। इसके साथ ही दस अन्य छोटे घंटे पांच सौ, दो सौ पचास और एक सौ किलो के बनाने का आर्डर भी मिला था।

2 फरवरी 2020 को भारत सरकार के गृह मंत्रालय ने अलग से एक अयोध्या डेस्क का गठन कर दिया था। सर्वोच्च न्यायालय के निर्णय के बाद अयोध्या में मंदिर के निर्माण से जुड़े मामलों को देखने के लिए गृह मंत्रालय तुरन्त सक्रिय हो गया था। इस डेस्क का काम आगे की प्रक्रियाओं की देखरेख करना था। मंत्रालय के एक अतिरिक्त सचिव को इसका प्रमुख बनाया गया था। इसकी खास बात यह थी कि यह डेस्क मंदिर निर्माण के लिए ट्रस्ट का गठन करने, सुन्नी वक्फ बोर्ड को पांच एकड़ भूमि देने और उसके बाद ट्रस्ट को भूमि का मालिकाना हक ट्रांसफर करने जैसे सभी मामले देखने के लिए बनाई गई थी। सर्वोच्च न्यायालय की पीठ ने निर्णय दिया था कि विवादित भूमि हिन्दू देवता रामलला की है और केंद्र सरकार को निर्देश दिया था कि वह क्षेत्र में निहित हित को देखते हुए एक ट्रस्ट की स्थापना के लिए एक योजना तैयार करे जिससे कि आंतरिक और बाहरी अहातों के कब्जे को हस्तांतरित किया जाए। अयोध्या अधिनियम में केंद्र सरकार को हिन्दू और मुस्लिम समुदायों के बीच शांति और सौहार्द बनाए रखने के लिए 67.7 एकड़ भूमि और अयोध्या के विवादित स्थल के आसपास का अधिग्रहण करने का अधिकार दिया गया था। न्यायालय ने निर्देश दिया था कि केंद्र सरकार इस निर्णय की तिथि से तीन महीने की अवधि के भीतर, अयोध्या अधिनियम 1993 में निश्चित क्षेत्र के अधिग्रहण के अनुभाग 6 और 7 के अर्न्तगत इसमें निहित शक्तियों के अनुरूप एक योजना तैयार करेगी। धारा 6 के अर्न्तगत न्यास बोर्ड या किसी अन्य उपयुक्त निकाय के साथ एक ट्रस्ट की स्थापना की परिकल्पना होगी। केंद्र सरकार द्वारा तैयार की जाने वाली योजना ट्रस्ट या निकाय के कामकाज के संबंध में आवश्यक प्रावधान करेगी, जिसमें ट्रस्ट के प्रबंधन, एक मंदिर के निर्माण और सभी आवश्यक, आकस्मिक और पूरक मामलों सहित ट्रस्टियों की शक्तियों से संबंधित मामले शामिल थे। आंतरिक और बाहरी आंगन के कब्जे को ट्रस्ट के न्यास बोर्ड या निकाय को सौंपना था। उपर्युक्त निर्देशों के अनुसार तैयार की गई योजना के संदर्भ में प्रबंधन और विकास के लिए ट्रस्ट या निकाय को सौंपकर केंद्र सरकार शेष अधिग्रहित भूमि के संबंध में उपयुक्त प्रावधान करने के लिए स्वतंत्र थी। 1993 के अयोध्या अधिनियम की धारा 6 के अर्न्तगत एक ट्रस्ट को या अन्य निकाय में संपत्ति निहित करते हुए अधिसूचना जारी की जानी थी।

जिस समय सर्वोच्च न्यायालय ने केन्द्र सरकार को नया ट्रस्ट बनाकर रामलला विराजमान का मंदिर बनाने का आदेश दिया था, उस समय स्वयं प्रधानमंत्री नरेंद्र मोदी इसके प्रति अत्यंत गंभीर थे, उनकी इच्छा के अनुरूप ट्रस्ट के गठन की तैयारी भी चल रही थी। लेकिन श्रीराम मंदिर निर्माण के लिए तीन पुराने ट्रस्टों के बीच अपने अपने दावे को लेकर खींचतान शुरू हो गई थी। न्यायालय में केस चलने के बाद भी रामलला विराजमान का भव्य मंदिर बनाने के लिए तीन ट्रस्ट सक्रिय थे। सबसे पुराना ट्रस्ट विश्व हिन्दू परिषद का श्रीराम जन्मभूमि न्यास ट्रस्ट था, दूसरा विवादित ढांचा गिराए जाने के बाद तत्कालीन प्रधानमंत्री पीवी नरसिंहराव की पहल पर बना रामालय ट्रस्ट और तीसरा ट्रस्ट जानकीघाट बड़ा स्थान के महंत की अगुवाई में श्रीराम जन्मभूमि मंदिर निर्माण न्यास था। इन तीनों की अपनी अपनी दावेदारी थी। विश्व हिन्दू परिषद का कहना था कि श्रीराम जन्मभूमि न्यास को मंदिर बनाने का अधिकार है, लेकिन स्वामी अविमुक्तेश्वरानंद रामालय ट्रस्ट अपना संवैधानिक अधिकार जता रहा था। दूसरी ओर जानकीघाट बड़ा स्थान के महंत राष्ट्रीय अध्यक्ष के रूप में श्रीराम जन्मभूमि मंदिर निर्माण न्यास को सरकार के ट्रस्ट में शामिल करने की कोशिश कर रहे थे।

विश्व हिन्दू परिषद की अगुवाई वाले श्रीराम जन्मभूमि न्यास के अध्यक्ष मणिरामदास छावनी के महंत नृत्यगोपाल दास थे। इस ट्रस्ट में श्रीराम मंदिर निर्माण के लिए अयोध्या में 1990 में खोली गईं पत्थर तराशी और मूर्ति निर्माण की तीन कार्यशालाएं चल रही थी। क्योंकि अधिक समय नहीं रह गया था और कार्यशाला में शिलाखंड भी तैयार थे उन्हीं को वहां पर लगाया जाना था। इस ट्रस्ट के पास अरबों रुपए की भूमि भी थी, मंदिर निर्माण के लिए ट्रस्ट के खाते में शिलादान अभियान से मिली लगभग आठ करोड़ रुपए की नकदी भी थी। मंदिर निर्माण के निर्णय के बाद अयोध्या से लेकर दिल्ली तक विश्व हिन्दू परिषद के नेता इसी ट्रस्ट के माध्यम से मंदिर बनाने का दावा कर रहे थे।

दूसरी ओर 6 दिसंबर 1992 को विवादित ढांचा ढहाए जाने के बाद 1995 में तत्कालीन प्रधानमंत्री पीवी नरसिंहराव के प्रयास से द्वारिका पीठ के शंकराचार्य स्वामी स्वरूपानंद सरस्वती सहित पच्चीस धर्माचार्यों ने अयोध्या में जन्मभूमि पर मंदिर बनाने के लिए रामालय ट्रस्ट का गठन किया था। सर्वोच्च न्यायालय के निर्णय के बाद रामालय ट्रस्ट के सचिव स्वामी अविमुक्तेश्वरानंद मंदिर बनाने का कानूनी अधिकार होने का दावा कर रहे थे, साथ ही वह विश्व हिन्दू परिषद के ट्रस्ट को अधिग्रहण के पहले का बना होने के कारण अवैध भी ठहरा रहे थे।

5 फरवरी 2020 को अयोध्या में भव्य श्रीराम मंदिर के निर्माण के लिए ट्रस्ट का गठन कर दिया गया था। इस ट्रस्ट का गठन 9 नंवबर 2019 को सर्वोच्च न्यायालय के निर्णय के अनुरूप और 1993 में संसद से पारित 'अयोध्या भूमि अधिग्रहण कानून' के प्रावधान के अन्तर्गत किया गया था। सदियों पुराने विवाद पर निर्णय सुनाते हुए सर्वोच्च न्यायालय ने अयोध्या में विवादित स्थल पर रामलला के पक्ष में निर्णय दिया था और सरकार को तीन महीने के भीतर इसके लिए ट्रस्ट के गठन का निर्देश दिया गया था, इसलिए 9 फरवरी 2020 को तीन महीने पूरे होने के चार दिन पहले ही सरकार ने इस ट्रस्ट का गठन कर दिया था।

प्रधानमंत्री नरेंद्र मोदी ने संसद में इस ट्रस्ट के गठन की घोषणा की थी। 'श्रीराम जन्मभूमि तीर्थ क्षेत्र ट्रस्ट' के नाम से गठित इस पन्द्रह सदस्यीय ट्रस्ट में एक ट्रस्टी दलित को बनाया गया था। ट्रस्ट की डीड में ही इसके नौ सदस्यों के नाम दे दिए गए थे, जिनमें रामलला को सर्वोच्च न्यायालय में जीत दिलाने वाले वकील और रामभक्त के. परासरन का नाम सबसे ऊपर रखा गया था। इसके साथ ही 1989 में श्रीराम मंदिर का शिलान्यास करने वाले दलित समाज के कामेश्वर चौपाल का भी नाम इसमें शामिल किया गया था। ट्रस्ट के सभी सदस्यों का हिन्दू धर्मावलंबी होना अनिवार्य बनाया गया था। यहां तक कि यह शर्त उत्तर प्रदेश और केंद्र सरकार द्वारा मनोनीत दो सदस्यों और अयोध्या के जिलाधिकारी के पदेन सदस्य होने पर भी लागू कर दी गई थी।

केंद्र सरकार की ओर से ऐसे सदस्य को ट्रस्ट में नियुक्त किया जाना था, जो कि एक आइएएस अधिकारी हो और संयुक्त सचिव के पद से नीचे के स्तर का नहीं हो। इसी प्रकार उत्तर प्रदेश सरकार को भी एक आइएएस अधिकारी को नियुक्त करने का अधिकार दिया गया था, जो कि राज्य में सचिव स्तर के नीचे का अधिकारी नहीं हो। अयोध्या के जिला मजिस्ट्रेट के हिन्दू धर्मावलंबी नहीं होने की स्थिति में वहां के एडिशनल मजिस्ट्रेट को ट्रस्ट में शामिल किये जाने का उल्लेख किया गया था। सर्वोच्च न्यायालय के आदेश के अनुसार निर्मोही अखाड़े के प्रतिनिधि के रूप में महंत दीनेंद्र दास को भी ट्रस्ट में शामिल किया गया था।

श्रीराम जन्मभूमि तीर्थ क्षेत्र ट्रस्ट के दो सदस्यों के चयन का अधिकार ट्रस्ट के वर्तमान सदस्यों को दिया गया था, जो कि मतदान के बाद बहुमत के आधार पर इनका चयन कर सकते थे। लेकिन इन दोनों सदस्यों के चुनाव में सरकार की ओर से मनोनीत आइएएस अधिकारी व अयोध्या के जिला मजिस्ट्रेट के रूप में पदेन सदस्य भाग नहीं ले सकते थे। ट्रस्ट का पन्द्रहवां सदस्य भी पदेन ही बनाया जाना था, जो कि ट्रस्ट द्वारा श्रीराम मंदिर कांप्लेक्स के विकास और प्रशासनिक देखरेख के लिए बनने वाली कमेटी का अध्यक्ष होगा। इसके चयन का अधिकार भी ट्रस्ट के सदस्यों को दिया गया था।

गृहमंत्रालय के अवर सचिव ने एक सौ रुपये के स्टांप पेपर पर ट्रस्ट को पंजीकृत कराया और फिर उसे एक रुपये में परासरन को स्थानांतरित कर दिया था। ट्रस्ट डीड में ही साफ कर दिया गया था कि इसके गठन के बाद सरकार की इसमें कोई भूमिका नहीं होगी, अर्थात यह सरकारी हस्तक्षेप से पूरी तरह से मुक्त होगा। ट्रस्ट का पता परासरन के ग्रेटर कैलाश पार्ट-एक स्थित आवास को रखा गया था, जिसे बाद में ट्रस्ट दूसरे स्थान पर स्थानांतरित कर सकता था। ट्रस्ट को मंदिर निर्माण और उसके रखरखाव के लिए धन जुटाने और उसके प्रबंधन की पूरी छूट दी गई थी। मंदिर निर्माण के लिए इस ट्रस्ट को 2.77 एकड़ भूमि सौंपी गई थी, जबकि 67.703 एकड़ भूमि का अधिग्रहण किए जाने की मंज़ूरी दी गई थी।

भविष्य में इस ट्रस्ट को ही श्रीराम जन्मभूमि पर भव्य मंदिर निर्माण और उसकी प्रतिदिन की व्यवस्था से लेकर देश विदेश से आने वाले लाखों श्रद्धालुओं के आने जाने, ठहरने और खाने पीने की व्यवस्था संभालने की जिम्मेदारी सौंपी गई थी।

मंदिर के लिए आंदोलन चलाने वाली विश्व हिन्दू परिषद ने मंदिर निर्माण के लिए एक ट्रस्ट श्रीराम जन्मभूमि न्यास ट्रस्ट पहले से ही बना रखा रखा था, जिसने उसका नक्शा भी बनाया हुआ था और उस नक्शे के अनुरूप पत्थरों को तराशने का सत्तर प्रतिशत कार्य पूरा भी कर लिया गया था, लेकिन नए ट्रस्ट को भव्य मंदिर के निर्माण के नक्शे के चयन की पूरी छूट दी गई थी। ट्रस्ट चाहे तो श्रीराम जन्मभूमि न्यास ट्रस्ट के नक्शे और निर्माण सामग्री का उपयोग कर सकता था या फिर नए सिरे से नक्शे भी बनवा सकता था।

केंद्र सरकार की ओर से गठित किए गए श्रीराम जन्मभूमि तीर्थ क्षेत्र ट्रस्ट के स्थायी नौ सदस्यों के नाम इस प्रकार से थे,

1. के. परासरन
   सुप्रीम कोर्ट में हिंदू पक्ष का केस लड़ने वाले वकील
2. कामेश्वर चौपाल
   1989 में राम मंदिर का शिलान्यास करने वाले दलित सदस्य
3. स्वामी वासुदेवानंद जी महाराज
   जगतगुरु शंकराचार्य ज्योतिष पीठाधीश्वर, प्रयागराज
4. जगतगुरु माधवाचार्य स्वामी विश्व प्रसन्नतीर्थ जी महाराज
   पीठाधीश्वर, पेजावर मठ, उडुपी, कर्नाटक
5. युगपुरुष परमानंद जी महाराज
   प्रमुख, अखंड आश्रम, हरिद्वार
6. स्वामी गोविंद देव गिरि जी महाराज,
   प्रमुख, गीता परिवार, पुणे
7. विमलेंद्र मोहन प्रताप मिश्र
   अयोध्या के राजपरिवार के वंशज, सदस्य रामायण मेला संरक्षक समिति के सदस्य और समाजसेवी
8. डॉ. अनिल मिश्र
   अयोध्या के होम्योपैथिक चिकित्सक
9. महंत दिनेंद्र दास
   अयोध्या के निर्मोही अखाड़े के प्रतिनिधि

जुलाई 2020 में पन्द्रह सदस्यों वाले इस तीर्थ क्षेत्र ट्रस्ट के सभी सदस्यों के नाम इस प्रकार से सामने आए थे,

1. महंत नृत्यगोपाल दास,
   ट्रस्ट के प्रमुख
2. स्वामी गोविंद देव गिरिजी महाराज
   कोषाध्यक्ष

3. चंपत राय
   महासचिव
4. के परासरन
   एडवोकेट
5. नृपेंद्र मिश्र
   आईएएस
6. स्वामी वासुदेवानंद सरस्वती महाराज
   सदस्य
7. स्वामी विश्व प्रसन्नतीर्थजी महाराज
   सदस्य
8. युगपुरुष परमानंद गिरि जी महाराज
   सदस्य
9. विमलेंद्र मोहन प्रताप मिश्र
   सदस्य
10. डॉ अनिल मिश्र, होम्योपैथिक डॉक्टर
    सदस्य
11. कामेश्वर चौपाल
    सदस्य
12. महंत दिनेंद्र दास
    सदस्य
13. ज्ञानेश कुमार
    आईएएस, गृह मंत्रालय में अतिरिक्त सचिव
14. अविनाश अवस्थी
    आईएएस, उप्र सरकार में अतिरिक्त मुख्य सचिव
15. अनुज झा
    आईएएस, जिलाधिकारी, अयोध्या

5 फरवरी 2020 को मंदिर निर्माण के लिए 'श्रीराम जन्मभूमि तीर्थ क्षेत्र ट्रस्ट' का गठन किए जाने के बाद उसी दिन उत्तर प्रदेश सरकार ने अयोध्या की सोहावल तहसील के धन्नीपुर गांव में श्रीराम जन्मभूमि से पच्चीस किलोमीटर दूर, लखनऊ अयोध्या हाइवे पर स्थित कृषि विभाग के फार्म में से सुन्नी वक्फ बोर्ड को मस्जिद के लिए पांच एकड़ भूमि आवंटित कर दी थी। अयोध्या प्रशासन के अनुसार धन्नीपुर में सुन्नी वक्फ बोर्ड को मस्जिद के लिए दी गई यह भूमि पसंद भी आ गई थी।

24 फरवरी 2020 को उत्तर प्रदेश सुन्नी सेंट्रल वक्फ बोर्ड ने उत्तर प्रदेश राज्य सरकार द्वारा अयोध्या जिले के सोहावल तहसील के धन्नीपुर गांव में बाबरी मस्जिद के स्थान पर दूसरी मस्जिद बनाने के लिए आवंटित पांच एकड़ भूखंड को स्वीकार कर लिया था।

27 फरवरी 2020 को एक सूचना आई कि मंदिर के निर्माण का रास्ता साफ होने के बाद से अब अयोध्या में मंदिर निर्माण की तैयारी जोरों के साथ शुरू हो गई थी। ऐसे में श्रीराम जन्मभूमि न्यास के नक्शे में दो मंजिला मंदिर का प्रारूप तैयार किया गया था, जिसके अनुसार भूतल पर रामलला विराजमान होंगे और प्रथम तल पर श्रद्धालुओं को राम दरबार का दर्शन मिलेगा। इसी मॉडल पर श्रीराम जन्मभूमि तीर्थ क्षेत्र ट्रस्ट ने भी अपनी सहमति प्रगट कर दी थी।

प्रस्तावित श्रीराम मंदिर के लिए शिलाओं की तराशी का काम 1991 से रामघाट स्थित मंदिर निर्माण कार्यशाला में चल रहा था। इस समय तक कार्यशाला में लगभग एक लाख घन फीट पत्थरों की तराशी पूरी की जा चुकी थी और लगभग पिचहेत्तर हजार घन फीट पत्थर और तराशे जाने थे।

इस समय तक कहा जा रहा था कि श्रीराम जन्मभूमि पर प्रस्तावित मंदिर दो सौ अड़सठ फीट लंबा, एक सौ चालीस फीट चौड़ा एवं एक सौ अटठाइस फीट ऊंचा होगा और मंदिर की प्रथम पीठिका आठ फीट ऊंची होगी और इस तक सीढियां चढ़ कर पहुंचा जा सकेगा। मंदिर के अग्रभाग में सिंह द्वार उसके आगे नृत्यमंडप, रंगमंडप और गर्भगृह के रूप में मंदिर के मुख्यतया पांच प्रखंड बनाए जाने की योजना बनाई जा रही थी। इसके साथ ही यह दावा भी किया जा रहा था कि मंदिर का निर्माण लगभग दो से ढाई वर्ष में पूर्ण हो जाएगा। कहा जा रहा था कि इस दो तल के मंदिर का प्रथम तल अठारह फीट तथा दूसरा तल पन्द्रह फीट नौ इंच ऊंचा होगा। ऐसा भी कहा जा रहा था कि श्रीराम मंदिर में दो सौ बारह स्तंभ लगाए जायेंगे। प्रथम तल में एक सौ छह एवं इतने ही दूसरे तल पर लगेंगे। प्रथम तल पर लगने वाले स्तंभों की ऊंचाई सौलह फीट तीन इंच एवं दूसरे तल पर लगने वाले स्तंभों की ऊंचाई पन्द्रह फीट नौ इंच निधारिंत की गई थी। प्रत्येक स्तंभ पर यक्ष और यक्षिणियों की सौलह मूर्तियां और अन्य कलाकृतियां उत्कीर्ण की जानी थी और इनका व्यास चार से पांच फीट तक बताया जा रहा था।

जिस कक्ष में रामलला को विराजमान होना था, उसके ऊपर सौलह फीट तीन इंच का दूसरा गर्भगृह बनाया जाना था और इस गर्भगृह में भगवान श्रीराम को अयोध्या के राजा के रूप में चारो भाइयों के साथ मां सीता और हनुमान जी के साथ विराजमान होने की जानकारी दी गई थी, जिससे कि उनके दरबार का भव्य रूप भक्तों को देखने को मिल सके। प्रस्तावित मंदिर के दोनों गर्भगृह अति भव्य बनाये जाने की योजना थी। दोनों गर्भगृह का निर्माण बीस फीट की लंबाई और चौड़ाई में बनाये जाने की योजना बनाई जा रही थी।

21 मार्च 2020 को अयोध्या में अस्थाई गर्भगृह में विराजमान रामलला के लिए वैकल्पिक गर्भगृह का निर्माण कार्य पूरा होने के बाद जिलाधिकारी अयोध्या ने श्रीराम जन्मभूमि तीर्थ क्षेत्र ट्रस्ट के प्रतिनिधियों को सौंप दिया था। यह वैकल्पिक गर्भगृह चौबीस फीट लम्बा एवं अठारह फीट चौड़ा और सत्रह फीट ऊंचाई के साथ कुल चार सौ बत्तीस वर्ग फीट क्षेत्र में बनाया गया था और इसमें चौबीस फीट की दूरी से रामलला के दर्शन की व्यवस्था की गई थी।

25 मार्च 2020 को लगभग अटठाइस वर्ष बाद रामलला टेंट के अस्थाई गर्भगृह से निकलर फाइबर के बने मंदिर में विराजमान हो गए थे। लेकिन, इस समय पर पूरे विश्व भर में चीन

से फैली कोरोना महामारी ने विश्व के सभी देशों को अस्त व्यस्त कर दिया था, कोरोना वायरस का संक्रमण भारत में भी दस्तक दे चुका था। इसकी रोकथाम के लिए भारत सरकार पूरे जोर शोर से जुटी हुई थी, लेकिन फिर भी पूरे देश में कोरोना फैल चुका था और पूरा देश जैसे थम सा गया था, जनमानस की सभी गतिविधियां थम सी गई थी, भगवान श्रीराम के मंदिर निर्माण की योजना पर भी इसका गहरा प्रभाव पड़ा था।

कोरोना वायरस के संक्रमण को रोकने के लिए घोषित लॉकडाउन के बीच में नवरात्र के पहले दिन रामलला नए अस्थाई गर्भगृह में विराजमान हुए थे। श्रीराम जन्मभूमि तीर्थ क्षेत्र ट्रस्ट के पदाधिकारियों और उत्तर प्रदेश के मुख्यमंत्री योगी आदित्यनाथ व संत और महंतों की उपस्थिति में दो दिन के वैदिक अनुष्ठान के बाद प्रातः काल में चार बजे रामलला को दस वैदिक आचार्यों के समूह ने वेद मंत्रों के साथ वैकल्पिक गर्भगृह में स्थापित किया था। मुख्यमंत्री योगी आदित्यनाथ ने भी रामलला की पूजन और आरती में भाग लिया था। इस अनुष्ठान को संपन्न कराने के लिए सभी वैदिक विद्वान दिल्ली, प्रयागराज, काशी और अयोध्या से आये हुए थे। इस समय पर योगी आदित्यनाथ ने अपने व्यक्तिगत बचत खाते का ग्यारह लाख रुपए का एक चेक भी रामलला को दान में दिया था।

वैकल्पिक गर्भगृह में रामलला की प्रतिष्ठा के साथ ही देश भर में कोरोना संक्रमण से निपटने के लिए लागू किए गए लॉकडाउन ने तीर्थ क्षेत्र ट्रस्ट के कार्यों में भी रूकावट पैदा कर दी थी। लॉकडाउन के निर्देशों को देखते हुए 10 मई 2020 तक कार्य पूरी तरह से ठप रहा था।

10 मई 2020 के बाद लॉकडाउन में ढील दिये जाने के साथ ही तीर्थ क्षेत्र ट्रस्ट पुनः नए सिरे से सक्रिय हुआ और सत्तर एकड़ के श्रीराम जन्मभूमि परिसर के केंद्रीय क्षेत्र के रूप में स्थित तीन एकड़ क्षेत्र का समतलीकरण कार्य शुरू कराया जाने लगा था। इसी स्थान पर रामलला के स्थायी गर्भगृह सहित मुख्य मंदिर और कॉरीडोर की स्थापना की जानी थी।

समतलीकरण की प्रक्रिया पूरी होने के साथ ही सत्तर एकड़ के संपूर्ण परिसर का सर्वे किया गया था तथी नींव भरे जाने से पूर्व मिट्टी की जांच की गई थी और इस के साथ ही मंदिर निर्माण की तैयारी हो चुकी थी। एक सौ बीस गुणें अस्सी वर्ग फीट के उस भूखंड का भी चिह्नांकन किया जा चुका था, जो स्थल श्रीराम जन्मभूमि के रूप में सदियों से विवाद के केंद्र में रहा था।

निर्माण के क्षेत्र की प्रख्यात कंपनी लार्सन एंड टुब्रो (एल एंड टी) को मंदिर निर्माण के लिए चयनित किया गया था, उसके प्रतिनिधि निर्माण शुरू होने से पूर्व तकनीकी द्रष्टि से प्रत्येक चीज का मिलान कर चुके थे।

तराशे गए पत्थरों की सफाई भी दिल्ली की एक कंपनी की देख रेख में निरंतर आगे बढ़ रही थी। मंदिर निर्माण के लिए शेष शिलाओं की तराशी श्रीराम जन्मभूमि परिसर में कराये जाने की योजना बनाई गई थी, क्योंकि तीन दशकों से शिलाओं की तराशी श्रीराम जन्मभूमि से लगभग डेढ़ किलोमीटर दूरी पर रामघाट स्थित न्यास कार्यशाला में चल रही थी। 1990 में जिस समय शिलाओं की तराशी शुरू हुई थी, उस समय श्रीराम जन्मभूमि परिसर में स्थान मिलने

की संभावना नहीं थी। ऐसे में कार्यशाला की स्थापना रामघाट परिक्रमा मार्ग चौराहा पर करनी पड़ी थी।

मंदिर निर्माण की योजना के अनुसार कुल 268 फीट लंबे, 140 फीट चौड़े एवं 128 फीट ऊंचे प्रस्तावित मंदिर के लिए 1990 से ही पत्थरों की तराशी चल रही थी। प्रस्तावित मंदिर में लगभग एक लाख पिचहेत्तर हजार घन फीट शिलाओं का प्रयोग होना था। अब तक एक लाख घन फीट से कुछ अधिक शिलाओं की तराशी हो चुकी थी। इसमें प्रमुख रूप से प्रथम तल के एक सौ छह स्तंभ, प्रथम तल की फर्श और द्वार आदि प्रमुख थे।

7 अप्रेल 2020 को मंदिर निर्माण के लिए गठित श्रीराम जन्मभूमि तीर्थ क्षेत्र ट्रस्ट ने देश में कोरोना संकट के बाद भी ट्रस्ट का लोगो जारी कर दिया था। किसी अन्य संगठन या संस्था के लोगो जैसा ही यह लोगो भी तीर्थ क्षेत्र ट्रस्ट के मूल्यों और आदर्शों का परिचायक है। इस लोगो के केंद्र में जहां भगवान श्रीराम का चित्र बना है, वहीं पर वलयाकार ऊपरी परिधि में श्रीराम जन्मभूमि तीर्थ क्षेत्र अंकित किया गया है, लोगो में अंकित तीर्थ क्षेत्र के नाम से पूर्व और नाम के समापन पर श्रद्धावनत हनुमान जी का चित्र संयोजित किया गया है। लोगो में आधार पीठ के रूप में भगवान श्रीराम की महत्ता से संबंधित वाल्मीकि रामायण से लिया गया "रामो विग्रहवान धर्मः" अंकित किया गया है।

12 अप्रेल 2020 को भगवान रामलला के अस्थाई गर्भगृह में हनुमान जी की नई मूर्ति की स्थापना की गई थी, वहां की पुरानी खंडित मूर्ति को सरयू में विसर्जित कर दिया गया था। बाबरी मस्जिद ढाँचा ध्वंस होने के बाद देखा गया था कि गर्भगृह में प्राचीन हनुमान जी की दो मूर्तियां स्थापित हैं, एक संगमरमर से बनी हुई दो फिट की और दूसरी पत्थर से बनी एक फिट की मूर्ति थी। लेकिन छोटी मूर्ति उस समय खंडित अवस्था में थी, उसी समय इसकी जानकारी वहां के रिसीवर को दे दी गई थी, लेकिन उन्होंने उसे हटाने की अनुमति नहीं दी थी। न्यायालय के आदेश से गर्भगृह में रखी सभी मूर्तियों का प्रति दिन अधिकारी निरीक्षण करते थे और उनकी गणना भी करते थे।

रामलला के अस्थायी मंदिर में विराजमान होने के बाद ट्रस्ट के पदाधिकारियों को इस बात से अवगत कराया गया था, उसके बाद पत्थर से निर्मित किये गए लगभग चार इंच के हनुमान जी को वैदिक रीति रिवाज के साथ रामलला के बराबर में स्थापित किया गया था। दूसरी ओर गर्भगृह स्थल में लगे टेंट को हटाकर साफ सफाई का काम भी किया गया और वर्षों से रामलला के गर्भगृह में लगा पुराना टेंट भी हटा दिया गया था।

18 अप्रेल 2020 से मंदिर के भूमि पूजन से एक सौ आठ दिन पहले से श्रीराम नाम के नियमित पाठ के साथ अयोध्या में वेद, वास्तु, ग्रह, नक्षत्र शांति पाठ और पूजा शुरू हो गई थी और इस समय विभिन्न पाठ जैसे हनुमान नाम पाठ और हवन आदि किये जा रहे थे।

20 मई 2020 को बताया गया कि श्रीराम जन्मभूमि परिसर में चल रहे समतलीकरण के समय बड़ी संख्या में प्राचीन मंदिर के अवशेष मिले थे, समतलीकरण का कार्य 11 मई 2020 से

रामलला के मूल गर्भगृह के आसपास चल रहा था। इन अवशेषों में कलश, एक दर्जन से ज्यादा मूर्ति युक्त पाषाण स्तंभ, देवी देवताओं की खंडित मूर्तियां, नक्काशीदार शिवलिंग प्राचीन कुआं व चौखट आदि शामिल थे। सर्वोच्च न्यायालय का निर्णय आने के साथ ही यह स्पष्ट हो गया था कि जिस गर्भगृह में रामलला विराजमान थे, वहां पर विक्रमादित्य के समय का मंदिर था। लोकिन समतलीकरण के समय जिस मंदिर के अवशेष मिले थे, उनके विषय में यह स्पष्ट नहीं कहा गया था कि यह उसी मंदिर के अवशेष थे अथवा बाद में बने किसी अन्य मंदिर के अवशेष थे।

18 जुलाई 2020 को रामनगरी अयोध्या में श्रीराम जन्मभूमि तीर्थ क्षेत्र ट्रस्ट की एक बैठक आयोजित की गई थी, पहली बार आयोजित ट्रस्ट की इस बैठक में सभी पन्द्रह पदाधिकारी शामिल हुए थे। दो घंटे से अधिक समय तक चली बैठक में मंदिर के निर्माण से संबंधित सभी बिंदुओं पर चर्चा की गई थी। क्योंकि उन दिनों देश भर में कोरोना संकट चल रहा था, इसलिए कोरोना के चलते हुए भूमि पूजन की तिथि निश्चित करने के लिए लंबी प्रतीक्षा करनी पड़ी थी। लेकिन इस अवधि में मंदिर निर्माण की शुरुआत की तैयारियां पक्की करने का भी खूब मौका मिल गया था।

बैठक मे मंदिर के भूमि पूजन के लिए दो तारीखों तीन अगस्त और पांच अगस्त पर सहमति व्यक्त की गई थी, इसके बाद एक प्रस्ताव प्रधानमंत्री कार्यालय को भेजा गया था, इस प्रस्ताव में तीन तथा पांच अगस्त की तारीख तय करके प्रधानमंत्री कार्यालय को इसकी जानकारी दी गई थी। इसके बाद प्रधानमंत्री कार्यालय को इनमें से एक दिन भूमि पूजन के लिए निश्चित करना था, इस विषय पर सबकी निगाहें प्रधानमंत्री कार्यालय के निर्णय पर टिकी हुई थी, क्योंकि देश के प्रधानमंत्री बनने के बाद नरेंद्र मोदी पहली बार अयोध्या आने वाले थे।

प्रधानमंत्री कार्यालय से भूमि पूजन के लिए पांच अगस्त की तारीख फाइनल कर दी गई थी। शिलान्यास के लिए प्रधानमंत्री नरेंद्र मोदी के साथ साथ देश के कई राजनीतिक और धार्मिक हस्तियों को कार्यक्रम में बुलावा भेजा गया था।

इस तिथी को मंदिर का केवल भूमि पूजन किया जाना था, क्योंकि शिलान्यास तो पहले ही लगभग 31 वर्ष पूर्व 10 नवंबर 1989 को किया जा चुका था। भूमि पूजन का कार्यक्रम 5 अगस्त 2020 को प्रातः आठ बजे से शुरू किया जाना था, प्रधानमंत्री को ग्यारह बजे से एक बजे तक इस कार्यक्रम में शामिल होने की बात कही गई थी। बताया गया था कि श्रीराम नाम का जो मुहूर्त है वह पांच का है और यही सर्वश्रेष्ठ मुहूर्त है और इसमें यदि भूमि पूजन किया जाए तो सर्वार्थ की सिद्धि प्राप्त होगी, यही सर्वार्थ सिद्धि का योग भी है। माना जाता है इस मुहूर्त में सभी कामनाओं की सिद्धि होती है इसलिए इस शुभ मुहूर्त में ही पूजन का कार्यक्रम तय किया जा रहा था। इसके लिए श्रीराम जन्मभूमि तीर्थ क्षेत्र ट्रस्ट ने तैयारियां शुरू कर दी थी।

मंदिर के नींव पूजन में प्रधानमंत्री द्वारा एक ताम्र कलश भी स्थापित किया जाना था, मंदिर की नींव के पूजन में प्रयुक्त होने वाले इस ताम्र कलश में सेवर घास रखकर वैदिक रीति के अनुसार गंगा जल के साथ सभी तीर्थों के जल, सर्व औषधि एव पंच रत्न जिनमें हीरा, पन्ना, माणिक, सोना और पीतल के साथ पाताल लोक के राजा शेषनाग और शेषावतार की प्रसन्नता

के लिए चांदी के नाग नागिन, भूमि के आधार देव भगवान विष्णु के कच्छप अवतार के प्रतीक कछुआ भी नींव में स्थापित करने की जानकारी दी गई थी। इसके बाद वैदिक वास्तु पूजन और विधान के अनुसार कलश स्थापित करने के बाद नंदा, भद्रा, जया, रिक्ता और पूर्णा नाम की पांच शिलाओं की पूजा और वैदिक पूजन के बाद ही सारी सामग्री नींव में स्थापित करके मंदिर का औपचारिक निर्माण आरंभ करने के बाद श्रीराम मंदिर निर्माण का श्रीगणेश किया जाना था।

19 जुलाई 2020 को श्रीराम जन्मभूमि तीर्थ क्षेत्र ट्रस्ट के महासचिव चंपत राय उत्तर प्रदेश के मुख्यमंत्री योगी आदित्यनाथ जी से मिलने के लिए लखनऊ पहुंचे, उन्होंने मुख्यमंत्री से भूमि पूजन की तैयारियों के साथ साथ श्रीराम जन्मभूमि के संपूर्ण परिसर की विकास योजनाओं को लेकर भी मंत्रणा की और बताया कि सत्तर एकड़ के परिसर में से श्रीराम मंदिर का निर्माण लगभग एक एकड़ में होना है, शेष भूमि का किस प्रकार उपयोग होगा, यह भी एक महत्वपूर्ण विषय था जिस पर प्रधानमंत्री के कार्यक्रम में भी मंथन किया जा सकता था।

मंदिर के प्रस्तावित मॉडल पर भी चर्चा की गई थी, जिसके अनुसार 2.75 लाख घन मीटर भू भाग पर बनने वाला श्रीराम मंदिर दो मंजिल का बनाया जाना था। इस मंदिर की लंबाई 270 फीट, चौड़ाई 140 फीट और ऊंचाई 128 फीट प्रस्तावित थी, कुल 330 बीम और दोनों तल पर 106 अर्थात कुल 212 खंभों वाले मंदिर में पांच दरवाजों का निर्माण किया जाना था। गर्भगृह, कौली, रंग मंडप, नृत्य मंडप और सिंह द्वार सहित मंदिर के पांच हिस्सों में दरवाजे लगाए जाने थे। मंदिर के मुख्य द्वार का निर्माण मकराना के सफेद संगमरमर से किया जाना था। गर्भगृह के ठीक ऊपर 16.3 फीट का प्रकोष्ठ बनाया जाना था, जिस पर 65.3 फीट ऊंचे शिखर का निर्माण किया जाना था।

23 जुलाई 2020 को श्रीराम जन्मभूमि पर प्रस्तावित मंदिर की भव्यता पर उठ रहे सवालों पर भी विराम लग गया था, इस दिन ट्रस्ट ने सभी शंकाओं को दूर कर दिया था। भक्तों और संतों की अपेक्षाओं को ध्यान में रखते हुए मंदिर के मॉडल के डिजाइन को नए सिरे से अंतिम रूप दे दिया गया था, जिस पर श्रीराम जन्मभूमि तीर्थ क्षेत्र ट्रस्ट ने भी अपनी अंतिम मुहर लगा दी थी। इस दिन मंदिर में आसमान छूते हुए छह शिखर बनाने की घोषणा की गई थी।

मंदिर में भक्तों की भारी से भारी भीड़ रामलला के दर्शन कर सके, इसलिए परकोटा का भी लगभग पांच एकड़ में निर्माण किया जाना था। वास्तुविद चंद्रकांत सोमपुरा ने अपने दो वास्तुविद पुत्रों को इस काम में लगा दिया था, उन्होंने अपने आप भी लगभग दो माह की मेहनत के बाद आकार में समुचित वृद्धि के साथ प्रस्तावित मंदिर का संशेधित ब्लूप्रिंट तैयार कर दिया था। यह ब्लूप्रिंट स्थानीय सर्किट हाऊस में हुई तीर्थ क्षेत्र ट्रस्ट की बैठक में प्रस्तुत किया गया था और उस पर अंतिम मुहर लग चुकी थी। अब मंदिर कुल 360 फीट लंबा, 235 फीट चौड़ा और 161 फीट ऊंचा निर्मित करने हेतु अंतिम रूप दे दिया गया था। इसका क्षेत्रफल 84 हजार 600 वर्ग फीट बनता था। यह भी घोषणा की गई थी कि आकार वृद्धि के बाद अब मंदिर में एक मुख्य शिखर सहित पांच उप शिखर बनाए जाएंगे, इनमें से तीन उप शिखर मुख्य शिखर के सामने एवं दो उप शिखर मुख्य शिखर के आस पास बनने थे, मंदिर में तीन तल संयोजित किए गए

थे। यह भी घोषणा की गई थी कि पूर्व प्रस्तावित मंदिर में लगने वाले स्तंभों की संख्या दो सौ बारह से बढ़कर तीन सौ अठ़ारह कर दी गई थी। यह स्तंभ साढ़े चौदह से सौलह फीट तक ऊंचे और आठ फीट व्यास वाले निर्मित होने थे और प्रत्येक स्तंभ को यक्ष और यक्षिणियों की सौलह मूर्तियों से सज्जित किया जाना था। मंदिर के प्रथम तल के गर्भगृह में रामलला की प्रतिमा और दूसरे तल के गर्भगृह में राम दरबार की स्थापना का निर्णय लिया गया था। गर्भगृह और रंगमंडप के बीच गूढ़ मंडप और दाएं व बाए ओर अलग अलग़ कीर्तन तथा प्रार्थना मंडप बनाये जाने थे।

24 जुलाई 2020 को इलाहाबाद उच्च न्यायालय ने रामनगरी अयोध्या में 5 अगस्त 2020 को प्रस्तावित श्रीराम जन्मभूमि मंदिर के भूमि पूजन पर रोक लगाने के लिए दाखिल की गई दिल्ली के एक पत्रकार की याचिका को निरस्त कर दिया था। क्योंकि, उस समय भारत सहित पूरे विश्व में कोरोना महामारी का प्रकोप चल रहा था, उसी की आड़ में यह याचिका लगाई गई थी, कुछ लोगों का तो यह भी कहना था कि यह केवल श्रीराम मंदिर के निर्माण के लिए होने वाले भूमि पूजन को रोकने अथवा देरी करने की एक साजिश थी, जो कि सफल नहीं हो सकी थी। इस जनहित याचिका में उस पत्रकार की ओर से कहा गया था, कि आयोजकों के साथ साथ सरकार से भी कोविड-19 की गाइडलाइन का पालन करने की उसे उम्मीद नही है और मंदिर निर्माण के लिए होने वाला भूमि पूजन कोविड-19 के अनलॉक-2 की गाइडलाइन का उल्लंघन है। इस पर उच्च न्यायालय ने कहा था कि हम राज्य सरकार और आयोजकों से अपेक्षा करते हैं कि कोविड के कारण फिजिकल डिस्टेंसिंग और इसके सभी प्रोटोकॉल का पालन किया जाएगा। साथ ही न्यायालय ने यह भी कहा था कि याची की आशंका आधारहीन है।

3 अगस्त 2020 से मंदिर निर्माण का तीन दिन तक चलने वाला अनुष्ठान पूजन उत्सव रामनगरी अयोध्या में शुरू हो गया था। गौरी गणेश पूजन के साथ श्रीराम जन्मभूमि में इक्कीस पुरोहितों ने गौरी गणेश का आह्‌वान करके मंदिर के भूमि पूजन हेतु अनुष्ठान की शुरुआत कर दी थी, एक हजार लड्डू से लगभग पांच घंटे तक गणेश पूजन किया गया था। पांच अगस्त को मंदिर की आधारशिला रखने के लिए नौ शिलाओं का पूजन भी किया गया था, मंदिर का नक्शा पास होने के बाद जिस स्थान पर रामलला विराजमान होंगे, वहां की नींव के नीचे इन नौ शिलाओं की स्थापना की जानी थी। इस क्रम में दूसरे दिन चार अगस्त को अयोध्या के आचार्यों ने लगभग सात घंटे तक श्रीराम अर्चन किया था और काशी के आचार्यों ने लगभग तीन घंटे वास्तु पूजन किया था। भूमि पूजन के क्षणों को उत्सव के रूप में मनाने के लिए अयोध्या में भव्य तैयारी की गई थी।

देश में कोरोना संक्रमण के कारण भव्य आयोजन और अन्य उत्सव में रामभक्तों की सहभागिता उतनी नहीं हो पाई थी, जैसी कि आम दिनों में होती थी। सभी रामभक्त अपने घरों में ही इस आयोजन से जुड़े हो कर अनुष्ठान कर रहे थे। मंदिर के भूमि पूजन से पहले अयोध्या में शंखनाद भी किया जा रहा था। हैदराबाद से अयोध्या पहुंचे एक रामभक्त का प्रण था कि वह भूमि पूजन से पहले ग्यारह हजार बार शंखनाद करेंगे और श्रीराम मंदिर के निर्माण तक देश भर में घूम घूम कर सवा लाख बार शंखनाद करेंगे।

4 अगस्त 2020 को प्रभु श्रीराम के मंदिर के भूमि पूजन समारोह के लिए नौ 'पाहन' अर्थात आदिवासी पुजारी अपने साथ झारखंड की मिट्टी और राज्य में बहने वाली नदियों का पानी लेकर अयोध्या के लिए रवाना हुए थे। इनके मुख्य पुजारी का कहना था कि भगवान राम सभी वर्गों के लोगों के भगवान हैं और देवता को समर्पित एक भव्य मंदिर के अनुष्ठान में भाग लेने का अवसर पुजारियों के लिए गर्व का क्षण है, उनका कहना था कि आदिवासी पुजारियों की भागीदारी झारखंड के लिए भी गर्व की बात थी। इसके अलावा देश के कोने कोने से साधु संतों ने अयोध्या की ओर कूच कर दिया था।

5 अगस्त 2020 को वह दिन भी आ गया जब श्रीराम जन्मभूमि पर नव्य भव्य मंदिर निर्माण के लिए भूमि पूजन और आधार शिला रखने के साथ ही श्रीराम भक्तों का सपना पूरा हुआ। अयोध्या पहुंचकर सबसे पहले प्रधानमंत्री नरेंद्र मोदी ने हनुमानगढ़ी मंदिर में प्रभु श्रीराम के भक्त हनुमान जी के दर्शन किए थे। रामलला विराजमान से कुछ ही कदमों की दूरी पर प्रधानमंत्री ने पारिजात पौधे का रोपण किया और पौधारोपण के बाद पूजा स्थली के लिए रवाना हो गए थे। उस दिन प्रधानमंत्री नरेंद्र मोदी ने चटख भगवा रंग के वस्त्र धारण किए हुए थे, उनके अंदर तनिक भी अहंकार दिखाई नहीं दिया और वह एक सामान्य यजमान की भांति पितांबरी अर्थात सिल्क की धोती व कुर्ता पहने हुए थे। जन्मभूमि स्थल पर उन्होंने भगवान श्रीराम को साष्टांग प्रणाम किया और पूजा अर्चना की। पांच सदी तक प्रतीक्षा के बाद, अभिजीत मुहूर्त में प्रधानमंत्री नरेंद्र मोदी ने श्रीराम जन्मभूमि में भव्य मंदिर के निर्माण के लिए भूमि पूजन करने के साथ ही आधार शिला भी रखी थी। इस समय हरि संकीर्तन का आयोजन किया गया था। प्रधानमंत्री ने मंत्रोच्चार के बीच गणेश पूजन, वास्तु पूजन और नौ ग्रह पूजन किया, मंत्रों का जाप और मिट्टी की खुदाई के बाद भूमि और शिला पूजन किया गया, उसके बाद शुभ मुहुर्त में शिलाओं को स्पर्श कर उन्हें नींव में रखा गया था। प्रधान शिला पूजन के पश्चात अष्ट उप शिला का पूजन किया गया और पूजा के समय नौ शिलाओं को पूजन में रखा गया था, आधार शिलाओं की इन नौ शिलाओं में से तीन शिलाएं आस्ट्रेलिया, जर्मनी और अमेरिका के प्रवासी भारतीयों की ओर से भेजी गई थी, अन्य छह शिलाएं स्थानीय थी। वर्ष 1989 में दुनियाभर से दो लाख पिचहेत्तर हजार ईंट रूपी शिलाऐं जन्मभूमि के लिए भेजी गई थीं इन ईंटों पर 'जय श्री राम' खुदा हुआ था। शिलाओं के साथ ही चांदी के नाग नागिन तथा कछुए को भी नींव में रखा गया था। इसके पश्चात प्रभु श्रीराम की कुलदेवी काली माता के पूजन के साथ ही सभी देवियों का पूजन किया गया था। पूजन के बाद प्रधानमंत्री ने श्रीराम जन्मस्थान की पवित्र भूमि की मिट्टी को माथे पर लगाया। उन्होंने एक सच्चे भक्त की भांति विधिवत पूजा अर्चना की थी। पूजा संपन्न होने के बाद उन्होंने कच्छप आकार की एक डिबिया भी चढ़ाई थी, इसमें चांदी का कच्छप होने का अनुमान लगाया गया था।

मंदिर की नींव मध्याह बारह बजकर चवालीस मिनट आठ सेकेंड से लेकर बारह बजकर चवालीस मिनट चालीस सेकेंड के बीच रखी गई थी, बत्तीस सेकेंड का यह समय ग्रहों और नक्षत्र का बहुत ही शुभ योग माना गया था। भूमि पूजन कार्यक्रम लगभग साढ़े उन्तालीस मिनट में संपन्न कराया गया था। प्रधानमंत्री मोदी ने मंदिर की नींव खोदने के लिए चांदी के फावड़े का उपयोग

किया था और नींव की ईंट पर सीमेंट लगाने के लिए चांदी की कन्नी का प्रयोग किया गया था। भूमि पूजन के लिए शुद्ध चांदी से बनी चालीस किलोग्राम की ईंट का उपयोग किया गया था। भूमि पूजन के लिए एक हजार पांच सौ से अधिक स्थानों से लाई गई मिट्टी, दो हजार स्थानों से पवित्र जल और एक सौ से अधिक पवित्र नदियों एवं सैकड़ों कुंडों का जल एकत्र किया गया था।

भूमि पूजन कार्यक्रम उसी स्थल पर हुआ था, जिस स्थान पर पुराने विवादित ढांचे में रामलला विराजमान थे। पूजन के समय रामलला को हरे और भगवा रंग के वस्त्र पहनाए गए थे, रामलला के वस्त्र मखमल के कपड़े से बने हुए थे, इन वस्त्रों पर नौ प्रकार के रत्नों को लगाया गया था।

पांच अगस्त को पांच का विशेष संयोग बना हुआ था, इसी लिए पांच अगस्त को ही मंदिर का मुख्य पूजन किया गया था, अंक ज्योतिष के अनुसार पांच का अंक बुध ग्रह का कारक माना जाता है। ज्योतिष शास्त्र में बुध को शुभ ग्रह माना गया है, इस ग्रह का संबंध सुख समृद्धि से होता है। श्रीराम मंदिर में भी पांच शिखरों का निर्माण किया जाना था, इसलिए मंदिर के भूमि पूजन के समय भी पांच चांदी की ईंटें रखीं गई थी। भूमि पूजन कराने का सौभाग्य काशी के आचार्यों को मिला था। काशी के ब्राह्मणों ने तीन दिनों तक वैदिक रीति से गणेश पूजा से लेकर भूमि पूजन तक संपन्न कराया था। भूमि पूजन कराने की मुख्य जिम्मेदारी सांगवेद महाविद्यालय, रामघाट काशी के वरिष्ठ आचार्य को लगभग चार माह पहले ही सौंप दी गई थी। अस्वस्थ होने के कारण उन्होंने यह जिम्मेदारी अपने वरिष्ठ शिष्य को सौंप दी थी। भूमि पूजन का अनुष्ठान तीन दिनों तक चला था। इसका प्रारम्भ तीन अगस्त को गणेश पूजन से हो गया था, साथ ही बड़ी देव काली और छोटी देव काली मंदिर में भी पूजा अर्चना की गई थी। भूमि पूजन में काशी के चार कर्मकांडी ब्राह्मणों की मुख्य भूमिका रही थी, वाराणसी व अयोध्या से इक्कीस आचार्य शामिल हुए थे, इसके साथ ही छत्तीस परंपराओं के संत भी इस दिव्य अनुष्ठान के साक्षी बने थे।

विधिवत रूप से भूमि पूजन का आयोजन संपन्न हुआ था और पूजन के बाद प्रधानमंत्री मोदी को संकल्प भी दिलाया गया था। इसके बाद मोदी जी की ओर से पंडितों को दक्षिणा भी दी गई थी। इस अवसर पर प्रधानमंत्री को पीले रंग के ताने व लाल बाने से कैलीग्राफी विधि से बना हैंडलूम से बुना गया बाईस इंच गुणा बहात्तर इंच साइज का ऐतिहासिक अंगवस्त्रम भेंट किया गया था, इस वस्त्र को तैयार करने में लगभग पन्द्रह दिन का समय लगा था। उत्तर प्रदेश के मुख्यमंत्री योगी आदित्यनाथ जी ने प्रधानमंत्री को कर्नाटक से मंगाई गई भगवान श्रीराम की एक मूर्ति भेंट की थी।

भूमि पूजन कार्यक्रम में प्रधानमंत्री ने राम मंदिर के नए माडल का पांच रुपए का डाक टिकट व कवर जारी किया था। इस मौके पर प्रधानमंत्री ने मंदिर निर्माण व कार्यारम्भ के शिलापट का अनावरण भी किया था।

अतिथियों की सूची में एक सौ पैंतीस संत और चालीस प्रमुख लोग शामिल थे। छत्तीस संप्रदायों को मानने वाले पैंतीस संत भारत और नेपाल से बुलाए गए थे, नेपाल के जनकपुर के संतों को भी बुलावा भेजा गया था। कुल एक सौ पिचहेत्तर ऐसे नाम थे, जिन्हें देश के उन लोगों में शामिल

होने का मौका मिला था जो कि श्रीराम मंदिर भूमि पूजन के गवाह बने थे। अतिथियों के लिए आयोजन को यादगार बनाने के लिए ट्रस्ट ने कार्यक्रम में शामिल सभी गणमान्य व्यक्तियों को एक खास चांदी का सिक्का भेंट किया था। जिसमें एक ओर श्रीराम दरबार व दूसरी ओर तीर्थ क्षेत्र का प्रतीक चिह्न बना हुआ था। इसके अलावा शहर भर में सवा लाख रघुपति नाम के लड्डुओं का प्रसाद बांटा गया था। मंदिर के भूमि पूजन का पहला प्रसाद एक दलित परिवार के घर भेजा गया था, उस परिवार को प्रसाद के साथ रामचरित मानस भी भेंट किया गया था। इसके साथ ही अतिथियों और स्थानीय लोगों में प्रसाद का वितरण शुरू किया गया था।

हवन के बाद प्रधानमंत्री ने विशेष समारोह में 'जय सिया राम' के साथ अपने भाषण की शुरुआत करते हुए, हनुमान तेहि परसा कर पुनि कीन्ह प्रनाम, राम काजु कीन्हें बिनु मोहि कहां विश्राम। सुंदर कांड की इन पंक्तियों के साथ सभी आमंत्रितों को संबोधित किया था। उन्होंने कहा कि 'रामलला' वर्षों से एक अस्थायी तम्बू में रह रहे थे, अब उनके लिए एक भव्य राम मंदिर बनाया जाएगा, आज राम जन्मभूमि टूटने और फिर से बनने के सदियों से चली आ रहे चक्र से मुक्त हो गई है। सदियों का इंतजार खत्म हो गया है और भारत अयोध्या में एक स्वर्णिम अध्याय रच रहा है। राम मंदिर के लिए कई लोगों ने बलिदान दिया, मैं उन सभी को सम्मान देता हूं। अयोध्या में राम मंदिर निर्माण से पूरे क्षेत्र की अर्थव्यवस्था में सुधार आएगा। भगवान राम के अस्तित्व को मिटाने के प्रयासों के बावजूद वह अभी भी हमारे दिल में रहते हैं और हमारी संस्कृति का आधार हैं। राम मंदिर निर्माण देश को एकजुट करने का साधन है, सामाजिक समरसता भगवान राम के शासन का मूल सिद्धांत था। राम हर जगह हैं, राम हम सबके हैं। प्रधानमंत्री ने अपने संबोधन में कहा कि मेरा सौभाग्य है मुझे ट्रस्ट ने ऐतिहासिक पल के लिए आमंत्रित किया, मेरा आना स्वभाविक था, आज इतिहास रचा जा रहा है, आज पूरा भारत राममय है, हर मन दीपमय है। गुलामी के कालखंड में आजादी के लिए आंदोलन चला था, पन्द्रह अगस्त का दिन उस आंदोलन का और शहीदों की भावनाओं का प्रतीक है, ठीक उसी प्रकार राम मंदिर के लिए कई कई सदियों तक पीढ़ियों ने प्रयास किया है, आज का ये दिन उसी तप संकल्प का प्रतीक है। राम मंदिर के निर्माण के लिए चले आंदोलन में अर्पण, तर्पण, संघर्ष, संकल्प था। श्रीराम का मंदिर हमारी संस्कृति का आधुनिक प्रतीक बनेगा, हमारी शाश्वत आस्था का प्रतीक बनेगा, हमारी राष्ट्रीय भावना का प्रतीक बनेगा और ये मंदिर करोड़ों करोड़ लोगों की सामूहिक संकल्प शक्ति का भी प्रतीक बनेगा। उन्होंने कहा कि मंदिर के बनने के बाद अयोध्या की सिर्फ भव्यता ही नहीं बढ़ेगी, इस क्षेत्र का पूरा अर्थतंत्र भी बदल जाएगा। यहां हर क्षेत्र में नए अवसर बनेंगे, हर क्षेत्र में अवसर बढ़ेंगे। सोचिए, पूरी दुनिया से लोग यहां आएंगे, पूरी दुनिया प्रभु राम और माता जानकी का दर्शन करने आएगी।

कोरोना के विषय में बताते हुए उन्होंने कहा कि, कोरोना से बनी स्थितियों के कारण भूमि पूजन का यह कार्यक्रम अनेक मर्यादाओं के बीच हो रहा है। श्रीराम के काम में मर्यादा का जैसा उदाहरण प्रस्तुत किया जाना चाहिए, देश ने वैसा ही उदाहरण प्रस्तुत किया है, इसी मर्यादा का अनुभव हमने उस समय भी किया था जब माननीय सर्वोच्च न्यायालय ने अपना ऐतिहासिक निर्णय सुनाया था, हमने उस समय भी देखा था कि कैसे सभी देशवासियों ने शांति के साथ,

सभी की भावनाओं का ध्यान रखते हुए व्यवहार किया था। आज भी हम हर ओर वही मर्यादा देख रहे हैं। श्रीराम के नाम की तरह ही अयोध्या में बनने वाला यह भव्य मंदिर भारतीय संस्कृति की समृद्ध विरासत का द्योतक होगा। विश्वास है कि यहां निर्मित होने वाला मंदिर अनंतकाल तक पूरी मानवता को प्रेरणा देगा। अपने संबोधन में प्रधानमंत्री ने कहा था कि भारत आज भगवान भाष्कर के सानिध्य में सरयू के किनारे एक स्वर्णिम अध्याय रच रहा है। कन्याकुमारी से क्षीर भवानी तक, कोटेश्वर से कामाख्या तक, जगन्नाथ से केदारनाथ तक, सोमनाथ से काशी विश्वनाथ तक, सम्मेद शिखर से अवणबेलगोला तक, बोधगया से सारनाथ तक, अमृतसर शहर से पटना साहिब तक, अंडमान से अजमेर तक, लक्षद्वीप से लेह तक आज पूरा भारत राममय है। पूरा देश रोमांचित है, हर मन दीपमय है।

श्रीराम जन्मभूमि स्थल पर आने वाले नरेंद्र मोदी देश के पहले प्रधानमंत्री ही नहीं बने बल्कि उन्होंने एक और नया इतिहास रच डाला था। केवल इस कारण से नहीं कि वह यहां आने वाले पहले प्रधानमंत्री थे बल्कि इसलिए भी कि श्रीराम जन्मभूमि मुद्दे पर महत्वपूर्ण अवसरों की कड़ी में यह पहला अवसर था जब प्रधानमंत्री, मुख्यमंत्री योगी आदित्यनाथ और साधु संत एक साथ उपस्थित थे।

भूमि पूजन के लिए परिसर में पांच स्थानों पर रंगोलियां बनाई गई थी, इनमें हिन्दू सनातन परंपरा के दर्शन हो रहे थे। जिस स्थान पर प्रधानमंत्री ने पौधारोपण किया था उस स्थान पर एंव जिस स्थल पर बैठ कर भूमि पूजन किया गया था उसको भी रंगोली से सजाया गया था। प्रधानमंत्री ने जिस मंच से आगंतुकों को संबोधित किया था वहां पर बीस फीट की रंगोली सजाई गई थी, यहां पर ओम और स्वस्तिक की आभा देखते ही बनती थी। वैकल्पिक गर्भगृह में कलश को बेल की लड़ से सजाया गया था, चार व पांच अगस्त को शाम ढलते ही इन रंगोलियों के बीच दीप टिमटिमाते दिखाई दे रहे थे।

बाबरी मस्जिद के पक्षकार रहे इकबाल अंसारी भूमि पूजन कार्यक्रम में रामजन्म भूमि तीर्थ क्षेत्र ट्रस्ट की ओर से पहला न्योता पाने वालों में थे, अयोध्या में सबसे पहला निमंत्रण उन्हें ही मिला था। इकबाल अंसारी के पिता हाशिम अंसारी बाबरी मस्जिद के पक्षकार रहे थे और उनकी मृत्यु के बाद इकबाल अंसारी ने अपने पिता की परंपरा आगे बढ़ाई थी, लेकिन पिता पुत्र ने रामलला के प्रति कभी भी ऐसी कोई टिप्पणी नहीं की थी जो कि रामभक्तों को चुभे। भूमि पूजन के समय उन्होंने कहा कि अब तो विवाद खत्म हो चुका है, सर्वोच्च न्यायालय के निर्णय के बाद इस पर बात नहीं हो सकती है, जो निर्णय कर दिया गया था उसका सभी मुसलमानों ने सम्मान किया था। इसके बाद से ही यहां पर राम मंदिर का काम शुरू हो गया है। मंदिर और मस्जिद के सवाल पर हम हिन्दू और मुसलमान की लड़ाई नहीं लड़ सकते, हिन्दू मुस्लिम एकता सबसे बढ़कर है, हम भले किसी धर्म को मानें लेकिन सम्मान हम सबका करते हैं। इस अवसर पर उन्होंने प्रधानमंत्री को रामचरित मानस और रामनामी गमछा भी भेंट किया था।

भूमि पूजन के बाद भारत के राष्ट्रपति रामनाथ कोविंद ने भी श्रीराम मंदिर निर्माण के शुभारंभ पर सभी को बधाई दी थी। उन्होंने अपने ट्वीट पोस्ट में कहा था कि, यह रामराज्य के आदर्शों

का प्रमाण और आधुनिक भारत का प्रतीक होगा। अयोध्या में राम मंदिर के शिलान्यास के लिए सभी को बधाई, कानून के अनुरूप निर्मित होने के कारण यह भारत की सामाजिक सद्भाव की भावना और लोगों के उत्साह को परिभाषित करता है।

उपराष्ट्रपति एम वेंकैया नायडू ने भी इस अवसर पर अपने आवास पर परिवार के साथ पूजा अर्चना की थी। उनके कार्यालय ने एक ट्वीट में कहा था, "उपराष्ट्रपति ने मंदिर के निर्माण को सत्य, नैतिकता और आदर्शों के उच्चतम मानवीय मूल्यों के पुन: राज्याभिषेक के रूप में वर्णित किया, जिसे मर्यादा पुरुषोत्तम ने अपने जीवन काल में प्रतीक बनाया।"

अयोध्या नगरी में चार सौ बानवे वर्ष तक अपने ही आंगन में स्थान पाने के लिए रामलला पांच सदी तक प्रतीक्षा करते रहे थे, रामभक्तों की अग्नि परीक्षा सफल हो गई थी। चार सौ बानवे वर्ष तक चले संघर्ष, छिहेत्तर युद्ध, चार लाख रामभक्तों का बलिदान और पच्चीस पीढियों की प्रतीक्षा मंदिर के लिए भूमि पूजन के साथ ही पूरी हो गई थी। श्रीराम जन्मभूमि पर भव्य मंदिर के भूमि पूजन और आधार शिला रखे जाने के बाद रामनगरी सहित पूरे प्रदेश में दीपोत्सव मनाया गया था। राष्ट्रीय स्वयंसेवक संघ प्रमुख मोहन भागवत भी अयोध्या में सरयू तट पर आयोजित आरती में शामिल हुए थे, उत्तर प्रदेश के मुख्यमंत्री योगी आदित्यनाथ ने लखनऊ में अपने सरकारी आवास पर दीप जलाए और आतिशबाजी की थी। पूरे देश में दीपावली जैसा माहौल था और घरों में दिये जलाए गए थे।

भारत के साथ ही पूरे विश्व में इस अवसर पर जश्न मनाया गया था, अमेरिका में भी भारतीय अमेरीकियों ने श्रीराम जन्मभूमि में भव्य मंदिर के निर्माण के लिए भूमि पूजन का जश्न दीये जलाकर मनाया था, यूएस कैपिटल हिल के चारों ओर राम मंदिर की डिजिटल छवियों को प्रदर्शित करने वाले एक ट्रक पर झांकी निकाली गई थी। वाशिंगटन में विश्व हिन्दू परिषद के अमेरीकी सदस्यों ने भी श्रीराम मंदिर की डिजिटल छवि के साथ एक झांकी निकाली और 'जय श्री राम' के नारे लगाते हुए शहर में घूमे। अमेरिका के अन्य हिस्सों में भी हिन्दू समुदाय के सदस्यों ने अपने घरों में दीये जलाए थे। न्यूयॉर्क के प्रतिष्ठित टाइम्स स्क्वायर पर भी एक मेगा इवेंट आयोजित किया गया था।

श्रीराम मंदिर का सपना अब आंखों के सामने पूरा होता दिखाई दे रहा था। इससे पहले तक तो विपक्षी दल अपने बयानों में भारतीय जनता पार्टी के नेताओं पर लगातार हमले करते रहते थे। वह अपने बयानों में मंदिर वहीं बनाएंगे, लेकिन तारीख़ नहीं बताएंगे जैसे शब्द प्रहारों के बाण चलाते रहते थे, चुनाव के समय उनके हमले और अधिक बढ़ जाते थे। उनका कहना था कि अब बार बार भारतीय जनता पार्टी ने कहना चालू कर दिया है कि मंदिर वहीं बनाएंगे, मंदिर वहीं बनाएंगे, लेकिन हम पूछते हैं कि कब बनाओगे, तो वह उत्तर देते हैं कि तारीख़ नहीं बताएंगे, लेकिन हर पांच वर्ष बाद कहने लगते हैं कि मंदिर वहीं बनाएंगे। मंदिर के इस मुद्दे को लंबे समय तक न्यायालयों में उलझाए रखा गया था। लेकिन अब श्रीराम जन्मभूमि और रामलला के पक्ष में सर्वोच्च न्यायालय का निर्णय आने के बाद मंदिर के निर्माण का रास्ता साफ हो गया था, न्यायालय ने विवादित स्थल पर मंदिर के निर्माण का रास्ता एक दम साफ कर दिया था।

अब भारतीय जनता पार्टी के नेता भी कहने लगे थे कि सभी को लगता था कि श्रीराम मंदिर का निर्माण कैसे होगा, पहले कुछ विपक्षी लोग यह भी कहते थे कि मंदिर वहीं बनाएंगे, लेकिन तारीख नहीं बताएंगे, अब तो तारीख भी बता दी है और नींव भी रख दी है। देश के प्रधानमंत्री नरेन्द्र मोदी ने सबको झुठला कर मंदिर का निर्माण कार्य भी शुरू करवा दिया था।

7 अगस्त 2020 को श्रीराम जन्मभूमि तीर्थ क्षेत्र ट्रस्ट के अध्यक्ष महंत नृत्य गोपाल दास ने एक क्विंटल सोना और चांदी के साथ जमा धन राशि श्रीराम मंदिर ट्रस्ट को सौंप दिए थे, उन्हें श्रीराम भक्तों ने बीते एक महीने में यह सोना, चांदी और पैसा भेंट किया था। इसके अलावा भी मंदिर निर्माण के लिए भक्तों ने दिल खोलकर दान दिया था, हैदाराबाद के एक ज्वैलर ने एक किलो सोने की ईंट और पांच किलो चांदी की ईंट दान की थी। उत्तर प्रदेश के बुलियन ज्वैलर्स एसोसिशन के प्रेसिडेंट ने भी मंदिर निर्माण के लिए तैंतीस किलो चांदी की ईंट दान की थी।

हैदराबाद के एक स्वयंसेवी संगठन ने भी मंदिर ट्रस्ट को चांदी और सोने की ईंट दान करने का ऐलान किया था। बताया जा रहा था कि ऐसी चौंतीस ईंटों को श्रीराम मंदिर ट्रस्ट को दान किया गया था। तेलंगाना के चौंतीस जिलों के नाम पर इन ईंटों को तैयार कराया गया था, इनमें से एक ईंट का भार दो किलोग्राम था और इसकी कीमत लगभग एक लाख साठ हजार रुपये थी।

तमिलनाडु के साधु भी सोने और चांदी से बनी दो ईंटें लेकर आए थे जिन पर तमिल में 'श्री राम' लिखा हुआ था, यह ईंटें भी श्रीराम जन्मभूमि तीर्थ क्षेत्र ट्रस्ट को दान की गई थी। साधुओं ने कहा था कि हम सोने और चांदी की ईंटों को अयोध्या में भगवान राम के भव्य मंदिर के उद्देश्य से दान करने के लिए लाए थे, हमने तमिलनाडु के लोगों से मौद्रिक दान प्राप्त किया था और उसके बाद उस धन से यह ईंटें खरीदी गई थी, ट्रस्ट के ऊपर निर्णय छोड़ दिया गया था कि वह इसका किस प्रकार से उपयोग करेंगे।

19 अगस्त 2020 को श्रीराम जन्मभूमि मन्दिर निर्माण समिति ने घोषणा की थी कि मंदिर का निर्माण भारत की प्राचीन निर्माण पद्धति से किया जाएगा, जिससे कि वह हजारों वर्षों तक न केवल खड़ा रहे, अपितु भूकम्प, झंझावात अथवा अन्य किसी प्रकार की आपदा में भी उसे किसी प्रकार की क्षति न हो, भव्य मंदिर के निर्माण में श्रीराम जन्मभूमि तीर्थ क्षेत्र ट्रस्ट द्वारा केवल पत्थरों का उपयोग करने की घोषणा की गई थी और बताया गया था कि निर्माण में लोहे का प्रयोग नहीं किया जाएगा, पत्थरों से निर्मित यह मंदिर हजार वर्ष से भी अधिक समय तक बना रहेगा। मन्दिर निर्माण के कार्य में लगभग छत्तीस से चालीस महीने का समय लगने का अनुमान लगाया गया था। मंदिर निर्माण की प्रक्रिया में आइआइटी चेन्नई और केंद्रीय भवन अनुसंधान संस्थान के सदस्यों की राय भी ली जा रही थी। भूमि की क्षमता की जांच आइआइटी, चेन्नई के इंजीनियरों को सौंपी गई थी, केंद्रीय भवन अनुसंधान संस्थान की सलाह मंदिर को भूकंपरोधी बनाने के लिए ली जा रही थी।

लार्सन एंड टूब्रो कंपनी को मंदिर का निर्माण कार्य पूरा करने का काम दिया गया था। मंदिर के निर्माण में लगभग दस हजार तांबे की छड़ों का प्रयोग किया जाना था, निर्माण में लगने वाले पत्थरों को जोड़ने के लिए तांबे की पत्तियों का उपयोग किए जाने की योजना थी। निर्माण कार्य हेतु तांबे की अठारह इंच लम्बी, तीन मिलीमीटर मोटी और तीस मिलीमीटर चौड़ी पत्तियों

का प्रयोग किए जाने की जानकारी दी गई थी। श्रीराम भक्तों का आह्वान किया गया था कि जो लोग मंदिर निर्माण में मदद करना चाहते हैं वह तांबा दान कर सकते हैं। तांबे की पत्तियों का दान करते समय इन पत्तियों पर दानकर्ता अपने परिवार, क्षेत्र अथवा मंदिरों का नाम भी गुदवा सकते थे।

2 सितंबर 2020 को श्रीराम जन्मभूमि परिसर में 2.46 एकड़ भूमि पर रामलला का भव्य तीन मंजिला मंदिर बनाने के लिए अयोध्या विकास प्राधिकरण ने मंदिर का नक्शा पास कर दिया था। मंदिर का संपूर्ण परिसर 67.73 एकड़ है, जिस पर अयोध्या विकास प्राधिकरण बोर्ड ने प्रेषित किए गए नक्शे के लिए दो करोड़ छब्बीस लाख तैतीस हजार पांच सौ सैंतालीस रुपये का शुल्क निर्धारित किया था, इसमें से एक करोड़ उन्यासी लाख पैंतालीस हजार चार सौ सतहत्तर रुपये तो केवल विकास शुल्क ही लगाया गया था। विकास प्राधिकरण ने अन्य शुल्क इस प्रकार से निर्धारित किए थे-

विकास अनुज्ञा शुल्क: एक लाख पचास हजार
भवन निर्माण अनुज्ञा शुल्क: चौंसठ हजार चार सौ
पर्यवेक्षण शुल्क: उनतीस लाख तिहेत्तर हजार तीन सौ सात
मानचित्र शुल्क: पैंसठ हजार
लेबर सेस: पन्द्रह लाख तीन सौ तडेसठ रुपये

पूरे मंदिर परिसर का कुल क्षेत्रफल दो लाख चौंहत्तर हजार एक सौ दस वर्ग मीटर पास किया गया था, इसमें बारह हजार सात सौ नवासी वर्ग मीटर कवर्ड एरिया में तीन मंजिला मुख्य मंदिर था। अयोध्या विकास प्राधिकरण के पास मंदिर के लिए नक्शे को दो ले आउट में प्रेषित किया गया था, जिसमें पहला नक्शा पूरे श्रीराम जन्मभूमि परिसर का था, जिसका क्षेत्रफल दो लाख चौंहत्तर हजार एक सौ दस वर्ग मीटर अर्थात 67.73 एकड़ था। इसमें ग्रीनरी के साथ सड़कें, पार्किंग व अन्य प्रस्ताव शामिल थे। दूसरा ले आउट 2.46 एकड़ में बनने वाले रामलला के मंदिर का था। बारह हजार सात सौ नवासी वर्ग मीटर में इसका कुल तीन मंजिला कवर्ड एरिया था। प्रथम तल का कुल क्षेत्रफल नौ हजार नौ सौ बहात्तर वर्ग मीटर एवं दूसरा तल एक हजार आठ सौ पचास वर्ग मीटर व तीसरा तल एक हजार छप्पन वर्ग मीटर का पास किया गया था। निर्धारित की गई कुल धन राशि को श्रीराम जन्मभूमि तीर्थ क्षेत्र के ट्रस्टी ने अयोध्या विकास प्राधिकरण के सचिव के पास जमा करवा दिया था।

30 सितंबर 2020 को देश की राजनीतिक दिशा को परिवर्तित कर देने वाले 6 दिसंबर 1992 के अयोध्या में विवादित ढांचा विध्वंस केस में सीबीआइ के विशेष न्यायालय का बहु प्रतीक्षित निर्णय भी आ गया था। लगभग अटठाइस वर्ष तक चले इस मुकदमे पर निर्णय देने के लिए विशेष न्यायाधीश दोपहर बारह बजकर दस मिनट पर न्यायालय में पहुंचे। उस समय न्यायालय में छब्बीस आरोपित उपस्थित थे, जबकि लालकृष्ण आडवाणी, डॉ. मुरली मनोहर जोशी, उमा भारती, नृत्यगोपाल दास सहित छह आरोपी वीडियो कॉन्फ्रेंसिंग से जुड़े हुए थे। केवल तीन मिनट में ही न्यायाधीश ने अपना ऐतिहासिक निर्णय सुनाते हुए सभी बत्तीस आरोपितों को बरी कर दिया था।

इस मामले में कुल उड़नचास आरोपियों में से सतरह की मृत्यु हो चुकी थी, मुख्य आरोपितों में एक स्व. अशोक सिंघल को न्यायालय ने यह कहते हुए क्लीन चिट दे दी थी कि, क्योंकि वहां पर भगवान की मूर्तियां रखी हुई थीं, इसलिए वह तो स्वयं ही कारसेवकों को विध्वंस से रोक रहे थे। न्यायालय ने कहा कि अखबारों में छपी खबरों को प्रामाणिक सुबूत नहीं माना जा सकता है, क्योंकि उनके मूल प्रस्तुत नहीं किए गए हैं, फोटो के निगेटिव भी प्रस्तुत नहीं किए गए थे और न ही दिये गए वीडियो फुटेज साफ थे, कैसेटस को भी सील नहीं किया गया था। अभियोजन ने जो दलील दी थी, उनमें मेरिट नहीं थी।

विभिन्न सुबूतों के अलावा सीबीआई ने इस मुकदमे के समय कुल तीन सौ इक्यावन गवाह न्यायालय में पेश किए थे। विशेष न्यायाधीश ने अपने कार्यकाल का यह अंतिम फैसला सुनाते हुए कहा था कि अयोध्या ढांचा विध्वंस, पूर्व नियोजित नहीं था, घटना के प्रबल साक्ष्य नही हैं, केवल तस्वीरों से किसी को दोषी नहीं कहा जा सकता है, सीबीआइ कोई निश्चयात्मक सुबूत नहीं पेश कर सकी है। विध्वंस के पीछे कोई साजिश नहीं रची गई थी, उस समय लोगों का आक्रोश ही इसका कारण बना था।

5 अक्टूबर 2020 को मंदिर निर्माण के विषय में सूचना दी गई, कि श्रीराम जन्मभूमि परिसर में टेस्ट पाइलिंग का काम पूरा हो गया है और लार्सन एंड टुब्रो के इंजीनियरों ने पिलरों की भार क्षमता की रिपोर्ट जांच के लिए आईआईटी चेन्नई को भेज दी थी। ट्रस्ट ने मंदिर की नींव के फाउंडेशन का निर्माण 15 अक्टूबर 2020 के आसपास शुरू करने की घोषणा भी कर दी थी।

मंदिर निर्माण में तेरह हजार वर्ग मीटर क्षेत्रफल में एक मीटर व्यास के एक हजार दो सौ खंभे साठ मीटर गहराई में कंक्रीट से बनाए जाने की योजना बनाई गई थी। 30 सितंबर तक टेस्ट पाइलिंग के अंतर्गत बारह स्तंभों का निर्माण पूरा कर लिया गया था, इसमें लगभग एक सौ मीटर की दूरी पर एक सीध में चार चार स्तंभों के तीन सेट तैयार किए गए थे। मंदिर की नींव का काम बहुत ही पेचीदा था, क्योंकि मंदिर को हजारों वर्ष तक अक्षुण्ण रखने के लिए इसके अनेक तकनीकी पहलुओं का परीक्षण किया जा रहा था। प्रयुक्त सामग्रियों की क्षमता के साथ प्राकृतिक आपदाओं से लड़ने की सामर्थ्य भी देखना आवश्यक था। मंदिर के भूतल व प्रथम तल पर लगने वाले पत्थरों की तराशी तो पहले ही हो चुकी थी, नींव का कार्य होने के बाद ही तराशे गये पत्थरों को यथास्थान पर सेट करने के बाद मंदिर का ढ़ांचा खडा किया जाना था।

7 अक्टूबर 2020 को रामेश्वरम से शुरू हुई एक 'राम रथ यात्रा' तमिलनाडु से चल कर दस राज्यों से होती हुई अयोध्या पहुंची, यह यात्रा 17 सितंबर 2020 को वहां से शुरू हुई थी। चेन्नई स्थित 'लीगल राइट्स काउंसिल' ने इसे आयोजित किया था। इस रथ यात्रा के द्वारा 4.1 फीट लम्बे एक घंटे को श्रीराम मंदिर के लिए लाया गया था। रथ में एक ओर कांस्य से बना छह सौ तेरह किलो भार का विशेष घंटा रखा गया था इस घंटे की खास बात यह थी कि इसकी ध्वनि दस किलोमीटर दूर तक सुनाई देती थी। इसके साथ में भगवान श्रीराम, माता सीता, लक्ष्मण जी, हनुमान जी और गणपति की कांस्य से बनी प्रतिमाएं भी लाई गई थी।

9 अक्टूबर 2020 को मंदिर निर्माण के लिए तराशी गई शिलाओं की पहली खेप श्रीराम जन्मभूमि परिसर में पहुंचाई गई थी। मन्दिर में इस प्रकार के तीन सौ अठारह स्तंभ लगाये जाने थे, इनमें से एक सौ छह स्तंभ डेढ किलोमीटर दूर स्थित श्रीराम जन्मभूमि न्यास कार्यशाला में दशक पूर्व ही तराशे जा चुके थे। एक स्तम्भ को दो भागों में यहां पर पहुंचाया गया था, इन स्तम्भ शिलाओं का रास्ते में रोक कर स्थान स्थान पर श्रद्धालुओं द्वारा पूजन किया गया था। पूजन के कारण तीन किलोमीटर की दूरी पूरी करने में इन स्तम्भों को लाने वाले दोनो वाहनों को एक घंटा बीस मिनट का समय लग गया था।

1 नवंबर 2020 को तीन दिनों तक चली मंदिर निर्माण समिति की बैठक संपन्न हुई, तीन दिन की इस बैठक में सभी पहलुओं पर चर्चा हुई थी। बैठक में मंदिर परिसर के व्यापक विकास को ध्यान में रख कर यह निर्णय लिया गया था कि सत्तर एकड़ क्षेत्र के विकास के लिए देश के उच्चतम आर्किटेक्ट से प्लान मांगे जाएंगे और उन्हें इक्यावन प्रमुख संतों को भेजकर उनसे इसके विषय में परामर्श लिए जाएंगे। उसके बाद उनमें से स्वीकृत परियोजनाओं का चयन करके उस पर कार्य शुरू कराया जाएगा।

मंदिर के निर्माण की जिम्मेदारी तो लार्सन एंड टुब्रो कंपनी के पास थी ही और आइआइटी रुड़की एवं आइआइटी चेन्नई के इंजीनियर्स की टीम इसकी गुणवत्ता को परख रही थी। दूसरी ओर टाटा कंस्ट्रक्शन कंपनी को लार्सन एंड टुब्रो के काम को परखने का दायित्व सौंप दिया गया था। इंजीनियरिंग की मिनी पार्लियामेंट के रूप में तकनीकी कंपनियों के इंजीनियरों से विचार विमर्श के बाद निर्णय ले लिया गया था कि लार्सन एंड टुब्रो, टाटा कंसल्टेंसी, आइआइटी चेन्नई व सीबीआरआई रूड़की की टीम के निष्कर्ष के अनुसार ही मंदिर का निर्माण किया जाएगा। क्योंकि इससे अधिक प्रतिष्ठित कंपनी देश में कोई और नहीं थी, इसलिए ट्रस्ट को पूरा भरोसा था कि इस निर्माण को मंदिर ट्रस्ट के साथ साथ पूरा देश भी स्वीकार करेगा।

13 दिसंबर 2020 को श्रीराम जन्मभूमि तीर्थ क्षेत्र ट्रस्ट और श्रीराम मंदिर निर्माण समिति ने मंदिर निर्माण को लेकर एक और अधिसूचना जारी करते हुए नए आठ सदस्यों की विशेषज्ञ समिति का गठन कर दिया था। इस समिति में देश के उच्चतम इंजीनियरों को रखा गया था। समिति का उद्देश्य विभिन्न भू तकनीकी सुझावों को ध्यान में रखते हुए उच्चतम गुणवत्ता और दीर्घायु के साथ मंदिर का निर्माण करना था।

इस विशेषज्ञ समिति में निम्न लिखित सदस्य शामिल किए गए थे -

1. प्रो. वीएस राजू, पूर्व निदेशक, आईआईटी दिल्ली, अध्यक्ष
2. प्रो. एन गोपलाकृष्णन, निदेशक, सीबीआरआई, रुड़की, कन्वेयर
3. प्रो. एस आर गांधी, निदेशक, एनआईटी, सूरत, सदस्य
4. प्रो. टीजी सीताराम, निदेशक, आईआईटी, गुवाहाटी, सदस्य
5. प्रो. बी.भट्टाचार्जी, एमेरिटस प्रोफेसर, आईआईटी, दिल्ली, सदस्य
6. एपी मुल, सलाहकार टीसीई, सदस्य

7. प्रो. मनु संथानम, आईआईटी, मद्रास, सदस्य
8. प्रो. प्रदीपता बनर्जी, आईआईटी, मुंबई, सदस्य

16 दिसंबर 2020 को घोषणा की गई कि मंदिर निर्माण के लिए 15 जनवरी 2021 से चंदा जुटाया जाएगा। लेकिन इसमें विदेशी धन का उपयोग नहीं होगा, श्रीराम मंदिर के निर्माण में विदेशी फंड के प्रयोग पर स्थिति साफ करते हुए कहा गया था कि विदेशी अंशदान नियमन अधिनियम की अनुमति नहीं होने के कारण ट्रस्ट विदेशों से चंदा नहीं ले सकता है। साथ ही यह घोषणा भी की गई थी कि मन्दिर पूर्ण रुप से आम जनता के योगदान से ही बनाया जाएगा, यहां तक कि श्रीराम जन्मभूमि तीर्थ क्षेत्र ट्रस्ट ने कंपनियों के कारपोरेट सामाजिक दायित्व (सीएसआर) फंड का उपयोग भी मंदिर निर्माण के लिए नहीं करने का निर्णय लिया था। इसमें आम लोगों से कूपन के द्वारा चन्दा लेने की योजना बनाई गई थी, इसके लिए दस रुपये के चार करोड़ कूपन, एक सौ रुपये के आठ करोड़ कूपन और एक हजार रुपये के बारह लाख कूपन जारी किये गये थे। सीएसआर फंड का उपयोग बाद में संग्रहालय, पुस्तकालय व अन्य कामों में किये जाने की योजना थी।

28 दिसंबर 2020 को परियोजना की देखरेख कर रहे ट्रस्ट के कोषाध्यक्ष ने जानकारी दी कि मुख्य ढांचे के निर्माण पर लगभग तीन सौ से चार सौ करोड़ रुपये खर्च होने का अनुमान है और श्रीराम मंदिर परिसर के निर्माण पर लगभग एक हजार एक सौ करोड़ रुपये का खर्च आने का अनुमान लगाया गया था, जिसमें कि मुख्य ढांचे का खर्च भी शामिल किया गया था। इसके साथ ही मंदिर के निर्माण का कार्य साढ़े तीन वर्षों में पूरा होने की उम्मीद जताई गई थी।

29 दिसंबर 2020 को नई दिल्ली के तीन मूर्ति भवन में हुई मंदिर निर्माण समिति की बैठक में लंबे समय तक चले विचार विमर्श के बाद विशेषज्ञों की रिपोर्ट के आधार पर यह निर्णय हुआ कि अब मंदिर की नींव कंटीन्युअस राफ्ट स्टोन प्रणाली से तैयार की जायेगी। इससे पहले मंदिर की नींव का निर्माण सौ फीट तक गहरे और एक मीटर व्यास वाले एक हजार दो सौ स्तंभों पर करने की योजना बनाई गई थी। टेस्ट पाइलिंग की रिपोर्ट मंदिर निर्माण के अनुकूल न आने पर अन्य विकल्पों पर विचार करते हुए इस संबंध में सुझाव देने के लिए दिल्ली आइआइटी के पूर्व निदेशक की अध्यक्षता में देश के आठ उच्चतम इंजीनियरों की समिति पहले ही गठित कर दी गई थी। इंजीनियरों की समिति ने मंदिर निर्माण समिति को सौंपी अपनी रिपोर्ट में मंदिर की नींव तैयार करने के लिए दो प्रणालियां सुझायी थीं, जिसमें पहली वाइब्रोस्टोन कॉलम थी, जबकि दूसरा विकल्प कंटीन्युअस राफ्ट स्टोन बताया गया था।

दो सत्रों में हुई मंदिर निर्माण समिति की उपसमिति की बैठक में दूसरी प्रणाली को चुनने का निर्णय लिया गया था। इस प्रणाली में एक निश्चित गहराई तक भूमि की खुदाई करके पत्थर, बालू व चूने की सतहें बिछाई जाती हैं, फिर उस पर दबाव डालकर मजबूत किया जाता है और इसके ऊपर प्लेटफार्म तैयार कर निर्माण किया जाता है। राफ्ट स्टोन प्रणाली का प्रयोग प्राचीन काल में पत्थरों की विशाल इमारतों जैसे कि, किले और महल की नींव तैयार करने में किया जाता था।

6 जनवरी 2021 तक श्रीराम जन्मभूमि पर बनने वाले मंदिर को लेकर राम भक्तों में खासा उत्साह उत्पन्न हो चुका था। मंदिर निर्माण के लिए निधि संग्रह अभियान की शुरुआत 15 जनवरी 2021 से होनी थी, इसके लिए दी गई राशि पर आयकर में नियमानुसार छूट प्राप्त करने की घोषणा भी कर दी गई थी। शहर से लेकर गांव तक राशि संग्रह का कार्य संघ परिवार के कार्यकर्ता व समाज से मनोनीत प्रतिनिधियों को करना था, इसके लिए पूरे देश में दस लाख टोलियां बनाई गई थी, एक टोली में चार से पांच कार्यकर्ता शामिल किए गए थे। 15 जनवरी से 27 फरवरी 2021 तक एक साथ पूरे देश में यह अभियान चलाया जाना था।

निधि संग्रह अभियान में अभी समय था, परंतु देश भर के लोग अभी से ही धन देने लगे थे। राजस्थान के एक व्यक्ति ने दो करोड़ रुपये के चेक दे दिए थे तो तेलंगाना के एक व्यक्ति ने एक करोड़ रुपये के चेक दिए थे, बिहार के एक रामभक्त ने भी ग्यारह लाख रुपये दिए थे। निधि संग्रह अभियान में बीस हजार रुपये से अधिक की राशि चेक या ड्राफ्ट के माध्यम से ही दे सकते थे, एसबीआइ, बैंक ऑफ बड़ौदा और पीएनबी के निर्धारित बैंक अकाउंट में राशि सीधे ट्रांसफर भी कर सकते थे। इस जमा राशि की रसीद ऑनलाइन प्राप्त की जा सकती थी।

विदेशी अंशदान नियमन अधिनियम (एफसीआरए) की अनुमति मिल जाने के बाद ही विदेश में रहने वाले भारतीय भी मंदिर निर्माण में आर्थिक सहयोग कर सकते थे। विश्व हिन्दू परिषद के अंतरराष्ट्रीय महामंत्री ने इस विषय में कहा था कि श्रीराम मंदिर के निर्माण में जितनी भी राशि लगेगी, उसे हिन्दू समाज देने में सक्षम है।

15 जनवरी 2021 को मंदिर के लिए धनराशि संग्रह के निधि समर्पण अभियान के प्रथम दिन श्रीराम जन्मभूमि तीर्थ क्षेत्र ट्रस्ट के कोषाध्यक्ष को भारत के राष्ट्रपति श्री रामनाथ कोविंद जी ने शुभकामनाओं के साथ पांच लाख एक हजार रुपये की धनराशि दान में दी थी। देश के प्रथम नागरिक होने के नाते पहला चन्दा उनसे ही प्राप्त किया गया था।

22 जनवरी 2021 को श्रीराम मंदिर निर्माण समिति के अध्यक्ष एवं अनेक महत्वपूर्ण पदों पर रहे सेवानिवृत्त आईएएस अधिकारी की अध्यक्षता में पांच सत्रों तक चली बैठक का समापन हुआ, जिसमें निर्णय लिया गया था कि प्रस्तावित मंदिर के निर्माण से पूर्व चालीस फीट गहराई तक सतह की मिट्टी हटाई जाएगी। इस काम में दो से ढाई महीने का समय लगने का अनुमान लगाया गया था।

2 फरवरी 2021 तक निधि संग्रह अभियान में श्रीराम जन्मभूमि तीर्थ क्षेत्र ट्रस्ट के खाते में लगभग छह सौ करोड़ रुपए जमा हो चुके थे, जिनमें एक सौ करोड़ रुपए से अधिक के चेक भी शामिल थे। मंदिर निर्माण के लिए चलाए जा रहे निधि समर्पण अभियान के प्रथम चरण के बाद निधि समर्पण अभियान का दूसरा चरण भी शुरू हो गया था। पहले चरण के बाद अब यह दूसरा व अंतिम चरण 27 फरवरी 2021 तक चलाया जा रहा था। ट्रस्ट के पदाधिकारियों के अनुसार, इस समय तक वह विशिष्ट और प्रमुख लोगों के पास ही निधि संग्रह के लिए जा रहे थे जो कि दो हजार रुपये या उससे अधिक दान करने में रुचि रखते थे। अब उन आम लोगों से भी संपर्क किया जा रहा था जो कि आर्थिक रूप से कमजोर थे, लेकिन मंदिर निर्माण में योगदान देने के

इच्छुक थे। ट्रस्ट ने सूचना दी कि स्वयंसेवक, घर घर जाकर दस रुपये से एक हजार रुपये व उससे अधिक की धनराशि एकत्रित कर रहे थे।

27 फरवरी 2021 तक निधि संग्रह और समर्पण अभियान चलाया गया था, यह अभियान इतना बड़ा था कि इसमें नौ लाख कार्यकर्ताओं ने एक लाख पिचहेत्तर हजार टोलियां बनाकर घर घर जाकर देश के लोगों और परिवारों से संपर्क किया था। इसके समन्वय के लिए उडन्चास नियंत्रण केंद्र बनाए गए थे और तेइस विशेषज्ञों की टीम ने पूरी प्रक्रिया पर निगरानी रखी थी। अब तक मंदिर निर्माण के लिए लगभग पांच हजार करोड़ रूपए से अधिक धन का संग्रह हो चुका था, मंदिर निर्माण पर हो रहे खर्च के बाद भी तीन हजार पांच सौ करोड़ रूपए से अधिक धनराशि श्रीराम जन्मभूमि तीर्थ क्षेत्र ट्रस्ट के बैंक खातों में जमा थी।

भगवान श्रीराम जी की जन्मभूमि पर मंदिर निर्माण के लिए रामभक्तों ने दिल खोल कर रख दिया था, निर्माण के लिए 15 जनवरी के दिन से ही हर एक रामभक्त अपने सपनों को पूरा होता देख कर दिल खोलकर सहयोग दे रहा था, इसमें नगद रुपयों से लेकर सोना, चांदी, आदि के सहयोग भी शामिल थे। इस अभियान के लिए समर्पित विश्व हिन्दू परिषद के लाखों कार्यकर्ताओं ने चवालीस दिनों तक अपना पूरा समय दिया था, अभियान के अर्न्तगत पांच लाख से अधिक गांवों में रहने वाले बारह करोड़ से अधिक परिवारों से संपर्क किया गया था। रामलला के मंदिर निर्माण के लिए रामभक्त लगातार दान दे रहें थे और श्रद्धालु ही मंदिर निर्माण के लिए निधि समर्पण अभियान चल रहे थे। इसी का परिणाम था कि करोड़ों रुपए का चंदा अभी तक आ चुका था। निधि समर्पण अभियान के समय लगातार धन संग्रह हो रहा था, ट्रस्ट का दावा था कि आशा से अधिक श्रीराम भक्तों ने मंदिर निर्माण के लिए सहयोग किया था। इस अभियान में लगभग चार कुंटल से अधिक चांदी और सोने का दान भी किया गया था।

भारत सरकार ने जिस समय श्रीराम जन्मभूमि तीर्थ क्षेत्र ट्रस्ट बनाया था, उस समय सरकार ने उसमें एक रूपया दान किया था, श्रीराम मंदिर के निर्माण के लिए बनाए गए ट्रस्ट के चार मुख्य उद्देश्य थे, इसमें मंदिर का निर्माण, फंड जुटाना, लोगों की भागीदारी सुनिश्चित करना और पारदर्शिता बनाए रखना प्रमुख था। इसके लिए कई संस्थानों का सहयोग लिया गया था, मंदिर निर्माण के इस अभियान में मदद करने के लिए कई संस्थानों ने अपनी ओर से भी सहयोग दिया था। इसके लिए एक टेक्नोलॉजी प्लेटफॉर्म और एक मोबाइल ऐप भी बनाया गया था, ट्रस्ट के लिए प्रति दिन की रिपोर्टिंग को अनिवार्य बना दिया गया था, धन संग्रह के लिए जो कूपन बनाए गए थे वह कूपन देश के अलग अलग भागों में बंटवाए गए थे। इसके लिए देश को बारह जोन और अडतालीस प्रशासनिक क्षेत्र में बांटा गया था, जोन में एक ऑडिटर की नियुक्ति भी की गई थी, जिससे कि निर्माण के लिए जुटाई जा रही धनराशि पर नजर रखी जा सके। इसके लिए सार्वजनिक क्षेत्र के तीन बैंकों की बयालीस हजार शाखाओं को साथ में जोड़ा गया था।

मंदिर निर्माण के लिए यह राशि जुटाना समर्पण और सहयोग का एक शानदार उदाहरण था। मंदिर निर्माण के लिए न केवल करोड़ों भारतीयों ने धन समर्पित किया था, बल्कि कुछ लोगों, समूहों और संस्थाओं ने सहयोग का एक शानदार उदाहरण भी प्रस्तुत किया था। क्राउड फंडिंग के

इस अनोखे और उत्तम उदाहरण को हार्वर्ड यूनिवर्सिटी ने अपनी केस स्टडी में भी शामिल किया था, वास्तव में यह इस बात का प्रमाण है कि क्राउड फंडिंग के लिए यदि सही योजना बनाकर काम किया जाए तो इससे बड़ी से बड़ी राशि जुटाई जा सकती है।

समर्पण और सहयोग के इसी क्रम में मंगलुरु की एक संस्था ने मंदिर के सिंहद्वार को मंडित करने के लिए एक क्विंटल सड़सठ किलो चांदी दान की थी, इस संस्था की ओर से चालीस ग्राम सोना भी भेंट किया गया था। देश के एक शीर्षस्थ औद्योगिक समूह की ओर से मंदिर निर्माण के लिए एक सौ पचास करोड़ रुपये दान दिए गए थे। साथ ही यह गोपनीयता भी बरती गई थी कि दानदाता के रूप में उसका नाम सार्वजनिक न होने पाए। गुजरात के हीरा व्यापारियों ने भी प्रचार प्रसार से दूर रहकर मंदिर के लिए आठ करोड़ की राशि समर्पित की थी। श्रीमद् स्वीकृतींद्र स्वामी सेवा प्रतिष्ठान की ओर से एक सौ सड़सठ किलो ग्राम चांदी ईंट के रुपए में अर्पित की गई थी, प्रत्येक ईंट एक किलो भार की थी। काशी से आये मठ के प्रतिनिधिमंडल ने यह चांदी श्रीराम जन्मभूमि तीर्थ क्षेत्र ट्रस्ट के महासचिव को समर्पित की थी। इसी क्रम में दलितों की ओर से डॉ भीमराव अंबेडकर महासभा ट्रस्ट ने भी ट्रस्ट को चांदी की ईंट दान की थी। अनुसूचित जाति वित्त एवं विकास निगम के अध्यक्ष ने कारसेवक पुरम में मंदिर निर्माण के लिए चांदी की शिला भेंट की थी। देश के प्रसिद्ध रामकथा वाचक मोरारी बापू ने भी निर्माण के लिए चौदह करोड़ रूपए की राशि समर्पित की थी। इसके अलावा अनेकों लोगों ने इसी प्रकार से दान दिया था।

2 मार्च 2021 को विश्व हिन्दू परिषद के केंद्रीय महामंत्री ने निधि समर्पण अभियान समाप्त होने की जानकारी दी थी, उनके अनुसार अब भी लाखों ऐसे परिवार बच गए थे, जिन्हें निधि समर्पण करने का अवसर नहीं मिल पाया था। पूरे देश में कई करोड़ परिवार ऐसे थो, जो कि मंदिर निर्माण के लिए निधि समर्पण करने के लिए व्याकुल थे और अभियान के लोगों की प्रतीक्षा कर रहे थे, परंतु किसी कारणवश निधि समर्पण अभियान के कार्यकर्ता उनके घरों तक नहीं पहुंच सके थे। इस अभियान के समय प्रारंभ में जो लक्ष्य रखा गया था, वह लगभग पूरा हो चुका था और विभिन्न संगठनों के कार्यकर्ताओं ने घर घर जा कर धन संग्रह किया था।

श्रीराम जन्मभूमि तीर्थ क्षेत्र ट्रस्ट के माध्यम से सूचना दी गई थी कि जब तक मंदिर निर्माण का कार्य चल रहा था, अब उस समय तक निधि संग्रह का अभियान चलता रहेगा। निधि समर्पण के इच्छुक एवं अन्य बचे हुए सभी श्रद्धालु श्रीराम जन्मभूमि तीर्थ क्षेत्र ट्रस्ट की अधिकृत वेबसाइट पर जाकर ऑनलाइन भी विस्तृत जानकारी के साथ धन राशि जमा करके सहयोग कर सकते थे, मेल पर उसकी रसीद भी मिल रही थी। लेकिन इस बात का ध्यान रखना अति आवश्यक था कि वेबसाइट अधिकृत ही हो और बारकोड स्कैन करके धन राशि जमा करने से बचने का सुझाव भी दिया गया था। फर्जीवाड़ा करने वालों से सतर्क रहने के लिए विश्व हिन्दू परिषद की सोशल मीडिया टीम भी पूरी नजर रखे हुए थी।

इसके साथ ही भारतीय स्टेट बैंक नया घाट, अयोध्या के खाता संख्या 39161495808 और 39161498809 में आरटीजीएस के द्वारा राशि ट्रांसफर कर सकते थे। चेक के माध्यम से राशि

ट्रस्ट के खाते में जमा होने पर ट्रस्ट की ओर से धन्यवाद का मैसेज भी आता था। ट्रस्ट के अधिकृत ट्वीटर हैंडल पर भी पूरी जानकारी उपलब्ध थी।

विश्व हिन्दू परिषद ने अभियान की समाप्ति के बाद हजारों कार्यकर्ताओं को ऑडिट के काम में लगा दिया था, सभी जिलों में ऑडिटर नियुक्त किए जा चुके थे, ऑडिट कराने के बाद कटी और बची हुई रसीद तथा कूपन प्रांत मुख्यालय में जमा करने के आदेश दिए गए थे।

16 मार्च 2021 को ट्रस्ट के महासचिव ने बताया कि अब तक मंदिर निर्माण का तीस प्रतिशत कार्य पूरा हो गया है। श्रीराम मंदिर निर्माण समिति की दो दिवसीय बैठक के दूसरे दिन कार्यदायी संस्था व ट्रस्ट के इंजीनियरों ने मंदिर परिसर में जुटाई जाने वाली यात्री सुविधाओं और परिसर में बनने वाले अन्य प्रकल्पों को लेकर प्रजेंटेशन दिया था। मंदिर निर्माण के साथ साथ सत्तर एकड़ के परिसर को विकसित करने पर भी मंथन हुआ था। मंदिर विवाद पर सर्वोच्च न्यायालय का निर्णय आने के बाद से अयोध्या में रामभक्तों की संख्या में बढ़ोत्तरी हो गई थी, इसी को देखते हुए ट्रस्ट मंदिर परिसर में एक साथ दो लाख भक्तों के रुकने के लिए संसाधन जुटाने का प्रयास कर रहा था। अयोध्या में रामलला के दर्शन करने के लिए अनेक प्रकार के तीर्थ यात्री आएंगे इसलिए ट्रस्ट राम भक्तों के विषय में दीर्घकालिक योजना पर काम कर रहा था। दो लाख भक्त एक साथ परिसर में रुक सकें इसकी व्यवस्था करने की तैयारी चल रही थी। परिसर में पचास हजार श्रद्धालुओं के लिए सामान रखने की व्यवस्था भी करनी थी। भक्तों के जूता चप्पल उतारने की व्यवस्था क्या होगी इस पर भी चर्चा की गई थी, थके हुए लोग आराम कहां करेंगे, कितनी क्षमता का भवन बनाना है, इस पर भी विचार किया गया था। दिव्यांगों, बुजुर्गों के लिए कैसी व्यवस्था की जानी है, इस पर भी वृहद चर्चा हुई थी। परिसर में भक्तों के लिए प्रसाधन की भी व्यवस्था होनी थी। इसके साथ ही परिसर में अग्निशमन केंद्र की भी स्थापना भी की जानी थी। पानी के भंडारण की सुविधा पर भी विशेष ध्यान दिया जा रहा था। अयोध्या में व्यापारियों का व्यापार पिछले तीस वर्षों में दोगुना से चार गुना हो गया था, यह व्यापार निरंतर बढ़ना था जो कि आगे के समय में लगभग दस गुना होने वाला था, इस बात को ध्यान में रखते हुए भी कार्य योजना बनाई जा रही थी।

कार्यदायी संस्था लार्सन एंड टुब्रो ने तीन बैचिंग प्लांट परिसर में लगा दिए थे, जिनसे पत्थर की गिट्टी, पत्थर का पाउडर, कोयले की राख और सीमेन्ट आदि मैटीरयल को मिक्स किया जा रहा था। नींव की सतह को मजबूती प्रदान करने के लिए बर्फ का ठंडा पानी प्रयोग किया जा रहा था, जिससे कि रोलर चलने पर कंक्रीट युक्त सतह अत्याधिक ठोस और कठोरता को प्राप्त कर सके। ठंडे पानी के लिए परिसर में ही एक प्लांट भी लगाया गया था, जिससे वहां पर छह डिग्री सेल्सियस तक के तापमान का पानी प्राप्त हो रहा था। क्योंकि, मंदिर का निर्माण एक तकनीकी कार्य था इसलिए बहुत जल्दबाजी नहीं की जा रही थी, मंदिर के निर्माण को आधुनिक तकनीक के साथ रफ्तार दी जा रही थी, इस समय तक नींव के ऊपर इक्कीस फीट ऊंची प्लिंथ का काम चल रहा था।

23 अक्टूबर 2021 को फैजाबाद रेलवे जंक्शन का नाम भी बदल दिया गया था। नव्य भव्य श्रीराम मंदिर निर्माण के लिए नींव का काम पूरा होते ही सरकार ने आदेश जारी करके इसका

नाम बदलकर अयोध्या कैंट रख दिया था। वर्ष 2018 में फैजाबाद जिले का नाम बदलकर पहले ही अयोध्या कर दिया गया था। उत्तर प्रदेश के मुख्यमंत्री योगी आदित्यनाथ का कहना था कि अयोध्या हमारी आन बान और शान का प्रतीक है, साथ ही अयोध्या की पहचान भगवान श्रीराम से ही है।

अयोध्या के विकास के लिए कई योजनाएं प्रस्तावित की गई थी, इनमें अयोध्या मेन स्पाइन रोड, श्रीराम मंदिर तक जाने वाले रास्ते, पंचकोसी परिक्रमा मार्ग, भव्य अयोध्या ग्रीन फील्ड टाउनशिप, प्रवेश बिन्दुओं पर छह भव्य द्वार, प्रवेश द्वारों पर तीर्थयात्री आवास सुविधा केन्द्र, मर्यादा पुरुषोत्तम श्रीराम अंतरराष्ट्रीय हवाई अड्डा, पर्यटन सुविधा केन्द्र, अंतरराष्ट्रीय संग्रहालय और स्मार्ट रोड शामिल थे। विजन डाक्यूमेंट बनाने में ग्लोबल कंसल्टेंट एजेंसी ली एसोसिएट्स, सीपी कुकरेजा और लार्सन एंड टुब्रो के विशेषज्ञों ने भाग लिया था। इन विशेषज्ञों ने रामनगरी के विकास की संभावनाएं तलाशने के साथ अपनी रिपोर्ट तैयार करने में स्थानीय साधु सतों, श्रीराम जन्मभूमि तीर्थ क्षेत्र ट्रस्ट के लोगों तथा जन प्रतिनिधियों सहित पांच सौ से अधिक अन्य लोगों की राय भी शामिल की थी। इस विजन डाक्यूमेन्ट को तैयार करने में छह महीने का समय लगा था।

अब तक रामनगरी के सुंदरीकरण की कुछ योजनाओं पर काम शुरु भी हो गया था, जिसमें हाइवे का सुंदरीकरण प्रमुख था। फलाईओवर की दीवारों पर रामायण के प्रसंग उकेरे गए थे, हाइवे के डिवाईडरों पर पौधारोपण का कार्य भी पूरा किया जा चुका था। इसके साथ ही रेलवे स्टेशन को भी श्रीराम मंदिर की अनुकृति के अनुरुप तैयार किया जा रहा था।

17 जनवरी 2022 तक श्रीराम मंदिर की नींव बनाने में दो सौ करोड़ रुपये खर्च होने की जानकारी दी गई थी। मंदिर निर्माण के लिए ट्रस्ट को अब तक दान में लगभग तीन हजार सात सौ करोड़ रुपये मिल चुके थे। यह धनराशि पीएनबी, एसबीआई और बैंक आफ बड़ौदा के श्रीरामजन्म भूमि तीर्थ क्षेत्र ट्रस्ट के खाते में जमा थी।

दूसरी ओर मंदिर निर्माण के लिए नींव की ढलाई हो चुकी थी, नींव के ऊपर राफ्ट की ढलाई के कार्य का भी अंतिम चरण चल रहा था। इसी माह के अंत तक मंदिर निर्माण का तीसरा चरण प्रारंभ किया जाना था। जन्मभूमि पर पचास फीट नीचे से अड़तालीस लेयर की नींव तैयार की गई थी। इसकी ढलाई भी उच्चकोटि के मैटीरियल से हुई थी, राफ्ट के रूप में नींव को पांच फीट मोटी सतह से युक्त किया गया था, राफ्टिग में कंक्रीट, विशेष प्रकार की सीमेंट, पत्थरों का पाउडर आदि के मिश्रण का प्रयोग हुआ था, अतः इसकी मजबूती पर कोई संदेह नहीं किया जा सकता था। प्लिंथ के निर्माण के लिए कर्नाटक तमिलनाडु सीमा पर स्थित जंगल कोल्लेगल क्षेत्र में खदानों से काले ग्रेनाइट पत्थरों को भेजा गया था।

श्रीराम मंदिर के विषय मे एक रोचक तथ्य यह भी है कि, एक टाइम कैप्सूल पृथ्वी के भीतर दो हजार फ़ीट की गहराई में गाड़ दिया गया था, जिसमें आज के समय की जानकारियां जैसे देश का नाम, जनसंख्या, धर्म, परम्परा, वैज्ञानिक अविष्कार आदि के वर्णन रखे गए थे, कंक्रीट का एक बॉक्स बना कर उसको पैक करने के बाद भूमि की गहराई में गाड़ा गया था, इसका उद्देश्य

यह था कि टाइम कैप्सूल बॉक्स जब भी किसी और सदी में किसी और सभ्यता को मिलेगा तो उस समय के लोग यह जान सकेंगे की आज के समय के व्यक्ति किस प्रकार से रहते थे, इसके विषय में ठीक उसी प्रकार से समझा जा सकता है जैसे कि सदियों पुराने भित्ति चित्र या बर्तन इत्यादि से हम पाषाण, पुरा पाषाण युग के विषय में आज भी जान सकते हैं, ठीक उसी प्रकार से मंदिर के नीचे यह टाइम कैप्सूल भी भूमि की गहराई में गाड़ दिया गया था।

28 जनवरी 2022 तक मंदिर निर्माण कार्य में और भी अधिक तेजी आ चुकी थी। जन्मभूमि परिसर में इक्कीस फीट ऊंची प्लिंथ का निर्माण कार्य चल रहा था और पत्थरों की तराशी व नक्काशी के काम में भी तेजी आ गई थी। मंदिर निर्माण में कुल सतरह लाख घन फीट पत्थर लगाने की योजना थी। अभी तक नींव के दो चरण का काम पूरा हो चुका था। पहले चरण में पचास फीट गहरी नींव बनाई गई थी और दूसरे चरण में नींव के ऊपर डेढ़ मीटर की रॉफ्ट ढाली जा चुकी थी। अब तीसरे चरण में रॉफ्ट के ऊपर इक्कीस फीट ऊंची प्लिंथ का निर्माण किया जा रहा था, जिसमें लगभग तीस हजार ग्रेनाइट के पत्थर लगाये जाने थे, इसके बाद मंदिर के गर्भगृह को आकार लेना था।

तीन मंजिल के इस मंदिर की तीसरी मंजिल में लगभग साढ़े चार लाख घन फीट पत्थर लगाए जाने का अनुमान था, अभी तक केवल चालीस हजार घन फीट पत्थर तैयार किये जा चुके थे। शेष दो मंजिलों में सवा सवा लाख घन फीट पत्थरों का उपयोग होना था। मंदिर के गर्भगृह में लगभग पौने दो लाख घन फीट पत्थर लगाए जाने थे, अगले छह माह के भीतर पत्थरों का प्रयोग शुरू किया जाना था, इसलिए पत्थरों को तैयार करने का काम भी तेज कर दिया गया था। अयोध्या के साथ साथ राजस्थान की तीन कार्यशालाओं में पत्थरों की तराशी व नक्काशी में कारीगर जुटे हुए थे, यह पत्थर राजस्थान से तराश कर सीधे अयोध्या लाए जाने थे। रामघाट स्थित कार्यशाला में सौलह कारीगर लगभग दो माह से नक्काशी के काम में जुटे हुए थे और प्रति दिन लगभग बारह घंटे काम कर रहे थे, उनके द्वारा बारीक नक्काशी के लिए मशीनों का भी प्रयोग किया जा रहा था।

14 अप्रेल 2022 तक मंदिर का निर्माण कार्य पूरी तेज गति पकड़ चुका था, निर्माण कार्य को निश्चित समय पर पूरा करने के लिए अब प्लिंथ का निर्माण रात्रि में भी किया जाने लगा था, इसके लिए पूरी नींव को दो हिस्सों में बांट कर निर्मित की जा रही थी, इस निर्माण कार्य में पहला गर्भगृह का क्षेत्र एवं दूसरा नींव का बाकी हिस्सा शामिल था। गर्भगृह वाले क्षेत्र पर तीव्र गति से प्लिंथ का निर्माण कार्य बेंगलुरु से लाए गए ग्रेनाइट पत्थर से किया जा रहा था। इस क्षेत्र में तीन लेयर का निर्माण हो चुका था, बाकी हिस्से में अभी प्लिंथ की पहली लेयर ही बनाई जा रही थी। मंदिर की नींव अर्थात राफ्ट के ऊपर इक्कीस फीट ऊंची प्लिंथ को सात पर्तों में निर्मित किया जाना था जिनमें से एक लेयर की मोटाई तीन फीट निर्धारित की गई थी, इसमें ग्रेनाइट के कुल सतरह हजार पीस लगाये जाने थे और यह कार्य छह महीने में पूरा करने का लक्ष्य रखा गया था।

निर्माण कार्य का यह दूसरा चरण था, सर्वप्रथम मंदिर के संपूर्ण क्षेत्र में लगभग बारह मीटर नींव की खुदाई हुई थी जिसे अड़तालीस लेयर में ढाला गया था, इसके बाद नींव पर राफ्ट की ढलाई का कार्य पूरा हुआ था, दिन में तापमान अधिक होने के कारण ढलाई कार्य रात्रि में किया गया था और साथ ही तापमान को नियंत्रित करने के लिए बर्फ का प्रयोग भी किया गया था।

दूसरी ओर गर्भगृह की पश्चिम, दक्षिण व उत्तर की तीनों दिशाओं में मंदिर की सुरक्षा की दृष्टि से रिटेनिंग वाल का निर्माण कार्य भी चल रहा था, वर्षा ऋतु से पहले इसके निर्माण कार्य को पूर्ण करने का लक्ष्य रखा गया था।

27 अप्रेल 2022 को जानकारी दी गई कि श्रीराम जन्मभूमि पर निर्माणाधीन मंदिर का निर्माण कार्य इस मजबूती के साथ किया जा रहा था कि यह मंदिर एक हजार वर्ष तक बना रहे, साथ ही इसकी भव्यता को भी बनाये रखना था। मंदिर की नींव के रूप में चार सौ गुना तीन सौ वर्ग फीट के भूक्षेत्र में चालीस से पचास फीट मोटी उच्च कोटि के कंक्रीट की चट्टान ढाली जा चुकी थी। नींव मौसम की मार से शत प्रतिशत सुरक्षित रह सके इसके लिए पत्थर की पांच फीट मोटी एक और परत ढाली गई थी। नींव के ऊपर निर्मित जिस प्लिंथ पर आकार दिया जा रहा था उसकी विशेष मजबूती को भी बनाये रखा गया था।

शिलाखंडों की सात परत के रूप में निर्माणाधीन इक्कीस फुट ऊँची प्लिंथ के साथ मंदिर को मजबूती दिए जाने के लिए एक रिटेनिंग वाल भी बनाई जा रही थी, जिससे कि मंदिर की नींव को सरयू नदी के भूगर्भीय प्रवाह से सुरक्षित रखा जा सके। क्योंकि प्राचीन काल में सरयू नदी श्रीराम जन्मभूमि से स्पर्श हो कर ही बहती थी, समय के साथ साथ सरयू भी दूर होती चली गई थी, किन्तु भूगर्भीय सर्वेक्षण में विशेषज्ञों ने पाया था कि सरयू की भूगर्भीय सतह से मंदिर का आंतरिक तल भी प्रभावित हो सकता है, इसी आशंका से बचने हेतु रिटेनिंग वाल का निर्माण किया जा रहा था।

निर्माणाधीन मंदिर की सतह पश्चिम से पूरब तक चार सौ फीट और उत्तर से दक्षिण तक तीन सौ फीट बनाई जा रही थी। सरयू नदी का आंतरिक प्रवाह मुख्य रूप से पश्चिम की ओर से हो सकता था एवं इसका असर उत्तर पश्चिम के लेकर दक्षिण पश्चिम के किनारे तक हो सकता था, ऐसे में रिटेनिंग वाल मंदिर को दक्षिणी सतह के ठीक मध्य से तीन सौ फीट लम्बे सम्पूर्ण पश्चिमी सिरे को घेरती हुई उत्तरी सतह के मध्य तक निर्माणाधीन थी। इसकी कुल लम्बाई सात सौ फीट थी तथा यह चालीस फीट गहरी और निचली सतह पर इतनी ही मोटी बनाई जा रही थी, इसमें बारह से पन्द्रह सूत तक के सरिये और कंक्रीट के मिश्रण का प्रयोग किया गया था, ऊंचाई पर आने के साथ यह पतली होती चली गई थी।

26 मई 2022 को सूचना आई कि उत्तर प्रदेश के मुख्यमंत्री योगी आदित्यनाथ 1 जून 2022 को रामलला के गर्भगृह का भूमि पूजन करेंगे। भव्यता से बनने वाले श्रीराम मंदिर का गर्भगृह हजार वर्ग फीट का और अष्टकोणीय बनाया जाना प्रस्तावित था, इसकी दीवारों पर वैदिक परंपरा के देवी देवताओं सहित यक्ष और यक्षिणियों की मूर्तियां भी उत्कीर्ण की जानी थी। गर्भगृह के सम्मुख क्रमश: विशालकाय तीन मंडप बनाये जाने की योजना थी, जिन्हें मंदिर की परंपरा में

जगमोहन कहा जाता है और वास्तु शास्त्र की दृष्टि से इन्हें कोली, नृत्य मंडप एवं रंग मंडप के नाम से जाना जाता है। मंडप इस प्रकार से निर्मित किया जाना था कि इस में एक साथ पच्चीस हजार श्रद्धालु बैठ सकें। संपूर्ण मंदिर तीन सौ अस्सी फीट लंबा, दो सौ पचास फीट चौड़ा और एक सौ इकसठ फीट ऊंचा बनाया जाना था। तीन तल वाले इस मंदिर में तीन सौ बानवे स्तंभों में से भूतल पर एक सौ छियासठ और प्रथम तल पर एक सौ चवालीस तथा दूसरे तल पर बयासी स्तंभ बनाये जाने थे। मंदिर का परकोटा आठ एकड़ परिसर में और इसमें श्रीराम मंदिर के प्रशस्त प्रदक्षिणा पथ के साथ सात उप मंदिरों का भी निर्माण किया जाना था। इन मंदिरों में मां सीता, भगवान गणेश, महर्षि वाल्मीकि, गोस्वामी तुलसीदास, निषादराज, जटायु और शबरी के मंदिर बनाये जाने थे।

29 मई 2022 से श्रीराम जन्मभूमि परिसर के पूजा मंडप में विशेष सर्वदेव अनुष्ठान की शुरुआत हो गई थी, इस अनुष्ठान को संपन्न कराने के लिए परिसर को सजाया संवारा गया था। अनुष्ठान में सभी देवी देवताओं को प्रसन्न करने के लिए विधिपूर्वक पूजन अर्चन किया गया था और इस विशेष अनुष्ठान के अर्न्तगत रुद्री, दुर्गा सप्तशती, विष्णु सहस्रनाम, चतुर्वेद का नियमित दो सत्रों में प्रातः आठ से ग्यारह एवं दोपहर तीन से छह बजकर पन्द्रह मिनट तक पाठ किया गया था। अनुष्ठान कराने के लिए राजस्थान, बंगाल, दिल्ली, वाराणसी एवं अयोध्या से चालीस विद्वान उपस्थित हुए थे, इस कार्यक्रम के लिए अयोध्या के प्रमुख संतों को भी आमंत्रण भेजा गया था। 1 जून 2022 तक चलने वाले इस विशेष अनुष्ठान में प्रत्येक दिन दोनों सत्रों के लिए अलग अलग यजमान उपस्थित रहे थे। श्रीराम जन्मभूमि तीर्थ क्षेत्र ट्रस्ट के महासचिव व अन्य ट्रस्टियों ने इसमें यजमान की भूमिका निभाई थी।

1 जून 2022 का दिन अयोध्या में भव्य मंदिर निर्माण के लिए एक ऐतिहासिक दिन था, 1 जून से गर्भगृह का निर्माण कार्य शुरू हो गया था, इस दिन उत्तर प्रदेश के मुख्यमंत्री योगी आदित्यनाथ ने गर्भगृह के निर्माण के लिए पहली शिला रखी थी, इसके साथ ही 29 मई 2022 से शुरू हुए सर्वदेव अनुष्ठान का समापन भी हो गया था।

इसके बाद मुख्यमंत्री निर्माण स्थल के पास द्रविड़ शैली में बने एक और मंदिर के प्राण प्रतिष्ठा कार्यक्रम में भी शामिल हुए थे। मुख्यमंत्री ने अपने संम्बोधन में कहा था कि पिछले पांच सौ साल से देश के साधु संत श्रीराम मंदिर आंदोलन को चला रहे थे, गोरक्षनाथ पीठ की भी तीन पीढ़ी इस मंदिर आंदोलन से जुड़ी हुई थी, आज उन सभी लोगों के दिल को खुशी मिली होगी। गर्भगृह का पहला पत्थर रख दिया गया है, आज से शिलाओं के रखने का काम तेजी से शुरू हो जाएगा, अब वो दिन दूर नहीं है जब मर्यादा पुरुषोत्तम भगवान श्रीराम का भव्य मंदिर अयोध्या धाम में बनकर तैयार हो जाएगा, यह मंदिर भारत का राष्ट्र मंदिर होगा।

20 जून 2022 तक मंदिर के प्लिंथ के निर्माण का लगभग चालीस प्रतिशत कार्य पूरा हो चुका था। इस समय मंदिर की प्लिंथ, गर्भगृह और रिटेनिंग वॉल का निर्माण कार्य एक साथ चल रहा था। इक्कीस फीट ऊंची प्लिंथ में कुल सतरह हजार ग्रेनाइट के पत्थर लगने थे, अब तक दस हजार पांच सौ पत्थर श्रीराम जन्मभूमि परिसर में पहुंच चुके थे जिनमें से सात हजार एक सौ

पत्थरों का प्रयोग किया जा चुका था। गर्भगृह की महापीठ का निर्माण कार्य भी तेजी से चल रहा था, वहां पर अब तक पैंतालीस पत्थर बिछाए जा चुके थे। पश्चिम दिशा में बन रही बारह मीटर गहरी रिटेनिंग वॉल में से छह मीटर तक बन चुकी थी।

23 जून 2022 तक मंदिर का निर्माण कार्य पूरी तेजी पर आ चुका था, श्रीराम जन्मभूमि तीर्थ क्षेत्र ट्रस्ट की योजना जनवरी 2024 में रामलला को अपने भव्य और दिव्य मंदिर में विराजमान करने की थी।

1 जुलाई 2022 को सार्वजनिक हुआ कि अयोध्या के श्रीराम कारसेवक पुरम में कुछ मूर्तियों के निर्माण का कार्य चल रहा था। रामकुंज में स्थापित करने के लिए भगवान श्रीराम के जीवन परिचय से सम्बन्धित एक सौ बीस मूर्तियां तैयार की जा रही थी। मंदिर परिसर में स्थापित करने के लिए मूर्तियों को बनाने का कार्य तो वर्ष 2014 में ही शुरू कर दिया गया था, लेकिन जन्मभूमि मंदिर परिसर में लगने वाली मूर्तियों की यह तस्वीरें पहली बार सामने आई थी। इन मूर्तियों का निर्माण सीमेंट सरिया और कंक्रीट के मिश्रण से किया जा रहा था। अधिकांश मूर्तियों के निर्माण का कार्य लगभग पूरा हो गया था। अभी तक जन्म से लेकर भगवान श्रीराम के राज्याभिषेक तक के दृश्य पर आधारित मूर्तियां तैयार हो चुकी थी, इन मूर्तियों का निर्माण अयोध्या में एक किनारे पर टीन शेड में किया जा रहा था लेकिन अब तक इस निर्माण कार्य की कोई खास चर्चा नहीं हुई थी।

यह मूर्तियां श्रीराम के जीवनकाल के आरंभ से लेकर उनके राज्याभिषेक तक का सब कुछ बताने के लिए तैयार की जा रही थी। महाराजा दशरथ के पुत्रेष्ठी यज्ञ से लेकर श्री राम, लक्ष्मण, भरत, शत्रुध्न के जन्म, शिक्षा, वन गमन, सुपर्णखा संवाद, श्रीराम रावण युद्ध सहित सभी पहलुओं को मूर्तिकला के माध्यम से दर्शाया गया था। मूर्तियों को इस प्रकार से बनाया जा रहा था कि वह श्रीराम के जीवनकाल के आरंभ से लेकर सरयू में गुप्त होने तक के सभी प्रमुख पहलुओं को जीवंत बना सकें।

7 जुलाई 2022 की सूचना के अनुसार मंदिर के भूतल का संपूर्ण निर्माण वर्ष 2023 के अंत तक पूर्ण किए जाने का और 2024 की मकर संक्रांति के दिन रामलला को नवनिर्मित मंदिर के भव्य गर्भगृह में स्थापित किए जाने का लक्ष्य रखा गया था। श्रीराम जन्मभूमि तीर्थ क्षेत्र ट्रस्ट इस लक्ष्य को प्राप्त करने के प्रति पूरी तत्परता बरत रहा था और इसी का परिणाम था कि मंदिर के निर्माण में तेजी से प्रगति हो रही थी। निर्माण कार्य निश्चित समयावधि में पूर्ण हो, इसके लिए एक हजार कारीगर दो शिफ्टों में काम कर रहे थे। गर्भगृह का निर्माण कार्य 1 जून 2022 को शुरू हुआ था और अब तक सवा माह की अवधि में गर्भगृह की प्रथम पर्त तैयार हो गई थी, प्रथम पर्त में लाल बलुआ पत्थर के सत्तर ब्लाक निर्धारित मानचित्र के अनुरूप शिफ्ट किए जा चुके थे। प्लिंथ में प्रयुक्त लगभग तीन टन भार के ब्लॉक की लंबाई, चौड़ाई एवं ऊंचाई पांच गुणे ढाई फीट गुणे तीन फीट थी। संपूर्ण मंदिर की प्लिंथ का लगभग साठ प्रतिशत कार्य पूरा हो चुका था। श्रीराम चबूतरा में सतरह हजार ग्रेनाइट के ब्लाक प्रयुक्त किए जाने थे और गर्भगृह की दीवार सात पर्तों से युक्त होनी थी। गर्भगृह कमल की आकृति का और आठ कोण

वाला निर्मित किया जाना था। बारह मीटर ऊंची प्रस्तावित रिटेनिंग वाल पश्चिम और उत्तर में छह मीटर ऊंची निर्मित हो चुकी थी और इस रिटेनिंग वाल की बाहरी सतह पर श्रीराम के जीवन प्रसंगों को चित्रित किये जाने की योजना थी।

4 अगस्त 2022 तक श्रीराम जन्मभूमि पर भव्य मंदिर निर्माण की प्रक्रिया पूरी तेज गति से आगे बढ़ चली थी, निर्माण कार्य निरंतर प्रगति की ओर था। इसके साथ साथ पूरे मंदिर को इस प्रकार से तैयार करने की योजना बनाई गई थी कि मंदिर की मुख्य संरचना में गर्भगृह में बाल रूप में रामलला विराजमान, प्रथम तल पर श्रीराम दरबार और गर्भगृह के पीछे रामलला का भोग प्रसाद बनाने के लिए सीता रसोई, प्रवेश द्वार के दाहिने ओर गणेश जी का मंदिर, प्रवेश द्वार के बाएं ओर हनुमान जी का मन्दिर एवं मंदिर के चारों ओर प्रदक्षिणा पथ बनाया जाना था, जिस पर कि एक साथ पांच हजार भक्त परिक्रमा कर सकें। मंदिर का निर्माण मुख्यतः चार चरणों में किया जा रहा था, प्रथम चरण में मंदिर की नींव का निर्माण हुआ था। दूसरे चरण में नीव के ऊपर शिलाओं के चूर्ण की पांच फीट मोटी परत ढाली गई थी। तीसरे चरण में आधार भूमि का निर्माण कार्य चल रहा था। चौथे चरण के अन्तर्गत संगमरमर से निर्मित आधार भूमि के ऊपर पहले से तराश कर रखी गई शिलाओं को मंदिर के रूप में संयोजित किया जाना था। इक्कीस फीट ऊंची आधार भूमि का निर्माण सात उप चरणों में संयोजित किया गया था, अभी तक दो उप चरण का निर्माण कार्य पूर्ण कर लिया गया था। तीसरे और चौथे चरण का कार्य एक साथ चल रहा था। मंदिर के निर्माण में कहीं पर भी लोहे का प्रयोग नहीं किया जा रहा था। चार सौ गुना तीन सौ वर्ग फीट के विशाल परिक्षेत्र में मंदिर की पैंतालीस से पचास फीट तक गहरी नींव एंव नींव के ऊपर पांच फीट मोटी एक और परत पिछले वर्ष ही ढाली जा चुकी थी। इस वर्ष की शुरुआत से नींव के ऊपर मंदिर की आधार भूमि अर्थात प्लिंथ का निर्माण किया जा रहा था। मंदिर की लंबाई तीन सौ साठ फीट, चौड़ाई दो सौ पैंतीस फीट और ऊंचाई एक सौ इकसठ फीट पहले ही निर्धारित की जा चुकी थी, मंदिर कुल तीन तलों में बनने वाला था। मंदिर के निर्माण में प्राकृतिक प्रौधोगिकी के प्रयोग के साथ ही अपशिष्ट प्रदार्थों के समुचित प्रबंधन की व्यवस्था भी की गई थी।

17 अगस्त 2022 को सार्वजनिक किया गया कि दिव्य भव्य मंदिर के साथ ही रामनगरी में प्रस्तावित वैदिक सिटी की ओर भी देश और दुनिया की दृष्टि लगी हुई थी। यही कारण था कि यहां पर बसने की इच्छा को लेकर देश के कई राज्यों से प्रस्ताव आने शुरू हो गए थे। वैदिक सिटी के रूप में प्रस्तावित भव्य अयोध्या टाउनशिप में वर्ष 2020 में कर्नाटक राज्य की ओर से अपने राज्य का अतिथि गृह बनाने के लिए राज्य सरकार के माध्यम से प्रस्ताव दिया जा चुका था, अब अन्य राज्यों के प्रस्ताव भी आने लगे थे। यह टाउनशिप एक हजार एक सौ चौरानवें एकड़ में विकसित की जा रही थी, जिसमें भारत के विभिन्न राज्यों सहित दुनिया के विभिन्न देशों के अतिथि गृह के लिए स्थान उपलब्ध कराए जाने की व्यवस्था की गई थी।

पच्चीस राज्यों के अतिथि गृहों के लिए भूमि उपल्बध कराने की जिम्मेदारी आवास विकास परिषद को सौंपी गई थी। कर्नाटक के बाद चार और राज्यों ने टाउनशिप में अपने राज्य का अतिथि गृह व धार्मिक कैंद्र खोलने की इच्छा प्रकट करते हुए उत्तर प्रदेश पर्यटन विभाग के माध्यम से

भूमि प्राप्त करने के लिए उत्तर प्रदेश आवास विकास परिषद को प्रस्ताव दिया था, इन राज्यों में किसी ने दो एवं किसी ने पांच एकड़ भूमि का प्रस्ताव भेजा था। प्रस्ताव भेजने वाले नए राज्यों में अरुणाचल प्रदेश, मध्यप्रदेश, उत्तराखंड और सिक्किम शामिल थे। तिरूपति बालाजी ट्रस्ट की ओर से भी पांच एकड़ भूमि के लिए प्रस्ताव उत्तर प्रदेश आवास विकास परिषद को भेजा गया था।

12 सितंबर 2022 को श्रीराम जन्मभूमि तीर्थ क्षेत्र ट्रस्ट की बैठक आयोजित की गई जिसमें ट्रस्ट के अध्यक्ष सहित दस ट्रस्टी उपस्थित हुए थे, इस बैठक में ट्रस्ट की नियमावली पर विचार किया गया था, इस समय बैठक में कई प्रारुप व सुझाव आए थे, साथ ही नियमावली को अंतिम रुप भी प्रदान किया गया था। बैठक के बाद ट्रस्ट के महासचिव ने बताया कि जिस समय मंदिर का निर्माण कार्य शुरु हुआ था उस समय अनुमान लगाया गया था कि इसकी लागत लगभग चार सौ करोड़ रुपये आ सकती है, लेकिन अठारह महीने के बाद अब इसकी लागत पर लगभग एक हजार आठ सौ करोड़ रुपए खर्च होने का अनुमान लगाया गया है। उन्होंने यह भी कहा कि मंदिर निर्माण की लागत अभी भी अनुमानित है, इसमें अभी और भी संशोधन हो सकता है।

इस बैठक में सर्वसम्मति से यह निर्णय भी लिया गया था कि जन्मभूमि परिसर में हिन्दू धर्म से जुड़ी महान विभूतियों और साधु संतों की प्रतिमाओं को भी स्थान दिया जाएगा, यहां पर महर्षि वाल्मिकि, महर्षि विश्वामित्र व महर्षि अगस्त के साथ निषादराज व माता शबरी और जटायु को सम्मान पूर्वक स्थान दिया जाएगा।

18 दिसंबर 2022 को श्रीराम जन्मभूमि परिसर में स्थित मंदिर निर्माण की कार्यदायी संस्था लार्सन एंड टुब्रो के कार्यालय में हुई मंदिर निर्माण समिति की बैठक के दूसरे दिन मंदिर के साथ पूरक प्रकल्पों पर विचार किया गया, इसी क्रम में दर्शन मार्ग की योजना पर विस्तार से समीक्षा की गई, साथ ही दर्शन मार्ग की गुणवत्ता पर भी विचार किया गया था। मंदिर के गर्भगृह में रामलला को स्थापित किए जाने की तैयारियों के बीच रामलला के दर्शन मार्ग और निकासी मार्ग की भी समुचित व्यवस्था की जा रही थी, इसके विषय में निर्णय लिया गया था कि भक्त गण पूर्व दिशा से आगमन करेंगे और दक्षिण द्वार से उनकी निकासी होगी।

4 जनवरी 2023 को मणिरामदास जी की छावनी में श्रीराम जन्मभूमि तीर्थ क्षेत्र ट्रस्ट की एक और बैठक आयोजित की गई। इस बैठक में रामलला की मूर्ति के स्वरूप के बारे में विस्तार से चर्चा की गई थी, जन्मभूमि पर नवनिर्मित मंदिर में स्थापित की जाने वाली रामलला की मूर्ति की ऊंचाई को लेकर कुछ गतिरोध भी सामने आ रहा था। इस बीच मूर्ति के प्रारूप को लेकर ट्रस्ट की योजना में बदलाव भी देखने को मिला, पूर्व में ट्रस्ट रामलला की बैठी हुई मुद्रा की मूर्ति स्थापित करने पर जोर देता रहा था, लेकिन बैठक के बाद यह संकेत सामने आया कि रामलला की मूर्ति खड़ी अवस्था में निर्मित होगी।

श्रीराम जन्मोत्सव के अवसर पर रामलला की मूर्ति पर सूर्य की किरणें पड़ने के अनुरूप नेशनल बिल्डिंग रिसर्च इंस्टीट्यूट (एनबीआरआइ) के विशेषज्ञों और अंतरिक्ष वैज्ञानिकों ने रामलला की मूर्ति साढ़े आठ फीट ऊंची रखने का सुझाव दिया था। ट्रस्ट आने वाले दर्शनार्थियों की सुविधा

को ध्यान में रख कर रामलला की मूर्ति पांच से सात फीट ऊंची रखने का पक्षधर था। ट्रस्ट के महासचिव के अनुसार शीघ्र ही बीच का रास्ता निकाल लिये जाने की बात हुई थी और रामलला की मूर्ति की ऊंचाई उस संतुलन में निर्मित करने पर विचार किया गया था जिसमें कि श्रद्धालु रामलला का पूरी स्पष्टता के साथ दर्शन कर सकें। इसके साथ ही इस पर भी विचार किया गया था कि श्रीराम जन्मोत्सव के अवसर पर रामलला पर सूर्यदेव की किरणें भी पड़ सकें।

मूर्ति निर्माण के लिए बेंगलुरू, पुणे तथा पुरी के तीन कलाकारों को अपने अपने स्तर से रामलला की मूर्ति का प्रारूप तैयार करने के लिए कहा गया था। शिल्पियों के सुझाव के आधार पर रामलला की मूर्ति निर्मित किए जाने के लिए महाराष्ट्र में पाए जाने वाले आसमानी रंग के पत्थर के उपयोग पर भी सहमति बन गई थी। इन तीनों मूर्तियों में जो भी सर्वश्रेष्ठ होगी, उसे नवनिर्मित मंदिर के गर्भगृह में स्थापित किए जाने की योजना थी। अंतिम रूप से यह प्रारूप सामने आने में चार से छह माह का समय लग सकता था।

बैठक में मंदिर के परकोटा और उसमें बनने वाले छह उप मंदिरों की योजना की समीक्षा भी की गई। श्रीराम ट्रस्ट की ओर से यह भी बताया गया कि आयकर कार्यालय में मंदिर निर्माण के लिए अब तक आए दान और उसके व्यय का ब्योरा प्रस्तुत कर दिया गया था।

10 जनवरी 2023 की जानकारी के अनुसार मंदिर का निर्माण कार्य अब लगातार पूरी तेजी के साथ क़डाके की ठंड में भी बिना रुके युद्ध स्तर पर चल रहा था, तीर्थ क्षेत्र ट्रस्ट पत्थरों की गढ़ाई सहित अन्य सभी तैयारियों को समय से पूर्व ही पूरा कर लेना चाहता था। जनवरी 2024 तक मंदिर के तैयार होने की पूरी उम्मीद लगाई जा रही थी। शिलाओं की गढ़ाई तेज हो चली थी, राजस्थान और अयोध्या की कार्यशालाओं में पत्थरों को गढ़कर अन्तिम रूप दिया जा रहा था। दो माह पूर्व पांच सौ श्रमिक कार्य पर थे जिनकी संख्या इस समय तक एक हजार पांच सौ हो गई थी। दो माह पहले की तुलना में श्रमिकों की संख्या भी लगभग तीन गुणा बढ़ा दी गई थी।

12 जनवरी 2023 को पता चला कि मंदिर के प्रथम तल के निर्माण के साथ ही इसकी फिनिशिंग की तैयारी भी चल रही थी। मंदिर में रामलला की मूर्ति की स्थापना के साथ साथ प्रकाश व्यवस्था, पेयजल आपूर्ति और शौचालय सहित सभी व्यवस्था समय से पूर्व करने पर जोर दिया जा रहा था। इस समय ट्रस्ट मंदिर निर्माण की निगरानी के साथ साथ इन सभी तैयारियों को भी देख रहा था।

मंदिर में लगने वाले दरवाजों के लिए भी उचित लकड़ी की व्यवस्था की जा रही थी। दरवाजों के लिए महाराष्ट्र के जंगलों में सागौन की लकड़ी काटी जा रही थी, अयोध्या से एक दल भी इसके लिए महाराष्ट्र गया था। मंदिर के दरवाजे निर्मित किए जाने के लिए अब कारीगरों पर भी नजर दौड़ायी गई थी, ट्रस्ट व कार्यदायी संस्था कुशल कारीगरों की तलाश कर रही थी। उत्तर प्रदेश के आगरा के अलावा राजस्थान के कुछ स्थानों के लकड़ी कारीगरों की सेवाऐं लेने पर विचार चल रहा था। इन कारीगरों से परिसर में ही निर्धारित माप के दरवाजे बनवाए जाने की योजना थी।

20 जनवरी 2023 को जानकारी प्राप्त हुई कि श्रीराम जन्मभूमि तीर्थ क्षेत्र ट्रस्ट जन्मभूमि परिसर के पांच एकड़ भूक्षेत्र पर श्रीराम मंदिर के रूप में दुनिया के भव्यतम स्थापत्य की मिसाल बनाने की तैयारी कर रहा था और शेष पैंसठ एकड़ भू क्षेत्र को 'कल्चरल कैपिटल ऑफ दि वर्ल्ड' के रूप में विकसित करने की तैयारी की जा रही थी। इस भूक्षेत्र में यज्ञशाला, अनुष्ठान मंडप, हनुमान जी की विशाल प्रतिमा, जन्मभूमि के उत्खनन में प्राप्त शिलालेख एवं पुरावशेषों का संरक्षण केंद्र वेद, पुराण, रामायण और संस्कृत का अध्ययन केंद्र ध्यान एवं मनन निकुंज के लिए भक्ति टीला, रामलीला केंद्र और मंच के रूप में तीन सौ साठ डिग्री का थिएटर, माता कौशल्या वात्सल्य मंडप के नाम से प्रदर्शनी कक्ष, अभिलेखागार एवं अनुसंधान केंद्र आदर्श गोशाला, संगीतमय फव्वारा और युवा एवं बाल क्रिया कलाप केंद्र, अतिथि निवास केंद्र भरत प्रसाद मंडप, माता सीता रसोई तैयर करने की योजना बनाई गई थी।

श्रीराम जन्मभूमि परिसर के विकास का प्रारूप देश भर के वास्तुविदों और अध्यात्म संस्कृति के शीर्ष आचार्यों से मिले सुझाव के बाद तैयार किया गया था। इस सुझाव की समीक्षा के बाद ट्रस्ट के कोषाध्यक्ष की अध्यक्षता में गठित समन्वय समिति ने परिसर के विकास का खाका खींचा था। यह भी बताया गया कि जन्मभूमि परिसर, मंदिर के सिंह द्वार के सम्मुख दीप स्तंभ से रोशन होगा।

26 जनवरी 2023 को भव्य मंदिर में भगवान श्रीराम, सीता माता, हनुमान जी एवं चारों भाइयों की प्रतिमाओं के लिए नेपाल की शालिग्रामी नदी अर्थात काली गंडकी नदी से निकालकर चालीस टन भार की दो विशाल शालिग्राम शिलाएं दो ट्रकों के माध्यम से अयोध्या के लिए रवाना की गई थी। नेपाल के तत्कालीन मंत्रिमंडल की ओर से भारत सरकार, उत्तर प्रदेश सरकार और ट्रस्ट को पत्र लिख कर अयोध्या में बन रहे भगवान श्रीराम मंदिर की मूर्ति के लिए शालिग्राम पत्थर उपलब्ध कराने की इच्छा जताई गई थी। क्योंकि एक प्रकार से नेपाल में स्थित मिथिला, जनकपुर भगवान श्रीराम का ससुराल और माता सीता का मायका है। नेपाल की ओर से ट्रस्ट के सामने यह प्रस्ताव रखा गया था कि अयोध्या धाम में भगवान श्रीराम के इतने भव्य मन्दिर का निर्माण हो रहा है, इसालिए जनकपुर और नेपाल की ओर से इसमें कुछ ना कुछ योगदान होना ही चाहिए। भारत सरकार और श्रीराम मंदिर ट्रस्ट की ओर से हरी झंडी मिलते ही ट्रस्ट के पदाधिकारियों ने विश्व हिन्दू परिषद नेपाल के साथ समन्वय स्थापित किया और यह तय किया गया कि मंदिर में लगने वाली मूर्ति का पत्थर वहीं से मंगवाया जायेगा। नेपाल सरकार के सहयोग से विधिवत पूजा के बाद शालिग्रामी नदी से इन दोनों विशाल शालिग्राम शिलाओं को निकाला गया था, शिलाखंडों को नदी से निकालने से पहले नदी के किनारे विधिवत क्षमा याचना की गई थी। इसके बाद ही इन शिलाखंडों को नदी से निकाला गया था और दो ट्रकों पर लादकर अयोध्या के लिए रवाना कर दिया गया था। दोनों शिलाओं में एक का भार छबबीस टन व दूसरी का चौदह टन था। फूलों और लाल, गेरुआ, पीले तथा सफेद कपड़ों से सजाकर इन शिलाओं को ट्रकों पर रखा गया था। दोनों ट्रकों को बड़ी लॉरी पर सवार करके सड़क मार्ग से अयोध्या भेजा जा रहा था। रास्ते में इन पवित्र शिलाओं के दर्शन और स्वागत के लिए लोगों की भीड उमड़ रही थी। रात्रि विश्राम नेपाल के देवघाट में करने के बाद अगले दिन प्रातः काल में नेपाल के

हेटौडामा, पथलैयामा, निजगढमा, लालबंदी, बर्दिबास होते हुए यह ट्रक जनकपुर पहुंचें थे। रात्री विश्राम वहीं पर करने के बाद जनकपुर में ही 29 जनवरी को शिलाखंडों की प्रातः में महाआरती की गई थी, उसके बाद इन्हें लोगों के दर्शन के लिए रोका गया था। 30 जनवरी 2023 की प्रातः जनकपुर से इन ट्रकों को रवाना किया गया, रास्ते भर लोगों की भीड़ शिलाओं के पूजन के लिए उमड़ती रही थी। 30 जनवरी को ही शिलाओं ने नेपाल से भारत की सीमा पर स्थित बिहार के मधुबनी जिले के शहरगांव स्थान पर भारत में प्रवेश किया। उस दिन मधुबनी में मिथिला क्षेत्र के सभी मठ मंदिरों के संत महात्माओं को पूजन कार्यक्रम में शामिल होने का आग्रह किया गया था। ट्रक दरभंगा होते हुए 30 जनवरी को ही बिहार के मुजफ्फरपुर पहुंचे और रात्रि विश्राम कांटी में किया गया। मधुबनी से लेकर मुजफ्फरपुर तक सत्ताईस स्थानों पर इन शिलाओं का स्वागत किया गया। 31 जनवरी को बिहार के गोपालगंज होते हुए ट्रक के साथ चल रहे सभी लोगों ने उत्तर प्रदेश की सीमा में प्रवेश किया। रात्रि विश्राम गोरखपुर में करने के बाद वहां से सभी लोगों ने अयोध्या के लिए प्रस्थान किया था।

2 फरवरी 2023 को दोनों शालिग्राम शिलाखंडों को बिहार के रास्ते से होते हुए अयोध्या में लाया गया था और वहां तक इन शिलाखंडों की शोभायात्रा निकाली गई थी, प्रतिदिन लगभग एक सौ पच्चीस किलोमीटर की यात्रा पूरी की गई थी। इस प्रकार से शिलाखंडों को नेपाल से अयोध्या तक आने में तीन चार दिन का समय लग गया था। बिहार के रास्ते से भारत में प्रवेश करने वाली शोभायात्रा का हर एक पड़ाव पर भव्य स्वागत किया गया था और भक्तों में इनके लिए विशेष उत्साह देखा गया था। शालिग्राम शिलाओं का अयोध्या पहुंचने पर रामसेवक पुरम में विधि विधान से वैदिक मंत्रों के साथ वहां पर पहले से ही उपस्थित नेपाल के पूर्व उप प्रधानमंत्री के साथ जानकी मंदिर जनकपुर के महंत और श्रीराम जन्मभूमि तीर्थ क्षेत्र ट्रस्ट के महासचिव, ट्रस्टी और निवर्तमान महापौर सहित भारतीय जनता पार्टी के अन्य नेताओं ने पुष्प वर्षा करके स्वागत किया था और इसके साथ ही शालिग्राम की आरती भी उतारी गई थी।

श्रीराम दरबार की प्रतिमाएं प्रथम तल पर स्थापित होनी थी और इन सभी प्रतिमाओं का निर्माण शालिग्राम पत्थर से करने का निर्णय लिया गया था, क्योंकि इस पत्थर से निर्मित प्रतिमाएं लाखों वर्ष तक सुरक्षित रहती हैं। साथ ही दुर्लभ शालिग्राम पत्थर का धार्मिक महत्व भी है, यह नेपाल की काली गंडकी नदी सहित गिने चुने स्थानों पर ही उपलब्ध होता है। इन शिलाखंडों को गंडकी क्षेत्र में खोजा गया था और उसका परीक्षण भी कराया गया था। नेपाल में पोखरा स्थित शालिग्रामी नदी अर्थात काली गंडकी नदी से यह दोनों शिलाएं जियोलॉजिकल और ऑर्किलॉजिकल विशेषज्ञों की देखरेख में निकाली गई थी। नेपाल की यह शालिग्रामी नदी, भारत में प्रवेश करते ही नारायणी बन जाती है, यहां पर सरकारी कागजों में इसका नाम बूढ़ी गंडकी नदी है, यह नेपाल के दामोदर कुंड से निकलकर बिहार के सोनपुर में गंगा नदी में मिल जाती है। शालिग्रामी नदी के काले पत्थर भगवान शालिग्राम के रूप में पूजे जाते हैं। बताया जाता है कि शालिग्राम पत्थर केवल शालिग्रामी नदी में ही मिलता है। नदी से निकाली गईं ये दोनों शिलाएं लगभग छह करोड़ वर्ष पुरानी बताई जाती हैं। भगवान विष्णु का स्वरूप मानी जाने वाली शालिग्राम शिला मूलतः पूर्ण श्याम वर्ण में होती है, इस शिला को धार्मिक दृष्टि से खंडित नहीं किया जा सकता है।

5 फरवरी 2023 को निर्माणाधीन मंदिर के गर्भगृह की दहलीज अर्थात ड्योढ़ी के पत्थर का विधिपूर्वक पूजन किया गया, मकराना के सफेद संगमरमर से निर्मित चौखट को पूजन के बाद यथास्थान पर रखवाया गया था। अष्टकोणीय गर्भगृह में लगने वाले मकराना मार्बल के आठ स्तम्भ पहले ही खड़े कर दिए गये थे, इन स्तम्भों की निर्धारित ऊंचाई उन्नीस फीट छह इंच थी।

मंदिर अथवा घरों में दहलीज का बहुत महत्व होता है, सभी मंदिरों में भगवान के साथ दहलीज की भी नित्य आरती की जाती है। इसी प्रकार से घरों में भी प्रतिदिन मुख्य द्वार पर सायंकाल में दीप जलाने की परम्परा है, दहलीज से ही सकारात्मक और नकारात्मक ऊर्जाएं घर में प्रवेश करती हैं। वास्तु शास्त्र के अनुसार भी नकारात्मक ऊर्जा से मुक्त रखने के लिए मुख्य द्वार को वास्तु दोष से मुक्त होना आवश्यक है, इससे मां लक्ष्मी की कृपा बनी रहती है। दहलीज पर बनाए गए शुभ मांगलिक चिह्न घर की सुख और समृद्धि में वृद्धि करते हैं।

मंदिर में प्रतिष्ठित होने वाले रामलला के विग्रह के लिए नेपाल से लाई गयी देवशिलाओं का परीक्षण शुरू कर दिया गया था, इन देवशिलाओं के परीक्षण के लिए पहले से ही मूर्तिकारों की एक टीम यहां पर उपस्थित थी। 2 फरवरी 2023 को नेपाल से आई शिलाओं को रामसेवक पुरम में रखवाए जाने के बाद से ही उनके दर्शन के लिए भारी भीड़ उमड़ पड़ी थी, इसी लिए एक दिन की प्रतीक्षा के बाद दोपहर में दर्शन बंद कराकर सैंपलिंग करवाई गई थी। इन मूर्तिकारों ने दोनों देवशिलाओं पर हीरा जड़ित मशीन से कट लगाकर सैंपल के रूप में अलग अलग टुकड़े निकाल कर जांच की थी। पत्थरों की जांच का उद्देश्य उनका स्वभाव जानना होता है कि वह कठोर हैं अथवा नरम। पत्थर जब तक नरम नहीं होगा मूर्तियों को आकार नहीं दिया जा सकता है और उनमें चेहरे के हाव भाव प्रदर्शित करना भी संभव नहीं होता है, इसके अतिरिक्त पत्थरों में आद्रता की माप भी की जाती है, यदि पत्थरों में नमी सोखने की प्रवृत्ति होगी तो एक निर्धारित समय के बाद वह अंदर से भुरभुरा हो कर नष्ट होने लगता है।

17 मार्च 2023 को निर्माणाधीन मंदिर में भगवान श्रीराम की मूर्ति के निर्माण के लिए कर्नाटक के करकला से भी अयोध्या के लिए एक विशाल शिला भेजी गई थी। करकला की इस शिला को कर्नाटक में तुंगभद्रा नदी के किनारे की एक छोटी सी पहाड़ी से चुना गया था। विश्व हिन्दू परिषद और बजरंग दल के कार्यकर्ताओं ने पूजा अर्चना करने के बाद इस शिला को एक बड़े ट्रक में रखवा कर रवाना किया था। मूर्ति निर्मित करने का कार्य देश के नामी कारीगरों को सौंपा गया था। इन शिलाओं में से किसी एक का उपयोग भगवान श्रीराम की दिव्य भव्य मूर्ति को तराशने के लिए किया जाना था।

17 मार्च 2023 तक नव्य भव्य मंदिर का निर्माण कार्य प्रगति पर पहंच चुका था, अक्टूबर 2023 में मंदिर का प्रथम तल बनकर तैयार हो जाएगा ऐसा अनुमान लगाया जा रहा था, जिससे कि भगवान रामलला जनवरी 2024 में अपने दिव्य भव्य मंदिर में विराजमान हो जाएं। भगवान रामलला का पूरा मंदिर पत्थरों से बनाया जा रहा था, लेकिन पत्थर के साथ साथ उन राम नाम की शिलाओं का उपयोग भी निर्माण कार्य में किया जा रहा था जो कि मंदिर के लिए वर्ष 1989 में दो लाख पिचहेत्तर हजार गांवों में पूजन अर्चन करने के बाद अयोध्या लाई गई थी, इन

शिलाओं का उपयोग पहले तो निर्माण कार्य में नींव की भराई में किया गया था और अब परकोटे की मजबूती के लिए बराबर में बनाई जा रही दीवार के लिए भी इनका प्रयोग किया जा रहा था।

20 मार्च 2023 तक मंदिर में भूतल और उस पर बन रहे गर्भगृह दिखाई देने लगे थे, रामलला के दर्शन अर्थात गर्भगृह तक पहुंचने के लिए बत्तीस सीढ़ियां बनाई जानी थी इनमें से चैबीस सीढ़ी बन चुकी थी साथ ही मंदिर की छत के लगभग दो सौ बीम की नक्काशी का काम भी पूरा हो चुका था। श्रीराम जन्मभूमि ट्रस्ट के अनुसार भूतल का सत्तर प्रतिशत कर्य अब तक पूरा हो चुका था, मंदिर के गर्भगृह के एक हिस्से में चौखट और बीस फीट ऊंची दीवार अपने आकार में आने वाली थी, सिंहद्वार, गर्भगृह की दीवारें और पिलर निर्माण भी दिखाई देने लागा था, यह सब मकराना के सफेद संगमरमर पत्थर से बनाए जा रहे थे।

28 मार्च 2023 को सार्वजनिक हुआ कि प्रभु श्रीराम के भव्य मंदिर में लगने वाले दरवाजों के लिए महाराष्ट्र के चंद्रपुर के जंगलों में उगने वाली मजबूत सागौन की लकड़ियां प्रयोग में लाई जाएंगी। चंद्रपुर के वन विभाग के डिपो में सागौन की इन लकड़ियों को आवश्यकता के अनुसार काट कर रखा गया था। इससे पहले फॉरेस्ट रिसर्च इंस्टीट्यूट के वैज्ञानिक और टाटा कंसलटेंसी के पदाधिकारियों ने महाराष्ट्र का दौरा करके सागवान की लकड़ी की बारीकियां जानी थीं। इसके बाद ट्रस्ट की बैठक में यह निर्णय लिया गया था कि भगवान श्रीराम के मंदिर में लगने वाले दरवाजों में सागवान की लकड़ी का ही उपयोग किया जाएगा। महाराष्ट्र के चंद्रपुर से विधिवत पूजा अर्चना के बाद लकडियों को अयोध्या भेजा जाना था, एक हजार आठ सौ पचपन घन फुट लकड़ियों की पहली लाट अयोध्या के लिए रवाना की गई थी, यह भी बताया गया कि मंदिर के लिए जितनी भी लकड़ी की आवश्यकता होगी समय समय पर उतनी उपलब्ध कराई जाएगी। ट्रस्ट की ओर से बताया गया कि मंदिर में लगने वाले विशालकाय दरवाजों के लिए एक हजार आठ सौ पचपन घन फुट लकड़ी की मांग की गई थी। इस समय जो लकड़ियां अयोध्या भजी जा रही थी वह एक सौ वर्ष पुराने पेड़ों की थी, इन लकड़ियों का भूरा रंग बिना नक्काशी और डिजाइन के भी सुन्दर दिखाई देता है, इनका रंग, टेक्सचर, भी बाकी लकड़ियों से अलग होता है और लकड़ियों में एक विशेष तत्व एवं विशेष प्रकार का तेल होता है जिसके कारण इसमें दीमक या कीड़े नहीं लगते हैं, जिसके चलते इन लकड़ियों की उम्र सात सौ से एक हजार वर्ष तक होती है, यह लकड़ी बरसात और पानी में भी अपना आकार नहीं खोती है।

मंदिर के द्वारों और खिड़कयों के लिए जिले से भेजी जा रही लकड़ियों की पूजा के लिए एक भव्य समारोह आयोजित किया गया था। इससे पहले चन्द्रपुर में काष्ठ पूजा संपन्न हुई थी और पूरे शहर में शोभा यात्रा निकाली गई थी। काष्ठ पूजा समारोह के लिए पूरे चन्द्रपुर शहर की सजावट की गई थी और स्थान स्थान पर स्वागत द्वार बनाए गए थे, लगभग पूरे शहर में माइक लगा कर रामधुन, प्रभु श्रीराम के भजन एवं रामचरित मानस के भजन गूंज रहे थे। इस कार्यक्रम को अभूतपूर्व बनाने के लिए महाराष्ट्र सरकार ने बहुत ही अच्छा आयोजन किया था, जिसकी पूरी जिम्मेदारी महाराष्ट्र राज्य के वन और सांस्कृतिक मंत्री को सोंपी गई थी। इस समारोह में महाराष्ट्र के वन एवं संस्कृति मंत्री और उत्तर प्रदेश से पधारे हुए तीन मंत्री एवं मुम्बई से आए हुए फिल्म एवं टेलीविजन के विभिन्न कलाकार शामिल हुए थे।

भगवान श्रीराम से अयोध्या और महाराष्ट्र के विदर्भ का भी अपना एक अलग और गहरा रिश्ता है। भगवान श्रीराम की दादी इंदुमती का मायका महाराष्ट्र के विदर्भ में ही है, राजा दशरथ की माता और राजा अज की पत्नी रानी इंदुमती भी विदर्भ में ही पैदा हुई थीं। इसलिए विदर्भ के लोगों ने यहां की लकड़ी अयोध्या में श्रीराम मंदिर के लिए भेजकर अपने आप को धन्य महसूस किया था।

30 मार्च 2023 को जानकारी दी गई कि लार्सन एंड टुब्रो के अधिकारी समय समय पर चंद्रपुर आकर मंदिर की आवश्यकता के अनुसार लकड़ियों की कटाई करवा कर अपनी देखरेख में हैदराबाद एवं राजस्थान में इन लकड़ियों की नक्काशी का भी काम संपन्न करवाने वाले थे। सागौन की लकड़ियों में बीस से तीस प्रतिशत तक की नमी होती है, लंबे समय तक टिकाऊ बनाने के लिए नमी को दस प्रतिशत तक लाना आवश्यक होता है। नागपुर में यह प्रक्रिया पूरी होने के बाद लकड़ियों को आवश्यकतानुसार द्वार, चौखट और खिड़कियों के रूप में ढालने तथा उन पर नक्काशी के लिए हैदराबाद और राजस्थान भेजा जाना था। उसके बाद ही खिड़की दरवाजे और चौखटों पर सुंदर नक्काशी के बाद दरवाजों के तैयार स्वरूप को अयोध्या ले जाए जाने की योजना बनाई गई थी।

4 अप्रेल 2023 की जानकारी के अनुसार इस समय मंदिर का निर्माण कार्य पूरी तेज गति के साथ चल रहा था, अब भूतल के साथ प्रथम तल के निर्माण की तैयारी भी शुरू हो गई थी। मंदिर के मुख्य दरवाजे पर दर्शनार्थियों के स्वागत के लिए प्रतीक भी निर्मित किये जाने थे, जिसमें हाथ जोड़े हुए दो महिलाओं के चित्र बनाये जाने की योजना थी। कई दरवाजों पर कमल दल तथा कुछ अन्य आकर्षक आकृतियां उकेरी जानी थी। पूरे दरवाजों को स्वर्ण मंडित किये जाने की योजना भी बनाई गई थी, मंदिर के प्रथम तल पर कुल चौदह दरवाजे बनाए जाने थे, जिसमें से बारह दरवाजे पूर्ण रूप से स्वर्ण जड़ित बनाए जाने की तैयारी थी। यहां पर लगने वाले दरवाजों से भी इसकी भव्यता को विशेष बनाए जाने की योजना थी। दरवाजों का निर्माण जून से शुरू करने की तैयारी की गई थी, इसके लिए हैदराबाद के कारीगर तैयार रखे गए थे और टाटा कंसलटेंसी के इंजीनियरों ने दरवाजे, मंदिर की सीढ़ी व खंभों पर उत्कीर्ण की जाने वाली डिजाइन तैयार कर ली थी।

मंदिर के भूतल से प्रथम तल पर जाने के लिए उनतालीस स्टेप की सफेद संगमरमर की सीढियां बनाई जा रही थी, इसके साथ ही रामलला के दर्शन हेतु गर्भगृह तक पहुंचने के लिए सीढी के चौबीस स्टेप तैयार किये जा रहे थे। पांच सौ छियासठ मीटर लंबे श्रीराम जन्म भूमि पथ का निर्माण भी किया जा रहा था, यह मार्ग हनुमानगढ़ी के सामने व सुग्रीव किला के बीच से होता हुआ श्रीराम मंदिर से जोडने के लिए बनाया जा रहा था। लगभग चालीस करोड़ की लागत से बनने वाला यह पथ तीस मीटर चौड़ा था और इसे व्हाइट टापिंग तकनीक से निर्मित किया जा रहा था इसमें राजस्थान के रेड सैंडस्टोन का प्रयोग किया गया था जिससे कि नंगे पांव चलने वाले श्रद्धालुओं को कम से कम असुविधा हो।

6 अप्रेल 2023 तक मंदिर आकार लेने लगा था और आकाश को छूने की तैयारी करने लगा था, कुछ दिनों बाद ही मंदिर के गर्भगृह पर छत भी देखने को मिलने वाली थी। गर्भगृह की छत को आकार देने से पहले बीम की शिलाओं को सज्जित किया जा रहा था, अब तक बीम की सौलह शिलाएं मंदिर की दीवारों के शीर्ष पर जोड़ी जा चुकी थी। दूसरी ओर निर्माणाधीन मंदिर का अभिषेक करने की तैयारी भी चल रही थी।

20 अप्रेल 2023 तक विभिन्न देशों की एक सौ छप्पन नदियों का जल मंदिर का अभिषेक करने के लिए अयोध्या पहुंच चुका था। दिल्ली के एक पूर्व विधायक जो कि भारतीय जनता पार्टी के नेता भी थे उन्होंने इस जल को जमा किया था। उज्बेकिस्तान जहां पर बाबर पैदा हुआ था, पाकिस्तान और चीन सहित तंजानिया, नाइजीरिया, अमेरिका, फ्रांस, जर्मनी, ब्रिटेन, नेपाल, भूटान, मालदीव, बांग्लादेश, सूरीनाम, यूक्रेन, रूस, कजाकिस्तान, कनाडा और तिब्बत सहित कई अन्य देशों की नदियों से जल लाया गया था। जल पर उन देशों के झंडे, उनके नाम और नदियों के नाम वाले स्टीकर लगे हुए थे। इसके अलावा इसमें सागर और अंटार्कटिका से लाया गया जल भी शामिल था।

23 अप्रैल 2023 को इन एक सौ छप्पन नदियों के जल से निर्माणाधीन भगवान श्रीराम के मंदिर का जलाभिषेक किया गया। कार्यक्रम के अनुसार अयोध्या की मनीराम दास छावनी सभागार में एक समारोह में जल कलश प्राप्त करने के बाद उसकी पूजा की गई। इस कार्यक्रम में विभिन्न देशों के राजदूत और प्रतिनिधि भी शामिल हुए थे, इसके साथ ही पांच राष्ट्राध्यक्षों द्वारा शुभकामनाओं के संदेश भेजे गए थे, इन संदेशों को भेजने वालों में भूटान के राजा, कंबोडिया और फिजी के प्रधानमंत्री और श्रीलंका व सुरिनाम के राष्ट्रपति शामिल थे।

17 मई 2023 को महाराष्ट्र के चन्द्रपुर जिले के बल्लारपुर के जंगलों से लाई गई सागौन की लकड़ियों की पहली खेप अयोध्या पहुंच चुकी थी, बताया गया कि अब श्रीराम जन्मभूमि पर मंदिर के दरवाजों का निर्माण परिसर में ही किया जाएगा, इन दरवाजों के निर्माण की निगरानी की जिम्मेदारी कार्यदायी संस्था और ट्रस्ट के पदाधिकारियों की थी। यहां पर लाई गई सागौन की इन लकड़ियों से सर्वप्रथम गर्भगृह का दरवाजा तैयार किया जाना था, उसके बाद प्रथम व द्वितीय तल के कुल बयालीस दरवाजे तैयार किये जाने थे। इन दरवाजों को तैयार करने का कार्य हैदराबाद के कारीगरों के पास था।

22 मई 2023 सोमवार को आधुनिक सुविधाओं से युक्त श्रीराम जन्भूमि तीर्थ क्षेत्र ट्रस्ट के तीन मंजिला नए भवन में गृहप्रवेश के लिए एक उद्घाटन कार्यक्रम संपन्न हुआ। पूजन अर्चन के साथ यजमान के रूप में ट्रस्ट के एक सदस्य ने नए भवन का उद्घाटन किया था। इस पूजन कार्यक्रम में कई साधू संतों, महंतों के साथ सांसद और महापौर एवं अधिकारी तथा श्रीराम मंदिर के ट्रस्टियों के साथ अन्य लोग उपस्थित रहे थे, इस अवसर पर ट्रस्ट के महासचिव ने संतों और धर्माचार्यों का अभिनंदन किया। अयोध्या के रामकोट मोहल्ले में लगभग बारह बिस्वा भूमि पर बने तीन तल के आवासीय भवन के सभी तल पर सभागार बनाए गए थे, प्रत्येक सभागार नौ सौ वर्ग फीट क्षेत्रफल का था। इस भवन में भूमिगत पार्किंग की भी व्यवस्था की गई थी

भवन के कुल पैंतीस कमरों में से कुछ में मंदिर निर्माण कार्य में कार्यरत इंजीनियर्स के रहने की व्यवस्था की गई थी और शेष कमरे अतिथियों के लिए आरक्षित किए गए थे। क्योंकि यह भवन मंदिर परिसर के ठीक बराबर में स्थित था, इसलिए ट्रस्ट इसका प्रयोग विभिन्न उद्देश्यों के लिए भी कर सकता था।

दूसरी ओर रामलला की तीनों आरती में शामिल होने के लिए अब सुग्रीव किला के पास बने अस्थायी सुविधा केंद्र से पास जारी करने की व्यवस्था कर दी गई थी, साथ ही अस्थायी सुविधा केंद्र पर निशुल्क लॉकर भी संचालित किया जा रहा था, इन लाकर में भक्त अपना सामान जमा कर सकते थे। ट्रस्ट की ओर से रामभक्तों की सुविधा व उनकी मदद के लिए श्रीराम जन्मभूमि परिसर में पचास निजी सुरक्षा गार्ड भी लगाए गए थे।

29 मई 2023 तक मंदिर के भूतल का निर्माण कार्य अंतिम चरण में पहुंच चुका था, दिसंबर 2023 तक इसे पूरा करने का लक्ष्य रखा गया था। चूंकि निर्धारित समयावधि में मात्र छह माह शेष थे, इसलिए निर्माण कार्य में तेजी भी आ गई थी। मंदिर की छत का सत्तर प्रतिशत कार्य पूरा हो चुका था, शेष कार्य जून 2023 में ही पूरा करने का लक्ष्य रखा गया था। छत तैयार होने के साथ ही मंदिर के फर्श पर सफेद संगमरमर पत्थर लगाने का काम भी शुरू किया जाना था, संगमरमर पत्थरों की आपूर्ति भी लगातार हो रही थी। राजस्थान के बंसी पहाड़पुर से भी गुलाबी संगमरमर पत्थरों और मिर्जापुर से मूर्तिकला के पत्थरों को भेजा जा रहा था।

मंदिर निर्माण की दृष्टि से जून का महीना अत्यंत महत्वपूर्ण था, जून मध्य से दरवाजे बनाने शुरू किये जाने की तैयारी थी, इसके लिए महाराष्ट्र से सागौन की लकड़ी की प्रथम खेप पहले ही लाई जा चुकी थी। सभी दरवाजे मंदिर परिसर में ही निर्मित होने थे, इसके लिए हैदराबाद से दस कारीगर भी अयोध्या पहुंच चुके थे। इसके पहले मंदिर के भवन में बिजली की वायरिंग के साथ ही अंतिम चरण के कार्य भी संपन्न किए जाने थे। यात्री सुविधा केंद्र के भूमिगत क्षेत्र की छत ढाली जा चुकी थी, बिजली और शौचालय आदि के स्ट्रक्चर भी तैयार किये जा रहे थे।

मंदिर के गर्भगृह की छत निर्मित किए जाने के साथ साथ गर्भगृह में रामलला के विग्रह तक सूर्य की किरणों को पहुंचाने के लिए खाली स्थान तैयार किया जा चुका था, इसे अंतरिक्ष विज्ञानियों की निगरानी में छत निर्मित करते समय तैयार किया गया था। इसी में एक पाइप लगाई जानी थी, जिसके माध्यम से सूर्य की किरणें गर्भगृह में निर्धारित लक्ष्य पर भेजी जा सकें, यहां पर लगे लेंस के माध्यम से किरणों को रामलला के ललाट पर प्रक्षेपित किया जाना था, इसकी तैयारी इस प्रकार से की जा रही थी, जिससे कि प्रत्येक वर्ष रामनवमी को दोपहर बारह बजे के समय रामलला के ललाट पर सूर्य की किरणें पड़ सकें।

31 मई 2023 को ट्रस्ट की बैठक संपन्न हुई, इसमें लिए गए निर्णय और प्राण प्रतिष्ठा पूजन के विषय में जानकारी देते हुए ट्रस्ट के महासचिव ने बताया कि रामलला की प्राण प्रतिष्ठा के लिए देश के प्रधानमंत्री मोदी जी को बुलाने के लिए निवेदन पत्र भेजा जाएगा। लेकिन इसके लिए अभी कोई तिथि घोषित नहीं की गई थी, इस विषय में अभी ज्योतिषाचार्यों से वार्ता होनी थी। यह भी जानकारी दी गई थी कि प्राण प्रतिष्ठा का पूजन सात दिन तक किया जाएगा,

इससे पहले विचार किया गया था कि पूजन एक महीना तक चलेगा। इस बैठक में एक सुझाव यह भी आया था कि पुजारियों के लिए एक प्रशिक्षण केंद्र प्रारंभ किया जाना चाहिए, पुजारियों को कौन सा प्रशिक्षण यहां पर दिया जाए इस पर भी विचार होना था, एक धार्मिक सब कमेटी बनाने पर विचार चल रहा था।

क्योंकि मंदिर का भूतल इसी वर्ष में तैयार किया जाना था, अतः मंदिर के निर्माण में भूतल के फर्श पर मकराना संगमरमर पत्थर लगाने के विषय में भी निर्णय लिया गया था। भूतल के खंभों में कुछ मूर्तियों का निर्माण भी होना था और कुछ उकेरी जानी थी, यह कार्य अब शुरू किया जा चुका था।

2 जून 2023 तक जन्मभूमि परिसर में भव्य मंदिर निर्माण कार्य ने तेज गति पकड़नी शुरू कर दी थी, इस समय परिसर में श्रद्धालओं की विशेष सुविधाओं पर पूरा जोर दिया जा रहा था। तीर्थ क्षेत्र ट्रस्ट तेजी से यात्री सुविधाओं से जुडी योजनाओं को आकार देने में जुटा हुआ था। लगभग पिचहेत्तर एकड़ के मंदिर परिसर में तीन किलोमीटर लंबी कंक्रीट की सड़कों का निर्माण शुरू हो गया था, मंदिर परिसर के एक प्रखंड को दूसरे से जोड़ने के लिए संपर्क मार्ग बनाये जा रहे थे, इन सड़को में से किसी की लंबाई सौ मीटर थी तो किसी की ढाई सौ मीटर तक थी। इन सड़को को पत्थरों से भी अच्छादित किया जा रहा था। सड़कों के किनारे पौधारोपण भी किया जाना था, जिससे कि श्रद्धालु आसानी से मंदिर का भ्रमण कर सकें।

4 जून 2023 तक मंदिर के भूतल का निर्माण अंतिम चरण में पहुंच गया था। 22 जनवरी 2024 को भव्य मंदिर के गर्भगृह में रामलला की प्राण प्रतिष्ठा प्रस्तावित थी, इसलिए मंदिर निर्माण के समानांतर ही श्रीराम जन्मभूमि तीर्थ क्षेत्र ट्रस्ट ने रामलला की प्राण प्रतिष्ठा के आयोजन की तैयारी भी शुरू कर दी थी। इसके लिए एक प्राण प्रतिष्ठा समिति का गठन किया गया था। इस समिति में दस सदस्य रखे गए थे, जिसमें ट्रस्ट के महासचिव सहित कई प्रतिष्ठित जनों को शामिल किया गया था। बाद में इसकी सह समितियों के गठन की भी योजना बनाई गई थी। अयोध्या में आयोजित ट्रस्ट की बैठक में प्राण प्रतिष्ठा कार्यक्रम के स्वरूप, प्रधानमंत्री के आगमन सहित उत्सव में शामिल होने के लिए यहां आने वाले श्रद्धालुओं व अन्य विशिष्टजनों के लिए आवासीय व्यवस्था पर भी चर्चा हुई थी। इस उत्सव में दस लाख से अधिक भक्तों के अयोध्या पहुंचने की संभावना थी। बैठक में रामलला की प्राण प्रतिष्ठा के आयोजन को पूरी भव्यता के साथ करने की तैयारी पर भी चर्चा हुई, रामलला की प्राण प्रतिष्ठा से पहले एक सप्ताह का विशेष अनुष्ठान करने पर पहले ही सहमति बन गई थी।

7 जून 2023 तक तीव्र गति से चल रहे मंदिर निर्माण कार्य पर अब तक लगभग छह सौ करोड़ रुपए खर्च किए जा चुके थे, इस राशि को विभिन्न मदों में खर्च किया गया था। मंदिर के भूतल को पूर्ण स्वरूप में विकसित करने पर दो सौ करोड़ रूपए और खर्च होने का अनुमान लगाया गया था, सम्पूर्ण मंदिर निर्माण पर अब लगभग एक हजार आठ सौ करोड़ रूपए खर्च होने का अनुमान था। इस समय मंदिर के भूतल पर संगमरमर का फर्श लगाया जा रहा था और भूतल की छत का निर्माण कार्य चल रहा था जो कि लगभग पूरा होने को था।

11 जून 2023 तक दस हजार से अधिक श्रीराम भक्तों ने रामलला तक श्रद्धा भाव पहुंचाने के लिए कापी और रजिस्टर में श्रीराम का नाम लिख कर श्रीराम जन्मभूमि तीर्थ क्षेत्र ट्रस्ट के कार्यालय में भेजा था, रामनाम की पुस्तिका को भेजने वाले श्रद्धालुओं में अधिकांश दक्षिण भारत के प्रदेशों तमिलनाडु, केरल, आंध्र प्रदेश, कर्नाटक और तेलंगाना के भक्त थे। इन सब पुस्तिकाओं पर प्रेषक के नाम आदि को उनकी मात्र भाषा में अंकित किया गया था। एक एक पुस्तिका में दो दो लाख रामनाम अंकित किए गए थे, इस प्रकार से इन रामनाम की कुल संख्या सौ करोड़ तक पहुंच चुकी थी। मंदिर निर्माण पूरा होने के बाद इन सब को श्रीराम मंदिर के संग्रहालय में संरक्षित करने की योजना बनाई गई थी।

12 जून 2023 का दिन देश में खुशी की एक बडी लहर ले कर आया, इस दिन मंदिर के उद्घाटन के शुभ मुहूर्त और प्राण प्रतिष्ठा की तारीख की घोषणा कर दी गई थी। इसके लिए 22 जनवरी 2024 का दिन निर्धारित किया गया था। यह भी जानकारी दी गई थी कि प्राण प्रतिष्ठा का कार्यक्रम लगभग सात दिनों तक चलाया जाएगा और उसके बाद ही रामभक्त रामलला का दर्शन कर पाएंगे। इस कार्यक्रम में प्रधानमंत्री नरेन्द्र मोदी के शामिल होने की घोषणा भी की गई थी। मंदिर के गर्भगृह में रामलला विराजमान होने के साथ ही उनकी प्राण प्रतिष्ठा की पूजा में शामिल होने के लिए ट्रस्ट की ओर से प्रधानमंत्री मोदी को न्योता भेज दिया गया था।

इस समय मंदिर में रामलला के गर्भगृह के ऊपरी हिस्से पर निर्माण कार्य चल रहा था, यह कार्य अक्टूबर 2023 तक पूरा होने की संभावना थी, साथ ही मंदिर का प्रथम तल भी अक्टूबर 2023 में बनकर तैयार होने वाला था।

13 जून 2023 को पता चला कि हैदराबाद के कारीगरों ने मंदिर में लगने वाले दरवाजों का निर्माण कार्य भी प्रारंभ कर दिया गया था। मंदिर की छत का कार्य पूरा हो जाने के बाद कार्यदायी संस्था दरवाजों का निर्माण करवा रही थी। पहले चरण में सागौन की लकड़ी को समतल किया जा रहा था और उसे निर्धारित लंबाई में काट कर अच्छी प्रकार से तराशा जा रहा था। दरवाजों के निर्माण के लिए महाराष्ट्र से लगभग एक हजार सात सौ घनफीट सागौन की लकड़ी आनी थी, जिसका सत्तर प्रतिशत भाग यहां पर पहुंच चुका था, लकड़ी को परिसर में ही संरक्षित किया गया था। मंदिर के तीन तलों के लिए कुल चवालीस दरवाजे निर्मित होने थे। दरवाजों का निर्माण दो चरणों में किया जा रहा था। प्रत्येक चरण के लिए अलग अलग कारीगरों का दल था, पहले चरण के कार्य के लिए दस कारीगर यहां पर आ चुके थे, इनके द्वारा सबसे पहले परिसर में ही कार्यशाला तैयार की गई थी, उसके बाद दरवाजे निर्मित करना प्रारंभ किया गया था। दूसरे चरण में भी हैदराबाद से दस कारीगरों का एक और दल आना था, जिसको दरवाजों की गढ़ाई करनी थी। सभी दरवाजों पर आकर्षक आकृतियां गढ़ी जानी थी, मंदिर के मुख्य दरवाजे पर स्वागत का प्रतीक उकेरा जाना था। इसी प्रकार से ऐतिहासिक व पौराणिक महत्व के प्रतीकों से दरवाजे सज्जित किये जाने की योजना थी। गढ़ाई पूरी होने के बाद दरवाज़ों को जोड़ कर अन्तिम रूप देने के लिए कारीगरों का एक और दल यहां पर पहुंचना था।

दूसरी ओर मंदिर के लिए भगवान श्रीराम की श्वेत संगमरमर की एक धवल प्रतिमा भी तैयार की जा रही थी, इस प्रकार से उनकी कुल तीन मूर्तियां तैयार हो रही थी। इस मूर्ति को अयोध्या के रामसेवक पुरम में मूर्तियां तराशने वाले राजस्थान के एक प्रख्यात मूर्तिकार मकराना से लाये गए संगमरमर से तैयार कर रहे थे। इसके साथ ही रामलला की दो और मूर्तियां उनके श्याम वर्ण के अनुरूप तैयार की जा रही थी, यह दोनो मूर्तियां कर्नाटक की तुंगभद्रा नदी के किनारे की पहाड़ी से लाई गई शिलाओं से निर्मित हो रही थी। निर्मित होने के बाद इन तीनों मूर्तियों का विशेषज्ञों की एक शीर्ष समिति के द्वारा मूल्यांकन किया जाना था, उसके बाद ही सर्वोत्तम एवं पांच वर्षीय बालक की मुख मुद्रा के अनुरूप गढ़ी गई सुन्दर छवि वाली मूर्ति जिसके दर्शन मात्र पर बाल सुलभ कोमलता का भाव झलकता हो, उस सुन्दरता की कसौटी पर खरी उतरने वाली मूर्ति का चयन गर्भगृह में स्थापना के लिए किया जाना था। मूर्ति निर्माण हेतु लाई गई अन्य शिलाओं से उप मंदिरों की मूर्तियां निर्मित करने की भी योजना थी।

14 जून 2023 तक मंदिर के प्रथम चरण का निर्माण लगभग नब्बे प्रतिशत तक पूरा कर लिया गया था, भगवान रामलला जहां पर विराजमान होंने थे उस गर्भगृह का काम भी लगभग पूरा हो गया था। सर्वोच्च न्यायालय का निर्णय आने के बाद से अयोध्या की न केवल तकदीर बदली थी, बल्कि तस्वीर भी बदल दी गई थी। अयोध्या में जैसे जैसे मंदिर आकार ले रहा था वैसे वैसे श्रीराम के भक्तों की संख्या भी बढ़ती जा रही थी। अक्टूबर 2023 में प्रथम चरण का कार्य पूरा होने की सम्भावना थी और जनवरी के तीसरे सप्ताह में रामलला अपने भव्य मंदिर में विराजमान होकर दिव्य दर्शन देने वाले थे, विराजमान होने वाले स्थान को स्वर्ण जड़ित करने के लिए तीर्थ क्षेत्र ट्रस्ट ने तैयारी भी शुरू कर दी थी। विराजमान होने के पहले रामलला के मंदिर के सिंहासन को लेकर भी तैयारियां शुरू कर दी गई थी। उनका सिंहासन संगमरमर का बना कर उसे स्वर्ण जड़ित करने की योजना बनाई गई थी। बहुप्रतीक्षित मंदिर की प्रत्येक चीज को खास बनाने और भक्तों की इच्छा का सम्मान करते हुए ट्रस्ट मंदिर का निर्माण बहुत ही मजबूत, खूबसूरत और अलौकिक समावेश के साथ करवा रहा था।

19 जून 2023 को मिली जानकारी और श्रीराम जन्मभूमि तीर्थ क्षेत्र ट्रस्ट के महासचिव के अनुसार मंदिर के लिए आने वाले चंदे में भी बहुत तेजी से वृद्धि हो रही थी, मंदिर के निर्माण के लिए ट्रस्ट को अब तक वर्ष भर में लगभग एक सौ करोड़ रुपये की धनराशि प्राप्त हो रही थी, इसमें जमा राशि पर मिलने वाला ब्याज भी शामिल था। भव्य मंदिर के निर्माण के लिए भक्तों में विशेष श्रद्धा देखी जा रही थी। मंदिर द्वारा चलाए जा रहे मंदिर निधि से जुड़े कई अभियानों में भक्त पूरे श्रद्धा भाव से धनराशि अर्पित कर रहे थे, प्रत्येक माह नियमित रूप से लगभग पांच करोड़ रुपये ट्रस्ट को मिल रहे थे, इसमें मंदिर के दानपात्र से एवं आनलाइन दान और चेक के माध्यम से मिलने वाली धनराशि भी शामिल थी। कुल मिलाकर एक वर्ष में लगभग साठ करोड़ रुपये दान आया था और इसके साथ ही ट्रस्ट को मिली धनराशि की जमा पर बैंक भी लगभग अड़तालीस करोड़ रुपये प्रति वर्ष ब्याज के रुप में दे रहे थे, इस प्रकार से बीते दो वर्षों में ट्रस्ट को सौ करोड़ रुपये से अधिक की धनराशि मिल चुकी थी, भविष्य में इसमें अच्छी खासी बढ़ोतरी होने की भी संभावना थी। मंदिर के दान पात्र को प्रति दस दिन पर खोला जाता था, भारतीय

स्टेट बैंक ने मंदिर के दानपात्र में दिए जाने वाले धन की गणना करने और उसे ट्रस्ट के बैंक खाते में जमा करने के लिए दो कर्मचारियों को नियुक्त किया हुआ था।

मंदिर को मिलने वाले दान की व्यवस्था करने के लिए निकट भविष्य में तिरुपति बालाजी मंदिर की तर्ज पर व्यवस्था करने की भी योजना बनाई जा रही थी। बालाजी मंदिर में सैकड़ों कर्मचारी दान के रूप में आने वाली रकम की गिनती करते और संभालते हैं। निर्माणाधीन मंदिर के भूतल पर अब तक लगभग छह सौ करोड़ रुपये खर्च किए जा चुके थे और अनुमान था कि इसके प्रथम व द्वितीय तल पर एक हजार करोड़ रुपये खर्च हो सकते थे, निर्माण कार्य के लिए देश भर के भक्त दिल खोलकर दान कर रहे थे।

दूसरी ओर इस समय भव्य मंदिर का निर्माण पूरे जोर शोर से चल रहा था, क्योंकि निर्धारित समय सीमा में इसका निर्माण कार्य पूर्ण किया जाना था।

28 जून 2023 को उत्तर प्रदेश सरकार की कैबिनेट बैठक में लिये गए निर्णय के अनुसार अयोध्या का अंतराष्ट्रीय रामकथा संग्रहालय श्रीराम जन्मभूमि तीर्थ ट्रस्ट को तीस वर्ष की लीज पर दे दिया गया था। इस विषय में 30 सितंबर 2022 को श्रीराम मंदिर निर्माण समिति के अध्यक्ष ने रामकथा संग्रहालय को श्रीराम मंदिर ट्रस्ट को देने के लिए उत्तर प्रदेश के मुख्य सचिव को एक पत्र भेजा था, जिसके बाद इस संग्रहालय को पन्द्रह वर्ष की लीज पर ट्रस्ट को दे दिया गया था, अब दोबारा से ट्रस्ट के साथ हुए समझौते की शर्तों को संशोधित करने के बाद इस अवधि को बढ़ा कर तीस वर्ष कर दिया गया था। कुल बारह करोड़ इकत्तीस लाख रूपए की लागत से 2015 में तैयार हुआ अंतर्राष्ट्रीय रामकथा संग्रहालय तीन एकड़ भूमि में स्थित है, भूतल सहित दो तल के इस भवन में कुल अठारह कमरे बने हुए हैं। जन्मभूमि परिसर के उत्खनन के समय मिले पुरातात्विक साक्ष्यों को भी इसमें संरक्षित और प्रदर्शित किया गया है, इसके अलावा पर्यटन विभाग ने इसमें चार आर्ट गैलेरी का भी निर्माण किया था।

श्रीराम जन्मभूमि तीर्थ क्षेत्र ट्रस्ट की योजना पहले श्रीराम जन्मभूमि परिसर में ही अलग से एक संग्रहालय बनाने की थी, लेकिन मंदिर निर्माण के बाद आने वाली श्रद्धालुओं की बड़ी भीड़ और सुरक्षा कारणों के चलते इस योजना पर कार्य आगे नहीं बढ़ सका था। श्रीराम जन्मभूमि के संघर्ष के समय जो खुदाई हुई थी उसमें कई महत्वपूर्ण साक्ष्य मिले थे, उस समय वह भूमि उत्तर प्रदेश सरकार की थी, उसके लिए ट्रस्ट ने एक विचार रखा था की यदि वर्तमान रामकथा संग्रहालय ट्रस्ट को मिल जाता है तो यही उपयुक्त होगा। मंदिर ट्रस्ट का विचार था कि जन्मभूमि परिसर में जितना खुला क्षेत्र होगा उतना ही ट्रस्ट के लिए अच्छा होगा, बड़ी संख्या में लोग यहां पर दर्शन करने के लिए आएंगे इसलिए इस स्थान पर दूसरे संग्रहालय का निर्माण ना करके पहले से ही जो भवन बना हुआ है उसका सुचारू रूप से उपयोग करने के लिए यह संग्रहालय श्रीराम मंदिर ट्रस्ट ने लिया था।

हस्तांतरण के बाद रामकथा संग्रहालय की पूरी संचालन व्यवस्था और विस्तार करने की क्षमता श्रीराम मंदिर ट्रस्ट के पास आ गई थी। इस प्रक्रिया के लिए रामकथा संग्रहालय में मौजूद सामानों की लिस्ट तैयार की गई थी, जिसके आधार पर लीज एग्रीमेंट की कार्यवाही पूर्ण होने के बाद इसे

श्रीराम मंदिर ट्रस्ट को हस्तांतरित किया गया था। श्रीराम जन्मभूमि से पूरी अयोध्या पहचानी जाती है इसलिए उस संग्रहालय में जन्मभूमि से संबंधित कागजात और सभी सर्टिफिकेट रखने की भी व्यवस्था की गई थी। जो वस्तुएं पहले से ही संग्रहालय में रखी गई थी उनका पूरा स्टॉक मैनेजमेंट करने के बाद ही ट्रस्ट को दिया गया था और उसका पूरा एग्रीमेंट बनाया गया था जिसके अनुसार सारी वस्तुओं को ट्रस्ट को हस्तांतरित कर दिया गया था।

अयोध्या के अंतर्राष्ट्रीय रामकथा संग्रहालय में गुमनामी बाबा से जुड़ी सामग्रियों को भी संरक्षित किया गया है, 2016-17 में इलाहाबाद उच्च न्यायालय की लखनऊ पीठ के आदेश पर तत्कालीन फैजाबाद कोषागार के डबल लॉक से लाई गईं गुमनामी बाबा की चार सौ पच्चीस सामग्री इसमें संरक्षित और प्रदर्शित की गई हैं। नेताजी सुभाष चंद्र बोस की विमान दुर्घटना में हुई मृत्यु का सच तलाशने वाले मुखर्जी आयोग ने भी अपनी जांच में इन सामानों को देखा था। सुभाष चंद्र बोस राष्ट्रीय विचार मंच के अध्यक्ष ने एक बार सवाल भी उठाया था कि श्रीराम मंदिर ट्रस्ट को संग्रहालय देते समय इस बात को देखना होगा कि कहीं इससे उच्च न्यायालय के आदेश का उल्लंघन तो नहीं हो रहा है, इस पर संस्कृति विभाग और श्रीराम मंदिर ट्रस्ट दोनों ने उन्हें भरोसा दिलाया था कि सभी सामानों को सुरक्षित रूप से संरक्षित रखा जाएगा।

4 जुलाई 2023 तक मंदिर का भूतल तैयार होने के बाद प्रथम तल का निर्माण भी पूरी गति से प्रारंभ हो गया था। इस विषय में श्रीराम जन्मभूमि तीर्थ क्षेत्र ट्रस्ट के एक सदस्य की ओर से बताया गया कि प्रथम तल पर निर्माण शुरू हो गया है, इस समय प्रथम तल पर स्तंभ लगाने के लिए ढांचा तैयार किया जा रहा था। प्रथम चरण में नृत्य मंडप, रंग व गुण मंडप पर स्तंभों के निर्माण के लिए आधारभूत ढांचा तैयार किया जा चुका था। दूसरी ओर भूतल को अब अंतिम रूप दिया जा रहा था। इसी माह भूतल के फर्श पर संगमरमर लगने का कार्य शुरू करने की तैयारी चल रही थी, इसके लिए मकराना के संगमरमर की तेजी से आपूर्ति की जा रही थी। प्रथम तल पर मंडपों की निर्धारित परिधि में ढाई फीट ऊंची पत्थर की दीवार बनाई जा चुकी थी, इसी पर स्तंभ खड़े किए जाने थे। भूतल के समान ही स्तंभ के एक हिस्से को दूसरे से जोड़कर निर्मित किया जाना था, इस प्रकार से मंदिर के तीनों तलों पर सभी स्तंभ लगाए जाने थे अब तक भूतल पर एक सौ साठ स्तंभ लग चुके थे। दिसंबर तक मंदिर का भूतल पूर्ण रूप से तैयार होना था, जिसमें दरवाजे, खिड़की तथा बिजली की वायरिंग से लेकर फर्श पर संगमरमर लगाने का कार्य किया जाना था। पूरी प्रक्रिया नए वर्ष में मकर संक्रांति के बाद रामलला को भव्य मंदिर के गर्भगृह में प्रतिष्ठित किए जाने को ध्यान में रखते हुए चल रही थी।

6 जुलाई 2023 को मंदिर से जुड़ी एक बड़ी खबर सामने आई कि अब मंदिर की सुरक्षा की जिम्मेदारी केंद्रीय औद्योगिक सुरक्षा बल (सीआईएसएफ) को सौंप दी गई थी। सीआईएसफ की रणनीति में श्रीराम जन्मभूमि परिसर को अधिक से अधिक तकनीकी सुरक्षा कवच प्रदान करना था, जिसमें एंटी ड्रोन तकनीक को शामिल करने पर भी विचार किया गया था, सुरक्षा का ऐसा खाका खींचा जा रहा था जिससे कि रामलला के भक्तों को असुविधा न हो और वहां पर परिंदा भी पर नहीं मार सके। सुरक्षा में आधुनिक उपकरणों का अधिक से अधिक प्रयोग किया जाए,

यात्रियों का सामान रखने व पार्किंग की सुविधा जन्मभूमि परिसर से कुछ दूरी पर हो इस पर भी विचार किया गया था।

वर्तमान में श्रीराम जन्मभूमि की सुरक्षा में सीआरपीएफ, पुलिस और पीएसी तैनात थे, गर्भगृह की सुरक्षा केंद्रीय औद्योगिक सुरक्षा बल के पास थी और अन्य बाहरी सुरक्षा पुलिस कर रही थी। जन्मभूमि परिसर की सुरक्षा का नया प्लान तैयार करने की जिम्मेदारी शासन की ओर से केंद्रीय औद्योगिक सुरक्षा बल को सौंपी गई थी जिसने नए सिरे से तैयार किए गए सुरक्षा प्लान को शासन के समक्ष प्रस्तुत किया था और इसे मंजूरी भी मिल गयी थी। इसके बाद केंद्रीय औद्योगिक सुरक्षा बल के अधिकारियों ने अयोध्या पहुंचकर जन्मभूमि परिसर का निरीक्षण किया था। केंद्रीय औद्योगिक सुरक्षा बल के डीजी ने आईजी जोन के साथ निर्माणाधीन श्रीराम जन्मभूमि पथ व परिसर का निरीक्षण किया था। निरीक्षण के बाद सुरक्षा एजेंसियों के साथ परिसर में ही एक बैठक की गई थी। जनवरी 2024 में मंदिर के उद्घाटन से पहले केंद्रीय औद्योगिक सुरक्षा बल को अपनी सुरक्षा का ताना बाना यहां पर तैयार करना था।

7 जुलाई 2023 को मिली एक और जानकारी के अनुसार, कुछ दिन पहले रायपुर में विश्व हिन्दू परिषद् की केन्द्रीय समिति की एक बैठक हुई थी, इस बैठक में प्रमुख संतों ने भी भाग लिया था। रायपुर में श्रीराम मंदिर के विषय में विस्तार से हुई चर्चा में संतों का कहना था कि, मंदिर में रामलला की मूर्ति की प्रतीक्षा देश विदेश के करोडों रामभक्तों को है, ऐसे में देश भर से उमड़ने वाले भक्तों के सैलाब को नियंत्रित और व्यवस्थित करने की चिंता है, जिससे कि वह सब सुगमता पूर्वक रामलला के दर्शन कर सकें। संतों का कहना था कि मंदिर के पट खुलने के साथ ही रामभक्तों की भीड़ उमड़ने लगेगी, यह स्थिति कई माह तक रह सकती है, ऐसे में उसे संभालने के लिए विशेष नीति और प्रबंधन की आवश्यकता है, जिससे कि देश विदेश से आने वाले रामभक्तों को बिना किसी परेशानी के आनन्द पूर्वक दर्शन हो सकें। विश्व हिन्दू परिषद के केंद्रीय कार्याध्यक्ष के अनुसार विश्व हिन्दू परिषद को संगठन की दृष्टि से चवालीस प्रांतों में बांटा गया था, इस कार्य के लिए प्रत्येक प्रांत के भक्तों के लिए दो दो दिन अयोध्या में ठहरने की व्यवस्था पर विचार किया गया था, जिससे कि रामभक्त अन्य पवित्र दर्शनीय स्थलों का भी दर्शन कर सकें। इसके साथ ही बैठक में इस बात पर भी विचार विमर्श किया गया था कि सभी रामभक्तों के लिए अयोध्या आगमन को सुगम बनाने के लिए देश भर से विशेष ट्रेनें चलवाई जा सकें, इसके लिए रेल मंत्रालय को अति शीघ्र एक आग्रह पत्र भेजने पर भी विचार किया गया था।

9 जुलाई 2023 को मंदिर निर्माण की एक दम ताजा स्थिति देश के सामने आ गई थी, मंदिर निर्माण समिति की ओर से अब तक हुए निर्माण कार्य की जानकारी दी गई और ट्रस्ट के महासचिव ने इसकी फोटो सोशल मीडिया पर भी जारी कर दी थी।

रामलला के मंदिर के दर्शन के लिए मुख्य प्रवेश मार्ग के रूप में श्रीराम जन्मभूमि पथ का निर्माण बहुत ही सुन्दरता के साथ मंदिर के कारीडोर की तरह से किया जा रहा था, सड़क पर सुन्दर डिजाइन के गुलाबी पत्थरों की टाइल्स लगाई गई थी। सुग्रीव किला मंदिर के बराबर से जाने वाले इस पथ के एक किनारे पर एक सीध में सुन्दर लाइटिंग के पिलर भी खड़े किए जा

रहे थे। बताया गया कि परिसर के मुख्य द्वार से मंदिर की सीढियों के मुख्य द्वार तक पहुंचने में इसी मार्ग से लगभग डेढ़ सौ मीटर पैदल चलना होगा।

परिसर में प्रवेश करते ही पच्चीस फीट की ऊंचाई पर सिंहद्वार दिखाई देने लगा था, जिस तक पहुंचने के लिए तेतीस सीढ़ियां बनी हुई थी। सीढियों से चढ कर मुख्य द्वार पर पहुंचते ही मोहित कर देने वाली नक्काशी के दर्शन होने लगते थे, यह नक्काशी छत की ओर बहुत ही सुन्दर दिखाई देती थी। सिंहद्वार से नृत्य मंडप में प्रवेश मिलता है। नृत्य मंडप के बाद रंग मंडप है और इसके मध्य में दोंनो ओर के मंडपों से मंदिर की विशालता का आभास हेने लगा था। रंग मंडप के बाद गुण मंडप और उसके ठीक पृष्ठ में गर्भगृह को अन्तिम रूप दिया जा रहा था, गर्भगृह के केन्द्र में एक ध्वज लगाया गया था, बताया गया कि इसी स्थान पर रामलला विराजमान होंगे। सीढ़ियों से गर्भगृह तक पहुंचने में लगभग तीन सौ फीट की दूरी पूरी करनी पड़ती है, अभी गर्भगृह की भीतरी दीवारों पर काम बाकी था।

निर्माणाधीन मंदिर में एक सौ इकसठ फीट ऊंचे एक शिखर के साथ पांच मंडपों के ऊपर पांच उप शिखर का भी निर्माण किया जा रहा था, लेकिन अभी इनका निर्माण कार्य शुरू नहीं हुआ था, फिर भी मंडप का आन्तरिक भाग बिना शिखर के भी भव्यता के नए आकाश का अनुभव कराने लगा था। मंदिर के भूतल की फर्श का निर्माण पूरा होने के बाद इसके खंभों में देवी देवताओं की मूर्तियां उकेरी जा रही थी, प्रत्येक खंबे पर लगभग एक हजार दो सौ आकृतियां बनाई जा रही थी। सीढियों के ऊपर मंदिर के प्रवेश द्वार पर बैठे हुए हाथियों के निर्माण की तैयारी चल रही थी।

इस समय श्रीराम जन्मभूमि पर बन रहे भव्य मंदिर के भूतल के निर्माण की प्रक्रिया पूरी कराए जाने के साथ साथ प्रथम तल पर निर्माण कार्य शुरू कर दिया गया था। प्रथम तल पर मण्डपों, दीवारों और खम्बों को खड़े किए जाने का कार्य भी शुरू कराया जा चुका था, इस समय मंदिर निर्माण कार्य को तेज गति से पूरा कराए जाने पर जोर दिया जा रहा था। बारामदे से चारों ओर देखने पर लार्सन एंड टुब्रो की मशीने ही मशीनें दिखाई देती थी, यहां पर शिफ्टों में लगातार काम चल रहा था।

दूसरी ओर परिक्रमा मार्ग के खंभों को शानदार लुक दिया जा रहा था, इसके लिए लगभग दस कारीगर लगातार काम कर रहे थे। खंभों पर डिजाइनिंग के कार्य में दस कारीगर लगे हुए थे, इस काम को जल्द पूरा करने के लिए कारीगरों की संख्या बढ़ाई जा रही थी।

भूतल का निर्माण कार्य प्रत्येक दशा में अक्टूबर 2023 तक पूरा कर लिया जाना था। भूतल पर संगमरमर के फर्श का निर्माण कार्य भी शुरू करने की तैयारी चल रही थी। मंदिर की लाइटिंग का कार्य, तीन पावर स्टेशनों का निर्माण, मंदिर का परकोटा, यात्री सुविधा कैंद् और आधुनिक शौचालय आदि का निर्माण कार्य भी तेजी से चल रहा था।

इन सब कार्यों के साथ साथ रामलला के विग्रह का निर्माण भी नियत स्थान पर तीन विशेषज्ञ मूर्तिकार पूरी लगन से कर रहे थे।

रामलला का दर्शन करने पहुंच रहे भक्तों के बैग और सामान की जांच करने के लिए हाईटेक व्यवस्था की तैयारी चल रही थी। इसके लिए सौलह स्कैनर लगाने का स्टैंड तैयार किया जा रहा था, प्रथम चरण में आठ स्कैनर लगाने की योजना थी। श्रीराम जन्मभूमि पथ पर यात्री सुविधा केन्द्र खोला जा चुका था, यहां पर निशुल्क लाकर, व्हील चेयर और पूछताछ केन्द्र सहित निशुल्क चिकित्सा केन्द्र भी खोला जा चुका था। इसके बाद से सुरक्षा कारणों से मीडिया कर्मियों के श्रीराम जन्मभूमि परिसर में आने पर रोक लगा दी गई थी।

11 जुलाई 2023 को श्रीराम जन्भूमि तीर्थ क्षेत्र ट्रस्ट की ओर से बताया गया कि इस समय भी रामलला का दर्शन करने के लिए प्रतिदिन हजारों भक्त अयोध्या आ रहे थे, वैकल्पिक गर्भगृह में विराजे आराध्य का दर्शन करने के साथ साथ सभी श्रद्धालु मंदिर निर्माण को भी देखने आते थे, उस समय यह भक्त मंदिर निर्माण के लिए सहयोग राशि अर्पित करने में भी पीछे नहीं रहते थे। अभी तक दर्शन करने के लिए यहां आने वाले भक्त परिसर में रखे दानपात्र में नगद धन का दान कर रहे थे। इसके अलावा प्रवेश द्वार पर राम कचहरी मंदिर में स्थित ट्रस्ट कार्यालय में नगद व चेक के माध्यम से दान करने की सुविधा भी उपलब्ध कराई गई थी। मंदिर के निकासी पथ पर भी इसके लिए तीन काउंटर बनाए गए थे, जहां पर निधि अर्पण के बाद भक्तों को रसीद दी जाती थी। जानकारी दी गई कि सुविधा के लिए इस समय ई पास मशीनें लगाने की योजना भी बनाई गई थी। इसके अंतर्गत मंदिर परिसर में विभिन्न स्थानों पर ई पास मशीनें लगाई जानी थी, जिससे कि भक्तजन क्रेडिट व डेबिट कार्ड को मशीन पर स्वैप करके दान कर सकते थे। परिसर के अलावा ट्रस्ट कार्यालय में भी एक मशीन लगाई जाने की योजना थी। इस माध्यम से दान देने वाले भक्तों को भी तुरंत रसीद दी जा सकती थी, शुरुआत में यहां आठ से दस ई पास मशीनें ही लगाने का प्रावधान किया गया था, प्रत्येक स्थान पर तकनीकी सिस्टम को चालू करने के बाद ही इसे लगाया जाना था। ट्रस्ट ने इसके लिए भारतीय स्टेट बैंक को डिमांड भेज दी थी। इस प्रकार से बैंकिंग सिस्टम के सभी नवीनतम माध्यमों से भक्तजन दान कर सकते थे, इसके लिए आनलाइन सहायता केंद्र भी खोला गया था। आवश्यकता पड़ने पर टोल फ्री मोबाइल नंबर 8009522111 पर संपर्क करके मंदिर निर्माण में निधि अर्पित करने के माध्यम के बारे में जानकारी प्राप्त की जा सकती थी।

16 जुलाई 2023 को अयोध्या स्थित अमावाराम मंदिर की ओर से जानकारी दी गई कि श्रीराम मंदिर के दर्शन के लिए दर्शनार्थियों को जन्मभूमि परिसर में प्रवेश करने के लिए उस पथ से आगे बढ़ना होगा, जो कि अमावाराम मंदिर परिसर के बीच से होकर गुजरता है। इस पथ पर श्रीराम जन्मभूमि मुक्ति अभियान के महानायक रामचन्द्रदास परमहंस एवं अभिराम दास की प्रतिमाएं और शिलालेख स्थापित करने की योजना बनाई गई थी। योजना यह थी कि प्रतिमाएं ऐसे कोण पर स्थापित की जायें जिससे कि रामलला का दर्शन करने जा रहे श्रद्धालु श्रीराम जन्मभूमि की मुक्ति के लिए जीवन समर्पित करने वाले नायकों का अच्छी प्रकार से दर्शन कर सकें।

17 जुलाई 2023 को सूचना दी गई कि मंदिर की सुरक्षा के विषय में केंद्रीय औद्योगिक सुरक्षा बल के द्वारा सिक्योरिटी आडिट किया गया था, जिसकी आडिट रिपोर्ट के आधार पर मंदिर की सुरक्षा में नए सिरे से विस्तार किये जाने पर विचार किया गया था। जन्मभूमि परिसर की सुरक्षा

के लिए गठित स्थायी सुरक्षा समिति की बैठक में शामिल होने वाले उच्चाधिकारी पहले ही यह स्पष्ट कर चुके थे कि मंदिर की सुरक्षा में उच्च तकनीक का उपयोग किया जाएगा। ड्रोन हमले से मंदिर को बचाने के लिए यहां पर एंटी ड्रोन तकनीक का प्रयोग करने की तैयारी की जा रही थी। इसके अतिरिक्त बैग स्कैनर, डोर फ्रेम मेटल डिटेक्टर, हैंड फ्रैम मेटल डिटेक्टर, उच्च क्षमता वाले सीसीटीवी कैमरे और व्हीकिल स्कैनर आदि लगना भी प्रस्तावित थे। तकनीकी उपकरणों का संचालन संभालने की जिम्मेदारी केंद्रीय औद्योगिक सुरक्षा बल (सीआइएसएफ) को दी गई थी साथ ही मंदिर की सुरक्षा के लिए त्रिस्तरीय व्यवस्था की गई थी। इस समय यहां पीएसी और पुलिस के अतिरिक्त सीआरपीएफ की तरेसठ बटालियन रामलला की सुरक्षा कर रही थी और रेड जोन की निगरानी सीआरपीएफ के हाथों में थी।

दूसरी और श्रीराम जन्मभूमि के पास से दर्शनार्थियों को रेल टिकट की विशेष सुविधा देने की तैयारी भी की जा रही थी, इसके लिए टिकट बुकिंग काउंटर के लिए स्थान की व्यवस्था करने पर भी विचार किया जा रहा था।

24 जुलाई 2023 को जन्मभूमि परिसर स्थित मंदिर निर्माण की कार्यदायी संस्था लार्सन एंड टुब्रो के कार्यालय में शुरू हुई भवन निर्माण समिति के अध्यक्ष की अध्यक्षता में हुई दो दिवसीय बैठक के दूसरे दिन की कार्यवाही समाप्त हुई, इस बैठक में मंदिर के मुख्य शिल्पी, रामलला की मूर्ति का निर्माण कर रहे प्रख्यात मूर्तिकार ओर तीर्थ क्षेत्र ट्रस्ट के सदस्य एवं लार्सन एंड टुब्रो सहित एक अन्य कार्यदायी संस्था टाटा कंसल्टेंसी इंजीनियर के प्रतिनिधि उपस्थित हुए थे। भव्य मंदिर के निर्माण का कार्य अब जल्द ही पूरा होने वाला था, इस समय मंदिर निर्माण और रामलला की मूर्ति निर्माण को अंतिम स्पर्श दिया जा रहा था, भवन निर्माण समिति की बैठक में इन दोनों की समीक्षा की गई थी। कार्यदायी संस्था के पदाधिकारियों ने भवन निर्माण समिति को अब तक की प्रगति से अवगत कराया था, साथ ही रामलला की मूर्ति का निर्माण कर रहे मूर्तिकारों ने भी अपना काम इसी वर्ष के अंत तक पूर्ण करने का विश्वास दिलाया था। रामलला की तीन मूर्तियां निर्मित की जा रही थी और इनमें से जो श्रेष्ठतम होगी उसे ही मंदिर के गर्भगृह में स्थापित किया जाना था। बैठक से पूर्व श्रीराम जन्भूमि तीर्थ क्षेत्र ट्रस्ट ने इंटरनेट मीडिया पर मंदिर निर्माण से जुड़े ताजा चित्र भी साझा किए थे। इनमें मंदिर के प्रथम तल का निर्माण दिखाई दे रहा था। एक अन्य तस्वीर में मंदिर का आठ सौ मीटर लंबा परकोटा तथा रिटेनिंग वाल का निर्माण होता हुआ भी दिख रहा था।

25 जुलाई 2023 को उत्तर प्रदेश सरकार की ओर से जानकारी आई कि श्रीराम मंदिर के साथ में रामनगरी के अन्य मंदिर भी दर्शनीय बनाए जाएंगे। इस मद के लिए उत्तर प्रदेश सरकार ने अड़सठ करोड़ अस्सी लाख रुपये आवंटित कर दिये थे। रामनगरी के जिन सौंतीस स्थलों को विकसित करने का योजना थी, इनमें अधिकांश आस्था के प्राचीन एवं पौराणिक केंद्र थे। इसमें सबसे मुख्य रामलला के दर्शन मार्ग पर स्थित दशरथ महल बड़ा स्थान था, अपने नाम के अनुरूप ही यह मंदिर राजा दशरथ के त्रेतायुगीन महल की विरासत का संवाहक है, इसका परिसर लगभग चालीस बीघा के परिक्षेत्र में है। रामनगरी के जिस स्थल पर गोस्वामी तुलसीदास ने चार सौ अड़तालीस वर्ष पूर्व रामचरित मानस की रचना की थी, सरकार ने उस तुलसीचौरा

सहित सियाराम किला, दिगंबर अखाड़ा, कालेराम मंदिर, छोटी देवकाली मंदिर, भरत महल को भी विकसित करने का प्राविधान किया था। रामनगरी की प्राचीनतम पीठों में से एक आचारी मंदिर, रामकचहरी, लक्ष्मणकिला एवं जानकीघाट बड़ास्थान जैसे उपासना के प्रधान कैंद्र भी विकसित किए जाने थे, इन मंदिरों के सुंदरीकरण के लिए भी धन राशि स्वीकृत की गई थी। रामकोट क्षेत्र में स्थित लगभग दो सौ वर्ष पुराने मंगलभवन के लिए भी धन दिया गया था। रामनगरी में सिख सनातन समीकरण की अभिन्नता का परिचायक ऐतिहासिक गुरुद्वारा ब्रह्मकुंड भी पर्यटन स्थलों को विकसित किए जाने की शासकीय योजना में शामिल किया गया था। सरयू के प्राचीन तट पर स्थित इस गुरुद्वारे में प्रथम गुरु नानकदेव, नवम गुरु तेगबहादुर तथा दशम गुरु गोविंद सिंह का आगमन हुआ था।

दूसरी ओर मंदिर में रामलला की प्राण प्रतिष्ठा के भव्य आयोजन की तैयारी के दृष्टिगत मंदिर निर्माण समिति ने भूतल के निर्माण को पूर्ण करने की पूरी तैयारी कर ली थी।

30 जुलाई 2023 से श्रीराम के भक्तों के लिए जन्मभूमि पथ शुरू कर दिया गया था, नवनिर्मित मार्ग का लोकार्पण वेद मंत्रों के बीच रामलला के दर्शनार्थियों पर पुष्पवर्षा के साथ किया गया। इस अवसर पर श्रीराम जन्मभूमि तीर्थ क्षेत्र ट्रस्ट के महासचिव एवं अन्य सदस्य उपस्थिति थे। अब इसी जन्मभूमि पथ से रामभक्त कम दूरी से अपने आराध्य प्रभु श्रीराम का दर्शन पूजन कर सकेंगे। निर्माणाधीन मंदिर के ही अनुरूप यह नया रास्ता भी भव्यता के साथ तैयार किया गया था, श्रीराम जन्भूमि पथ के नाम से नवनिर्मित यह मार्ग पांच सौ छियासठ मीटर लंबा एवं तीस मीटर चौड़ा है और इस मार्ग को पूर्ण रूप से राममय बनाया गया है। इस मार्ग पर अनेकों प्रकार की सुविधाएं भी देने की तैयारी की जा रही थी, मार्ग शुरू होने के पूर्व जन्मभूमि तक जाने के लिए हनुमानगढ़ी और दशरथ महल के सामने से पारंपरिक मार्ग का प्रयोग होता था और जन्मभूमि मार्ग से होते हुए अमावा मंदिर के पास भारी भरकम भीड़ के बीच से रामभक्तों को रामलला का दर्शन करना पड़ता था। मंदिर में विराजमान होने के बाद श्रद्धालुओं की संख्या में बढ़ोतरी होना निश्चित था, जिसके बाद प्रतिदिन लाखों की संख्या में श्रद्धालु भगवान रामलला का दर्शन पूजन करने के लिए आने वाले थे, इसी को देखते हुए अयोध्या में सड़क चौड़ीकरण का कार्य भी किया जा रहा था।

श्रीराम जन्मभूमि की ओर जाने के लिए चार मार्ग बनाए जा रहे थे। जन्मभूमि पथ के साथ साथ रामपथ, भक्तिपथ और सुग्रीवपथ का निर्माण कार्य भी किया जा रहा था। यहां पर आने वाले श्रीराम भक्तों को किसी भी प्रकार से कोई असुविधा न हो इसका भी पूरा ध्यान रखा गया था, साथ ही भक्तिपथ का भी निर्माण कार्य बहुत ही जल्द पूरा करने पर काम चल रहा था। यहां का सबसे लंबा पथ रामपथ है, इसका भी निर्माण कार्य तीन से चार महीने में पूरा होना था। भव्य मंदिर निर्माण के साथ साथ अयोध्या को भी वैश्विक पर्यटन स्थली के रूप में विकसित करने के लिए हरित एवं प्रदूषण मुक्त बनाने के प्रयास चल रहे थे। इस धार्मिक नगरी में मंदिर को जोड़ने वाले प्रमुख मार्गों, जन्मभूमि पथ, भक्ति पथ, रामपथ के निर्माण के साथ ही धर्मपथ, पंच कोसी, चौदह कोसी परिक्रमा मार्गों के सौन्दर्य करण की प्रक्रिया भी शुरू कर दी गई थी। इन पथों को आकर्षक बनाने के लिए हर संभव प्रयास किए जा रहे थे। वन विभाग को पांच सौ छियासठ मीटर

लम्बे जन्मभूमि पथ पर पीले एवं गुलाबी रंग के फूलों वाले लगभग एक सौ चौरासी सजावटी पौधे पथ के दोनों ओर छह छह मीटर पर रोपित करने के निर्देश दिए जा चुके थे। इसी प्रकार से लगभग तेरह किमी लम्बे रामपथ में दोनों और फुटपाथ के साथ पांच सौ पांच सौ मीटर में पीले और गुलाबी रंग के सजावटी और लाल गुलमोहर के लगभग चार हजार सात सौ पौधे लगाए जाने थे, जिससे कि पथ देखने में आकर्षक तथा एकरूप लगे। इस पथ के मध्य में एक एक मीटर पर बोगनवेलिया और प्रत्येक पांच मीटर पर पॉम के वृक्ष रोपित किए जाने थे, पथ के मध्य में लगभग छह हजार पौधे रोपित किये जाने के निर्देश दिए गए थे। इसी का अनुसरण करते हुए धर्मपथ को भी सजाया जाना था, जिसमें फुटपाथ पर लगभग सात सौ पच्चीस पौधे व मध्य में छह हजार पौधे रोपित करने थे। इसके अलावा अयोध्या विकास प्राधिकरण को भी ऋतु आधारित फूलों से इन सभी पथों को सजाने का कार्य दिया गया था। दूसरी ओर अक्टूबर 2023 में गर्भगृह बन करके तैयार हो जाए इसके लिए भी युद्ध स्तर पर तैयारी चल रही थी।

4 अगस्त 2023 को तीर्थ क्षेत्र ट्रस्ट के महासचिव ने जानकारी दी कि नवनिर्मित मंदिर में रामलला की प्राण प्रतिष्ठा का अनुष्ठान 15 से 24 जनवरी के बीच प्रस्तावित है, लेकिन प्रधानमंत्री के आगमन को ध्यान में रखकर अनुष्ठान के बीच रामलला को स्थापित करने के लिए श्रीराम जन्मभूमि तीर्थ क्षेत्र ट्रस्ट ने 21, 22 और 23 जनवरी 2024 के दिन निर्धारित कर दिए हैं। समारोह में प्रमुख साधु संत और अन्य गणमान्य व्यक्तियों को भी शामिल करने पर विचार किया गया था, मुख्य कार्यक्रम गैर राजनीतिक था और इसमें विभिन्न राजनीतिक दलों के लोगों को भी आमंत्रित किया जाना था। ट्रस्ट इस समारोह में देश के एक सौ छत्तीस सनातन परंपराओं के पच्चीस हजार से अधिक धर्मगुरुओं को आमंत्रित करने की योजना बना कर कार्य कर रहा था। कार्यक्रम में आमंत्रित किए जाने वाले संतों की सूची तैयार की जा रही थी, जल्द ही उन्हें ट्रस्ट के अध्यक्ष की ओर से निमंत्रण पत्र भेजने की योजना थी, आमंत्रित किए जाने वाले पच्चीस हजार संत दस हजार विशिष्ट अतिथियों से अलग थे, यह संत श्रीराम जन्मभूमि परिसर के अंदर अभिषेक समारोह में शामिल होने वाले थे। ट्रस्ट ने सभी प्रमुख संतों को अयोध्या के बड़े मठों में ठहराने की योजना बनाई थी, सभी बड़े मठ और मंदिर आने वाले संतों और साधुओं को ठहरने की सुविधा देने पर सहमत भी हो गए थे। लगभग एक महीने तक चलने वाले इस भव्य आयोजन के प्रबंधन को संभालने के लिए अयोध्या के विभिन्न संतों के कई समूह बनाए जाने का विचार था।

इस समय मंदिर के गर्भगृह का कार्य पूरा होने वाला था, इसलिए जनवरी महीने में प्राण प्रतिष्ठा के भव्य आयोजन की तैयारी चल रही थी। ट्रस्ट अयोध्या में रामलला के अभिषेक समारोह के लिए आने वाले भक्तों को लगभग एक महीने तक मुफ्त भोजन उपलब्ध कराने की योजना भी बना रहा था, गर्भगृह में रामलला की प्राण प्रतिष्ठा के अवसर पर ट्रस्ट की ओर से एक महीने तक प्रति दिन पिचहेत्तर हजार से एक लाख भक्तों को भोजन कराए जाने की योजना पर भी काम किया जा रहा था।

6 अगस्त 2023 से मंदिर के भूतल के फर्श पर राजस्थान के मकराना का सफेद रंग का संगमरमर पत्थर लगाया जाने लगा था। कार्यदायी संस्था के अधिकारियों व इंजीनियरों ने दोपहर

में पूजा पाठ करते हुए इसकी विधिवत शुरुआत कर दी थी, गर्भगृह से सटे प्रदक्षिणा पथ पर प्रथम दिन तीन चार ब्लॉक में यह पत्थर फर्श पर लगाया गया था, इस कार्य को अक्टूबर के अंत तक या नवंबर के पहले सप्ताह तक पूरा करने का लक्ष्य रखा गया था। भूतल पर कुल अठारह हजार वर्गफीट में पत्थर लगाया जाना था, जिसकी आपूर्ति राजस्थान से हो चुकी थी। प्रदक्षिणा पथ पर ही लगभग सात सौ वर्ग फीट संगमरमर लगाया जाना था। भूतल का संपूर्ण कार्य भी नवंबर माह में पूरा होने के बाद दिसंबर में इसे अंतिम स्पर्श दिए जाने की योजना थी।

19 अगस्त 2023 को उत्तर प्रदेश के मुख्यमंत्री योगी आदित्यनाथ अयोध्या पहुंचें और दिगम्बर अखाड़े में साकेत वासी महंत रामचंद्र परमहंसदास जी की पुण्य तिथि पर उनके समाधि स्थल पर पुष्पांजलि अर्पित की। इस अवसर पर उनके साथ कई संत उपस्थित रहे।

मुख्यमंत्री ने निर्माणाधीन मंदिर का अवलोकन करने के बाद पूजन अर्चन किया। इस समय उन्होंने श्रीराम मंदिर निर्माण के कार्यों की प्रगति की जानकारी प्राप्त की और अयोध्या के विकास संबंधी बिन्दुओं पर भी चर्चा की। उन्होंने श्रीराम जी की नगरी अयोध्या के विकास कार्यों को निर्धारित समय में पूरा करने और दीपोत्सव महोत्सव एवं रामलला की मूर्ति की प्राण प्रतिष्ठा कार्यक्रम को लेकर अधिकारियों को दिशा निर्देश भी दिए।

20 अगस्त 2023 तक निर्माणाधीन मंदिर के नृत्य मंडप के शिखर का निर्माण प्रारंभ हो गया था। मंदिर के प्रथम तल पर सभी स्तम्भों का निर्माण पूर्ण किया जा चुका था। रामलला की प्राण प्रतिष्ठा तक मंदिर के तीन शिखर निर्मित करने का लक्ष्य रखा गया था, भूतल को अंतिम रूप से सज्जित करने का कार्य भी प्रारम्भ कर दिया गया था। मंदिर के गर्भगृह का दरवाजा बनाया जा चुका था, श्रीराम जन्मभूमि परिसर में लाकर उसको लगाने का परिक्षण भी कर लिया गया था, अन्य दरवाजों का निर्माण भी तीव्रता के साथ रामसेवक पुरम में किया जा रहा था।

30 अगस्त 2023 को जानकारी मिली कि नवनिर्मित भव्य मंदिर में रामलला की प्राण प्रतिष्ठा से पहले संपूर्ण देश को राममय बनाने के लिए देश व्यापी रामोत्सव मनाने की रणनीति तैयार की गई थी, प्रतिष्ठा समिति की बैठक में इस योजना को अंतिम रूप दिया गया था। पूरे देश में रामनाम संकीर्तन, रामायण पाठ आदि आयोजित किए जाने की योजना बनाई गई थी। इसके लिए श्रीराम जन्भूमि तीर्थ क्षेत्र ट्रस्ट की ओर से जन्मभूमि की रज का पूजन करने के बाद उसे गांव गांव भेज कर उत्सव की शुरुआत करने की योजना थी। पूजन व संकल्प के साथ ही देश भर में उत्सव की शुरुआत के लिए देश भर के लगभग पांच लाख मंदिरों का चयन किया गया था, जिनमें श्रीराम जन्भूमि की रज व यहां से भेजे गये अक्षतों को प्रतिष्ठित करने के बाद आयोजन को उत्सवी रंग देने की व्यवस्था राष्ट्रीय स्वयं सेवक संघ ने संभाल ली थी, स्वयंसेवकों को ही देशभर में इसे पहुंचाना था। इस सामग्री को पहले यहां से संघ की दृष्टि से सृजित देश भर के उडन्चास प्रांतों के मुख्यालयों पर भेज कर बाद में जिले एवं उसके बाद गांवों तक पहुंचाना था। प्राण प्रतिष्ठा समारोह के लिए देश के प्रत्येक गांव कस्बे और मोहल्ले में होर्डिंग लगाने की भी योजना बनाई गई थी, जिसका मैटर भी श्रीराम जन्मभूमि तीर्थ क्षेत्र ट्रस्ट उपलब्ध कराने वाला था। इतना ही नहीं, रामलला के प्राण प्रतिष्ठा में आने वाले रामभक्तों के स्वागत को लेकर भी

ट्रस्ट बड़ी तैयारी कर रहा था, रामनगरी के प्रत्येक मठ मंदिरों के द्वारा भगवान रामलला के भक्तों के लिए उनकी मूलभूत सुविधा के अनुसार ठहरने व भोजन की व्यवस्था की जा रही थी।

3 सितंबर 2023 को जानकारी दी गई कि श्रीराम जन्भूमि तीर्थ क्षेत्र ट्रस्ट के महासचिव ने देश के शीर्ष धर्माचार्यों से गहन विचार विमर्श के बाद रामलला के पूजन अर्चन की व्यवस्था सुनिश्चित कर दी थी, सुझावों की समीक्षा के लिए कारसेवक पुरम में हुई बैठक में ट्रस्ट के महासचिव सहित एक प्रख्यात लेखक एवं समीक्षक के साथ विश्व हिन्दू परिषद के केंद्रीय मंत्री उपस्थित हुए थे। इस समय कई सुझाव सामने आए थे, बताया गया कि रामलला का नित्य अभिषेक सरयू जल और पंचामृत से किया जाएगा। सरयू जल विशेष वाहन से लाया जाएगा और आदर की दृष्टि से उस पर छत्र एवं चंवर धारी परिचारक भी नियुक्त होंगे। नवनिर्मित मंदिर में स्थापित होने के साथ रामलला के ठाठ निराले हों ऐसी व्यवस्था भी बनानी थी। प्रशिक्षित अर्चकों की विशेष टीम नित्य चार साढ़े चार बजे के बीच ब्रह्ममुहूर्त में वेद मंत्रों के पाठ करके रामलला को जगाएगी। आचमन आदि के बाद रामलला को गज दर्शन कराया जाएगा और रामलला के हाथों से प्रतिदिन गोदान की परंपरा का पालन होगा।

प्राण प्रतिष्ठा महोत्सव की तैयारियों के साथ रामलला के नित्य पूजन अर्चन की भी व्यवस्था पर विचार किया जा रहा था। अभिषेक स्नान और शृंगार के बाद प्रातः सात बज कर तीस मिनट के बीच रामलला का दर्शन श्रद्धालुओं के लिए होगा। रामलला के सम्मुख मध्याह्न राजभोग भी विधि विधान से अर्पित किया जाएगा। उस समय गर्भगृह पर पर्दा होगा और लगभग दोपहर बारह से साढ़े बारह बजे के बीच गायकों की टोली रामलला के लिए जेवनार गायन कर रही होगी। इसके बाद रामलला को शयन कराया जाएगा। अपराह्न साढ़े तीन से चार बजे के बीच उनको गीत गायन के साथ जगाया जाएगा और उसके बाद उपवन में भ्रमण कराया जाएगा। दिन ढलने के साथ रामलला के दरबार में उत्सव जैसा माहौल होगा और गायक रामलला के प्रति आस्था में गायन करेंगे। रामलला को सायंकालीन भोजन कराने और उसके बाद शयन कराने के लिए रात्रि में नौ से दस बजे के बीच का समय रहेगा। ट्रस्ट रामलला की दिनचर्या को अंतिम रूप देने के साथ ही उसे पूरी तरह से सार्वजनिक करने पर भी विचार कर रहा था।

रामलला को नित्य गज दर्शन की व्यवस्था करने के लिए परिसर में हाथी पाले जाने की भी संभावना थी, जिस प्रकार से अहमदाबाद के जगन्नाथ मंदिर में तेरह हाथी पाले गए हैं ठीक उसी प्रकार से अयोध्या में भी व्यवस्था करने पर विचार किया गया था।

9 सितंबर 2023 शनिवार को तीर्थ क्षेत्र ट्रस्ट के कार्यालय में विश्व हिन्दू परिषद की कोर कमेटी की बैठक में विचार विमर्श किया गया और इसके साथ रामलला की प्राण प्रतिष्ठा के महोत्सव में देश के दस करोड़ परिवारों को जोड़ने की योजना बनाई गई थी, ट्रस्ट सम्मान स्वरूप उन सभी परिवारों को पुन: याद करने की तैयारी में लगा हुआ था जिन परिवारों ने निधि समर्पण अभियान में मंदिर निर्माण के लिए निधि समर्पित की थी। इस समय 15 से 24 जनवरी 2024 के बीच नवनिर्मित मंदिर में रामलला की प्राण प्रतिष्ठा के लिए तैयारियां जोरों से चल रही थी,

इसके साथ ही देश भर में लगभग पांच लाख विश्व हिन्दू परिषद कार्यकर्ताओं के माध्यम से इन परिवारों को प्राण प्रतिष्ठा महोत्सव में शामिल करने की रूपरेखा बनाई जा रही थी।

प्राण प्रतिष्ठा के मुख्य समारोह के अंतर्गत गर्भगृह में रामलला के स्थापित करने के समय उसका विश्व व्यापी लाइव प्रसारण भी करने की योजना थी। श्रीराम जन्मभूमि तीर्थ क्षेत्र ट्रस्ट एवं विश्व हिन्दू परिषद नेतृत्व की योजना देश के पांच लाख मंदिरों पर प्राण प्रतिष्ठा के लाइव प्रसारण का प्रदर्शन कराने की थी, मंदिरों में लाइव प्रसारण के समय कम से कम दो सौ परिवारों के शामिल होने का अनुमान लगा गया था। इस प्रकार से निधि समर्पित करने वाले दस करोड़ परिवारों को प्राण प्रतिष्ठा महोत्सव से जोड़ा जा सकता था। इसके बाद विश्व हिन्दू परिषद के सहयोग से तीर्थ क्षेत्र ट्रस्ट की योजना इन परिवारों के कम से कम एक सदस्य को रामलला का दर्शन कराने की भी थी। यदि प्रत्येक दिन तीन लाख राम भक्तों को रामलला का दर्शन कराने की सुविधा सुनिश्चित की जा सकी, तो यह संख्या फरवरी 2024 तक एक करोड़ के पार जा सकती थी और वर्ष 2024 पूरा होते होते निधि समर्पित करने वाले दस करोड़ परिवार के कम से कम एक सदस्य को रामलला के दर्शन कराए जा सकते थे।

10 सितंबर 2023 को श्रीराम जन्मभूमि तीर्थ क्षेत्र ट्रस्ट के कार्यालय पर विश्व हिन्दू परिषद की केंद्रीय समिति की बैठक हुई, इसमें पदाधिकारियों ने कहा कि रामलला की प्राण प्रतिष्ठा से इस युग की अध्यात्मिक, धार्मिक, सांस्कृतिक मजबूती के साथ धर्मनिष्ठा भी मजबूत होगी। परिषद के केंद्रीय और क्षेत्रीय पदाधिकारियों की बैठक में प्राण प्रतिष्ठा समारोह में जन सहभागिता पर भी मंथन हुआ। संगठन के पदाधिकारियों ने देशभर के पांच लाख गांवों को जोड़ने के साथ ही वहां पर नवीन हिन्दू परिषद हितचिंतकों का निर्माण करने पर भी जोर दिया। देश के विभिन्न प्रांतों में संपर्क और कार्यकर्ताओं से समन्वय रखने वाले विश्व हिन्दू परिषद के अयोध्या आए लगभग छियानवै प्रमुख पदाधिकारियों ने देश के हर एक राज्य, जिला और प्रखंडों एवं ग्रामीण और शहरी क्षेत्रों से संपर्क करने पर जोर दिया। पदाधिकारियों का कहना था कि प्रत्येक गांव की सहभागिता उसी प्रकार होगी जैसी शिला पूजन और कारसेवा के समय थी। इस बैठक में कहा गया कि देश भर के दो हजार संत धर्माचार्यों से विश्व हिन्दू परिषद का संत संपर्क विभाग संपर्क करके उन्हें प्राण प्रतिष्ठा महोत्सव में आमंत्रित करेगा और यह संत भी भिन्न पंथ संप्रदाय और जातियों से संबंधित होंगे। ऐसे संप्रदायों की संख्या लगभग एक सौ पचास होगी। बैठक में यह भी कहा गया कि प्राण प्रतिष्ठा से पूर्व बजरंग दल की शौर्य यात्राओं के समय मार्गों में होने वाली धर्म सभाओं में संतों के शामिल होने और रामभक्तों का मार्गदर्शन करने के लिए संपर्क विभाग लगातार सक्रिय रहेगा। इस समय रामलला की प्राण प्रतिष्ठा की तैयारियां जोरों पर चल रही थी, इसको लेकर एक शौर्य यात्रा निकाली जाने की भी योजना बनाई गई थी।

12 सितंबर 2023 से श्रीराम जन्मभूमि परिसर में उत्तर प्रदेश सरकार के द्वारा गठित की गई स्पेशल फोर्स पहली बार रामलला की सुरक्षा में तैनात की जा रही थी। एसएसएफ की एक सौ दस जवानों की पहली टुकड़ी अयोध्या पहुंच गई थी। दो सौ सत्तर एसएसएफ के जवानों का ग्रुप पहले चरण में रामलला की सुरक्षा में मंदिर परिसर में ड्यूटी पर लगाया जाना था। इस एसएसएफ का गठन पीएसी और उत्तर प्रदेश पुलिस के सर्वश्रेष्ठ सिपाहियों को मिलाकर किया

गया था। इस फोर्स को श्रीराम जन्भूमि परिसर के अलावा प्रदेश के अन्य स्थलों पर भी तैनात किये जाने की योजना थी। मुख्यमंत्री के निर्देश पर अयोध्या काशी और मथुरा के मंदिरों के साथ प्रदेश के हवाई अड्डों की सुरक्षा में भी एसएसएफ तैनाती की जा रही थी।

13 सितंबर 2023 को तीर्थ क्षत्रे ट्रस्ट के महासचिव ने ट्विटर पर श्रीराम जन्मभूमि की खुदाई के समय मिले प्राचीन मंदिर, प्रतिमाओं स्तम्भों और शिलापट्टों के अवशेष की एक फोटो शेयर की, यह पहला मौका था जब खुदाई के समय मिली इन वस्तुओं की फोटो सामने आई थी, इनमें हिन्दू देवी देवताओं की अनेक मूर्तियां और साथ में मंदिरों में लगने वाले स्तंभ भी दिखाई दे रहे थे। इनमें वह अवशेष भी थे जिनके आधार पर सर्वोच्च न्यायालय ने मंदिर के पक्ष में अपना निर्णय सुनाया था। खुदाई के समय मिले इन सभी अवशेषों को रामलला के भव्य मंदिर में श्रद्धालुओं के दर्शन के लिए रखने का निर्णय लिया गया था।

19 सितंबर 2023 को सूचना प्राप्त हुई कि श्रीराम मंदिर में लगने वाले दरवाजों को स्वर्ण मंडित करने की प्रक्रिया प्रारंभ हो गई है, यह कार्य दिल्ली से आये चार कारीगर कर रहे थे। गर्भगृह में लगने वाले सबसे बड़े दरवाजे सहित दस दरवाजों की फिटिंग का ट्रायल भी पूरा हो चुका था। दरवाजों पर बन रहे सांचे में पहले तांबे की परत और बाद में इसी पर सोने की परत जड़ी जानी थी। कार्यदायी संस्था के अनुसार मंदिर में पहले कुल बयालीस दरवाजे लगने थे, लेकिन बाद में इसमें चार और दरवाजे जोड़ दिए गए, भूतल पर दरवाजों की संख्या अठारह थी। स्वर्ण जड़ने वाले दरवाजों की फिटिंग को परखने के बाद अब तक जो दरवाजे निर्मित हो चुके थे उन पर सोना लगाने के लिए सांचा बनाना प्रारंभ हो गया था। सांचा बनाने से पहले इन दरवाजों पर नक्काशी की गई थी और हाथी, कमल आदि निर्मित किए गए थे। इसी के बाद सोना लगाने के लिए दरवाजों पर सांचा बनाया जा रहा था। सभी दरवाजों को स्वर्ण मंडित करने का कार्य नवंबर 2023 तक पूरा करने की योजना थी।

22 सितंबर 2023 को श्रीराम मंदिर निर्माण समिति की दो दिवसीय बैठक मंदिर परिसर में शुरू हुई, इसमें अब तक के निर्माण कार्यों की समीक्षा की गई थी, बैठक से पहले मंदिर निर्माण कार्य का स्थलीय निरीक्षण करने के बाद सारे कार्य 15 दिसंबर 2023 तक पूरा करने की तिथि निर्धारित की गई थी। मंदिर निर्माण स्थल पर निर्माण समिति के अध्यक्ष के साथ ट्रस्ट के पदाधिकारी, ट्रस्टी और निर्माण इकाई की तकनीकी टीम उपस्थित रही थी। इस टीम ने पुलिस चेकिंग पाइंट का भी निरीक्षण किया, यहां पर स्कैनर आदि का निर्माण कार्य पूरा किया जा रहा था, यात्री सुविधा केंद्र को भी मंदिर निर्माण समिति के सदस्यों की टीम ने देखा, इस कार्य के भी नवंबर 2023 तक पूरा हो जाने की संभावना थी।

मंदिर के भूतल पर स्ट्रक्चर का काम पूरा होने के बाद अब फिनिशिंग का कार्य तेजी के साथ पूरा किया जा रहा था, मंदिर के गर्भगृह के फर्श का कार्य पूरा हो गया था। भूमिगत बेसमेंट का कार्य भी पूरा किया जा रहा था, तकनीकी टीम के निर्देश अनुसार फर्श पर संगमरमर लगाने का काम भी चल रहा था।

24 सितंबर 2023 को दी गई जानकारी के अनुसार श्रीराम जन्मभूमि तीर्थ क्षेत्र ट्रस्ट रामलला की मूर्ति की प्राण प्रतिष्ठा के समारोह को पूरे देश को एक सूत्र में पिरोकर आयोजित करने की दिशा में कार्य कर रहा था। इस अवसर पर सनातन संस्कृति एवं धर्म से जुड़े सभी एक सौ पचास संप्रदायों एवं उप संप्रदायों के प्रतिनिधि संतों और साधकों को आमंत्रित किए जाने की योजना बनाई गई थी, साथ ही देश के सभी वर्गों एवं समूहों की उपस्थिति के लिए भी तैयारी की जा रही थी। प्रधानमंत्री नरेन्द्र मोदी के हाथों 22 जनवरी 2024 को नवनिर्मित मंदिर के गर्भगृह में रामलला की मूर्ति की प्राण प्रतिष्ठा के समारोह में सुरक्षा कारणों से पांच हजार लोगों की उपस्थिति के लिए स्वीकृति दी गई थी। इन पांच हजार लोगों के रूप में पूरे देश का प्रतिनिधित्व सुनिश्चित किया जाना था, सनातन संस्कृति के विभिन्न संप्रदायों सहित पद्म सम्मान प्राप्त विभूतियां, श्रीराम मंदिर के लिए प्राण गंवाने वाले बलिदानियों के वंशजों, राष्ट्र एवं समाज की रक्षा करते हुए शौर्य और पराक्रम का कीर्तिमान रचने वाले सेनानियों, कला, संस्कृति, अभिनय, खेल, उद्योग एवं राजनीति के क्षेत्र में छाप छोड़ने वाले लोगों को शामिल किए जाने की योजना बनाई गई थी।

2 अक्टूबर 2023 को भी मंदिर निर्माण कार्य और रामलला की प्राण प्रतिष्ठा के संबंध में प्रबंधन समिति की एक बैठक हुई, प्रबंधन समिति की बैठक में रामलला की पूजा विधि व प्राण प्रतिष्ठा विधि पर चर्चा की गई। इस बैठक में निर्णय लिया गया कि प्राण प्रतिष्ठा समारोह की शुरूआत रामलला विराजमान को नगर भ्रमण कराने अर्थात पंचकोसी परिक्रमा के साथ की जाएगी। प्राण प्रतिष्ठा प्रबंधन समिति की बैठक में समारोह के स्वरूप सहित कई मुद्दों पर चर्चा की गयी, निर्णय हुआ कि प्राण प्रतिष्ठा से पहले सरयू पूजन किया जाएगा और उसके जल से रामलला का अभिषेक होगा, इसके बाद उन्हें रथ पर विराजमान करवा कर नगर भ्रमण कराया जाएगा, पंचकोसी की परिधि में भव्यता पूर्वक यात्रा निकाली जाएगी। इसके बाद रामलला की मूर्ति को जल, फल और अन्न में एक एक दिन के लिए रखा जाएगा, जिसे अनुष्ठान की भाषा में जलाधिवास, फलाधिवास व अन्नधिवास कहा जाता है। नौ दिवसीय समारोह के लिए श्रीराम यंत्र की स्थापना भी होनी थी, कार्यक्रम के समापन के बाद इसे सरयू नदी में विसर्जित किया जाना था। समारोह में हवन के लिए नौ कुंड बना कर पूरा कार्यक्रम काशी के विद्वानों की देखरेख में होना था। एक सौ आठ वैदिक आचार्यों की टीम यह पूरा अनुष्ठान संपन्न कराने वाली थी। समस्त अनुष्ठान काशी के प्रसिद्ध विद्वानों के निर्देशन में किया जाना था। रामलला के नए मंदिर में विराजने के बाद कई नए नियम लागू करने की तैयारी की गई थी। पुजारियों के लिए एक नियमावली तैयार की जा रही थी, बताया गया कि नए मंदिर के गर्भगृह में रामलला की पूजा अर्चना व सेवा करने वाले पुजारी के अलावा किसी को भी प्रवेश करने की अनुमति नहीं होगी। अस्थायी मंदिर में वीआईपी एवं संतों को गर्भगृह में प्रवेश दिया जाता था, लेकिन नए मंदिर में इस पर रोक लगा दी गई थी। गर्भगृह के बाहर से ही उन्हें दर्शन की अनुमति होगी। नए मंदिर में पुजारियों की संख्या भी बढ़ाई जा रही थी। प्रशिक्षित पुजारियों को रामलला की पूजा अर्चना के लिए नियुक्त किए जाने की भी योजना थी, अस्थाई गर्भगृह में रामलला के पूजन के लिए

एक मुख्य पुजारी और चार सहायक पुजारी तैनात थे। इसके साथ ही जन्मभूमि परिसर में बनने वाले अन्य मंदिरों के लिए भी पुजारियों की नियुक्ति की जानी थी।

7 अक्टूबर 2023 को ट्रस्ट की ओर से बताया गया कि मंदिर के निर्माण पर 5 फरवरी 2020 से 31 मार्च 2023 तक नौ सौ करोड़ रुपये खर्च किए जा चुके थे और अभी भी ट्रस्ट के बैंक खातों में तीन हजार करोड़ रुपये जमा थे। इस बैठक में विदेशी मुद्रा में दान लेने की कानूनी प्रक्रिया सहित अठारह बिंदुओं पर चर्चा हुई थी। जानकारी दी गई कि ट्रस्ट ने विदेशी अंशदान विनियमन अधिनियम के अर्न्तगत अनुमति के लिए आवेदन किया हुआ है। बताया गया कि सरयू तट पर स्थित रामकथा संग्रहालय एक कानूनी ट्रस्ट होगा और इसमें श्रीराम मंदिर का पांच सौ वर्ष का इतिहास और पचास वर्ष के कानूनी दस्तावेज रखे जायेंगे। श्रीराम जन्मभूमि पर आने वाले प्रत्येक आगंतुक को प्रसाद के साथ भगवान श्रीराम की तस्वीरें वितरित किए जाने की भी योजना बनाई गई थी, विराजमान भगवान श्रीराम की तस्वीर दो वर्ष के भीतर दस करोड़ घरों तक पहुंच जाए यह लक्ष्य रखा गया था, 01 जनवरी से 15 जनवरी 2024 तक भारत के पांच लाख गांवों में पूजित अक्षत अर्थात पूजा किया हुआ चावल बांटने की योजना भी थी, विभिन्न क्षेत्रों के मंदिरों में अयोध्या जैसा उत्सव मनाने की अपील की जा रही थी। समारोह से पहले भगवान श्रीराम के सामने चावलों की पूजा करने के बाद पूजित चावल पूरे भारत में बांटे जाने थे, भारत भर के पचास केंद्रों के कार्यकर्ताओं को अक्षत को विभिन्न केंद्रों तक पहुंचने के लिए लगाया गया था। प्राण प्रतिष्ठा समारोह के लिए एक धार्मिक समिति का गठन भी किया गया था। ट्रस्ट ने अपील की थी कि प्राण प्रतिष्ठा समारोह के दिन सूर्यास्त के समय देशभर के नागरिकों को अपने घरों के सामने पांच दीपक जलाने चाहिएं।

10 अक्टूबर 2023 तक दिव्य मंदिर दिन प्रतिदिन अपने आकार और स्वरूप को पा रहा था, दुनिया भर के रामभक्तों के लिए वह शुभ घड़ी अब बहुत ही पास आ गई थी जब जन्मभूमि पर रामलला विराजमान होने वाले थे। प्राण प्रतिष्ठा की तैयारी युद्ध स्तर पर की जा रही थी, श्रीराम जन्मभूमि तीर्थ क्षेत्र ट्रस्ट प्राण प्रतिष्ठा महोत्सव आयोजन को विश्व व्यापी स्वरूप देने में लगा हुआ था। 22 जनवरी 2024 को रामनगरी में देश का सबसे बड़ा धार्मिक आयोजन होने जा रहा था। देश के ही नहीं विदेशों के भी मेहमानों की लिस्ट तैयार कर ली गई थी, ट्रस्ट के द्वारा तैयार की गई सूची में देश सहित दुनिया के पचास देशों के राष्ट्रध्यक्षों के नाम भी शामिल किए गए थे। राष्ट्रीय स्वयंसेवक संघ पचास देशों में अपने कार्यालयों के माध्यम से इन देशों के संबंधित अधिकारियों से संपर्क करने की कोशिश कर रहा था। प्राण प्रतिष्ठा के समय पूरे भारत के प्रसिद्ध साधु संतो के अलावा सभी चार शंकराचार्य और पूरी दुनिया के विशिष्ट लोगों को भी शामिल किया जा रहा था, विशिष्ट अतिथियों की सूचि में डॉक्टर, फिल्म अभिनेता, खगोल वैज्ञानिक, समाजसेवी और विभिन्न धर्मों के प्रमुख लोग थे। ट्रस्ट सेना से आमंत्रित लोगों की सूची तैयार करने के लिए सेना के वरिष्ठ अधिकारियों की मदद ले रहा था, वीवीआईपी के अलावा ट्रस्ट की प्राथमिकता सूची में अन्य आमंत्रित वह वकील भी थे जिन्होंने फैजाबाद के जिला न्यायालय से लेकर सर्वोच्च न्यायालय तक दशकों लंबी कानूनी लड़ाई में हिन्दू पक्ष का प्रतिनिधित्व किया था और उन कारसेवकों के परिजन भी थे जिन्होंने आन्दोलनों में अपनी जान गंवाई थी।

18 अक्टूबर 2023 तक महाराष्ट्र के जंगलों से लाई गई सागौन की लकड़ी से निर्मित मंदिर के भूतल में लगने वाले सभी अठारह कपाट बन कर तैयार हो गए थे, ये कपाट रामसेवक पुरम में रखे गए थे। हैदराबाद की एक फर्म इन कपाटों को तैयार कर रही थी। सभी कपाट बनने के बाद उन पर विविध आकृतियां उकेरी गईं थीं, अब इन्हें स्वर्ण मंडित करने के लिए इन पर विशेष धातु की प्लेट लगाई जा रही थी।

20 अक्टूबर 2023 को जानकारी आई कि प्राण प्रतिष्ठा में देश विदेश के अतिथि और श्रद्धालुओं को भाग लेना था इसलिए भोजन की व्यवस्था को अलग अलग प्रदेशों के विशेषज्ञों द्वारा संभाले जाने की दिशा में कार्य किया जा रहा था। साथ ही निशुल्क भोजन की व्यवस्था भी की गई थी। भोजन के लिए लगाए जाने वाले स्टालों पर पूड़ी सब्जी, छोला भटूरा, इडली डोसा सांभर, पाव भाजी, राजमा चावल, दला बाटी चूरमा और साग व हलुआ परांठे आदि परोसे जाने का प्रबन्ध किया गया था। सभी श्रद्धालुओं के लिए समुचित आवास एवं भोजन का प्रबन्ध भी किया जा रहा था। ठहरने के लिए कुंभ मेले की तर्ज पर टैंट और पांच सितारा सुविधाओं वाले टैंट भी तैयार किए जा रहे थे।

22 अक्टूबर 2023 को रामजन्म स्थान सीता रसोई मंदिर और इससे जुड़ी संपत्ति को लेकर दायर एक अपील पर अपर जिला न्यायाधीश प्रथम ने निर्णय दे दिया था। यह एक अलग विवाद था, रामजन्म स्थान सीता रसोई मंदिर और इससे जुड़ी संपत्ति पर इस समय उप्र सरकार का स्वामित्व था। रामजन्म स्थान सीता रसोई मंदिर के मंहत की मृत्यु के बाद उनके उत्तराधिकारियों को लेकर विवाद शुरू हो गया था। वर्ष 1990 में एक दावेदार ने पंजीकृत वसीयत के आधार पर स्वयं को उत्तराधिकारी बताते हुए सिविल न्यायाधीश सीनियर डिवीजन के न्यायालय में वाद दायर किया था। इस समय श्रीराम जन्मभूमि पर मंदिर के निर्माण के क्रम में इस प्राचीन मंदिर का अस्तित्व समाप्त हो चुका था, लेकिन कई जिलों में मौजूद इसकी सैकड़ों एकड़ भूमि और मंदिर पर निर्णय का दूरगामी असर पड़ने वाल था। सीता रसोई मंदिर की भूमि अयोध्या, गोंडा, सिद्धार्थनगर, बाराबंकी, लखनऊ और अन्य जिलों में थी। श्रीराम जन्मभूमि तीर्थ क्षेत्र ट्रस्ट ने इसे अपने संरक्षण में ले लिया था।

23 अक्टूबर 2023 को श्रीराम जन्मभूमि तीर्थ क्षेत्र ट्रस्ट के सदस्यों और जिला प्रशासन के अधिकारियों के साथ ट्रस्ट के भवन में एक बैठक हुई, इसमें आईजी, कमिश्नर, एसएसपी, डीएम और संघ के पूर्व सहकार्यवाह भैया जी जोशी, श्रीराम मंदिर ट्रस्ट के महासचिव और पदाधिकारी शामिल हुए थे, इस बैठक में मंदिर की सुरक्षा और भीड़ के नियंत्रण को लेकर चर्चा हुई, प्रधानमंत्री और वीआईपी मेहमानों के आगमन और उससे जुड़े हुए बहुत से पहलुओं पर भी चर्चा की गई थी। ऐसी व्यवस्था बनाई जा रही थी जिससे कि जनता को कम से कम असुविधा हो। साथ ही प्राण प्रतिष्ठा के दिन वीआईपी मूवमेंट को देखते हुए रामलला के दर्शन पर भी रोक लगाई जा रही थी। कमिश्नर ने बताया कि जनवरी में प्राण प्रतिष्ठा के कार्यक्रम के साथ तीन दिन तक रामलला के दर्शन पर रोक लगाई गई थी। इस के लिए आमजन से अपील की गई थी कि वे अयोध्या में रामलला के दर्शन के लिए न आएं। प्राण प्रतिष्ठा समारोह के बाद अगले दिन भक्त गण एक बार फिर से रामलला का दर्शन सामान्य रूप से कर सकते थे।

दूसरी ओर श्रीराम जन्मभूमि तीर्थ क्षेत्र ट्रस्ट ने पुजारी के पदों के लिए एक नोटिफिकेशन भी जारी किया था, नोटिफिकेशन के अनुसार, मंदिर में सेवा के लिए पुजारी के कई पदों पर भर्ती की योजना थी। इसके लिए वह नौजवान आवेदन के पात्र थे जिन्होंने गुरुकुल शिक्षा पद्धति से पढ़ाई की हो और छह माह की श्री रामनन्दनीय दीक्षा ली हो, इसके अलावा आवेदकों की उम्र सीमा बीस से तीस वर्ष के बीच रखी गई थी। इन पदों के लिए अयोध्या क्षेत्र के उम्मीदवारों को प्राथमिकता दी गई थी। भर्ती में उम्मीदवारों से भेदभाव न हो इसके लिए चयन की प्रक्रिया निर्धारित का गई थी। इन पदों पर आवेदन करने की अंतिम तारीख 31 अक्टूबर 2023 रखी गई थी और एक परीक्षा पास करने के बाद चयनितों को छह माह तक विशेष प्रशीक्षण का प्रावधान किया गया था, इसके बाद पुजारी के पदों पर नियुक्ति की जानी थी। प्रशीक्षण के समय उम्मीदवार को दो हजार रूपए मासिक भत्ता और उनके रहने तथा खाने की व्यवस्था भी की गई थी।

25 अक्टूबर 2023 को भगवान श्रीराम जी के मंदिर निर्माण कार्य के लिए विदेश से पहला दान भी आ गया था, यह पहला दान ग्यारह हजार रुपये का मिला था और अमेरिका के एक भक्त ने यह राशि भेजी थी। ट्रस्ट की ओर से बताया गया कि जैसे जैसे संबंधित खाता नंबर की जानकारी विदेश में लोगों को मिलेगी यह धनराशि और भी बढ़ेगी।

भारतीयों की बहुत बड़ी संख्या विदेशों में रहती है, अनेक प्रवासी भारतीय अपने पूर्वजों की धरती से निरंतर संपर्क रखते हैं, वे चाहते थे कि हम भी कुछ राशि तीर्थ ट्रस्ट को समर्पित करें लेकिन भारत में इसके लिए कड़े नियम कानून हैं। भारत में बहुत सी संस्थाओं ने एफ़सीआरए का दुरुपयोग किया था, इसलिए ट्रस्ट ने नियमों का पालन किया और प्रवासी भारतीयों और श्रीराम भक्तों की इच्छाओं को पूरा करने के लिए एफसीआरए में पंजीकरण का प्रार्थना पत्र जमा किया था, उसके बाद ही बैंक में खाता खोला गया था। मंदिर निर्माण प्रारंभ होने से पूर्व देश के विभिन्न राज्यों में चले निधि समर्पण अभियान से लगभग तीन हजार तीन सौ करोड़ रुपये प्राप्त हुए थे। बड़ी संख्या में विदेशी श्रद्धालु रामनगरी वासियों से संपर्क करके खाते के बारे में जानकारी ले रहे थे। विदेशों से धन प्राप्त करने वाले बैंक खाते का विवरण इस प्रकार से था,

बैंक एवं शाखा का नाम - भारतीय स्टेट बैंक शाखा, 11 संसद मार्ग नई दिल्ली
खाता संख्या- 42162875158
खाताधारक का नाम- श्रीराम जन्मभूमि तीर्थ क्षेत्र ट्रस्ट

26 अक्टूबर 2023 को श्रीराम जन्मभूमि तीर्थ क्षेत्र ट्रस्ट के पदाधिकारियों ने प्रधानमंत्री नरेंद्र मोदी से मुलाकात करके उन्हें श्रीराम मंदिर में प्राण प्रतिष्ठा के अवसर पर अयोध्या आने के लिए निमंत्रित किया। मंदिर में प्राण प्रतिष्ठा का कार्यक्रम 22 जनवरी 2024 को होना प्रस्तावित किया गया था।

प्रधानमंत्री मोदी ने ट्रस्ट के निमंत्रण को स्वीकार करते हुए इस ऐतिहासिक अवसर का साक्षी बनने को अपने लिए सौभाग्य की बात बताया था। इस अवसर पर प्रधानमंत्री ने कहा था, जय सियाराम, आज का दिन बहुत भावनाओं से भरा हुआ है। श्रीराम जन्मभूमि तीर्थ क्षेत्र ट्रस्ट के पदाधिकारी मुझसे मेरे निवास स्थान पर मिलने आए थे, उन्होंने मुझे श्रीराम मंदिर में प्राण

प्रतिष्ठा के अवसर पर अयोध्या आने के लिए निमंत्रित किया है। प्रधानमंत्री ने आगे कहा कि मैं खुद को बहुत धन्य महसूस कर रहा हूं, ये मेरा सौभाग्य है कि अपने जीवनकाल में, मैं इस ऐतिहासिक अवसर का साक्षी बनूंगा।

तीर्थ क्षेत्र ट्रस्ट के अनुरोध पर काशी के प्रख्यात ज्योतिषी ने अध्ययन, शोध और विचार के बाद मंदिर में रामलला के विग्रह का समय निकाला था, 22 जनवरी को प्रातः नौ बजकर पैंतालीस मिनट से बारह बजकर पैंतालीस मिनट तक जिस योग में विग्रह स्थापित किया जाना था वह अद्भुत था। रामलला के विग्रह की प्राण प्रतिष्ठा का मुहूर्त पौष मास के शुक्ल पक्ष की द्वादशी तिथि और सोमवार का दिन निश्चित हुआ था। 22 जनवरी को प्रथम बेला में ऐसे अनेक योग बन रहे थे, जो शुभता और समृद्धि का अद्भुत योग व संयोग थे। प्राण प्रतिष्ठा के अवसर पर मृगशिरा नक्षत्र था, जिसे त्रयमुख नक्षत्र भी कहते हैं। इस दिन जो द्वादशी थी, उसे कूर्म द्वादशी के नाम से जाना जाता है, यह भगवान विष्णु के कूर्मावतार की भी तिथि है। ऐंद्रयोग, सर्वार्थ सिद्धि एवं अमृत सिद्धि योग से युक्त होने के साथ इस तिथि की महिमा अवर्णनीय है। मध्याह्न की वह घड़ी, जिस समय रामलला के विग्रह के प्राण प्रतिष्ठा अनुष्ठान की पूर्णाहुति होनी थी उस समय मेष लग्न था और इस लग्न में ही देव गुरु बृहस्पति विराजमान थे, ग्रहों की यह स्थिति त्रेता में भगवान श्रीराम के जन्म योग से मेल खाती थी। मेष लग्न भूमि और भवन को स्थायित्व प्रदान करने के साथ प्राण प्रतिष्ठा अनुष्ठान के मुख्य यजमान प्रधानमंत्री नरेन्द्र मोदी के भी लिए अति फलदायी था। 22 जनवरी 2024 को प्रात: ग्यारह बजे से दोपहर एक बजे के बीच काल विशेष राजोपचार काल था, इसमें सिद्धयोग बन रहा था। अभिजित काल भी इस कालावधि में बन रहा था। भारतीय काल गणना के अनुसार शास्त्र में किसी विशेष कार्य और अनुष्ठान के लिए मुहूर्त का निर्धारण नवग्रह मंडल, नक्षत्र मंडल, ऋतु, तिथि, वार योग को ध्यान में रखते हुए किया जाता है।

इस शुभ मुहूर्त के अनुरूप प्रधानमंत्री ने प्राण प्रतिष्ठा के अनुष्ठान में मुख्य यजमान के रूप शामिल होने की स्वीकृति दे दी थी। तीर्थ क्षेत्र ट्रस्ट के महासचिव के अनुसार प्राण प्रतिष्ठा में कितने लोग शामिल होंगे उसकी सूची तैयार कर ली गई थी। दो हजर पांच सौ विशिष्ट लोगों की सूची बनाई गई थी, उनमें श्रीराम मंदिर आंदोलन में शहीद हुए कारसेवकों के परिवारजन भी शामिल थे। इनके अलावा वैज्ञानिक, कलाकार, परमवीर चक्र से सम्मानित परिवारों को भी निमंत्रण भेजा जाना था। मंदिर आंदोलन से जुड़े पूर्व उप प्रधानमंत्री लालकृष्ण आडवाणी और मुरली मनोहर जोशी के भी नाम सूची में शामिल किए गए थे।

प्राण प्रतिष्ठा के अवसर पर दो सौ चालीस विभिन्न परंपराओं के चार हजार धर्मगुरुओं के साथ लगभग ढाई हजार विशिष्ट जनों को ही प्रवेश मिल सकता था। संतों और महंतों को भी लगभग एक किमी पैदल चलना था और उन्हें अपने साथ लाए गए सामान दंड कमंडल, आसन आदि को कार्यक्रम स्थल तक ले जाने की छूट नहीं दी गई थी। किसी भी वीआईपी के सहयोगी स्टाफ आदि को भी प्रवेश की अनुमति नहीं दी जा रही थी। प्राण प्रतिष्ठा के लिए तीन घंटे तक चलने वाले कार्यक्रम में बच्चों और बुजुर्गो को सुरक्षा के कारण प्रवेश की अनुमति नहीं थी। बुजुर्गो को दर्शन कराने के लिए फरवरी 2024 में विशेष व्यवस्था करने की योजना बनाई गई थी।

आमंत्रित अतिथियों को अनिवार्य रूप से आधार कार्ड साथ में लेकर आने के निर्देश दिए जाने की जानकारी दी गई थी। प्राण प्रतिष्ठा समारोह से पहले नवनिर्मित गर्भगृह में अक्षत पूजन के माध्यम से रामभक्तों को निमंत्रण दिया जाना था। रामलला के विग्रह की प्राण प्रतिष्ठा के अवसर पर अयोध्या में आने वाले अतिथियों के आवास व भोजन के प्रबंध भी किए जा रहे थे। प्राण प्रतिष्ठा महोत्सव 16 से 25 जनवरी के बीच होना था और इसकी शुरुआत अक्षत पूजन से की जानी थी।

श्रीराम जन्भूमि तीर्थ क्षेत्र ट्रस्ट ने रामलला के सम्मुख 5 नवंबर 2023 को अक्षत पूजन करने की तैयारी कर ली थी। अक्षत पूजन कार्यक्रम में राष्ट्रीय स्वयंसेवक संघ के देशभर के प्रतिनिधि शामिल हो कर पूजन के बाद अक्षत अपने साथ ले कर जाने वाले थे। यही प्रतिनिधि इन्हें प्रांत मुख्यालयों तक पहुंचा कर इनके पूजन की तैयारी में लगने वाले थे। इसमें जिलों के प्रतिनिधि शामिल किए गए थे, अक्षत को लेकर गांव गांव ले जा कर 22 जनवरी 2024 को इन्हीं पूजित अक्षतों को साक्षी मान कर गांवों में आध्यात्मिक कार्यक्रम और संपूर्ण रामायण का पारायण, सुंदरकांड का पारायण व भंडारे के साथ उत्सव मनाने की योजना बनाई गई थी। गांव और शहरों में घी के दीप जला कर भोग लगाने की योजना थी। दूसरी ओर ट्रस्ट देश के पांच लाख गांवों में प्राण प्रतिष्ठा महोत्सव के प्रसारण की तैयारी भी कर रहा था, जिससे कि सभी लोग अपने गांव से ही प्राण प्रतिष्ठा उत्सव को देख सकें।

29 अक्टूबर 2023 को देर शाम हनुमानगढ़ी मंदिर के पुराने निकास द्वार को गिरा दिया गया था। श्रीराम मंदिर निर्माण के साथ ही हनुमानगढ़ी को भी भव्यता देने का कार्य शुरू कर दिया गया था। भविष्य में दर्शन और पूजन के लिए आने वाले श्रद्धालुओं की संख्या को देखते हुए हनुमानगढ़ी के निकास द्वार को भी चौड़ा किया जा रहा था, जिससे कि श्रद्धालुओं को किसी प्रकार की समस्या न हो और वे सुलभता के साथ हनुमानजी का भी दर्शन कर सकें। हनुमानगढ़ी मंदिर अत्यंत प्राचीन है, मंदिर का यह द्वार भी ऐतिहासिक और प्राचीन था, यह रामकोट का मुख्य द्वार भी था, इस मंदिर के कमरे और द्वार एक सीमित क्षेत्र के भीतर बने हुए थे। हजारों वर्ष पहले यह मंदिर एक टीले के रूप में था, बाद में यहां पर भव्य मंदिर का निर्माण कराया गया था।

30 अक्टूबर 2023 को श्रीराम जन्मभूमि तीर्थ क्षेत्र ट्रस्ट के एक सदस्य ने जानकारी दी कि, भव्य मंदिर में रामलला संगमरमर के स्वर्ण जड़ित आठ फीट ऊंचे सिंहासन पर विराजमान होंगे। आठ फीट ऊंचे, तीन फीट लंबे और चार फीट चौड़े सिंहासन को मंदिर के गर्भगृह में रखा जाएगा और इस पर रामलला की मूर्ति विराजमान होगी। राजस्थान के कारीगर इस सिंहासन तैयार कर रहे थे, यह सिंहासन आगामी पन्द्रह दिसंबर तक अयोध्या पहुंचने वाला था। उन्होंने आगे बताया कि भगवान श्रीराम के भक्तों ने भी बड़ी मात्रा में सोने और चांदी की वस्तुएं दान की थी। ट्रस्ट के गठन से पहले और बाद में दान की गई इन सोने और चांदी की वस्तुओं, जैसे सिक्के और ईंटों को पिघलाया जाएगा, क्योंकि उन्हें सुरक्षित रखने में काफी परेशानियों का सामना करना पड़ रहा था, इसलिए उन्हें पिघलाकर सुरक्षित रखा जाएगा तथा यह कार्य एक प्रतिष्ठित संस्था के मार्गदर्शन में किया जायेगा।

दूसरी ओर मंदिर का भूतल 15 दिसंबर तक प्रत्येक दशा में में तैयार किया जाना था, अब तक प्रथम तल का काम भी अस्सी प्रतिशत तक पूरा हो चुका था। प्रथम तल के सत्रह खंभे लगाए जा चुके थे और केवल दो खंभे लगाए जाने बाकी थे। मजदूरों की संख्या आवश्यकता के अनुसार बढ़ा दी गई थी। परिक्रमा मार्ग के फर्श का काम भी पूरा हो चुका था, अब गृह मंडप के फर्श पर संगमरमर बिछाने का काम चल रहा था। यात्री सुविधा केंद्र की तीनों मंजिलों की छत का निर्माण हो चुका था एवं सुरक्षा उपकरण भी लगाए जा रहे थे। मंदिर की बाहरी दीवार अर्थात परकोटा के प्रवेश द्वार का काम भी अंतिम चरण में था और यह काम भी नवंबर के अंत तक पूरा होना था।

इस बीच मंदिर ट्रस्ट ने पूरे देश में प्राण प्रतिष्ठा समारोह के सीधे प्रसारण की तैयारी शुरू कर दी थी। ट्रस्ट ने हर गांव और कस्बे के मंदिरों में टीवी स्क्रीन लगाने का काम शुरू करवा दिया गया था।

1 नवंबर 2023 को जानकारी मिली कि सरकारी भूलेख में प्लॉट संख्या 609 पर बद्र मस्जिद का कुछ हिस्सा श्रीराम पथ के निर्माण के लिए सरकार पहले से ही कानूनी रूप से अपने कब्ज़े में ले चुकी थी। पुरानी होने और उसके जीर्णोद्धार के लिए आवश्यक धन की व्यवस्था न हो पाने के कारण मस्जिद जीर्ण शीर्ण स्थिति में पहुँच रही थी, लेकिन अब सहमति से इस मस्जिद को स्थानांतरित करने का एक एग्रीमेंट बद्र मस्जिद के 'मुतवल्ली' और श्रीराम जन्मभूमि तीर्थ क्षेत्र ट्रस्ट के महासचिव के बीच हुआ था। एग्रीमेंट के अनुसार भूमि संख्या 609 में यह मस्जिद थी और इसका पैंतालीस वर्ग मीटर हिस्सा रामपथ के विस्तार के लिए पहले ही लिया जा चुका था। एग्रीमेंट में लिखा गया कि चम्पत राय श्रीराम जन्भूमि तीर्थ क्षेत्र की ज़रूरतों के लिए मस्जिद बद्र की ज़मीन को खरीदने के लिए इच्छुक हैं और उन्होंने इस सम्बन्ध में बहुत ही सौहार्द्रपूर्ण वातावरण में आस पड़ोस के ज़िम्मेदार मुस्लिम धर्म के लोगों से बात की है, जिससे कि भविष्य में किसी प्रकार के सांप्रदायिक विवाद की आशंका ना रह जाए, तीस लाख रुपए में मस्जिद बद्र को स्थानांतरित करने का यह करार कर लिया गया है।

ऐसा इसलिए किया गया था क्योंकि मंदिर के निर्माण के कारण तीर्थ यात्रियों की संख्या में बहुत वृद्धि हो चुकी थी, जिसके कारण इसके आस पास आवागमन बाधित रहता था और इस मस्जिद में आने वाले नमाज़ियों को भी परेशानी और असुविधा होती थी। क्योंकि यह मस्जिद अयोध्या रेलवे स्टेशन और क्षीरेश्वर नाथ मंदिर के पास थी, इस कारण से समय समय पर यहां सुरक्षा के नाम पर पाबंदियां भी लगा दी जाती थी। वक्फ बोर्ड के ज़िम्मेदार अधिकारियों और मस्जिद में आने वाले स्थानीय मुसलमानों से विचार विमर्श करके सर्वसम्मति से यह तय किया गया कि मस्जिद को किसी उचित स्थान पर स्थानांतरित कर दिया जाए और बद्र नाम से एक नई मस्जिद बना दी जाए जिससे कि मस्जिद में आने वाले नमाज़ियों को कोई असुविधा या ज़लालत महसूस ना हो।

10 नवंबर 2023 को ट्रस्ट के महासचिव और कोषाध्यक्ष ने लखनऊ पहुंचकर मुख्यमंत्री योगी आदित्यनाथ से मुलाकात की और उन्हें 'प्राण प्रतिष्ठा' समारोह में शामिल होने का निमंत्रण दिया। इस समय भव्य मंदिर का भूतल पूरी तरह से तैयार हो चुका था, मंदिर के गर्भगृह और

नृत्य मंडप के साथ ही रंग मंडप का काम भी अब तक पूरा हो गया था। लगभग दो हजार छह सौ श्रमिक तीन शिफ्ट में चौबीसों घंटे तेजी से इस काम को पूरा कर रहे थे।

11 नवंबर 2023 को दीपावली के अवसर पर अयोध्या में दीपोत्सव 2023 का आयोजन किया गया, राम की पैड़ी सहित सरयू नदी के अन्य घाटों पर दिए जलाए गए थे। प्रदेश के मुख्यमंत्री के साथ उत्तर प्रदेश की राज्यपाल और दोनों उप मुख्यमंत्रियों सहित कई नेता और पचास से अधिक देशों के राजदूत इस दीपोत्सव कार्यक्रम में शामिल हुए थे। अन्य राज्यों और शहरों के लोग भी इस भव्य दीपोत्सव में शामिल होने के लिए यहा पर पहुंचे थे।

इस दिन दिए जलाने का नया विश्व रिकॉर्ड बनाया गया था, इससे पहले अठारह लाख इक्यासी हजार दिए जलाए जाने का रिकॉर्ड बनाया गया था, जिसे तोड़ते हुए इस बार के दीपोत्सव कार्यक्रम में बाइस लाख तेईस हजार दिए जलाए जाने का नया गिनीज विश्व रिकॉर्ड बनाया गया। सैकड़ों वॉलंटियरों की टीमों ने घंटों की मेहनत से यह दिए प्रज्वलित किए थे। रिकॉर्ड बनने पर उत्तर प्रदेश के मुख्यमंत्री योगी आदित्यनाथ को गिनीज वर्ल्ड रिकॉर्ड की टीम द्वारा प्रमाण पत्र दिया गया। कार्यक्रम के अंत में शानदार आतिशबाजी का आयोजन किया गया था।

15 नवंबर 2023 से अयोध्या में राष्ट्रीय स्वयं सेवक संघ के स्थानीय मुख्यालय, साकेत निलयम में संघ से जुड़े हुए इंटरनेट मीडिया के विशेषज्ञों की कार्यशाला प्रारंभ हुई। इन सभी को श्रीराम जन्मभूमि तीर्थ क्षेत्र ट्रस्ट के पदाधिकारियों ने मंदिर निर्माण स्थल पर ले जा कर वहां हो रहे निर्माण कार्यों की प्रगति को दिखाया था। देश के विभिन्न यू ट्यूबर और इन्फ्लुएंसर मंदिर परिसर में लगभग एक घंटा तक रहे। इस अवसर पर किसी ने वहां की रील बनाई तो कोई वीडियो ग्राफी करता दिखाई दिया, इस प्रकार से सभी ने निर्माण सम्बन्धी सूचनाएं एकत्र की जिससे कि रामलला के विग्रह की प्राण प्रतिष्ठा की तैयारी को सोशल मीडिया के माध्यम से आधुनिक रूप में पूरे विश्व तक पहुंचाया जा सके।

18 नवंबर 2023 को प्राप्त नवीनतम समाचार के अनुसार रामनगरी के धर्म पथ को श्रीराम की जीवन गाथा के लिए सजाया संवारा जा रहा था, अयोध्या विकास प्राधिकरण और लोक निर्माण विभाग साथ मिलकर इस योजना को मूर्त रूप प्रदान कर रहे थे। यहां के लखनऊ गोरखपुर राष्ट्रीय राजमार्ग (एनएच-27) पर लता मंगेशकर चौक तक के मार्ग को धर्म पथ का नाम दिया गया है। दो किलोमीटर लंबा यह रास्ता भविष्य के लिए हाईवे से श्रीराम जन्मभूमि को जोड़ने वाला प्रमुख मार्ग बनाया गया था। इस धर्म पथ पर रघुवंशियों के आराध्य भगवान सूर्य का प्रतिनिधित्व करते हुए चालीस सूर्य स्तंभ बनाए जा रहे थे और इन स्तंभों को लगाने की प्रक्रिया शुरू हो चुकी थी। धर्म पथ पर रामचरित मानस के सातों अध्याय से संबंधित कथाओं का प्रस्तुतीकरण भी किया जाना था। मार्ग का आकर्षण और बढ़ाने के लिए लोक निर्माण विभाग नौ मीटर लंबी तथा चार मीटर ऊंची पिचासी दीवारों का निर्माण करा रहा था, जिन पर रामकथा का चित्रण किया जाना था। यह दीवारें तीस तीस मीटर की दूरी पर बनाई जा रही थी। म्यूरल आर्ट में दक्ष कलाकार दीवारों पर प्रसंगों को उकेरने के लिए तैयार थे। इस मार्ग से होकर आवागमन करने वालों को रामनगरी में होने का आभास कराने के लिए कदम कदम पर रामायण के प्रसंग

लिखे जाने की तैयरी थी, जिससे कि इस मार्ग से होते हुए रामनगरी पहुंचने वाले श्रद्धालु रामकथा से परिचित होते हुए अपनी धार्मिक यात्रा को पूर्ण कर सकें।

दूसरी ओर प्राण प्रतिष्ठा में आने वाले श्रद्धालुओं के लिए पचास एकड़ क्षेत्र में तीर्थ क्षेत्र पुरम का विकास किया जा रहा था, तीर्थ क्षेत्र ट्रस्ट एवं अयोध्या विकास प्राधिकरण की ओर से विभिन्न स्थानों पर टेंट सिटी का निर्माण कराया जा रहा था, इन टेंटों में ठहरने और भोजन की उत्तम व्यवस्था का प्रबंध भी किया गया था। टेंट के चार नगर बना कर टेंट सिटी विकासित की जा रही थी, इसके लिए प्रयागराज कुंभ मेले के दो सौ पचास विशेषज्ञ कारीगर लगाए गए थे। कुल एक सौ बानवे वर्ग फ़ीट क्षेत्र फल वाले बारह गुणा सोलह फीट साइज के एक हजार तीन सौ पचास काटेज का निर्माण किया जा रहा था। टेंट सिटी में इसके अतिरिक्त एक साथ चालीस भक्तों के रुकने के लिए, तीस गुणा पचास फीट के एक हजार पांच सौ वर्ग फ़ीट क्षेत्रफल के तीन सौ बड़े सभागार बनाए जा रहे थे। साथ ही दो हजार शौचालय और स्नानागार भी इस टेंट सिटी में बन रहे थे। माझा गुप्तार घाट में भी बीस एकड़ भूमि में एक और टेंट सिटी स्थापित करने की योजना थी, इसमें लगभग बीस से पच्चीस हजार श्रद्धालुओं के रहने की व्यवस्था की जा रही थी। अयोध्या धाम में ब्रह्मकुंड के पास भी एक टेंट सिटी स्थापित की जा रही थी। इसमें भी टेंट लगाकर लगभग तीस हजार श्रद्धालुओं के रुकने की व्यवस्था की जा रही थी। तीर्थ क्षेत्र ट्रस्ट की ओर से बाग बिजेसी में पच्चीस एकड़ भूमि में एक टेंट सिटी स्थापित की जा रही थी, जिसमें लगभग पच्चीस हजार लोगों के रुकने का प्रबन्ध था। इसके अलावा कारसेवक पुरम व मणिराम दास की छावनी में भी श्रद्धालुओं के ठहरने के लिए टेंट सिटी स्थापित की जा रही थी।

18 नवंबर 2023 की एक अन्य सूचना के अनुसार भारत सरकार में गृह सचिव के पद पर रहे सेवानिवृत्त आईएएस अधिकारी एस लक्ष्मी नारायणन ने अपनी जीवन भर की कमाई प्रभु श्रीराम के चरणों में अर्पित करने का निर्णय लिया था। उन्होंने श्रीराम जन्मभूमि तीर्थ क्षेत्र ट्रस्ट के महासचिव से इसकी अनुमति भी प्राप्त कर ली थी। उन्होंने रामलला की प्राण प्रतिष्ठा के बाद मूर्ति के सामने चरणों के पास पांच करोड़ रुपए से तैयार एक सौ इक्यावन किलो की रामचरित मानस स्थापित करवाने का निर्णय लिया था। दस हजार नौ सौ दो पदों वाले इस महाकाव्य के तांबे के पन्नों को चौबीस कैरेट सोने में डुबो कर बनाने के बाद उस पर स्वर्ण जड़ित अक्षर लिखे जा रहे थे। इसमें एक सौ चालीस किलो तांबा और पांच से सात किलो सोना लगने का अनुमान लगाया गया था, इस रामचरित मानस की सजावट के लिए अन्य धातुओं का भी उपयोग किया जा रहा था। इस पुस्तक के लिए नारायणन ने अपनी सभी संपत्तियों को बेचने व बैंक खातों को खाली करने का निर्णय किया था। देश की जानी मानी कंपनी वुम्मिदी बंगारू ज्वैलर्स को इसे तैयार करने की जिम्मेदारी दी गई थी। इसी ज्वैलरी कंपनी ने भारत के नए संसद भवन में स्थापित सेंगोल अर्थात राजदंड को भी तैयार किया था।

21 नवंबर 2023 को श्रीराम जन्म भूमि तीर्थ क्षेत्र ट्रस्ट के एक सदस्य ने जन्मभूमि परिसर में मंदिर निर्माण समिति की दो दिवसीय बैठक के पहले दिन का ब्योरा देते हुए जानकारी दी कि अगले माह के अंत तक जन्मभूमि परिसर रामलला के विग्रह की प्राण प्रतिष्ठा के लिए पूर्ण

रूप से तैयार हो जायेगा। उन्होंने बताया कि प्राण प्रतिष्ठा के लिए तैयारी के लक्ष्य का अस्सी प्रतिशत तक कार्य पूरा हो चुका है।

मंदिर के भूतल का निर्माण पहले ही हो चुका था, भूतल में लगे स्तंभों पर मूर्तियां उत्कीर्ण की जा रही थी। इन स्तंभों के ऊपरी हिस्सों की मूर्तियां उत्कीर्ण की जा चुकी थी, अब निचले हिस्से की मूर्तियों का कार्य शुरू हो रहा था। भूतल के फर्श का भी निर्माण अंतिम दौर में था। परकोटा और रिटेनिंग वाल का भी काम तीव्र गति से जारी था। पांच मंडपों में से गुण मंडप को छोड़ कर बाकी चार मंडप नृत्य, रंग, भजन एवं कीर्तन मंडप का भी निर्माण 22 जनवरी 2024 से पहले पूरा किया जाना था।

प्राण प्रतिष्ठा के पूर्व यात्री सुविधा केंद्र भी तैयार किया जा रहा था और जनवरी के प्रथम सप्ताह से उसका ट्रायल भी शुरू किया जाना था। विद्युतीकरण की दिशा में भी प्रगति चालू थी, बिजली के लिए परिसर में एक तेंतीस केवीए के सब स्टेशन का निर्माण किया जा रहा था।

24 नवंबर 2023 तक मंदिर निर्माण के लिए विदेश से प्राप्त होने वाली दान की राशि भी बढ़ने लगी थी। विदेशों से भगवान श्रीराम के भक्त आनलाइन धनराशि निर्धारित खाते में भेज रहे थे, इसमें अधिकांश भक्त अमेरिका के निवासी थे, सबसे पहला दान भी अमेरिका में रह रहे एक राम भक्त ने ही किया था। अब तक लगभग पचास भक्तों ने पच्चीस लाख रूपये ट्रस्ट के खाते में जमा करवा दिए थी। कई भक्तों ने सवा लाख से दो लाख रुपये तक का दान दिया था, एक माह पूर्व श्रीराम जन्मभूमि तीर्थ क्षेत्र ट्रस्ट को विदेशी अंशदान विनियमन अधिनियम 2010 के अंतर्गत स्वैच्छिक योगदान प्राप्त करने के लिए केंद्र सरकार के गृह मंत्रालय के एफसीआरए विभाग ने अनुमति प्रदान की थी। इसके लिए भारतीय स्टेट बैंक की 11 संसद मार्ग नई दिल्ली स्थित मुख्य शाखा में खाता खोला गया था केवल इसी खाते में धनराशि जमा की जा सकती थी।

28 नवंबर 2023 को सूचना आई कि अयोध्या नगरी में ऐतिहासिक श्रीराम मंदिर को और खास बनाने की कड़ी में अब एशियाई देश थाईलैंड से भी कुछ खास भेंट अयोध्या भेजी जा रही थी। विश्व हिन्दू परिषद की थाईलैंड इकाई के अध्यक्ष ने थाईलैंड से मिट्टी भेजे जाने की जानकारी दी थी। मंदिर की प्राण प्रतिष्ठा से पहले थाईलैंड से यह मिट्टी भेजी जा रही है थी। मंदिर निर्माण के लिए थाईलैंड ने पहले भी दो नदियों का जल भेजा था। थाईलैंड ऐसा पहला देश नहीं था जहां से मंदिर निर्माण के लिए जल आया था, इससे पहले दुनिया के लगभग एक सौ पचपन देशों से भी मंदिर निर्माण के लिए जल भेजा जा चुका था, जिनमें फीजी, मंगोलिया, हैती, ग्रीस, कोमोरोस, कबेवर्डे, मोन्टीनीग्रो, टुवालू, डेनमार्क, भूटान, रोमानियां, अल्बानियां और तिब्बत जैसे देश शमिल थे।

दूसरी ओर मंदिर में अखंड ज्योति प्रज्जवलित करने के लिए राजस्थान के जोधपुर से छह सौ किलो देशी घी को पांच बैलों वाले रथों में एक सौ आठ कलश में भरकर अयोध्या भेजा जा रहा था, इसके साथ में एक सौ आठ छोटे शिवलिगं भी थे।

29 नवंबर 2023 को उत्तर प्रदेश की भारतीय जनता पार्टी सरकार ने राज्य का अनुपूरक बजट पेश किया, इसमें अयोध्या में श्रीराम मंदिर की प्राण प्रतिष्ठा के लिए आयोजित किए जाने

वाले रामोत्सव के लिए अलग से एक सौ करोड़ रुपए की धनराशि आवंटित की गई थी। इसके साथ ही अयोध्या संरक्षण एवं विकास निधि के लिए अनुदान के रुप में पचास करोड़ रूपए की अतिरिक्त व्यवस्था भी की गई थी, अयोध्या में अंतराष्ट्रीय रामायण एवं वैदिक शोध संस्थान के लिए पांच करोड़ रुपए और इसके विकास एवं विस्तार के लिए बीस करोड़ रूपए की व्यवस्था अलग से की गई थी।

मंदिर के उद्घाटन और रामलला की मूर्ति के प्राण प्रतिष्ठा की तिथि को इतिहास में अमर बनाने में जुटी उत्तर प्रदेश सरकार ने प्रदेश के नौनिहालों में भी श्रीराम के आदर्शों को उतारने के लिए स्कूलों में रामायण से जुड़े प्रसंगों पर चित्रकला, लेखन, वेशभूषा व रामायण गायन आदि की प्रतियोगिताएं आयोजित करने की योजना बना दी थी। इसका उद्देश्य नई पीढ़ी को आध्यात्मिक रूप से समृद्ध करना था। प्रदेश के सभी बेसिक व माध्यमिक स्तर के विध्यालयों में प्रतियोगिता का आयोजन और अयोध्या के विभिन्न घाटों व स्थलों पर रामायण से जुड़ी कलाकृतियों की स्थापना प्रस्तावित थी। कलाकृतियों के निर्माण का कार्य उत्तर प्रदेश राज्य ललित कला अकादमी लखनऊ के माध्यम से अंतरराष्ट्रीय व राष्ट्रीय स्तर के कलाकारों द्वारा कराया जा रहा था। संस्कृति विभाग की ओर से अयोध्या में प्राण प्रतिष्ठा के आयोजन को देखते हुए लगभग एक सौ करोड़ रुपये खर्च करने का बजट रखा गया था। प्रतियोगिताओं पर चार करोड़ रुपये और मूर्तिकला व चित्रकला पर ढाई करोड़ रुपये खर्च किए जाने का बजट था।

1 दिसंबर 2023 की एक सूचना के अनुसार श्रीराम जन्मभूमि तीर्थ क्षेत्र ट्रस्ट मंदिर के लिए पुजारी के पद पर आवेदन करने वालों को इस प्रकार से प्रशिक्षित करने की योजना बना रहा था, जिससे कि उनका समग्र विकास हो सके, इसके लिए गठित ट्रस्ट की उप समिति रूपरेखा बनाने में जुटी हुई थी। इस प्रशिक्षण के लिए देश के विभिन्न प्रांतों के तीन हजार आचार्यों ने आवेदन किया था। पहले चरण में दो सौ पचास आवेदकों को छांटा गया था। उप समिति के सदस्यों ने सभी के व्यावहारिक पक्ष व आचार्य होने की दक्षता को परखा था। इन सब में से केवल बीस को चुना गया था, जिनका प्रशिक्षण इसी माह प्रारंभ होना था इस प्रशिक्षण की अवधि छह माह थी। प्रशिक्षण के बाद परीक्षा के आधार पर पुजारियों का चयन किया जाना था।

जिन आवेदकों को प्रशिक्षु के रूप में योग्य पाया गया था उन सभी को रामकोट में ही प्रशिक्षण दिया जाना था और दिन के कई सत्रों में प्रशिक्षित करने की योजना थी, जिसमें उनके नित्याराधन, योग व्यायाम, पाठ्यचर्या अभ्यास के अलावा नित्य एक विशेष सत्र भी आयोजित किया जाना था, जिससे कि प्रशिक्षुओं का चेतना के स्तर पर भी विकास हो सके। प्रशिक्षण के लिए आचार्यों की सूची भी तैयार कर ली गई थी, जिनमें से मुख्य आचार्य अयोध्या के ही निवासी थे। समय समय पर इन प्रशिक्षुओं को विभिन्न आयामों जैसे भाषा, संवाद, संपूर्ण पूजा पद्धति आदि में कुशल बनाने के लिए देश के नामचीन विशेषज्ञों से भी प्रशिक्षित कराए जाने की योजना बनाई गई थी।

दूसरी ओर श्रीराम जन्मभूमि की स्थायी सुरक्षा समिति की बैठक में प्राण प्रतिष्ठा महोत्सव की तैयारी की चर्चा हुई। 5 अगस्त 2020 को भूमि पूजन के समय लगभग चार से पांच हजार सुरक्षा

कर्मी तैनात किए गए थे। लेकिन प्राण प्रतिष्ठा में इससे दोगुने सुरक्षा कर्मी तैनात किए जाने के संकेत दिए जा रहे थे। इस समय पर दस कंपनी पीएसी व छह कंपनी से अधिक पैरामिलिट्री फोर्स को तैनात करने की आवश्यकता समझी जा रही थी।

एक अन्य जानकारी के रूप में ट्रस्ट की ओर से बताया गया कि श्रीराम जन्भूमि तीर्थ क्षेत्र ट्रस्ट अब तक लगभग एक सौ एकड़ भूमि का मालिक बन चुका था। सर्वोच्च न्यायालय से आए निर्णय के बाद श्रीराम जन्मभूमि परिसर की सत्तर एकड़ भूमि ट्रस्ट को मिली थी। इसके बाद से ट्रस्ट ने परिसर के आस पास व बाहर स्थित लगभग तीस एकड़ भूमि पिछले दो वर्षों में खरीदी थी। मंदिर के उद्घाटन के बाद अयोध्या में श्रद्धालुओं की संख्या कई गुना बढ़ेगी, ऐसे में भविष्य की आवश्यकताओं को ध्यान में रखते हुए ट्रस्ट लगातार भूमि खरीद रहा था। इसी क्रम में ट्रस्ट ने पचपन करोड़ रूपए में एक सौ सौलह बिस्वा भूमि और खरीदी थी। इससे पहले भी ट्रस्ट लगभग छह एकड़ भूमि खरीद चुका था। भविष्य की आवश्यकताओं को देखते हुए ट्रस्ट समय समय पर भूमि लेता रहता था।

1 दिसंबर 2023 को ट्रस्ट की ओर से रामलला की प्राण प्रतिष्ठा समारोह के लिए निमंत्रण पत्र बांटने का काम शुरू कर दिया गया था, सबसे पहले साधु संतों को आमंत्रण भेजा गया था। समारोह में देश के विभिन्न परंपराओं के लगभग चार हजार संतों को आमंत्रित किया जा रहा था। देश भर के संतों के साथ अयोध्या के भी संतों को आमंत्रण देने का काम शुरू कर दिया गया था। संघ व विश्व हिन्दू परिषद् के कार्यकर्ताओं की टीम संतों से मुलाकात करके उन्हें आमंत्रण दे रही थी। यह निमंत्रण पत्र ट्रस्ट के महासचिव की ओर से भेजा जा रहा था और उसमें अतिथियों से अपील की जा रही थी कि लंबे संघर्ष के बाद राममंदिर निर्माण का कार्य प्रगति पर है। पौष शुक्ल द्वादशी 22 जनवरी को रामलला के नूतन विग्रह की प्राण प्रतिष्ठा मंदिर के गर्भगृह में की जाएगी। प्रबल इच्छा है कि अयोध्या में उपस्थित रहकर आप इस महान अवसर के साक्षी बनें। संतों से अपील की गई थी कि वह 21 जनवरी के पूर्व अयोध्या आने की योजना बना लें, विलंब से आने पर उन्हें परेशानी का भी सामना करना पड़ सकता है। ट्रस्ट ने उनसे 23 जनवरी तक अयोध्या में रहने का आग्रह भी किया था।

4 दिसंबर 2023 तक मंदिर के नृत्य मंडप के अलावा रंग मंडप का शिखर बन कर तैयार हो गया था और इसकी छत का निर्माण कार्य भी पूरा हो चुका था। प्राण प्रतिष्ठा से पहले अभी दो मंडपों के शिखर और तैयार किए जाने थे। कुल मिलाकर प्राण प्रतिष्ठा के उत्सव तक मंदिर के चार मंडपों के शिखर निर्मित होने थे और इस समय प्रार्थना व कीर्तन मंडप का शिखर निर्मित किया जा रहा था। मंदिर के भूतल के फर्श पर संगमरमर लगाया जा रहा था और साठ प्रतिशत हिस्से में संगमरमर लगाया जा चुका था। भूतल में रंग व कीर्तन मंडप की फर्श पर संगमरमर लगना शेष था। अन्य प्रखंडों में संगमरमर बिछाया जा चुका था। भूतल की फिनिशिंग भी चल रही थी इसके साथ ही बिजली आदि के कार्य भी हो रहे थे। मंदिर के निर्माणाधीन परिसर में अब प्रवेश वर्जित कर दिया गया था न तो किसी वीआइपी को प्रवेश दिया जा रहा था और न ही अन्य श्रद्धालुओं को, प्रवेश पर यह रोक वहां के फर्श पर संगमरमर लगाए जाने के कारण लगाई

गई थी। मंदिर के चारों ओर परकोटे के समानांतर आठ सौ मीटर लंबी रिंग रोड तैयार की जा रही थी, परकोटे के अतिरिक्त इस पथ पर चलकर मंदिर का पूरा चक्कर लगाया जा सकेगा।

दूसरी ओर मंदिर के लिए अहमदाबाद की एक कंपनी में सात ध्वज स्तंभों का भी निर्माण किया जा रहा था, इनकी तस्वीरें भी सामने आ रही थी। मुख्य ध्वज स्तंभ सहित इन सात ध्वज स्तंभ का भार लगभग पांच हजार पांच सौ किलोग्राम बताया गया था।

7 दिसंबर 2023 को रामलला की प्राण प्रतिष्ठा समारोह के धार्मिक अनुष्ठान के लिए राजस्थान के जोधपुर से देसी गायों का छह सौ किलो घी अयोध्या पहुंच गया था, यह घी औषधिय गुणों से युक्त था। इस देसी घी को मंदिर में अखंड ज्योति के लिए और इसके साथ ही रामलला के प्राण प्रतिष्ठा के अवसर पर होने वाले धार्मिक अनुष्ठान में उपयोग के लिए भेजा गया था। यह घी पिछले नौ वर्षों से एकत्रित किया जा रहा था, उस समय तो लोग सपने में भी नहीं सोच रहे थे कि प्रभु श्रीराम का मंदिर कब बनेगा। जिन गायों के दूध से इसे इकट्ठा किया गया था उन्हें नौ वर्षों से बाहरी खाद्य पदार्थों से दूर रखा गया था। घी को बनाने में कई औषधियों का भी उपयोग किया गया था जिससे कि वह खराब ना हो। एक सौ आठ कलश में 27 नवंबर को पांच बैलगाड़ियों पर रख कर जोधपुर के संत पद यात्रा लेकर निकले थे, उनकी एक हजार एक सौ किलोमीटर से अधिक की दूरी ग्यारह दिनों में पूरी हुई थी। इसके साथ में एक सौ आठ शिवलिंग भी आए थे।

सात दिसंबर से ही मंदिर में पूजा अर्चना के लिए छह माह का अर्चक प्रशिक्षण भी शुरू हो गया था, इसके लिए अभ्यर्थी अयोध्या पहुंच चुके थे।

9 दिसंबर 2023 को पहली बार गर्भगृह की तस्वीर भी सामने आ गई थी, विश्व हिन्दू परिषद के अंतरराष्ट्रीय उपाध्यक्ष और श्रीराम जन्मभूमि तीर्थ क्षेत्र के महासचिव ने इन तस्वीरों को सोशल मीडिया पर शेयर किया था, मंदिर का गर्भ गृह लगभग बनकर तैयार हो चुका था। भव्य गर्भगृह की दीवारों और गुंबद पर बहुत ही सुन्दर नक्काशी दिखाई दे रही थी।

10 दिसंबर 2023 को श्रीराम जन्मभूमि परिसर में स्थित लार्सन एंड टुब्रो के कार्यालय में हुई श्रीराम मंदिर निर्माण समिति की दो दिवसीय बैठक के बाद मंदिर निर्माण की प्रगति के संबंध में जानकारी दी गई। बताया गया कि मंदिर के गर्भगृह में रामलला का विग्रह इस प्रकार से स्थापित किया जायेगा कि सिंहद्वार से प्रवेश करते ही दर्शनार्थियों को रामलला के दर्शन हो सकेंगे। इसके बाद गर्भगृह तक लगभग तीन सौ बीस फीट की दूरी पूरी करते हुए श्रद्धालुओं को रामलला के बराबर दर्शन मिलते रहेंगे और वह गर्भगृह के निकट पहुंचकर कहीं अधिक स्पष्टता से दर्शन कर सकेंगे, इसके साथ ही श्रद्धालुओं को रामलला के सम्मुख कुछ क्षण ठहरने का भी अवसर मिलेगा। दर्शन करने के बाद श्रद्धालु बाईं ओर से घूमकर मंदिर के दक्षिणी दरवाजे से बाहर की ओर परकोटे में निकलेंगे और यहां से वह अपनी सुविधा के अनुरूप पिचहेत्तर एकड़ के परिसर में स्थित कुबेर टीला जैसे दर्शनीय स्थल की ओर जा सकेंगे अथवा परिसर में ही निर्मित यात्री सुविधा केंद्र से अपनी वस्तुएं लेकर वापसी भी कर सकते थे। बैठक के दूसरे दिन निर्माणाधीन यात्री सुविधा केंद्र के विषय में विस्तार से विचार किया गया। 25 दिसंबर से पच्चीस हजार की

क्षमता वाले यात्री सुविधा केंद्र में लाकर लगाने का काम शुरू होने की भी सूचना दी गई थी। यात्री सुविधा केंद्र में श्रद्धालुओं को अपने बैग, मोबाइल फोन, जूते और चप्पल आदि सभी ऐसी वस्तुएं रखनी होंगी जिन्हें साथ लेकर वह दर्शन नहीं कर सकेंगे। इस बैठक के बाद यह भी जानकारी दी गई कि सरयू तट स्थित जिस रामकथा संग्रहालय को प्रदेश सरकार ने ट्रस्ट को संचालित और विकसित करने के लिए दिया था वह भी अगले वर्ष तक तैयार हो जाएगा।

तीर्थ क्षेत्र ट्रस्ट के कोषाध्यक्ष की ओर से यह भी जानकारी दी गई कि अलग अलग स्थानों के लोग पुणे में भगवान रामलला के लिए वस्त्र बना रहे थे। वहां पर दस दिसंबर को इस योजना की शुरुआत हो कर बाईस दिसंबर तक वस्त्र तैयार हो जाएगा। इसके लिए अनेक लोग पुणे आकर और दो दो धागे बुनकर स्वर्ण के धागे से वस्त्र तैयार करने वाले थे, इनमें से जो भी वस्त्र अच्छा लगेगा उसी वस्त्र को भगवान रामलला को पहनाया जाएगा।

रामलला के विग्रह की प्राण प्रतिष्ठा में शामिल होने के लिए देश ही नहीं, विदेशी मेहमानों को भी आमंत्रित किया जा रहा था। इस कार्यक्रम में निर्धारित तिथि 22 जनवरी 2024 से पूर्व ही लाखों लोगों का जमावड़ा रामनगरी में होने की संभावना थी। उनको अच्छी स्वास्थ्य सुविधा उपलब्ध कराने के लिए स्वास्थ्य विभाग भी तैयारी में जुटा हुआ था, श्रीराम जन्म भूमि तीर्थ क्षेत्र ट्रस्ट की ओर से भी देशभर के मेडिकल कालेजों व निजी क्षेत्र के चिकित्सकों को स्वेच्छा से सेवा देने के लिए गूगल फार्म भरवाए जा रहे थे, इसके लिए देश भर के चिकित्सक आवेदन कर चुके थे, इनमें आयुर्वेदिक व होम्योपैथी के चिकित्सक भी सेवा देने के लिए आवेदन कर रहे थे। इसमें एम्स दिल्ली, चंडीगढ़ के अलावा अन्य प्रदेशों से चिकित्सकों के आवेदन प्राप्त हुए थे, 15 दिसंबर के बाद से आवेदन करने वाले चिकित्सकों के नाम, डिग्री, निवास और प्रदेश का सत्यापन कर क्यूआर कोड जारी करते हुए पास बनाए जाने की योजना थी।

10 दिसंबर 2023 को कोचीन से जल पर्यटन के लिए प्रदेश की पहली वाटर मेट्रो अयोध्या के लिए रवाना हो गई थी, जिसको प्रधानमंत्री के कार्यक्रम से पहले यहा पर पहुंचना था। इसका निर्माण कोचीन शिपयार्ड में किया गया था जलमार्ग से कोलकाता से पटना होते हुए यह अयोध्या आने वाली थी। प्रदेश के मुख्यमंत्री योगी आदित्यनाथ की अध्यक्षता में नवंबर माह में अयोध्या में हुई कैबिनेट की बैठक में जलमार्ग प्राधिकरण के गठन का प्रस्ताव पास किया गया था। सरयू नदी में अयोध्या के नयाघाट से गुप्तारघाट तक चलने वाली इस वाटर मेट्रो के माध्यम से जल परिवहन का मार्ग भी शुरू होने वाल था, भविष्य में इस मेट्रो का संचालन प्रदेश सरकार को करवाना था।

इस वाटर मेट्रो का शुभारंभ भव्य दिव्य श्रीराम मंदिर में 22 जनवरी को रामलला के विग्रह की प्राण प्रतिष्ठा महोत्सव में यजमान बन कर आ रहे प्रधानमंत्री नरेंद्र मोदी के हाथों कराने की तैयारी चल रही थी। यह वातानुकूलित वाटर मेट्रो पचास सीटर बताई जा रही थी। इस मेट्रो के लिए कोलकाता से लोहे की चादर लगी दो जेटी लाई जा रही थी, जिसमें से एक को अयोध्या के नयाघाट और दूसरी को गुप्तारघाट पर स्थापित करने की योजना थी, यह जेटी घाट ही वाटर मेट्रो के बीच में प्लेटफार्म का कार्य करने वाला था। भारतीय अंतर्देशीय जलमार्ग प्राधिकरण की

एक टीम भी जेटी के साथ नदी के रास्ते से आ रही थी और यह ग्यारह दिसंबर को अंबेडकरनगर जिले के महबूबगंज पहुंच चुकी थी तथा बारह दिसंबर को इसके अयोध्या पहुंचने की संभावना व्यक्त की जा रही थी।

दूसरी ओर प्राण प्रतिष्ठा उत्सव को अविस्मरणीय बनाने के लिए उत्तर प्रदेश सरकार पूरे देश को राममय बनाने में जुटी हुई थी। प्राण प्रतिष्ठा उत्सव से पहले उत्तर से लेकर दक्षिण भारत तक पूरे देश को रामभक्ति के सूत्र में पिरोने के लिए रामचरण पादुका यात्रा निकालने की योजना बनाई गई थी। इस यात्रा को श्रीराम वनगमन पथ से निकालते हुए पूरे देश में निकाला जाना था। इसके लिए वृहद स्तर पर कार्यक्रम की रूपरेखा तैयार की गई थी। यात्रा के समय श्रीराम वनगमन पथ के विभिन्न पड़ावों जैसे शृंगवेरपुर, चित्रकूट आदि में भजन, कीर्तन, रामायण पाठ आदि कार्यक्रम आयोजित किए जाने थे। सांस्कृतिक झांकियों के आयोजन में प्रभु श्रीराम के आदर्शों की झलकियों से देशवासियों को उनके आदर्शों की प्रेरणा मिल सके इसका प्रबन्ध किया जा रहा था। प्रदेश के आठ सौ छब्बीस नगर निकायों में विभिन्न संकीर्तन मंडलियों द्वारा प्रतिदिन संकीर्तन का आयोजन किए जाने की भी योजना थी। इसके लिए नगर विकास विभाग संकीर्तन मंडलियों की सूची और मार्ग तय करते हुए कार्यक्रम की रूपरेखा तैयार कर रहा था। इसके अंतर्गत प्रदेश की रामायण परंपरा से जुड़े हुए मंदिरों, स्थलों व हनुमान मंदिरों में मकर संक्रांति से लेकर प्राण प्रतिष्ठा समारोह तक भजन, सुंदरकांड और अखंड रामायण के पाठ आयोजित किए जाने थे। उत्तर प्रदेश सरकार ने इसके लिए भी पचास करोड़ रुपये खर्च करने का प्रावधान किया था। प्राण प्रतिष्ठा समारोह को दिव्य व भव्य बनाने के लिए कई विश्व रिकार्ड बनाने की भी तैयारी की जा रही थी। अयोध्या में समारोह से पहले सामूहिक शंखवादन की तैयारी की जा रही थी, इस के अन्तर्गत एक हजार एक सौ ग्यारह शंखों के नाद से विश्व रिकॉर्ड बनाने की तैयारी थी। शंखवादन के लिए उत्तर मध्य क्षेत्र सांस्कृतिक केंद्र और इंदिरा गांधी राष्ट्रीय कला केंद्र का सहयोग लिया जा रहा था। इसके अलावा शौर्य गाथा कार्यक्रम के अन्तर्गत बालिकाओं व महिलाओं की ओर से तलवार रास कार्यक्रम का आयोजन भी था, जिसमें दो हजार पांच सौ महिलाओं को प्रतिभाग कर विश्व रिकॉर्ड बनाना था। इस कार्यक्रम के आयोजन के लिए रामकथा पार्क अयोध्या को चुना गया था। सरकार ने इसके लिए भी डेढ़ करोड़ रुपये खर्च करने की योजना बनाई थी। महाराष्ट्र के मुख्यमंत्री ने भी अयोध्या के लिए तीन सौ श्रद्धालुओं के एक जत्थे को रवाना किया था, यह जत्था पैदल चल कर सैंतालीस दिन के बाद यहां पहुंचना था।

दूसरी ओर अयोध्या में निर्माणाधीन धर्म पथ पर नियमित दूरी पर चालीस सूर्य स्तंभ लगाए जा रहे थे जो कि भगवान श्रीराम के सूर्यवंशी होने की याद दिलाएंगे। इसके अलावा, धर्म पथ के दोनों ओर नब्बे से अधिक बोर्ड लगाए जा रहे थे जिन पर रामायण से जुड़े हुए प्रसंगों और कलाकृतियों को दर्शाया जा रहा था।

16 दिसंबर 2023 को अमेरिका में रह रहे हिन्दू समुदाय के लोगों ने वाशिंगटन डीसी में फ्रेडरिक सिटी के उपनगरीय इलाके मैरीलैंड में एक कार रैली का आयोजन किया था, उन्होंन वहां पर भी एक महीने के लिए प्राण प्रतिष्ठा तक चलने वाले उत्सव की शुरुआत कर दी थी। यहां पर एक स्थानीय तमिल हिन्दू नेता ने तमिल भाषा में भगवान श्रीराम की स्तुति करते हुए एक गीत

गाया और अन्य आयोजकों ने कन्नड़, तेलुगु और अन्य भाषाओं में भगवान श्रीराम के महत्व का वर्णन किया, जो कि विश्व भर में रहने वाले हिन्दुओं के लिए एक उदाहरण था।

देश और दुनिया भर के हिन्दुओं को 22 जनवरी 2024 का बड़ी बेसब्री से इंतजार था। विश्व हिन्दू परिषद ऑफ अमेरिका डीसी चैप्टर के अध्यक्ष ने कहा कि हिन्दुओं के पांच सौ वर्ष के संघर्ष के बाद भगवान श्रीराम के मंदिर का उद्घाटन किया जा रहा है और इसलिए हम अगले वर्ष 20 जनवरी को लगभग एक हजार अमेरिकी हिन्दू परिवारों के साथ वाशिंगटन डीसी में एक ऐतिहासिक उत्सव का आयोजन करेंगे। इस उत्सव में राम लीला, भगवान की कहानियां, प्रार्थनाएं और भजन आदि शामिल होंगे। इस उत्सव में अलग अलग आयु के बच्चों द्वारा भगवान श्रीराम के जीवन पर लगभग पैंतालीस मिनट तक लीला का मंचन करने की सूचना भी दी गई थी। संयुक्त राज्य अमेरिका में 20 जनवरी के उत्सव के साथ साथ ही 22 जनवरी को अयोध्या में वास्तविक उद्घाटन के समय सभी परिवारों को वहां होने वाले आयोजन का निमंत्रण भी दिया गया था।

17 दिसंबर 2023 तक रामलला के विग्रह की प्राण प्रतिष्ठा उत्सव के लिए भव्य रूप दिया जाने लगा था, इसमें भाग लेने के लिए आ रहे अतिथियों के आवास एवं भोजन की व्यवस्था के साथ साथ राष्ट्रीय स्वयं सेवक संघ का ध्यान आवागमन की व्यवस्था पर भी था और इसे त्रिस्तरीय फार्मूले से क्रियान्वित करने का प्रयास भी चल रहा था। तीन स्थलों पर संघ की टोलियां गठित की गई थी, प्रत्येक टोली में पच्चीस स्वयं सेवक शामिल किए गए थे। आवागमन व्यवस्था के केंद्र में अयोध्या के अलावा काशी और लखनऊ को प्रमुख रूप से रखा गया था।

प्राण प्रतिष्ठा महोत्सव के समय भीड़ को नियिंत्रत करने के लिए रामनगरी में एक सौ से अधिक बैरियर और वाहनों को सुरक्षित खड़ा करने के लिए बत्तीस पार्किंग स्थल प्रस्तावित थे, आवश्यकता के अनुसार इनकी संख्या बढ़ भी सकती थी। वीवीआइपी पार्किंग मंदिर परिसर के आसपास बनाई जा रही थी। 22 जनवरी 2024 को मुख्य आयोजन के दिन पुराने सरयू पुल तथा फोरलेन पर सामान्य वाहनों का संचालन रोकने की भी योजना थी। पास के शहरों जैसे बस्ती, अंबेडकरनगर, गोंडा, बाराबंकी, अमेठी, सुलतानपुर आदि की ओर से आने वाले वाहनों को जिले की सीमा के बाहर से ही भेजने की व्यवस्था की जा रही थी।

17 दिसंबर 2023 को प्राण प्रतिष्ठा महोत्सव के क्रम में ही अहमदाबाद के हाईवे स्थित तिरूपति बालाजी मंदिर में दर्शन के लिए एक किलो सोने और सात किलो चांदी से बनाई गई कीमती और रत्नों से जड़ित चरण पादुकाओं को रामेश्वर धाम से ला कर रखा गया था। इन पादुकाओं को हैदराबाद के श्रीचल्ला श्रीनिवास शास्त्री ने बनाया था। मंदिर की प्राण प्रतिष्ठा के बाद भगवान की चरण पादुकाएं वहां पर रखने से पहले देशभर में घुमाई जा रही थी और यहां से यह पादुकाएं सोमनाथ ज्योतिर्लिंग धाम, द्वारकाधीश नगरी और इसके बाद बद्रीनाथ जैसे धामों से होते हुए प्राण प्रतिष्ठा महोत्सव से पहले 19 जनवरी को अयोध्या पहुंचनी थी।

18 दिसंबर 2023 को ट्रस्ट के महासचिव ने जानकारी दी कि प्राण प्रतिष्ठा में सनातन संस्कृति के लगभग एक सौ पच्चीस संप्रदायों एवं उप संप्रदायों के चार हजार प्रतिनिधि और विभिन्न

क्षेत्रों में राष्ट्रीय स्तर पर छाप छोड़ने वाली ढाई हजार विभूतियां शामिल होंगी। साथ ही यह भी ध्यान रखा जा रहा था कि वह देश के सभी अलग अलग प्रांतों और मंडलों का प्रतिनिधित्व करने वाले हों। महासचिव ने यह जानकारी भी दी कि, मुरली मनोहर जोशी और लाल कृष्ण आडवाणी स्वास्थ्य और उम्र संबंधी कारणों से प्राण प्रतिष्ठा समारोह में शामिल नहीं हो पाएंगे, क्योंकि वह दोनों ही बुजुर्ग हैं, इसलिए उनकी आयु को देखते हुए उनसे न आने का अनुरोध भी किया गया था और उन दोनों ने इसे स्वीकार भी कर लिया था। इस समारोह में विभिन्न परंपराओं के एक सौ पचास साधु संतों और छह दर्शन परंपराओं के शंकराचार्य सहित तेरह अखाड़े भाग लेने वाले थे। कार्यक्रम में लगभग चार हजार संतों को आमंत्रित किया गया था। इसके अलावा दो हजार दो सौ अन्य अतिथियों को भी निमंत्रण भेजा गया था। काशी विश्वनाथ और वैष्णोदेवी जैसे प्रमुख मंदिरों के प्रमुखों और धार्मिक एवं संवैधानिक संस्थानों के प्रतिनिधियों को भी समारोह में आमंत्रित किया गया था। आध्यात्मिक गुरु दलाई लामा, केरल की माता अमृतानंदमयी, योग गुरु बाबा रामदेव, अभिनेता रजनीकांत, अमिताभ बच्चन, माधुरी दीक्षित, अरुण गोविल, फिल्म निर्देशक मधुर भंडारकर और प्रमुख उद्योगपति मुकेश अंबानी, अनिल अंबानी, मशहूर चित्रकार वासुदेव कामत, इसरो के निदेशक सहित कई अन्य जानी मानी हस्तियों को बुलावा भेजा गया था। इस विशाल समारोह की सभी तैयारियां 15 जनवरी 2024 तक पूरी करने के बाद 16 जनवरी से प्राण प्रतिष्ठा के लिए पूजन शुरू हो कर 22 जनवरी को उसका समापन होना था।

20 दिसंबर 2023 को मीडिया में सूचना आई कि अमेरिका व कनाडा के हिन्दू भी श्रीराम मंदिर के प्राण प्रतिष्ठा समारोह का बेसब्री से इंतजार कर रहे थे। अमेरिका के मंदिरों में भी एक सप्ताह तक धूम धाम से उत्सव मनाया जाना था, अमेरिका के हिन्दू मंदिरों की अगुवाई करने वाली संस्था के एक शीर्ष अधिकारी ने मीडिया को बताया कि इस अवसर पर उत्तरी अमेरिका के मंदिरों में भी 15 जनवरी से हफ्ते भर तक चलने वाले उत्सव की तैयारी हो रही थी और इसका सीधा प्रसारण करने की भी तैयारी थी, वहां पर प्राण प्रतिष्ठा समारोह को देखने के लिए हजारों लोग मंदिरों में पहुंचने वाले थे। वहां की हिन्दू मंदिर सशक्तिकरण परिषद जो कि एक हजार एक सौ से अधिक हिन्दू मंदिरों की सर्वोच्च संस्था है, उसकी ओर से कहा गया कि यह हमारा सौभाग्य और हमारे लिए श्रीराम का आशीर्वाद है कि हम इस घटना का हिस्सा हैं और हमारे सपनों का मंदिर सदियों की प्रतीक्षा और संघर्ष के बाद साकार हो रहा है। उनके अनुसार अमेरिका और कनाडा में रह रहा हर कोई हिन्दू भगवान श्रीराम को मंदिर में विराजमान होने का बेसब्री से प्रतीक्षा कर रहा था।

20 दिसंबर 2023 को मंदिर में लगने वाले पत्थरों की जांच के विषय में महत्वपूर्ण जानकारी मिली, कि उपयोग के लिए लगाने से पहले इन पत्थरों की मजबूती और उपयोगिता के अनुसार ही प्राथमिकता तय की जाती थी। राष्ट्रीय शिला यांत्रिकी संस्थान अन्य विधियों से भी पत्थरों की जांच कर रहा था, एक टीम अयोध्या में मंदिर निर्माण शुरू होने के साथ ही तैनात की गई थी। राष्ट्रीय शिला यांत्रिकी संस्थान की भूमिका खदान से लेकर मंदिर में लगने वाले पत्थरों के चयन तक थी। इसके लिए अल्ट्रासोनिक परीक्षण से पत्थरों की आंतरिक गुणवत्ता का पता लगाया जाता था, अल्ट्रासोनिक परीक्षण में पत्थर के तीन ओर सेंसर लगाकर उसकी आंतरिक गुणवत्ता

की जांच की जाती थी। इसमें देखा जाता था कि पत्थर में अंदर कोई दरार है या नहीं, या फिर पत्थर के अंदर की मिट्टी कितनी मजबूत है। कंप्यूटरीकृत जांच में ईसीजी की तरह से ही एक रिपोर्ट बनती थी, जिस पत्थर की जांच में वक्र ज्यादा बड़ा बनाता था, उसे अनुपयुक्त घोषित करके हटा दिया जाता था। दरारों की जांच के लिए पत्थरों को धोया जाता था कि सब कुछ साफ साफ दिखाई दे सके। जांच में पत्थर की संरचना, रंग भिन्नता आदि को भी देखा जाता था, आवश्यकता पड़ने पर मैग्नीफाइंग ग्लास से किसी भी प्रकार के सतह दोष का पता लगाया जाता था। इसके लिए प्रमुख रूप से निरीक्षण में विशेष रूप से डिजाइन भूवैज्ञानिक हथौड़े, रिबाउंड हैमर से चट्टानों की सतह की कठोरता और मजबूती का पता लगाया जा रहा था। निर्माण एजेंसी द्वारा निर्धारित की गई खदानों से पत्थरों के नमूने लेकर कर्नाटक के कोलार गोल्ड फिल्ड स्थित मुख्य प्रयोगशाला में विज्ञानियों की टीम सघन जांच करती थी इन पत्थरों की जांच बेंगलुरू में भी की जाती थी, इस जांच में पत्थर के घनत्व के साथ उसके जल अवशोषण और दवाब सहने की क्षमता का आकलन किया जाता था। पत्थर की गुणवत्ता सही मिलने पर ही संबंधित खदान से बलुआ पत्थर, संगमरमर और ग्रेनाइट का मंदिर के निर्माण में उपयोग किया जाता था।

21 दिसंबर 2023 को तीर्थ क्षेत्र भवन में दोपहर तीन से छह बजे तक एक बैठक आयोजित हुई, बैठक में रामलला के विग्रह की प्राण प्रतिष्ठा के लिए तैयारी की समीक्षा की गई। इसमें अतिथियों के स्वागत को लेकर भी विचार किया गया। प्राण प्रतिष्ठा में आ रहे अतिथियों का ट्रस्ट की ओर से उपहार देकर स्वागत करने की तैयारी की जा रही थी, उन्हें विशेष स्मृति चिह्न या अंगवस्त्र प्रदान करने पर भी विचार हुआ था जिस पर सभी ने अपनी सहमति दी थी। स्वास्थ्य व चिकित्सा से लेकर अन्य महत्वपूर्ण तैयारियों पर भी चर्चा की गई, इस बैठक में अयोध्या, अयोध्या कैंट, प्रयागराज, लखनऊ, काशी रेलवे स्टेशन तथा अयोध्या व लखनऊ एयरपोर्ट से निकलते ही अतिथियों के स्वागत की तैयारी की योजना तैयार हुई थी।

21 दिसंबर 2023 को उत्तर प्रदेश के मुख्यमंत्री योगी आदित्यनाथ ने एक समीक्षा बैठक की और उसमें साफ निर्देश दिया गया कि बाईस जनवरी को आम लोग ना तो अयोध्या में कोई होटल बुक कर पाएंगे और ना ही उन्हें धर्मशाला में कमरा मिल पाएगा। इसके अलावा जितनी भी प्री बुकिंग की गई थीं, उन्हें भी तत्काल प्रभाव से रद्द करने के निर्देश दे दिए गए।

मंदिर के उद्घाटन को लेकर राज्य सरकार अलर्ट पर थी और इस विषय में सभी अधिकारियों को सख्त निर्देश दिए गए थे। मुख्यमंत्री ने साफ कर दिया था कि विशेष अतिथियों की सुरक्षा को ध्यान में रखते हुए अयोध्या में सभी होटलों की प्री बुकिंग कैंसिल की जाए। क्योंकि उन्हें ऐसी जानकारी मिली थी कि बाईस जनवरी के लिए बहुत से लोगों ने पहले से ही वहां के होटल और धर्मशालाओं में बुकिंग कर रखी थी। उस दिन केवल वही लोग अयोध्या आ सकते थे जिन्हें मंदिर ट्रस्ट से न्योता मिला था।

ट्रस्ट की ओर से विभिन्न परंपराओं के श्रद्धेय संतों के अलावा अलग अलग क्षेत्रों में देश का सम्मान बढ़ाने वाले सभी प्रमुख व्यक्तियों को निमंत्रण दिया गया था और विभिन्न संप्रदायों के संतों को आमंत्रित किया गया था। अतिथियों के लिए नए तीर्थक्षेत्र पुरम, बाग बिजैसी में टेंट

सिटी भी स्थापित की गई थी जिसमें छह ट्यूबवेल, छह रसोई घर और एक अस्पताल बनाया गया था, देश भर से लगभग एक सौ पचास चिकित्सक इस अस्पताल में बारी बारी से अपनी सेवाएं प्रदान करने के लिए सहमत हुए थे।

21 दिसंबर 2023 को जानकारी में आया कि मंदिर निर्माण की शुरूआत के साथ ही अयोध्या में पर्यटन को बढ़ावा देने के लिए केंद्र और प्रदेश सरकार ने कई परियोजनाएं शुरू कर दी थी, जिनमें से अधिकतर या तो पूरी हो चुकी थी अथवा पूरी होने वाली थी। अयोध्या के प्रति आस्था और भविष्य में श्रद्धालुओं के बढ़ते दबाव के चलते उनके ठहरने और सुरक्षा का भी प्रबंध किया गया था। रामनगरी में टेंट सिटी, धर्मशालाओं और मठ मंदिरों में ठहरने की सुविधा के अलावा अयोध्या विकास प्राधिकरण से अनुमति मिलने के बाद पांच सौ से अधिक घरों को पर्यटकों और श्रद्धालुओं को होम स्टे की सेवाएं देने के लिए तैयार किया जा चुका था, इन सभी होम स्टे को प्रशासन ने भली भांति जांच परख कर अनुमति दी थी। मंदिर के उद्घाटन के बाद अयोध्या में पर्यटकों के बढ़ते दबाव को देखते हुए अब तक पैंतालीस नए होटलों का लेआउट भी विकास प्राधिकरण ने पास कर दिया था। इसके अलावा प्राधिकरण एक यूजर फ्रेन्डली मोबाइल एप और वेब पोर्टल भी लान्च करने जा रहा था, जिसके माध्यम से तीर्थ यात्री अपनी पसन्द के होम स्टे एवं पेइंग गेस्ट हाउस में बुकिंग कर सकते थे।

इस समय अयोध्या में अभूतपूर्व तैयारी की जा रही थी, एयरपोर्ट बाईपास से चार लेन वाले धर्मपथ पर साकेत पेट्रोल पंप, हनुमानगढ़ी के रास्ते में लगभग नौ किमी से अधिक की दूरी में दो दर्जन से अधिक तोरणद्वार बनाए जाने और रेलिंग के साथ डिवाइडर एवं मूर्तियों आदि को फूलों व बुके से सजाए जाने की योजना बनाई गई थी। देशी और विदेशी फूलों और तोरणद्वारों से अयोध्या को दुल्हन की तरह सजाने की योजना थी। इस कार्य के लिए अयोध्या व आसपास के जनपदों के साथ ही पश्चिम बंगाल से और उत्तर प्रदेश के मथुरा व सीतापुर के सात सौ से आठ सौ कारीगर जुटे हुए थे। सजावट के लिए कोलकाता से गेंदा की लड़ी, कानपुर व दिल्ली से अशोक की पत्ती, बेंगलुरु से विदेशी फूल और अन्य स्थानों से भी फूल मंगाए जा रहे थे।

22 दिसंबर 2023 को एक और नई जानकारी प्राप्त हुई कि मंदिर के निर्माण में प्रयुक्त शिलाओं और संपूर्ण मंदिर की दीवारों सहित उत्कीर्ण किए गए प्रतीकों व प्रतिमाओं एवं फर्श आदि की चमक को वर्षों तक बनाए रखने के लिए इन पर दाग रोधी रसायन का लेपन प्रारंभ कर दिया गया था, जिससे कि इन पर गंदगी, बरसात के पानी व तेल और चाय आदि का प्रभाव न पड़ सके, श्रीराम जन्मभूमि तीर्थ क्षेत्र ट्रस्ट इसके लिए विशेष प्रबंध कर रहा था। इस कार्य की शुरुआ सिंहद्वार से की गई थी और मंदिर के संपूर्ण गर्भगृह तथा बाहरी भाग पर लेपन का कार्य प्राण प्रतिष्ठा से पूर्व करने का लक्ष्य रखा गया था। यह लेपन कार्य इस कारण से किया जा रहा था क्योंकि बारिश का पानी शिलाओं के जोड़ से दीवारों में प्रविष्ट कर सकता था, जिससे दीवारों पर कुप्रभाव पड़ता है इसके साथ ही दर्शनार्थी भी दीवारों को हाथों से छूते हैं जिससे कि दीवार के बेरंग होने खतरा भी बना रहता है। इस रसायन के लेपन का जिम्मा एक कंम्पनी अकेमी टेक्नोलाजी इंडिया प्राइवेट लिमिटेड को दिया गया था जिसके सात से आठ श्रमिक इस काम में लगे हुए थे।

मंदिर के आधार से आठ फीट की ऊंचाई और इससे ऊपर की ऊंचाई पर अलग अलग प्रकार के लेप का प्रयोग किया जा रहा था और पर भी इसे ही लगाया जा रहा था।

23 दिसंबर 2023 को ट्रस्ट ने निर्णय लिया कि अस्थाई जन्मभूमि मंदिर में विराजमान रामलला के दर्शन आम श्रद्धालुओं के लिए 20 जनवरी 2024 से बंद कर दिए जाएंगे, लेकिन मंदिर के पुजारी उनकी पूजा भोग आरती और सारे अनुष्ठान जारी रखेंगे।

उत्तर प्रदेश के स्पेशल डीजी लॉ ऐंड ऑर्डर के अनुसार भी सुरक्षा के कारण बीस जनवरी से आम लोगों के लिए मंदिर में दर्शन बंद किए गए थे। इसके बाद तेईस जनवरी से आम लोगों के लिए दर्शन शुरू कराने का निर्णय लिया गया था। मंदिर के उद्घाटन के लिए सुरक्षा के कड़े प्रबंध किए जा रहे थे, उत्तर प्रदेश पुलिस लगातार केंद्र सरकार की एजेंसियों के संपर्क में थी। अयोध्या एयरपोर्ट की सुरक्षा पूपीएसएसएफ को सौंप दी गई थी। जिला प्रशासन ने होटल एसोसिएशन और टैक्सी यूनियन से भी बातचीत की थी, सबको निर्देश दिए गए थे कि श्रद्धालुओं व पर्यटकों से केवल तय किराया ही लिया जाए उससे अधिक नंही।

दूसरी ओर मंदिर के भूतल पर लगने वाले चौदह दरवाजे बनकर तैयार हो गए थे। मुख्य दरवाजे पर सोने की परत चढ़ाई जा रही थी। मंदिर के जितने भी काम बचे थे वह तेजी से पूरे किए जा रहे थे।

25 दिसंबर 2023 को लखनऊ के एक सब्जी विक्रेता ने श्रीराम जन्मभूमि तीर्थ क्षेत्र ट्रस्ट के महासचिव से मुलाकात करके उन्हें मंदिर के लिए एक विश्व घड़ी समर्पित की थी यह घड़ी भारत, मेक्सिको, जापान, दुबई, टोक्यो, मैक्सिको सिटी, वाशिंगटन सहित नौ देशों के शहरों का समय बताती है। यह विश्व घड़ी लखनऊ के उस सब्जी विक्रेता ने पांच वर्ष की कड़ी मेहनत के बाद बनाई थी और भारत सरकार से पेटेंट कराने के बाद इसे रामलला को समर्पित किया था। अयोध्या जंक्शन और हनुमानगढ़ी मंदिर को भी इसी प्रकार की एक एक विश्व घड़ी समर्पित की गई थी। भगवान श्रीराम के मंदिर के उद्घाटन से पहले दुनिया भर के श्रीराम भक्तों में खासा उत्साह देखने को मिल रहा था, हर कोई अपनी ओर से मंदिर के लिए कुछ न कुछ भेंट करने का प्रयास कर रहा था, इसी कड़ी में मंदिर के लिए यह खास घड़ी बनाई गई थी।

26 दिसंबर 2023 तक मंदिर में प्राण प्रतिष्ठा की रूपरेखा तय हो गई थी। 22 जनवरी 2024 को मुख्य प्राण प्रतिष्ठा समारोह से पहले कई प्रकार के पूजा पाठ और अनुष्ठान की तिथियां घोषित कर दी गई थी। 15 जनवरी को रामलला के विग्रह अर्थात रामलला के बालरूप की मूर्ति को गर्भगृह में स्थापित करने के बाद, 16 जनवरी से प्राण प्रतिष्ठा के प्रथम कार्यक्रम के साथ मंदिर ट्रस्ट की ओर से नियुक्त यजमान द्वारा प्रायश्चित, सरयू नदी के तट पर दशविध स्नान, विष्णु पूजन और गोदान विग्रह के अधिवास का अनुष्ठान शुरू हो कर, 17 जनवरी को रामलला की मूर्ति के साथ अयोध्या का भ्रमण और शोभायात्रा कार्यक्रम के साथ मंगल कलश में सरयू का जल लेकर मंदिर की ओर श्रद्धालुओं के प्रस्थान की योजना थी। इसके बाद 18 जनवरी से प्राण प्रतिष्ठा की विधि प्रारंभ होने के बाद गणेश, अंबिका पूजन, वरुण पूजन, मातृका पूजन, ब्राह्मण वरण, वास्तु पूजन आदि से विधिवत अनुष्ठान का प्रारंभ हो कर, 19 जनवरी को यज्ञ की अग्नि

की स्थापना के साथ नवग्रह स्थापना और हवन किया जाना था। 20 जनवरी को पूरे गर्भगृह को इक्यासी कलश सरयू के जल से धोने के बाद वास्तु की पूजा, वास्तु शांति और अन्नाधिवास का कार्यक्रम तय किया गया था। 21 जनवरी को विभिन्न तीर्थों के एक सौ पच्चीस कलशों के जल से भगवान के विग्रह का छियानवे हजार छिद्रों वाले कलश से दिव्य स्नान और उसके बाद शैयाधिवास करा कर, अन्त में 22 जनवरी को प्रातः पूजन के बाद मध्यान्ह मृगशिरा नक्षत्र में रामलला की प्राण प्रतिष्ठा निर्धारित की गई थी। प्राण प्रतिष्ठा के लिए चौरासी सेकंड का अति सूक्ष्म मुहूर्त निकला था, जो कि बारह बजकर उन्नतीस मिनट आठ सेकंड से बारह बजकर तीस मिनट बत्तीस सेकंड तक के लिए निश्चित था।

27 दिसंबर 2023 को भारतीय रेलवे ने अयोध्या जंक्शन का नाम बदलकर अयोध्या धाम कर दिया था। विभाग की ओर से इस विषय में औपचारिक रूप से पत्र जारी कर दिया गया था। इससे पहले फैजाबाद का नाम बदलकर अयोध्या किया जा चुका था और इसके बाद मंडल और नगर निगम का नाम भी बदल कर अयोध्या ही कर दिया गया था। अयोध्या जंक्शन का नाम अयोध्या धाम करने के लिए उत्तर प्रदेश के मुख्यमंत्री योगी आदित्यनाथ ने रेलवे अधिकारियों से इच्छा जताई थी।

28 दिसंबर 2023 को मंदिर निर्माण समिति की एक और बैठक हुई इसके प्रथम दिन संपूर्ण निर्माण की प्रगति पर चर्चा के साथ साथ कई महत्वपूर्ण निर्णय लिए गए, एक महत्वपूर्ण निर्णय लिया गया कि रामलला के विग्रह की प्राण प्रतिष्ठा के एक सप्ताह पहले मंदिर परिसर को एसपीजी के हवाले कर दिया जाएगा। यह भी निर्णय लिया गया कि प्राण प्रतिष्ठा के समय केवल पांच लोग गर्भगृह में उपस्थित रहेंगे, इनमें प्रधानमंत्री नरेन्द्र मोदी, मुख्यमंत्री योगी आदित्यनाथ, राज्यपाल आनंदीबेन पटेल, संघ प्रमुख मोहन भागवत एवं प्राण प्रतिष्ठा अनुष्ठान के आचार्य होंगे। रामलला की एक मूर्ति ही स्थापित की जाएगी, किंतु इसके लिए तीन मूर्तियों का निर्माण कराया गया था। उनमें से जो भी श्रेष्ठतम मूर्ति होगी उसे गर्भगृह में स्थापित किए जाने का निर्णय समिति की बैठक के दूसरे दिन लिया जाना था।

योजना के अनुसार प्राण प्रतिष्ठा के समय रामलला की मूर्ति की आंखों से जिस समय पट्टी हटाई जानी थी, उस समय गर्भगृह में उपस्थित प्रधानमंत्री मोदी रामलला को पहली बार दर्पण में उनकी दिव्य झलक दिखाने वाले थे। क्योंकि, प्राण प्रतिष्ठा के समय गर्भगृह का पर्दा बंद रख कर पट्टी हटाने के बाद मूर्ति को दर्पण दिखाने का विधान है, जिससे कि सबसे पहले भगवान खुद अपना चेहरा देख सकें, इस विधान का निर्वहन और रामलला की पहली आरती की जिम्मेदारी प्रधानमंत्री को निभानी थी।

तीर्थ क्षेत्र ट्रस्ट द्वारा मंदिर के भूतल से जुड़ा समग्र निर्माण कार्य पन्द्रह जनवरी तक पूर्ण करने का संकल्प लिया गया था। इन दिनों मंदिर के भूतल का फर्श और भूतल में प्रयुक्त स्तंभों पर मूर्तियों की नक्काशी आदि का काम चल रहा था। यह कार्य पूरा करने के लिए सतरह दिन का ही समय बचा था। बैठक में निर्णय लिया गया कि इस अवधि तक यह सारे काम पूरे किए जाएंगे।

दूसरी ओर ट्रस्ट को प्राण प्रतिष्ठा महोत्सव में हिस्सा लेने वाले अतिथियों की सहमति मिलने लगी थी। बड़ी संख्या में संत महात्मा, वैज्ञानिकों, खिलाड़ियों और उद्योगपतियों सहित कई आमंत्रित अतिथियों ने श्रीराम जन्मभूमि तीर्थ क्षेत्र ट्रस्ट को अपनी सहमति प्रदान कर दी थी। इस कड़ी में सबसे ऊपर फिल्म जगत के सदी के महानायक अमिताभ बच्चन व महान क्रिकेटर सौरभ गांगुली के नाम थे, सचिन रमेश तेंदुलकर व राहुल द्रविड़ के भी आने की अनौपचारिक सहमति मिल चुकी थी। इसके अतिरिक्त देश की उड़नपरी के नाम से जानी जाने वाली पीटी ऊषा ने भी आमंत्रण स्वीकार करते हुए उत्सव में हिस्सा लेने पर सहमति दे दी थी।

29 दिसंबर 2023 को श्रीराम जन्भूमि तीर्थ क्षेत्र ट्रस्ट के सभी सदस्यों ने तीनों प्रतिमाओं का अवलोकन किया, उसके बाद गुप्त मतदान के माध्यम से पसंद की गई प्रतिमा के विषय में अपना अपना विचार व्यक्त किया। मतदान का निर्णय ट्रस्ट के अध्यक्ष के पास सुरक्षित रख दिया गया था।

मंदिर के मूल गर्भगृह में स्थापित किए जाने के लिए रामलला की तीन प्रतिमाएं निर्मित की गई थी, इन तीनों प्रतिमाओं को मूर्तिकार अरुण योगीराज, गणेश भट्ट एवं सत्यनारायण पांडेय ने निर्मित किया था। मूल गर्भगृह में स्थापित करने के लिए इन्हीं तीन मूर्तियों में से एक का चुनाव किया गया था। अनुमान लगाया जा रहा था कि पांच से दस जनवरी के बीच मूर्ति चयन किए जाने का निर्णय सार्वजनिक कर दिया जाएगा।

30 दिसंबर 2023 का दिन भी अयोध्या के लिए ऐतिहासिक रहा, मंदिर और रामलला के दर्शन हेतु आने वाले श्रद्धालुओं के लिए प्रधानमंत्री नरेन्द्र मोदी ने अति आधुनिक सुविधाओं वाले भव्य अयोध्या धाम रेलवे स्टेशन का लोकार्पण किया और यहां से छह वंदे भारत और दो अमृत भारत ट्रेनों को हरी झंडी दिखाई। इसके बाद प्रधानमंत्री ने यहां के नवनिर्मित अंतरराष्ट्रीय हवाई अड्डे को महर्षि वाल्मीकि के नाम पर देश के लिए समर्पित किया। इनके साथ ही उस समय अयोध्या को विकसित करने के लिए पन्द्रह हजार सात सौ करोड़ रूपये के छियालीस विकास कार्यों का लोकार्पण और शिलान्यास भी किया गया था।

1 जनवरी 2024 से पूरे देश में प्राण प्रतिष्ठा समारोह के लिए पूजित 'अक्षत' अर्थात चावल, हल्दी और घी के मिश्रण का वितरण शुरू कर दिया गया था, देश भर में पन्द्रह जनवरी तक के लिए यह अभियान चलाया गया था। अक्षत वितरण का आयोजन विश्व हिन्दू परिषद और राष्ट्रीय स्वयंसेवक संघ से जुड़े लोगों और उनके सहयोगियों की ओर से किया जा रहा था।

देश भर के लोगों से इस अवसर को उत्सव के रूप में मानने का अनुरोध किया गया था, अक्षत युक्त पुड़िया, श्रीराम मंदिर का चित्र और मंदिर का ब्योरा देने वाले पर्चे पूरे देश के लोगों में बांटे गए थे।

इसके माध्यम से लगभग पांच लाख मंदिरों के पास रहने वाले समुदायों को श्रीराम मंदिर की तस्वीरें और अन्य विवरण भेजे गए थे। अक्षत देते समय लोगों से अनुरोध किया जा रहा था कि वे अपने पड़ोस के मंदिरों में एकत्र होकर इसे अयोध्या में होने जा रहे उत्सव की तरह मनाएं।

प्रधानमंत्री नरेंद्र मोदी ने भी लोगों से अपील की थी कि आप सभी बाईस जनवरी को श्रीराम मंदिर में 'प्राण प्रतिष्ठा' समारोह के दिन को 'दीपावली' के रूप में मनाने के लिए अपने घरों में विशेष दीपक जलाएं।

2 जनवरी 2024 को प्राण प्रतिष्ठा उत्सव के विभिन्न आयामों जैसे कि आवास, आवागमन और भोजन आदि के क्रियान्वयन में अपना पूरा समय देने के लिए पश्चिमी उत्तर प्रदेश, उत्तराखंड, मध्य प्रदेश व कर्नाटक के एक सौ पचास वालंटियर अयोध्या पहुंच गए थे। इन सभी को तीर्थ क्षेत्र पुरम में ठहराया गया था। इन वालंटियरों को पन्द्रह दिन, एक माह व अधिकतम दो माह का समय देने का विकल्प दिया गया था। दक्षिण भारत से आए वालंटियर को उनके राज्य से आने वाले अतिथियों के साथ लगाया जाना था, जिससे कि उन्हें किसी प्रकार की भाषाई समस्या का सामना ना करना पड़े। यहां पर सर्वाधिक वालंटियर स्थानीय अवध प्रांत से आने थे। इसके अतिरिक्त अखिल भारतीय विद्यार्थी परिषद् के एक सौ कार्यकर्ताओं की टास्क फोर्स भी गठित की गई थी।

उत्सव में आने वाले अतिथियों के आवास, भोजन व आवागमन की व्यवस्था को अंतिम रूप दिया जाने लगा था। पूरे नगर में विभिन्न स्थानों पर भंडारा संचालित करने वाले स्थलों को तैयार किया जा रहा था। भिन्न भिन्न प्रांतों के लोग भंडारा संचालित करने के लिए अयोध्या आ रहे थे।

दो जनवरी को ही कलेक्ट्रेट सभागार में तीर्थ क्षेत्र ट्रस्ट के पदाधिकारियों व होटल मालिकों के साथ बैठक करते हुए अयोध्या के जिलाधिकारी ने जिले के सभी होटल संचालकों से कहा कि बाईस जनवरी के लिए बुकिंग केवल आमंत्रित अतिथियों व मीडिया समूहों की ही होनी चाहिए। यहां पर आने वाले सभी अतिथियों से अच्छा व्यवहार होना चाहिए और उन्हें सुगमता के साथ उत्तम सुविधा व व्यवस्थाएं उपलब्ध कराई जाएं। उन्होंने कहा कि जन्मभूमि मंदिर में प्राण प्रतिष्ठा कार्यक्रम पर समूचे विश्व की निगाहें लगी हुई हैं, इस लिए हम सभी का कर्तव्य है कि यहां आने वाले अतिथि, श्रद्धालु व पर्यटक अयोध्या की संस्कृति और आतिथ्य भाव के सुखद एहसास को लेकर यहां से जाएं। बैठक में सभी होटल मालिकों ने ट्रस्ट व प्रशासन के समन्वय से ऐसा करने का आश्वासन दिया था।

3 जनवरी 2024 से भगवान रामलला की प्रतिमा की प्राण प्रतिष्ठा के अनुष्ठान के लिए नौ कुंड बनाए जाने का कार्य शुरू हो गया था और इसके लिए मंडप भी तैयार किए जा रहे थे।

5 जनवरी 2024 को प्राण प्रतिष्ठा अनुष्ठान के लिए महाराष्ट्र से दो सौ कलश और पूजन सामग्री रामनगरी पहुंच गई थी। विश्व हिन्दू परिषद से जुड़े हुऐ स्वर्गीय चंद्रकांत की स्मृति में महाराष्ट्र के धूलिया से कार्यकर्ताओं ने अनुष्ठान के लिए पूजन सामग्री के अलावा एक सौ पचास विजय ध्वज और जलाभिषेक के लिए दो सौ कलश ट्रस्ट को समपर्ति किए थे। इन पूजन सामग्रियों को श्रीराम जन्मभूमि तीर्थ क्षेत्र ट्रस्ट के महासचिव को समर्पित किया गया था। ट्रस्ट की ओर से प्राप्त की गई सभी सामग्रियों को सम्मान पूर्वक अनुष्ठान करने वाले आचार्य को सौंप दिया गया था। इसी प्रकार से प्राण प्रतिष्ठा के लिए पूरे देश से सामग्रियां ट्रस्ट को समर्पित की जा रही थी।

6 जनवरी 2024 को ट्रस्ट के महासचिव चंपतराय ने स्पष्ट किया कि रामलला की जो मूर्ति स्थापित होगी, वह काले पत्थर से निर्मित और पांच वर्ष के बालक की छवि तथा राजपुत्र की गरिमा के अनुरूप होगी। प्राण प्रतिष्ठा समारोह से पहले प्रतिमा में दिव्यता के लिए तीर्थों के जल, औषधियों, आम, पाकड़, गूलर, शालमली पेड़ों के पत्तों व छाल का काढ़ा बना कर उससे स्नान करने के बाद शयन कराया जाएगा।

दूसरी ओर मंदिर के प्रथम चरण का कार्य पूरा हो गया था। इसके लिए कार्यदायी संस्था लार्सन एंड टुब्रो ने एक करोड़ घंटे तक सुरक्षित एवं दुर्घटना रहित कार्य किया था। इस निर्माण कार्य के लिए तीन से लेकर चार हजार तक श्रमिकों ने समय समय पर कार्य किया था। प्रथम चरण में मंदिर का भूतल व प्रथम तल पूर्ण किया जा चुका था और तीर्थ क्षेत्र ट्रस्ट के महासचिव ने इसके लिए प्रमाणपत्र भी जारी कर दिया था। यहां पर अब कुछ छिटपुट कार्य ही शेष बचे थे। प्राण प्रतिष्ठा के लिए मंदिर के प्रथम तल को भी पन्द्रह जनवरी तक अंतिम स्पर्श दिया जा रहा था। मंदिर के भूतल पर अठारह कपाट लगने थे, इनमें से चौदह कपाटों को स्वर्ण मंडित करने का कार्य परिसर में ही प्रारंभ हो गया था और इसे पन्द्रह जनवरी से पहले ही पूर्ण करने का लक्ष्य रखा गया था। मंदिर के नृत्य, रंग, प्रार्थना व कीर्तन मंडप के शिखर पूर्ण हो गए थे। गूढ़ व मुख्य मंदिर का शिखर द्वितीय तल के निर्माण के साथ ही पूर्ण होना था। बताया गया कि भक्तों का प्रवेश पूर्व दिशा से बत्तीस सीढ़ियां चढ़कर सिंहद्वार से होगा। मंदिर के खंभों और दीवारों पर देवी देवताओं तथा देवांगनाओं की मूर्तियां उत्कीर्ण की गई हैं। प्रवेश द्वार पर सीढ़ियों के दोनो ओर बंसी पहाड़पुर के हल्के गुलाबी रंग के पत्थर से बनी गज की मूर्ति सूंड में पुष्पमाला लिए हुए है तथा यहां पर सिंह और गरुड़ जी की मूर्तियां भी स्थापित की गई हैं। सीढ़ियों की तीसरी सतह पर हनुमान जी दक्षिणाभिमुखी प्रणाम की मुद्रा में खड़े हुए हैं और उनके सामने गरुड़ जी की हाथ जोड़े हुई मुद्रा में प्रतिमा स्थापित की गई है। मंदिर के गर्भ गृह से पहले तीन मंडप बनाए गए हैं, सबसे पहला नृत्य मंडप है जिसकी छतरी आठ स्तंभों पर टिकी हुई है, इन स्तम्भों पर भगवान शिव की विभिन्न मुद्राओं में छवियां और पार्वती व नन्दी की छवियां उकेरी गई हैं। नृत्य मंडप और रंग मंडप के बीच आरंम्भिक चार स्तंभों पर गणपति जी की विभिन्न मुद्राएं हैं। रंग मंडप से आगे गुड़ी अथवा सभा मंडप के बीच के चार स्तंभों पर भी गणपति की मूर्तियां उकेरी गई हैं। गुड़ी मंडप में भगवान श्रीराम के बाल स्वरूप से लेकर यौवन के विभिन्न रूपों की मूर्तियां स्तंभों और दीवारों पर बनाई गई हैं और इनके साथ ही इन पर विष्णु के दशावतार की मूर्तियां भी उकेरी गई हैं। मंदिर के विभिन्न मंडपों के स्तंभों और दीवारों पर अनेक देवी देवताओं और देवांगनाओं की मूर्तियां उकेरी गई हैं। गुड़ी मंडप के बांई ओर प्रार्थना मंडप और दाहिनी ओर कीर्तन मंडप बनकर लगभग तैयार थे। गर्भ गृह के मुख्य द्वार पर द्वारपाल के रूप में जय विजय की मूर्तियां स्थापित की गई हैं। गर्भ गृह के प्रारंभ से ही सभी स्तभों और दीवारों पर सफेद संगमरमर लगाया गया है और इन शिलाओं पर मूर्तियां भी उकेरी गई हैं। गर्भ गृह की चौखट पर दोनों ओर चंद्रधारी गंगा और यमुना की बहुत ही सुन्दर मूर्तियां बनाई गई हैं। गर्भ गृह के बांई ओर बड़े मंडप में एक ताखे पर एक गणेश जी की मूर्ति है और उसके ऊपर रिद्धि सिद्धि और शुभ लाभ के चिन्ह हैं और एक ताखे में हनुमान जी की

प्रणाम मुद्रा की मूर्ति के ऊपर अंगद, सुग्रीव और जामवंत की मूर्तियां बनाई गई हैं। गर्भ गृह के मुख्य द्वार के ऊपर वाले पत्थर पर विष्णु भगवान की मस्तक पर मुकुट धारण किए हुए शेषनाग पर लेटी मुद्रा में और उनके साथ में बैठी हुई लक्ष्मी जी को उकेरा गया है। इनके अलावा ब्रह्मा जी और शिव जी की मूर्तियां भी बनाई गई हैं और इस अर्ध चन्द्राकार क्षेत्र की परिधि में ही सूर्य, चन्द्रमा और गरुड़ जी की मूर्तिया भी बनाई गई हैं। मंदिर के भूतल से पांच फीट ऊपर तक गुलाबी पत्थरों पर वाल्मीकि रामायण के आधार पर श्रीराम के जन्म से राज्याभिषेक तक की मूर्तियां उकेरने का कार्य अभी बाकी था।

7 जनवरी 2024 को गाजियाबाद के साहिबाबाद में बनी जटायु की तीन टन भारी विशाल मूर्ति की अयोध्या के दक्षिण पश्चिमी भाग में नवरत्न कुबेर टीला पर स्थापना की गई थी। जटायु की यह मूर्ति बीस फीट चौड़ी और आठ फीट ऊंची है, इसे बनाने में लगभग तीन महीने का समय लगा था।

त्रेता युग में जटायु ने भगवान श्रीराम और सीता की भक्ति में अपना जीवन बलिदान कर दिया था, उनकी प्रतिमा कलयुग में श्रीराम मंदिर के संघर्ष से जुड़े लाखों भक्तों की कठिनाइयों और बलिदानों का प्रतिनिधित्व करने के लिए स्थापित की गई है। भगवान शिव के प्राचीन मंदिर के जीर्णोद्धार के बाद जटायु की मूर्ति जन्मभूमि के मैदान पर स्थित जिस 'कुबेर टीला' पर स्थापित की गई है यह कुबेर टीला देश के स्वतंत्रता आंदोलन का मूक गवाह भी रहा है। वर्ष 1857 के विद्रोह को अंग्रेजों द्वारा कुचलने के बाद 18 मार्च 1858 को अयोध्या के हनुमानगढ़ी मंदिर के महंत बाबा रामशरण दास और फैजाबाद के पुजारी मौलवी अमीर अली को इसी कुबेर टीला के इमली के पेड़ पर एक ही रस्सी से एक साथ अंग्रेजों द्वारा फांसी दे दी गई थी।

8 जनवरी 2024 को मंदिर के शिखर पर लगने वाला ध्वज दंड भी अयोध्या पहुंच गया था, यह ध्वज दंड मंदिर के एक सौ इकसठ फीट ऊंचे शिखर पर लगाने के लिए लाया गया था। अहमदाबाद की एक इंजीनियरिंग कंपनी ने नौ महीने के समय में इस ध्वज दंड को तैयार किया था। श्रीराम जन्मभूमि तीर्थ क्षेत्र ट्रस्ट की अनुमति के बाद लार्सन एंड टुब्रो ने इस ध्वज दंड का निर्माण कराया था और गुजरात के मुख्यमंत्री ने पांच जनवरी को अहमदाबाद से हरी झंडी दिखाकर इसे रवाना किया था।

8 जनवरी 2024 को मंदिर के गर्भ ग्रह में सोने का प्रथम दरवाजा लगा दिया गया था, यह पहला दरवाजा एक हजार किलो के सोने की प्लेटिंग का बनाया गया था। जन्मभूमि मंदिर में इसी प्रकार के नक्काशीदार दरवाजे लगाए जा रहे थे, इन दरवाजों पर विष्णु कमल और वैभव के प्रतीक गज अर्थात हाथी एवं प्रणाम व स्वागत की मुद्रा में देवी के चित्र उकेरे गए थे। सागौन के प्राचीन वृक्षों से निर्मित इन दरवाजों पर पर सोने की परत चढ़ाई गई थी। मंदिर के कुल चवालीस दरवाजों में से चौदह पर सोने की परत और तीस पर चांदी की परत चढ़ाई जाने का निर्णय लिया गया था। रामलला के सिंहासन पर भी चांदी की परत चढ़ाई गई थी। इस समय गर्भ गृह पूरी तरह से बन कर तैयार हो गया था और अब तक प्रथम तल में भी अस्सी प्रतिशत तक का कार्य पूरा कर लिया गया था।

8 जनवरी 2024 को अनुष्ठान कार्यक्रम में कुछ परिवर्तन कर दिया गया था, विश्व हिन्दू परिषद ने स्पष्ट किया कि भगवान श्रीराम की प्रतिमा को अब केवल परिसर में ही भ्रमण कराया जाएगा। जिस स्थान पर प्रतिमा का निर्माण किया गया था वहीं पर कर्मकुटी अनुष्ठान से पूजन और प्रतिमा का निर्माण करने वाले शिल्पी द्वारा प्रायश्चित पूजन की योजना बनाई गई थी।

11 जनवरी 2024 को एक विशेष रथ गुजरात से चार सौ पचास किलोग्राम का सोने और चांदी की परत चढ़ा हुआ लोहे और तांबे से निर्मित विशाल नगाड़ा लेकर रामनगरी पहुंचा था, यह नगाड़ा सात सौ किलोग्राम वजन वाले रथ से रवाना किया गया था, इस रथ को मंदिर के लिए 'अखिल भारतीय दबगर समाज' ने बनाया था और रथ को गुजरात के मुख्यमंत्री ने हरी झंडी दिखाई थी। तीर्थ क्षेत्र ट्रस्ट के महामंत्री ने इस विशाल नगाड़े को स्वीकार करते हुए आश्वासन दिया था कि यह नगाड़ा उचित स्थान पर स्थापित किया जाएगा।

रामलला के लिए गुजरात के वडोदरा में छह महीने की मेहनत से एक सौ आठ फीट लंबी और लगभग साढ़े तीन फीट चौड़ी एक अगरबत्ती तैयार की गई थी, जिसका भार तीन हजार छह सौ दस किलोग्राम था। वड़ोदरा से ही एक हजार एक सौ किलो का सवा नौ फुट ऊंचा दीपक भी अयोध्या पहुंचा था। इस दीपक की परिधि आठ फुट है और आधार की परिधि लगभग पांच फुट है। इस दीपक में एक बार में पन्द्रह किलो की रुई की बाती डाली जाती है और जलाने के लिए पांच सौ एक किलो घी का उपयोग होता है। इस सबसे बड़े दीपक को तपस्वी जी की छावनी में रखा गया था।

घुंघरु और घंटी उद्योग की नगरी उत्तर प्रदेश के एटा जिले के जलेसर से दो हाजार चार सौ किलो का एक घंटा अयोध्या पहुंच गया था, इसकी आवाज शांत माहौल में लगभग दो किमी तक सुनाई देती थी। इस घंटे को सैकड़ों व्यापारी फूलों से सजे रथ में अयोध्या लेकर आए थे और उन्होंने इसे ट्रस्ट को समर्पित किया था। इसके साथ ही पचास पचास किलो के सात अन्य घंटे भी ट्रस्ट को समर्पित किए गए थे। जलेसर के घंटे पूरे विश्व में मशहूर हैं, इन घंटों के बजाने से ऊं की ध्वनि गूंजती है। मंदिर के इस घंटे को बनाने में सत्तर कारीगर लगे हुए थे। इससे पहले दो हजार एक सौ किलो का घंटा बनाने का लक्ष्य रखा गया था, लेकिन बाद में इसे दो हजार चार सौ किलो का बनवाया गया था, घंटा बनाने में लगभग पच्चीस लाख रुपए का खर्च आया था।

रामलला की प्राण प्रतिष्ठा के भव्य आयोजन के लिए देश के अलग अलग राज्यों से कोई न कोई सामान आयोध्या भेजा जा रहा था।

इस अवसर पर विदेशों से भी रामलला के लिए उपहार भेजे जा रहे थे। नेपाल के जनकपुर और मां सीता की जन्मभूमि से भगवान श्रीराम के लिए तीन हजार से अधिक उपहार अयोध्या पहुंचे थे, चांदी के खड़ाऊं, आभूषण और कपड़ों सहित तमाम उपहारों को वहां के जनकपुर धाम रामजानकी मंदिर से लगभग तीस वाहनों के काफिले के साथ अयोध्या लाया गया था। माता सीता की नगरी से एक सौ आठ टीन सरसों का तेल भी आया था।

श्रीलंका का एक प्रतिनिधिमंडल भी अशोक वाटिका से एक विशेष उपहार के साथ अयोध्या आया था, इस प्रतिनिधिमंडल ने महाकाव्य रामायण में वर्णित अशोक वाटिका की एक चट्टान भेंट की थी।

प्राण प्रतिष्ठा समारोह को ध्यान में रखते हुए और लोगों की यात्रा को सहज बनाने के लिए भारतीय रेलवे ने भी तैयारी शुरु कर दी थी, रेलवे की ओर से देश के अलग अलग भागों से अयोध्या के लिए विशेष ट्रेनें चलाये जाने की घोषणा की गई थी।

देश के कोने कोने से खाद्य सामग्री भी श्रीराम जी की सेवा में अयोध्या पहुंच रही थी, इसके लिए रामसेवक पुरम में व्यवस्था की गई थी। छत्तीसगढ़ से तीन सौ टन विभिन्न किस्मों के चावल आए थे। उत्तर प्रदेश के कन्नौज से आलू और सहारनपुर से दाल पहुंची थी, इसके अलावा गजियाबाद से इक्यावन टीन तथा महाराष्ट्र से एक हजार आठ टीन सरसों का तेल आया था।

आसाम से चाय और उस का साथ निभाने के लिए दालचीनी आई थी, काली मिर्च अदरक भी ट्रक भरकर आया था और उसके साथ में दो ट्रक चीनी भी आई थी। सीताफल और विशेष गुड़ तो श्रीरामजी की नगरी से ही आया था। इतनी बड़ी मात्रा में आई सामग्री का सुरक्षित भंडारण भी बहुत बड़ी चुनौती बनी हुई थी। इसके लिए केंद्रीय भंडार गृह में विशेष व्यवस्था की गई थी।

रामनगरी में बाईस जनवरी से पूर्व तथा उसके बाद फरवरी माह तक लाखों श्रद्धालुओं के आने की संभावना थी। इस बीच ठंड का मौसम होने के कारण श्रद्धालुओं के स्वास्थ्य व चिकित्सा व्यवस्था के लिए नवंबर माह से ही तैयारी की जा रही थी। देश भर के मेडिकल कालेज और अस्पतालों के चिकित्सकों से सेवा देने के लिए संपर्क किया जा रहा था। स्वास्थ्य सेवा देने के लिए शुरू की गई गूगल फार्म भराने की प्रक्रिया को अब बंद कर दिया गया था। इसके माध्यम से अब तक लगभग आठ प्रदेशों के छह सौ चिकित्सकों ने फार्म भरा था, जिनमें मुंबई, दिल्ली के अलावा महाराष्ट्र, छत्तीसगढ़, राजस्थान, हरियाणा, मध्य प्रदेश और उत्तर प्रदेश सहित कई अन्य प्रदेशों के चिकित्सक शामिल थे। इनकी सूची तैयार करने की जिम्मेदारी श्रीराम जन्मभूमि तीर्थ क्षेत्र ट्रस्ट की चिकित्सक समन्वयक समिति के पदाधिकारी को सौंपी गई थी। सूची तैयार होने के बाद 15 जनवरी से 25 फरवरी तक सेवा देने के लिए चिकित्सकों के पास बनाने की व्यवस्था की गई थी। इस कार्य के सहयोग में लगी इंडियन मेडिकल एसोसिएशन व अन्य संगठन भी चिकित्सकों से संपर्क करने में लगे हुए थे।

12 जनवरी 2024 से प्रधानमंत्री नरेन्द्र मोदी ने अपने संकल्प के अनुसार ग्यारह दिन के यम नियम का पालन शुरू कर दिया था, क्योंकि वह रामलला की मूर्ति स्थापना के लिए मुख्य यजमान बने थे। शास्त्रों में ऐसा नियम है कि, मुख्य यजमान को कुछ कठोर नियमों का पालन करना पड़ता है, जिसे 'यम नियम' कहते हैं। शास्त्रों के अनुसार मूर्ति स्थापना या मूर्ति की प्राण प्रतिष्ठा को पवित्र प्रक्रिया माना जाता है, इसलिए इसके कठोर नियम बनाए गए हैं। अष्टांग योग के आठ भाग यम, नियम, आसन, प्राणायाम, प्रत्याहार, धारणा, ध्यान, भजन और समाधि में यम नियम सबसे पहला नियम है। यम नियम में प्रतिदिन स्नान, अन्न त्याग, बिस्तर पर सोने का त्याग आदि जैसे कठोर नियम होते हैं। प्रधानमंत्री ने भी व्रत संकल्प के साथ इस धार्मिक

और शास्त्रीय प्रक्रिया का पालन किया था। उन्होंने अन्न जल का त्याग किया था, वह जल के स्थान पर नारियल पानी का सेवन कर रहे थे। ग्यारह दिनों के यम नियम के साथ ही प्रधानमंत्री अपने सरकारी कामकाज और यात्रा के साथ सुदूर दक्षिण के उन सभी मंदिरों में जा कर पूजा अर्चना भी कर रहे थे जो कि प्रभु श्रीराम के जीवन में अहम पड़ाव रहे थे।

13 जनवरी 2024 को अयोध्या के एक विशाल मैदान में चौदह रंग के चौदह लाख दीपों से अदभुद कलाकृतियां बनाई गई थी। अलग अलग आकार और रंग के चौदह लाख दीपकों को अनोखे तरीके से सजाकर उनसे भव्य कलाकृति का निर्माण किया गया था। इन कलाकृतियों में प्रतापी राजा भगवान श्रीराम की भव्य आकृति के साथ श्रीराम जन्मभूमि मंदिर, प्रधानमंत्री नरेंद्र मोदी और उत्तर प्रदेश के मुख्यमंत्री योगी आदित्यनाथ की भी कलाकृति बनाई गई थी। इन अद्भुत और विहंगम कलाकृतियों को बिहार की श्रीराम कर्मभूमि समिति ने बनाया था, इस समिति का मानना है कि प्रभु श्रीराम की जन्मभूमि भले ही अयोध्या में हो, लेकिन उनकी कर्मभूमि बिहार भी है और बिहार के बक्सर में ही श्रीराम ने पहला पराक्रम दिखाया था।

13 जनवरी 2024 की रात को हिन्दू अमेरिकी समुदाय के सदस्यों ने 'जय श्रीराम' के नारों के बीच अमेरिका के मैरीलैंड में एक टेस्ला म्यूजिकल लाइट शो का आयोजन किया था, यह लाइट शो देखने लायक था। इस लाइट शो में तीन सौ पचास से अधिक कारों ने भाग लिया था। अमेरिका के विश्व हिन्दू परिषद द्वारा आयोजित इस लाइट शो में लोग भगवान श्रीराम की छवियों वाले झंडे पकड़े हुए थे और 'जय श्रीराम' के साथ 'राम लक्ष्मण जानकी' और 'जय श्री हनुमान जी' के नारे लगा रहे थे। वाशिंगटन, वर्जीनिया और मैरीलैंड के भारतीय अमेरिकियों ने कारों की लाइट को एक साथ बंद और खोल कर शानदार रोशनी बिखेरी थी। यह सभी कारें मैरीलैंड के श्री भक्त अंजनेय मंदिर में इकठ्ठा हुई थी, यह मंदिर वहां की 'अयोध्या वे' नामक सड़क पर स्थित है। सभी रंगों की टेस्ला कारों ने अपनी हेडलाइट्स और टेललाइट्स की रोशनी से पूरे क्षेत्र को जगमगा दिया था। देश ही नहीं दुनिया भर में श्रीराम मंदिर के अभिषेक समारोह को लेकर उत्साह बढ़ता ही जा रहा था।

14 जनवरी 2024 को सात सदस्यीय वैदिक ब्राहम्णों का एक दल रामलला की प्राण प्रतिष्ठा के लिए काशी से अयोध्या पहुंचा और उसके बाद तैयारियों को अंतिम रूप देने के लिए पन्द्रह जनवरी को पचपन सदस्यों का दूसरा दल भी पहुंच गया था।

15 जनवरी 2024 को लम्बी प्रतीक्षा के बीच रामलला की उस मूर्ति का भी चयन कर लिया गया जिसे गर्भगृह में विराजमान कराया जाना था। यह मूर्ति मैसूर के मूर्तिकार अरुण योगीराज द्वारा निर्मित की गई थी। अरुण योगीराज ने ही केदारनाथ में स्थापित शंकराचार्य तथा दिल्ली के इंडिया गेट पर स्थापित नेताजी सुभाषचंद्र बोस की प्रतिमा तैयार की थी।

16 जनवरी 2024 को उत्तर प्रदेश के मुख्यमंत्री योगी आदित्यनाथ को भी प्राण प्रतिष्ठा कार्यक्रम का निमंत्रण दिया गया। श्रीराम जन्मभूमि तीर्थ ट्रस्ट के कोषाध्यक्ष ने उन्हें निमंत्रण पत्र सौंपा था। इसके साथ ही मुख्यमंत्री ने पुणे के हैरिटेज हैंडवीविंग रिवाइवल चैरिटेबल ट्रस्ट की ओर

से तैयार कराए गए आठ जोड़ी वस्त्रों को अपने लखनऊ के सरकारी आवास पर आयोजित 'दो धागे श्रीराम के लिए' कार्यक्रम में तीर्थ श्रेत्र ट्रस्ट के कोषाध्यक्ष व मार्गदर्शक को सौंप दिया था।

पुणे में 10 दिसंबर से लेकर 22 दिसंबर 2023 तक आयोजित बुनकारी महोत्सव में बारह लाख छत्तीस हजार सात सौ श्रद्धालुओं और बुनकरों ने हथकरघों पर रेशम के दो दो धागों को बुनकर अपने आराध्य प्रभु श्रीराम के लिए इन वस्त्रों को तैयार किया था।

प्राण प्रतिष्ठा कार्यक्रम के लिए भारत के मुख्य न्यायाधीश के अलावा सर्वोच्च न्यायालय के चार पूर्व न्यायाधीशों को भी आमंत्रित किया गया था। मुख्य न्यायाधीश डीवाई चंद्रचूड़ के अलावा पूर्व मुख्य न्यायाधीश रंजन गोगोई, एसए बोबडे, अशोक भूषण व एस अब्दुल नजीर की पीठ ने 9 नवंबर 2019 को ऐतिहासिक निर्णय सुनाया था।

केन्द्र सरकार ने 22 जनवरी को आधे दिन का अवकाश घोषित कर दिया था, इसके अलावा उत्तर प्रदेश साहित कई राज्य सरकारों ने अपने राज्य में अवकाश घोषित किया था।

प्राण प्रतिष्ठा महोत्सव में आने वाले अतिथियों के लिए श्रीराम जन्मभूमि तीर्थ क्षेत्र ट्रस्ट ने एक संदेश जारी किया था। फेसबुक फेज पर जारी संदेश में ट्रस्ट की ओर से उल्लेख किया गया था कि प्राण प्रतिष्ठा उत्सव में प्रवेश केवल ट्रस्ट की ओर से जारी की गई प्रवेशिका के माध्यम से ही संभव होगा। यहां पर केवल निमंत्रण पत्र से ही आगंतुकों का प्रवेश सुनिश्चित नहीं हो पाएगा। प्रवेशिका पर बने क्यूआर कोड के मिलान के पश्चात ही परिसर में प्रवेश संभव हो सकता था। ट्रस्ट ने अतिथियों को निमंत्रण पत्र देने के बाद उनके मोबाइल फोन पर एक लिंक भी भेजा था। इस लिंक को खोलने के बाद उपलब्ध ई फार्म पर अतिथि को अपेक्षित जानकारियां भरनी थी। लिंक के माध्यम से अतिथि का विवरण मिलने के बाद ट्रस्ट की ओर से उन्हें एक प्रवेशिका अर्थात इंट्री पास भेजा जा गया था, जिसे डाउनलोड करके संबंधित अतिथि को अपने पास सुरक्षित रखना था, इसी पास पर क्यूआर कोड भी था। यह व्यवस्था प्राण प्रतिष्ठा महोत्सव की सुरक्षा को दृष्टिगत रखते हुए की गई थी। सुरक्षा कर्मियों की ओर से मांगे जाने के बाद यह इंट्री पास आयोजन स्थल एवं बैरियर पर भी दिखाना आवश्यक था, सुरक्षा कर्मीयों को इसे स्कैन करके अतिथियों का सत्यापन करना था।

मुख्य आयोजन स्थल श्रीराम जन्मभूमि परिसर में एसपीजी की एक टीम ने डेरा डाल दिया था। परिसर के अंदर से लेकर संपूर्ण रामनगरी में परिंदा भी पर न मार सके, ऐसे प्रबंध सुरक्षा एजेंसियां सुनिश्चित कर रही थी।

नगर में वीआईपी लोगों के लिए पन्द्रह पार्किंग स्थल और अन्य लोगों के लिए इक्यावन पार्किंग स्थल हाइवे के किनारे सहित विभिन्न स्थानों पर बनाए गए थे।

श्रीराम जन्मभूमि मंदिर में प्राण प्रतिष्ठा का कार्यक्रम आयोजित होने से पहले दुनिया भर के रामभक्तों में उत्साह का माहौल था। लेकिन, इसी बीच सोशल मीडिया पर श्रीराम मंदिर को लेकर एक झूठा दावा किया जा रहा था। एक खबर वायरल हो रही थी जिसमें लिखा था कि राम मंदिर का निर्माण बाबरी मस्जिद से तीन किलोमीटर की दूरी पर किया जा रहा है। सोशल

मीडिया पर गूगल मैप्स के एक स्क्रीनशॉट को पोस्ट करके उसके साथ कुछ ऐसा ही दावा किया जा रहा था। इसके साथ ही तथाकथित "मुस्लिम स्कॉलर" का एक वीडियो भी काफी वायरल हो रहा था जो कुछ ऐसा ही दावा कर रहा था एक पत्रकार से बातचीत में वह बोल रहा था कि हिन्दू पक्ष ने मस्जिद वाले स्थान के लिए इतनी लड़ाई की, मस्जिद को तोड़ भी दिया लेकिन राम मंदिर उस स्थल से तीन किलोमीटर दूर बना रहे हैं, इसलिए मस्जिद वाली जगह मुस्लिम समुदाय वापस दे दी जाए। यहां तक कि शिवसेना के एक बड़े नेता ने भी मुंबई की एक प्रेस वार्ता में कहा कि भारतीय जनता पार्टी का नारा था कि "मंदिर वहीं बनाएंगे" लेकिन मंदिर तो वहां नहीं बना जहां बाबरी मस्जिद गिराई थी, वो तो तीन किलोमीटर दूर बन रहा है, कांग्रेस के नेता भी इसी प्रकार का बयान दे रहे थे।

मंदिर विरोधी तमाम लोग बिना सोचे समझे और केवल विरोध एवं चिढ़ के कारण फर्जी खबर और झूठे प्रचार को हवा दे रहे थे, इसके साथ ही बाबरी मस्जिद से दूर मंदिर बनने की बात कहते हुए इस गूगल मैप्स का वह फर्जी स्क्रीनशॉट भी शेयर कर रहे थे। इस स्क्रीनशॉट में गूगल मैप्स के सैटेलाइट व्यू में दो स्थानों को मार्किंग से दिखाया गया था एक स्थान पर "श्रीराम जन्म भूमि मंदिर" लिखा गया था और दूसरे स्थान पर "बाबर मस्जिद" लिखा गया था, सैटेलाइट इमेज के हिसाब से दोनों के बीच खासी दूरी दिखती थी, लेकिन असलियत में वह स्थान ऐसा नहीं था जैसा बताया गया था। इसका सीधा साधा अर्थ था कि अन्तिम समय तक भी मंदिर विरोधी लोग जनता को गुमराह करके इस आयोजन को असफल बनाने की कोशिश में लगे हुए थे। लेकिन उनकी यह चाल भी सफल नहीं हो सकी थी और देश की जनता ने इसे अपने आप ही इसे झुठला दिया था और प्राण प्रतिष्ठा के बाद तो इस झूठ की पोल ही खुल गई थी।

16 जनवरी 2024 से प्राण प्रतिष्ठा के कार्यक्रम और पूजन की विधि शुरू हो गई थी। अनिल मिश्रा व उनकी पत्नी उषा मिश्रा प्रथम यजमान के रूप में भगवान की प्राण प्रतिष्ठा के अनुष्ठान में बैठे थे। अनुष्ठान का प्रारंभ यजमान के स्नान से हुआ था, उन्हें शुद्धोदक सरयू जल के साथ गाय के दूध, दही, घी, गोबर, गोमूत्र, भस्म, कुश मिश्रित जल और पंचगव्य से स्नान कराया गया था, पंचगव्य के चखने से उनका व्रत आरंभ हुआ था। विशेष बात यह थी कि इस समय यजमान का आहार और व्यवहार पूर्णतया बदला हुआ था। उनका खान पान, वस्त्र आदि भी शास्त्र सम्मत थे।

शाम चार बजे रामघाट स्थित विवेक सृष्टि ट्रस्ट परिसर में रखी गई रामलला की प्रतिमा का कर्मकुटी संस्कार हुआ, मूर्तिकार अरुण योगीराज ने भगवान की प्रतिमा समर्पित करने से पहले आचार्यों से प्रतिमा को अंतिम रूप से देख कर आग्रह किया कि यदि कोई कमी हो तो वह अभी उसे दूर कर सकते हैं। यह प्रक्रिया शास्त्रों में निहित थी, इसलिए इसका उसका पालन किया गया था। इसके बाद प्रतिमा का सरयू जल से स्नान कराया गया और यजमान और आचार्य गण ने भगवान की प्रतिमा के नेत्रों पर पट्टी बांधी, इस पट्टी को 22 जनवरी को प्रधानमंत्री नरेन्द्र मोदी के हाथों खोला जाना था।

इसी दिन गुजरात से आई एक सौ आठ फीट लंबी अगरबत्ती भी जलाई गई थी, अगरबत्ती का भार तीन हजार छह सौ दस किलो था और यह साढ़े तीन फ़ीट चौड़ी थी। तीर्थ क्षेत्र ट्रस्ट के अध्यक्ष ने नए बस अड्डे के पास अगरबत्ती को प्रज्वलित किया था। इस अगरबत्ती की सुगंध से पूरी रामनगरी महकने लगी थी।

17 जनवरी 2024 को रामलला की रजत प्रतिमा को मंदिर परिसर का भ्रमण कराया गया। पहले रामलला की अचल मूर्ति को जन्मभूमि परिसर में भ्रमण कराने की योजना थी, लेकिन सुरक्षा कारणों और मूर्ति का भार अधिक होने के कारण परिसर भ्रमण की रस्म रामलला की छोटी रजत प्रतिमा से पूरी कराई गई थी। सात से आठ किलो भार की चांदी की इस प्रतिमा को मुख्य यजमान डॉक्टर अनिल मिश्रा ने पालकी पर विराजमान कराने के बाद भ्रमण कराया था। इस बीच मंदिर परिसर वैदिक मंत्रोच्चार से गूंज रहा था, आचार्यों और मंदिर के निर्माण में लगे इंजीनियरों व सुरक्षाकर्मियों ने प्रतिमा पर पुष्पवर्षा की थी। विश्व हिन्दू परिषद के संरक्षक मंडल के सदस्य एवं यजमान ने रामलला की रजत प्रतिमा का पूजन किया, इसके बाद निर्मोही अखाड़ा के महंत ने गर्भगृह में सिंहासन की पूजा की थी।

17 जनवरी 2024 को रामलला की प्राण प्रतिष्ठा के अनुष्ठान के दूसरे दिन बुधवार को यजमान ने सपत्नीक तीर्थ, सरयू पूजन, कलश, ब्राह्मण, बटुक, कुमारी और सुवासिनी पूजन किया एवं जलयात्रा निकली तथा क्षेत्रपाल को बलिदान दिया। इस आयोजन में सरयू के सहस्त्रधारा घाट पर पूजन में सप्त सागर, तीर्थों व समस्त देवताओं का आह्वान किया गया था। लगभग एक घंटे तक चले पूजन में सरयू नदी में कुश से कुंड निर्मित करके श्रुवा अर्थात एक प्रकार की छड़ी में घी लगा कर हवन किया गया। सरयू जी का दुग्धाभिषेक भी किया गया और फल, मिष्ठान, फूल व अक्षत आदि अर्पित किए गए थे। नौ कलशों में सरयू जल भर कर सिर पर कलश रखे हुए जैसे ही महिलाएं श्रीराम जन्मभूमि की ओर बढ़ीं रामकी पैड़ी पर उल्लसित लोगों ने जय श्रीराम का उद्घोष किया और चारों दिशाओं में शंख ध्वनि गूंज उठी थी, वहां पर उपस्थित लोग ढोल बजा रहे थे और साधु संत मंजीरे का वादन करने लगे थे।

विधि विधान के साथ रामलला अपनी जन्मभूमि पर पहुंच गए थे। भगवान ने रजत विग्रह के स्वरूप में अपने राजप्रासाद अर्थात मंदिर अथवा महल से पुरवासियों व देवताओं का दर्शन किया था। भगवान की यह रजत प्रतिमा सात से आठ किलो भार की और लगभग पौने दो फीट की है। इस प्रतिमा को भी ट्रस्ट ने चल प्रतिमा के रूप में बनवाया था, जबकि अरुण योगीराज की बनाई गई मुख्य मूर्ति अचल प्रतिमा के रूप में इक्यावन इंच ऊंची है और उसका भार डेढ़ से दो क्विंटल है।

मुख्य प्रतिमा भी शाम को परिसर में पहुंच गई थी और शाम सात बजे से मंदिर के गर्भगृह में पूजन प्रारंभ हो गया था, गर्भगृह में श्रीराम यंत्र की स्थापना की गई थी। यजमान डॉक्टर अनिल मिश्रा ने यंत्र स्थापित किया था, उसके बाद एक घंटे तक पूजन चलता रहा। यंत्र के साथ ही आसन के नीचे कुल पैंतालिस द्रव्य रखे गए थे। नौ रत्नों में हीरा, पन्ना, मोती माणिक्य, पुखराज

व लहसुनिया, मूंगा, नीलम, गोमेद के अलावा पारा, सप्तधान्य एवं विविध औषधियां रखी गई थी। इसी स्थान पर भगवान रामलला की प्रतिमा की स्थापना की जानी थी।

18 जनवरी 2024 को विशाल नव्य भव्य श्रीराम मंदिर के गर्भगृह में रामलला अपने आसन पर विराजमान हो गए थे। इसके लिए की अनुष्ठान शुरुआत गणेश पूजन के साथ हुई थी, यह अनुष्ठान दोपहर से ही शुरू कर दिए गए थे। किसी भी अनुष्ठान के शुभारंभ से पहले भगवान गणेश का आह्वान किया जाता है, इसी मान्यता के चलते गणेश पूजन व अंबिका पूजन के साथ अनुष्ठान शुरू हुआ था, यह क्रम वरुण, मातृ पूजन से आगे बढ़ा और इसके साथ में आयुष्य मंत्र का जाप भी किया गया था। नंदी श्राद्ध, आचार्यादिऋत्विग्वरण, मधुपर्कपूजन, मंडप प्रवेश, दिग्दर्शन संस्कार भी किया गया। मंडप वास्तु पूजन, वास्तु बलिदान, मंडप सूत्रवेष्टन, दुग्धधारा, जलधाराकरण, षोडष स्तंभ पूजन, तोरण, द्वार, ध्वज, आयुध, पताका, दिक्पाल, द्वारपाल आदि पूजन किए गए थे और इसके उपरांत जलाधिवास हुआ। पूजन के क्रम में ही भगवान रामलला के अचल विग्रह को पवित्र नदियों के जल से स्नान करवा कर विभिन्न औषधियों से भी स्नान कराया गया था। भगवान रामलला की मूर्ति के गर्भगृह में प्रवेश के बाद मंदिर की सुरक्षा बढ़ा दी गई थी।

19 जनवरी 2024 को प्राण प्रतिष्ठा की सबसे लंबी पूजा हुई थी। प्राण प्रतिष्ठा अनुष्ठान के दूसरे यजमान उद्योगपति महेश भागचंदका सपत्नीक बने थे। बारह घंटे की इस पूजा में सबसे पहले नवग्रह की स्थापना हुई उसके बाद नौ कुंडों में अरणि मंथन से वैदिक परंपरा के अनुसार अग्नि प्रज्वलित की गई। कोई भी ग्रह अड़चन न डाले, अतः सबसे पहले उनके नाम से एक ग्रह की एक हजार आठ आहुतियां दी गईं। बड़ी वेदी में भगवान राम की रजत मूर्ति की महापूजा भी की गई, यह हवन लगभग दो घंटे तक चला। इसके बाद चार कोनों में योगिनी पूजा और क्षेत्रपाल पूजा की गई, अन्त में महादेव की रूद्र पूजा की गई। भगवान श्रीराम के नए घर में वास्तुशांति की पूजा के साथ भगवान रामलला का गृहप्रवेश हुआ।

इस सबके बीच सबसे आवश्यक संस्कार थे अधिवासन, इसके लिए भगवान की आंखों पर बंधी पट्टी के अलावा सभी वस्त्र हटाकर अन्न में रखा गया उन्हें नख से शिख तक चावल से नहलाया गया। चरणों में घी लगाया गया, इसके साथ में केसर व औषधियां भी थी। इस समय अलग अलग राज्यों से आए एक सौ इक्कीस पंडित उपस्थित थे। शाम के सात बजे आरती व पुष्पांजलि से पूजा पूरी हुई।

20 जनवरी 2024 को मंदिर परिसर में प्रातः नौ बजे अनुष्ठान, प्रातः पूजन गणेश पूजन, वास्तु व मंडप पूजन से प्रारंभ हुआ। इसके बाद रामलला की पालकी सज्जित हुई, पुरुष सूक्त से भगवान श्रीराम के लिए यज्ञ हुआ, इससे पहले यजुर्वेद के मंत्रोच्चार के बीच रामलला को पालकी में बैठाया गया था। रजत भगवत विग्रह ने यज्ञ मंडप की चार बार और एक बार संपूर्ण परिक्रमा की। दिन भर प्राण प्रतिष्ठा का वैदिक अनुष्ठान उत्सव की तरह चलता रहा, नियमित पूजा के साथ अग्नि सेवा भी हुई। इसमें मुख्य यजमान डॉक्टर अनिल मिश्रा उनकी पत्नी व दो अन्य यजमान विश्व हिन्दू परिषद के कार्यकारी अध्यक्ष रहे थे। वेद मंत्रों व राम मंत्र के पारायण के

साथ राम मंत्र से कुंड में एक हजार आठ आहुतियां दी गईं। श्रीराम जयराम, जय जय राम, हर हर महादेव के जयकारे लगे तो अबीर गुलाल भी उड़ा। भक्तिपूर्ण वातावरण में वैदिक आचार्यों ने संकीर्तन करते हुए नृत्य किया। भगवान रामलला की पालकी को यजमान व आचार्यों ने अपने कंधे पर उठाकर परिभ्रमण किया। इसकी समाप्ति पर विग्रह का शर्कराधिवास व फलाधिवास हुआ, शर्कराधिवास में भगवान को गुड़ में रखा गया। इक्यासी कलशों के औषधीय जल से स्नान संस्कार हुआ। चार द्वारों पर अलग अलग वेद के मंत्रों का पाठ हुआ। अंत में भगवान श्रीराम की आरती हुई, मंत्र पुष्पांजलि दी गई। भगवान को जल, अक्षत व फल का विशेष अर्घ्य अर्पित किया गया। भक्तों को चरणामृत दिया गया, इस बीच भगवान श्रीराम के साथ ही विधि पूर्वक उनके पार्षदों का भी पूजन किया गया।

दूसरे यजमान विश्व हिन्दू परिषद के कार्यकारी अध्यक्ष अपने साथ कश्मीरी मुस्लिम वर्ग की ओर से रामलला को अर्पित करने के लिए दो किलोग्राम केसर, अफगानिस्तान के काबुल से आया पवित्र जल व तमिलनाडु से रामलला के लिए श्रीराम मंदिर के अंकन वाली चादर भी लाए थे।

21 जनवरी 2024 को छठे दिन प्राण प्रतिष्ठा की पूजा का क्रम वैदिक मंगलाचरण, रजत चल विग्रह की वैदिक पद्धित से पूजा के साथ प्रारंभ हुआ और साथ में यजमान के संकल्प का विधान पूरा कराया गया, उसके बाद रामलला को भ्रमण कराया गया। चार वेदों के प्रतीक, यज्ञ मंडप के चारों कपाटों का पूजन हुआ। पूरे दिन परिसर में वेद मंत्रों के साथ ही रामनाम के मंत्रों से पूजा व हवन का क्रम चलता रहा और आचार्यों ने हवन कुंडों में सामूहिक हवन किया। पूर्वाह्न में रामलला का मधु अधिवास एवं सांय काल में विग्रह की शय्याधिवास का संस्कार किया गया और भगवान को शीशम के पलंग पर सुलाया गया।

इसके साथ ही पूरे देश में शाम के समय भगवान श्रीराम की शोभा यात्राएं निकाली गई और मंदिरों को रोशनी से सजाया गया था। रामनगरी अयोध्या से लेकर पूरे देश एवं माता सीता के जन्म स्थान मिथिला और विदेशों तक सभी स्थानों पर जय श्रीराम का नारा गूंज उठा था। प्राण प्रतिष्ठा की पूर्व संध्या पर अयोध्या नगरी दुल्हन की तरह सज धजकर तैयार थी। बिजली चलित झालरों से अनुकृतियां सजाई गईं थी, कई स्थानों पर रंग बिरंगी झालरें आकर्षण का केंद्र बनी हुई थी। पूरी नगरी श्रृंगार की अलौकिक पोशाक धारण कर चुकी थी, हर एक गली, चौराहा, मंदिर और आश्रम सज धज कर राममय हो गया था। गलियों को रंग बिरंगे झंडों से सजाया गया था, जिन पर 'जय श्री राम' और 'रामलला हम आए हैं' जैसे नारे लिखे हुए थे। घरों, दुकानों और मंदिरों के बाहर रंगोली बनाई गई थी, जो कि रामकथा को जीवंत कर रही थी।

लगभग पांच सौ वर्ष बाद श्रीराम फिर से अपने मंदिर में विराजमान होने जा रहे थे, ऐसे में अयोध्या का श्रृंगार भी साधारण नहीं हो सकता था, जन्मभूमि से लेकर सरयू के तट तक पूरा शहर एक दिव्य रंग में रंगा हुआ था। मंदिर की ओर जाने वाले मार्गों पर फूलों की रंगीन कालीनों को बिछाया गया था, हर ओर भजन कीर्तन की स्वर लहरियां उठ रही थी, जो कि भक्ति का अलौकिक अनुभव कराती थी। मंदिर परिसर और पूरी अयोध्या को फूलों से सजाया गया था। अपने घरों प्रतिष्ठानों और नगर को सजाने में यहां के निवासियों ने भी कोई कसर नहीं छोड़ी

थी। प्रत्येक चौराहे पर प्राण प्रतिष्ठा समारोह का उल्लास दिख रहा था। फूलों, गुब्बारों, कागज की झालरों से मार्गों को सजाया गया था।

मंदिर के उद्घाटन और राममला की प्राण प्रतिष्ठा की तैयारी जोरों पर थी। अयोध्या में बनकर तैयार हुआ महर्षि वाल्मीकि अंतराष्ट्रीय हवाई अड्डा देश में कई स्थानों से उड़ान सेवाएं देने के लिए तैयार था। कार्यक्रम के लिए बीस जनवरी तक चालीस से अधिक चार्टर्ड फ्लाइट की लैंडिंग के निवेदन आ चुके थे। यह आंकड़ा एक सौ से अधिक तक पहुंचाने की उम्मीद थी। यह सभी निवेदन विभिन्न सेक्टरों के प्रभावशाली लोगों की ओर से आए थे। इनमें राजनीतिक, कॉर्पोरेट जगत, सेलिब्रिटीज और विदेशी मेहमान शामिल थे।

अयोध्या में श्रद्धालुओं के विश्राम और ठहरने के लिए व्यवस्था की गई थी और इसके अलावा स्थानीय स्तर पर भी विभिन्न सुविधाऐं उपलब्ध थी। अयोध्या धाम जंक्शन पर ढाई हजार यात्रियों के लिए स्थान उपलब्ध था। ग्रीनफील्ड टाउनशिप में अस्सी एकड़ की टैंट सिटी बनाई गई थी जिसमें पच्चीस हजार श्रद्धालुओं के ठहरने की व्यवस्था थी। बागबिजेशी की टैंट सिटी में बीस हजार की क्षमता, कारसेवकपुरम की टैंट सिटी में एक हजार, मणिरामदास छावनी के प्राकृतिक चिकित्सालय परिसर की टैंट सिटी में पांच सौ की क्षमता और रामघाट नगर निगम की तीन टैंट सिटी में कुल पांच हजार श्रद्धालुओं के रुकने की व्यवस्था की गई थी। इसके अलावा शहर में तमाम होटलों धर्मशालाओं के साथ साथ छह सौ होम स्टे और ब्रह्मकुंड में साठ लग्जरी काटेज के साथ ही चिर्रागजनपुर के होम कंटेनर में तीस श्रद्धालुओं की व्यवस्था की गई थी।

रामलला की प्राण प्रतिष्ठा के लिए सभी आमंत्रित अतिथियों के लिए जन्मभूमि प्रांगण में बैठने की विशेष व्यवस्था की गई थी। परिसर में नौ हजार लोगों के बैठने के लिए लगभग तीन लाख वर्ग फीट का ओपन पंडाल और एक मंच भी बनाया गया था। पंडाल में छोटे व बड़े आकार के तेरह ब्लाक बनाए गए थे। सभी अतिथियों के बैठने के लिए एक जैसी ही कुर्सियां लगाई गई थी। श्रीराम जन्मभूमि तीर्थ क्षेत्र ट्रस्ट ने अतिथियों की संख्या के सापेक्ष हत्थेदार और चार इंच की गद्दी वाली नई कुर्सियां खरीदी थी। पूरे पंडाल को रेड कारपेट से सज्जित किया गया था। मंदिर निर्माण से जुड़े श्रमिकों के लिए साढ़े तीन सौ से चार सौ कुर्सियां अलग से लगाई गई थी।

भक्तों के लिए लता मंगेशकर चौक के पास सेल्फी पॉइंट स्थापित किए गए थे, जिन्हें मूर्तियों, पोस्टरों और बैनरों से सजाया गया था।

तीर्थ क्षेत्र ट्रस्ट चालीस स्थानों पर भंडारा चला रहा था, देश भर से श्रद्धालु ट्रक भर भर कर खाने का सामान भेज रहे थे, गोदामों में रखने के लिए स्थान नहीं बचे थे, शहर के बाहर ट्रक लाइन लगा कर खड़े हुऐ थे।

22 जनवरी 2024 को वह शुभ दिन भी आ गया जब करोड़ों लोगों की प्रतीक्षा समाप्त हुई थी। वह क्षण अदभुत और अभूतपूर्व था, संपूर्ण महोत्सव अविस्मारणीय और भावविह्वल कर देने वाला था, यह शुभ दिन प्रभु के अपनी जन्मभूमि पर विशाल मंदिर में विराजमान होने के संकल्प का सुफल था। पौष माह के शुक्ल पक्ष की द्वादशी, संवत 2080 के सोमवार के दिन अभिजीत

मुहूर्त में शताब्दियों की प्रतीक्षा के बाद रामलला अपनी जन्मभूमि पर विशाल मंदिर के गर्भगृह में विराजमान हो गए थे। रामलला का नव्य मनोहारी रूप देख कर हर कोई भावुक और हर्षित हो रहा था। शुभ मुहूर्त में रामलला की विधि विधान से पूजा अर्चना करने के बाद विशाल नव्य भव्य मंदिर में प्राण प्रतिष्ठा की गई थी। इस समय रामलला पीतांबर वस्त्र धारण किए हुए थे और उनके हाथों में कोदंड और तीर कमान शोभायमान थे।

प्राण प्रतिष्ठा में आमंत्रित अतिथियों के बैठने के लिए जन्मभूमि प्रांगण में ही विशेष व्यवस्था की गई थी। मंदिर परिसर की जीवंत पुष्प सजावट से कार्यक्रम स्थल पर अतिथियों का स्वागत किया गया था। प्रधानमंत्री नरेंद्र मोदी के मंदिर परिसर में पहुंचते ही वहां पर उपस्थित अतिथियों ने उनका तालियां बजाकर स्वागत किया। क्रीम कलर के कुर्ते के साथ सफेद धोती और पटका पहनकर आए मोदी जी के हाथों में एक चांदी का छत्र भी था, जिसे लेकर वह मंदिर के गर्भगृह में पहुंचे और रामलला को यह छत्र भेंट किया।

प्राण प्रतिष्ठा बारह बज कर तीस मिनट से शुरू हो कर एक बजे के बीच चौरासी सेकेंड के शुभ मुहूर्त में की गई थी। इससे पहले प्राण प्रतिष्ठा से जुड़े सभी अनुष्ठान पूर्ण किए गए। प्राण प्रतिष्ठा के समय गर्भ गृह में प्रधानमंत्री नरेंद्र मोदी, उत्तर प्रदेश के मुख्यमंत्री योगी आदित्यनाथ, राष्ट्रीय स्वयं सेवक संघ के प्रमुख मोहन भागवत, उत्तर प्रदेश की राज्यपाल आनंदी बेन पटेल उपस्थित रहे। प्राण प्रतिष्ठा के बाद सोने की शलाका से रामलला की मूर्ति की आंखों पर बंधी पट्टी हटाई गई और प्राण प्रतिष्ठा समारोह विधिपूर्वक संपन्न हुआ। मूर्ति की प्राण प्रतिष्ठा का अनुष्ठान काशी के विद्वान ब्राह्मणों ने पूर्ण कराया था।

रामलला की मूर्ति का अनावरण होने पर भारतीय वायु सेना के हेलीकॉप्टरों ने श्रीराम जन्मभूमि मंदिर परिसर में फूलों की वर्षा की। पूरा मंदिर परिसर समारोह में मौजूद लोगों द्वारा लगाए जा रहे 'जय श्री राम' के नारों से गूंज रहा था। प्रांगण में बडी बडी स्क्रीन लगाई गई थी। इसी के साथ देश भर के मंदिरों और चौराहों पर भी स्क्रीन लगई गई थी करोड़ों लोग टेलीविजन और ऑनलाइन मंचों पर इस कार्यक्रम का सीधा प्रसारण देख रहे थे। यह पावन अवसर पूरे देश को आनंद और उत्साह से भर देने वाला था।

मंच से गोविंद देव गिरी जी महाराज ने प्रथम संबोधन किया और उनके बाद योगी आदित्यनाथ और मोहन भागवत ने भी सभी को संबोधित किया। उत्तर प्रदेश के मुख्यमंत्री योगी आदित्यनाथ ने अपने संबोधन में कहा कि प्रभु रामलला के भव्य, दिव्य और नव्य धाम में विराजने की आप सभी को कोटि कोटि बधाई। मन भावुक है। निश्चित रूप से आप सब भी ऐसा महसूस कर रहे होंगे। आज इस ऐतिहासिक अवसर पर भारत का हर नगर, हर ग्राम अयोध्या धाम है। हर मन में राम नाम है। हर आंख हर्ष और संतोष के आंसू से भीगी है। हर जुबान राम नाम जप रही है।

राष्ट्रीय स्वयं सेवक संघ के प्रमुख मोहन भागवत ने प्राण प्रतिष्ठा के बाद कहा कि आज अयोध्या में रामलला के साथ भारत का स्व लौटकर आया है, मन में जो भावनाएं हैं उन्हें व्यक्त करना बहुत मुश्किल है। उन्होंने रामलला के प्राण प्रतिष्ठा अनुष्ठान के लिए नरेंद्र मोदी जी द्वारा किए गए कठोर तप का वर्णन भी किया।

प्रधानमंत्री नरेंद्र मोदी ने रामलला की प्रतिमा के प्राण प्रतिष्ठा अनुष्ठान के लिए ग्यारह दिन का व्रत रखा हुआ था जिसे ट्रस्ट के कोषाधिकारी गोविंद देव गिरी जी महाराज ने अपने हाथों से चरणामृत पिलाकर खुलवाया। प्रधानमंत्री ने ग्यारह दिनों तक व्रत का पूरे विधि विधान से पालन किया था।

प्रधानमंत्री ने अपने संबोधन में कहा कि जिस मंदिर के निर्माण को कुछ लोग आग भड़काने वाला कहते थे वह देश की शांति धैर्य सद्भाव और एकता का प्रतीक है। उन्होंने कहा कि एक समय ऐसा भी था जब कुछ लोग कहा करते थे कि राम मंदिर बन जाएगा तो देश में आग लग जाएगी, हम देख रहे हैं कि यह निर्माण किसी अग्नि को नहीं बल्कि ऊर्जा को जन्म दे रहा है। भगवान राम को उनकी जन्मस्थली पर पहुंचाने का पावन कार्य आज पूरा हो गया है। प्राण प्रतिष्ठा अनुष्ठान के बाद राम भक्तों में उत्सव का माहौल है, पूरा देश आज राममय नजर आ रहा है। इस अवसर पर सभी से अपील करते हुए उन्होंने कहा कि रामलला अपने भव्य मंदिर में विराजमान हो गए हैं, इस पुनीत अवसर पर सभी देशवासियों से मेरा आग्रह है कि रामज्योति प्रज्वलित कर अपने घरों में भी उनका स्वागत करें, जय सियाराम।

रामलला के प्राण प्रतिष्ठा समारोह में भाग लेने के लिए देश भर से बहुत बड़ी संख्या में साधु संत आये थे। जगद्गुरु रामभद्राचार्य, बागेश्वर धाम के महाराज धीरेंद्र शास्त्री, योग गुरु स्वामी रामदेव, श्री श्री रविशंकर, मोरारी बापू, स्वामी चिदानंद सरस्वती आदि के साथ ही अखिल भारतीय इमाम संगठन के मुख्य अहमद इलियासी भी पहुंचे थे इनके अलावा बड़ी संख्या में साधु संत सम्मिलित हुए थे।

समारोह में सम्मिलित होने वाली परंपराओं में शैव, वैष्णव, शाक्त, गणपत्य, पत्य, सिख, बौद्ध, जैन, कबीरपंथी, वाल्मीकि, दशनाम शंकर, रामानंद, रामानुज, निंबार्क, मद्धव, विष्णु नामी, रामसनेही, घीसा पंथ, गरीबदासी, गौड़ीया, असम से शंकरदेव, माधवदेव, इस्कॉन, रामकृष्ण मिशन, चिन्मय मशीन, भारत सेवाश्रम संघ, गायत्री परिवार, अनुकूल चंद, ठाकुर परंपरा, उड़ीसा का महिमा समाज, पंजाब से अकाली, निरंकारी, नामधारी, राधास्वामी व स्वामीनारायण, वारकरी, वीर शैव आदि प्रमुख थी।

प्राण प्रतिष्ठा समारोह में पच्चीस वाद्य यंत्रों के मंगलवादन से रामलला का अभिनंदन किया गया था, इनमें उत्तर प्रदेश के पखावज, बांसुरी और ढ़ोलक, उत्तराखंड का हुड़का, दिल्ली की शहनाई, पंजाब के अलगोजा, राजस्थान का रावणहत्था, बिहार के पखावज, मध्यप्रदेश के संतूर, झारखंड का सितार, गुजरात का संतार, महाराष्ट्र की सुंदरी, उड़ीसा के मर्दल, मणिपुर के पुंग, असम के नगाड़ा, काली, छत्तीसगढ़ के तंबूरा, पश्चिम बंगाल का श्रीखोल, सरोद, आंध्रप्रदेश का घटम, तमिलनाडु का नागस्वरम, तविल और मृदंगम, कर्नाटक की वीणा शामिल थे।

फिल्म और उद्योग जगत की तमाम दिग्गज हस्तियां भी इसमें शामिल हुई थीं, महानायक अमिताभ बच्चन अपने पुत्र अभिषेक बच्चन और उद्योगपति मुकेश अंबानी अपने पूरे परिवार के साथ शामिल हुए थे, साथ ही अनिल अंबानी सहित देश की अन्य कई हस्तियां और खिलाड़ी शामिल हुऐ थे। पूर्व भारतीय क्रिकेटर सचिन तेंदुलकर और बॉलीवुड की हस्तियों में अभिनेता अनुपम खेर,

अभिनेता जैकी श्रॉफ, अरुण गोविल, अभिनेत्री माधुरी दीक्षित नेने, कैटरीना कैफ विक्की कौशल, रणबीर कपूर और आलिया भट्ट, आयुष्मान खुराना, हेमा मालिनी, कंगना रनौत, निर्देशक रोहित शेट्टी, मधुर भंडारकर, सुभाष घई आदि के अलावा दक्षिण भारत के सुपर स्टार चिरंजीवी, रजनीकांत और राम चरण तथा पवन कल्याण भी पहुंचे थे। प्राण प्रतिष्ठा समारोह में कई गायक कलाकार भी भाग लेने पहुंचे थे जिनमें अनुराधा पौडवाल, सोनू निगम, अनूप जलोटा, कैलाश खेर, जुबिन नौटियाल, शैफाली शाह साहित बहुत से कलाकार थे। इस अवसर पर सोनू निगम और शंकर महादेवन के साथ अनुराधा पौडवाल और कई कलकारों ने अपने गीतों से समां बांध दिया था।

अविस्मरणीय पल का साक्षी बनने पहुंची साध्वी ऋतंभरा और साध्वी उमा भारती जब समारोह में आमने सामने हुई तो अति भावुक हो गई। मंदिर निर्माण का सपना साकार होने पर दोनों के नेत्रों से खुशी की अश्रुधारा बहने लगी थी। रामलला की प्राण प्रतिष्ठा के इस अद्भुत बहुप्रतीक्षित क्षण का दर्शन करने पहुंचे अभिनेता खिलाड़ी और सभी अतिथि पुण्य के भागीदार बन गए थे। आयोजन में पधारे अतिथियों के परिधान भी भारतीय संस्कृति के परिचायक थे, भगवा, पीत और श्वेत वस्त्रों में संत समाज का तेज भी दमक रहा था। भगवान श्रीराम के प्राण प्रतिष्ठा कार्यक्रम के बाद समूचे भारतवर्ष में हर्ष और उल्लास का माहौल था। रामलला के विग्रह की प्राण प्रतिष्ठा समारोह में रामनाम की त्रिवेणी बह रही थी।

अमेरिका के अलग अलग शहरों से भी बहुत से रामभक्त प्राण प्रतिष्ठा समारोह में उपस्थित हुए थे। लेकिन, आमंत्रण के बाद भी मंदिर आंदोलन में भाग लेने वाली शिवसेना के एक धड़े ने इस समारोह में भारतीय जनता पार्टी के साथ राजनीतिक मतभेद के कारण भाग नहीं लिया था। कांग्रेस और वामपंथियों सहित कई विपक्षी दलों के नेताओं ने भी इस समारोह से दूरी बना कर रखी थी। किसी कारण वश शंकराचार्यों ने भी समारोह में भाग नहीं लिया था।

श्रीराम जन्मभूमि तीर्थ क्षेत्र ट्रस्ट की ओर से समारोह में उपस्थित हुए सभी अतिथियों को एक विशेष उपहार भेंट किया गया था, जिसमें अयोध्या पर एक पुस्तक, एक धातु का दीया, एक तुलसी माला और भगवान राम के नाम वाला एक दुपट्टा शामिल था। उस थैले में लड्डू, चिप्स, रेवड़ी, काजू और किशमिश का डिब्बा भी दिया गया था।

भगवान रामलला पांच वर्ष के बच्चे के रूप में खड़ी मुद्रा में स्थापित किए गए हैं, अतः प्राण प्रतिष्ठा के बाद भगवान श्रीराम की प्रतिमा का नाम 'बालक राम' रखा गया है। रामलला की जिस मूर्ति का चयन श्रीराम मंदिर के लिए किया गया है उसकी विशेषता है कि पैर की अंगुली से ललाट तक रामलला की मूर्ति की कुल ऊंचाई इक्यावन इंच और आसन की ऊंचाई एक फीट छह इंच है, इसका भार लगभग एक सौ पचास से दो सौ किलो है। मूर्ति के शीष पर मुकुट व आभामंडल है। श्रीराम की भुजाएं घुटनों तक लंबी हैं और मस्तक सुंदर, आंखे बड़ी बड़ी और ललाट भव्य है। कमल दल पर खड़ी मुद्रा की मूर्ति में पांच वर्ष के बच्चे की बाल सुलभ कोमलता झलकती है। बाल रामलला एक हाथ में तीर व एक में धनुष लिए हुए हैं। यह विशेष मूर्ति श्याम शिला से निर्मित की गई है, श्याम शिला की आयु हजारों वर्ष हैं और यह जल रोधी होती है, चंदन, रोली आदि लगाने से मूर्ति की चमक कभी प्रभावित नहीं होती है।

प्राण प्रतिष्ठा के समय भगवान बालक राम के आभूषण देख कर ही आँखें चौंधिया रही थी बालक राम भगवान का मुकुट उत्तर भारतीय परंपरा में स्वर्ण निर्मित है, इसमें माणिक्य, पन्ना और हीरे जड़े हुए हैं। इस मुकुट में पिचहेत्तर कैरेट के हीरे, एक सौ पैंतीस कैरेट के पन्ने एवं दो सौ बासठ कैरेट के माणिक्य लगे हुऐ हैं, मुकुट के ठीक मध्य में भगवान सूर्य हैं। चौबीस कैरट स्वर्ण से निर्मित मुकुट का भार एक किलो सात सौ ग्राम है, जिसका पीछे का आभा मंडल पांच सौ ग्राम का हैकुंडल में स्वर्ण, हीरे, माणिक्य और पन्ने से मयूर आकृतियां बनी हैं।

गले में अर्द्धचंद्राकार रत्नों से जड़ित कंठा सुशोभित है, जिसमें मंगल का विधान रचते पुष्प और मध्य में सूर्यदेव हैं। कंठे के नीचे पन्ने की लड़ियां लगाई गई हैं जिसमें पचास कैरेट के हीरों के साथ एक सौ पचास कैरेट के माणिक्य व तीन सौ अस्सी कैरेट के पन्ने जड़े हुए हैं। कंठे का भार पांच सौ ग्राम है।

मस्तक पर पारंपरिक तिलक हीरे और माणिक्य से निर्मित किया गया है, जिसके मध्य में तीन कैरेट का माणिक्य और आस पास दस कैरेट के हीरे शोभा बढ़ा रहे हैं। तिलक का भार सौलह ग्राम है।

भगवान के प्रभा मंडल पर सोने का छत्र है। गले में रंग-बिरंगे फूलों की आकृतियों वाली वनमाला है।

कंठ से नीचे व नाभिकमल से ऊपर पदिक पहनाया गया है। यह हीरे और पन्ने का पांच लड़ियों वाला है, जिसके नीचे एक बड़ा सा अलंकृत पेंडेंट है। जिसमें अस्सी कैरेट के हीरे साठ कैरेट के पोलकी व पांच सौ पचास कैरेट के पन्ने लगे हैं। पदिक का भार छह सौ पचास ग्राम है। उनके लिए बने सोने के हार विजयमाल में माणिक्य लगे हैं, इसमें वैष्णव परंपरा के समस्त मंगल चिह्न, सुदर्शन चक्र, पद्मपुष्प, शंख और मंगल कलश को दर्शाया गया है। पांच प्रकार के पुष्पों कमल, चंपा, पारिजात, कुंद और तुलसी का भी अलंकरण किया गया है। विजयमाला लगभग दो किलोग्राम की है।

हृदय में कौस्तुभमणि को धारण कराया गया है, जिसे एक बड़े माणिक्य और हीरों से सजाया गया है।

भगवान के कमर में रत्नजड़ित करधनी है, छोटी छोटी पांच घंटियां भी इसमें लगी हैं। इन घंटियों से मोती, माणिक्य और पन्ने की लड़ियां भी लटक रही हैं। करधनी में सात सौ पचास ग्राम स्वर्ण सत्तर कैरेट हीरा और आठ सौ पचास कैरेट का माणिक्य और पन्ना उपयोग में लाया गया है। भगवान बालक राम के सात सौ पचास ग्राम के कमरबंद में सत्तर कैरेट का हीरा व आठ सौ कैरेट का माणिक्य और पन्ना लगा हुआ है।

दोनों भुजाओं में स्वर्ण और रत्नों से जड़ित भुजबंध पहनाए गए हैं। चार सौ ग्राम का भुजबंध बालक राम दोनों भुजाओं में धारण किये हुऐ हैं। रत्नजड़ित सुंदर कंगन और मुद्रिकाएं सुशोभित हैं, जिनमें से मोतियां लटक रही हैं। प्रभु आठ सौ पचास ग्राम सोने एक सौ कैरेट हीरा और तीन सौ बीस कैरेट माणिक्य और पन्ने जड़ित कंगन धारण किये हुऐ हैं। दाएं हाथ में पैंसठ ग्राम की

पन्ने की अंगूठी है जिसमें चार कैरेट हीरे और तैतीस कैरट पन्ने लगे हैं, उसके साथ ही बांए हाथ की माणिक्य वाली अंगूठी छब्बीस ग्राम की है।

भगवान के बाएं हाथ में सोने का धनुष है, जिस पर एक किलोग्राम शुद्ध चौबीस कैरेट सोना चढ़ाया गया है। इसमें मोती, माणिक्य और पन्ने की लटकनें लगी हैं। दाहिने हाथ में स्वर्ण का बाण धारण कराया गया है।

भगवान के पैरों में रत्नजड़ित हीरे और माणिक्य जड़े छड़े हैं। साथ ही सोने की पैजनियां हैं। चरणों के नीचे सुसज्जित कमल व स्वर्णमाला है। पांच सौ साठ ग्राम की पैंजनियां और पैरों में कमल दल के नीचे तीन सौ पच्चीस ग्राम की माला धारण किये हुए हैं।

बालक राम भगवान पांच वर्ष के बालक रूप में विराजे हैं, इसलिए पारंपरिक ढंग से उनके सम्मुख खेलने के लिए चांदी से निर्मित खिलौने झुनझुना, हाथी, घोड़ा, ऊंट, खिलौना गाड़ी आदि रखे गए हैं।

सभी आभूषणों का निर्माण लखनऊ स्थित सर्वणकार के एक सौ बत्तीस कारीगरों ने मात्र पन्द्रह दिन में किया था। यह आभूषण प्राण प्रतिष्ठा उत्सव और विशेष पर्व के दृष्टिगत तैयार किए गए थे। सामान्य दिनों में पहनने के लिए अन्य आभूषण तैयार कराए जा रहे थे।

भगवान बालक राम के वस्त्र का नाम 'शुभ वस्त्रम' रखा गया है। सनातन परंपरा के अनुसार मंगल अनुष्ठानों में पीला और लाल रंग का विशेष अभिप्राय है। बालक राम बनारसी जरी की पीतांबर धोती, लाल रंग के पटुके व कमरबंध में सुशोभित हैं। श्रीराम पीतांबर धारण करते हैं और लाल रंग सूर्यवंशी होने का प्रतीक है। इन वस्त्रों पर असली सोने के जरी और तारों से काम किया गया है, जिनमें वैष्णव मंगल चिह्न शंख, पद्म, चक्र और मयूर अंकित हैं। पीले रंग का वस्त्र विशेष रूप से वाराणसी में तैयार करवाया गया था। इसमें सोने और चांदी के तारों से कढ़ाई की गई थी। इन वस्त्रों का निर्माण दिल्ली के वस्त्र सज्जाकार ने पन्द्रह लोगों की टीम के साथ अयोध्या धाम में रहकर किया था।

भगवान बालक राम के सम्मुख ही रामलला विराजमान आसीन हैं, उनके साथ भरत, लक्ष्मण और शत्रुघ्न के बालस्वरूप भी विराजित हैं। लंबे समय तक टेंट में रामलला विराजमान को देखकर भक्त जो पीड़ा सह रहे थे प्राण प्रतिष्ठा समारोह के बाद उस दुख का अंत हो गया है।

अपनी जन्मभूमि पर मंदिर का निर्माण होने तक दशकों से रामलला भले ही टेंट के बने मंदिर में विराजमान रहे हों और उनके दर्शन एवं पूजा के लिए कानूनी पाबंदियां लगाई गई हों, लेकिन देश के कोने कोने से भगवान के भक्त अपने आराध्य की एक झलक देखने के लिए सदैव अयोध्या पहुंचते रहे हैं। परन्तु अब सभी कानूनी पाबंदियां समाप्त हो गई हैं, इससे पहले मंदिर निर्माण होने तक सरकार ने नियम के अनुसार ही रामलला के दर्शन की आज्ञा दी हुई थी, अब इस पूरे प्रंगण में श्रीराम जन्मभूमि तीर्थ क्षेत्र ट्रस्ट के नियम लागू होते हैं।

प्राण प्रतिष्ठा के बाद रामलला विराजमान की सेवा में लगे रहे अर्चकों ने ही नये गर्भगृह में सेवा का दायित्व संभाल लिया था। इसमें पांच पुजारी व चार कर्मचारी शामिल रहे थे।

रामलला के वस्त्र

रामलला भगवान को दिन के अनुरूप ही निर्धारित वस्त्र धारण कराए जाएंगे। प्राण प्रतिष्ठा के दिन भगवान को विशिष्ट दिन होने के कारण पीला वस्त्र धारण कराया गया था। प्राण प्रतिष्ठा के बाद प्रभु श्रीराम के बालरूप रामलला को दिन के अनुसार वस्त्रों के रंग की परंपरा नए मंदिर में भी जारी रहेगी।

रामलला को प्रतिदिन स्नान, श्रृंगार के बाद नए वस्त्र पहनाए जाने के बाद उनकी आरती की जाती है, जिसके बाद ही श्रद्धालु रामलला के दर्शन कर सकते हैं।

रामलला के वस्त्र एक बच्चे की तरह प्रतिदिन बदले जाते हैं और प्रतिदिन उन्हें विभिन्न रंग के वस्त्र पहनाएं जाते है, जिसका एक विशेष अर्थ होता है। रामलला सोमवार के दिन सामान्य दिनों में सफेद रंग धारण करते हैं, लेकिन विशेष अवसर पर पीले वस्त्र धारण करेंगे। मंगलवार के दिन भगवान को लाल वस्त्र पहनाया जाता है, बुधवार के दिन हरा, गुरुवार के दिन के लिए पीले वस्त्र होते हैं, यह वस्त्र श्रीराम जन्मोत्सव में विशेष रूप से भगवान को धारण कराऐ जाते हैं, पीला रंग बहुत ही शुभ माना जाता है, शुक्रवार को हल्का बादामी, शनिवार को नीला व रविवार को गुलाबी स्वर्ण धागे से युक्त वस्त्र धारण किया जाता है।

बच्चों की तरह ही रामलला कपड़ों के भी बड़े शौक़ीन हैं, चटक रंग उन्हें खूब भाता है और एक दिन पहनाए गए वस्त्रों को दोबारा नहीं पहनाया जाता है। रामलला के लिए अलग से वस्त्र तैयार होते हैं, वस्त्रों के साथ ही उसी रंग का दुपट्टा भी पहनाया जाता है। जिस दिन जिस रंग के वस्त्र रामलला धारण करते हैं, उसी रंग का उनका बिस्तर और पर्दा भी होता है। लगभग ग्यारह मीटर कपड़े से रामलाल के लिए एक दिन के वस्त्र तैयार होते हैं, गर्मियों में सूत के जबकि सर्दियों में मख़मल के कपड़ों से भगवान के वस्त्र तैयार किए जाते हैं।

श्रीराम जन्मोत्सव, रामनवमी और दिवाली जैसे त्यौहारों के अवसर पर रामलला को पीले वस्त्र ही धारण कराए जाते हैं, भले ही त्यौहार किसी भी दिन पड़ रहा हो।

रामलला के लिए वस्त्र तैयार करने का काम पीढ़ियों से एक ही परिवार के सदस्य अयोध्या के प्रमोद वन इलाके में रहने वाले बाबू लाल टेलर कर रहे हैं, पहले इस दुकान के मुखिया कपड़ों को सिलते थे, अब उनके बेटे इस काम को करते हैं। बाबू लाल का परिवार चार पीढ़ियों से रामलला के लिए वस्त्र बना रहा है। भगवान श्रीराम के लिए वस्त्रों को तैयार करने का सिलसिला हमेशा चलता रहता है। रामनगरी अयोध्या में लगभग छह हजार से अधिक मंदिर हैं, अधिकतर मंदिरों में भगवान के वस्त्रों की सिलाई की जिम्मेदारी इसी परिवार के पास है।

रामलला का भोजन

श्रीराम जन्मभूमि मंदिर में बालस्वरूप में विराजमान रामलला की अबोध बालक की तरह से ही सेवा और पूजा की जाती है, उन्हें एक दिन में तीन बार अलग अलग प्रकार के व्यंजन का भोग लगाया जाता है, दिन में तीन बार भोग और उनकी आरती की जाती है।

अपने भवन में विराजमान रामलला के ठाट बाट देखने योग्य होते हैं, जिस प्रकार से घर में एक अबोध बालक की देखरेख और खाने पीने का ध्यान रखा जाता है, ठीक उसी प्रकार से बालस्वरूप में विराजमान रामलला की भी सेवा पूजा की जाती है। मौसम के अनुसार ही रामलला के भोग अर्थात भोजन में भी बदलाव किया जाता है, प्रत्येक महीने पड़ने वाली शुक्ल पक्ष और कृष्ण पक्ष की दो एकादशी के दिन रामलला भी उपवास पर होते हैं, इस दिन मौसम के अनुरूप फलाहार का भोग लगाया जाता है।

पहला बाल भोग प्रातः काल में पट खुलने के पहले लगाया जाता है, प्रातः की आरती के बाद रामलला को भोग में तीन किलोग्राम रबड़ी और इतने ही पेडे प्रस्तुत किए जाते हैं। भोग के बाद रबड़ी पेड़ों का प्रसाद भी वितरित किया जाता है। अयोध्या की संत परंपरा के अनुरूप इस भोग को बाल भोग नाम दिया गया है। बाल भोग में कभी कभी कभी पंचमेव और मिश्री भी होती है। उसके बाद ही अपनी जन्मभूमि के मंदिर में विराजमान रामलला के दर्शन पूजन के लिए आम श्रद्धालुओं का आवागमन आरंभ होता है।

आम श्रद्धालुओं के दर्शन पूजन आरंभ होने के पहले रामलला की शृंगार आरती होती है, उसके बाद मध्यान अर्थात दोपहर में रामलला के सम्मुख राजभोग प्रस्तुत किया जाता है, सामान्य दिनों के राजभोग में चावल, दाल, रोटी, सब्जी होती है। पूर्णिमा और अमावस्या के दिन रामलला को पूडी, सब्जी, हलवा और खीर परोसी जाती है। एकादशी को व्रत के दिन राजभोग में कुट्टू अथवा सिंघाड़ा के आटे की पूडी, पकौड़ी और हलवा सहित सेंधा नमक से बनी हुई सब्जी शामिल होती है। राजभोग ग्रहण करने के बाद रामलला लगभग दो घंटे शयन कक्ष में विराजते हैं, उस समय मध्यान्ह दो बजे तक श्रद्धालुओं के लिए दर्शन बंद रहते हैं। गर्भ गृह के पट खुलते ही धूप आरती के साथ स्वादिष्ट पेड़े का भोग लगाया जाता है। शाम को संध्या आरती होती है, सांय आरती के बाद रामलला को संध्या भोग भी लगाया जाता है, इसमें वही व्यंजन शामिल होते हैं जो दिन के समय में राज भोग में रहते हैं। इसके बाद रामलला शयन कक्ष में विराजमान हो जाते हैं।

श्रीराम जन्मोत्सव के विशेष अवसर पर सूखी धनिया, सिंघाड़े एवं कुट्टू के आटे की दो क्विंटल से अधिक पंजीरी बनाई जाती है, पंचामृत के साथ इसी पंजीरी का भोग लगाया जाता है। होली, दीपावली और दशहरा जैसे पर्व पर रामलला को विशेष भोग लगता है, इसमें पूड़ी सब्जी, पकौड़ी, मालपुआ, गुझिया, हलवा और खीर सहित भांति-भांति के व्यंजन शामिल होते हैं।

रामलला का भोग शुद्ध देसी घी से तैयार किया जाता है, पूड़ी पकौड़ी भी इसी में तली जाती हैं। भोग की नित्य व्यवस्था के अतिरिक्त श्रदालु अपने स्तर से भी भोग लगवाते हैं, कभी कभी बाल भोग में दुर्लभ मिष्ठान भी शामिल होते हैं तो कभी इसे छप्पन भोग के रूप में भी प्रस्तुत किया जाता है।

विशाल और नव्य एवं भव्य मंदिर में विराजित होने के बाद रामलला के भोजन में भी कुछ परिवर्तन किए गए हैं, ग्रीष्म ऋतु के दृष्टिगत अब उनके भोग में दही भी शामिल हो गई है, इसके साथ ही पहली बार भगवान को मधुपर्क अर्थात मधु, दही, घी और जल के मिश्रण का अर्पण किया जाने लगा है। उनके सम्मुख नित्य पांच बार सोने के कटोरे में इस विशेष पेय पदार्थ को निवेदित किया जाता है। इसकी शुरुआत प्रातः चार बजे से होती है, मंगला आरती से पूर्व इसका अर्पण होता है। दिन में जब भी आरती होती है या आराध्य को बालभोग, जलपान अर्पित किया जाता है तो उससे पहले मधुपर्क प्रस्तुत किया जाता है। जब भगवान टेंट के वैकल्पिक गर्भगृह में भी विराजित थे तो उस समय पूजा पाठ और राग भोग का संक्षिप्त विधान था, जिसे अब वृहत्तर बना दिया गया है। वर्तमान में श्रीराम जन्मभूमि तीर्थ क्षेत्र ट्रस्ट के संयोजन में रामलला की पूजा पद्धति व राग भोग को विधि पूर्वक संपादित किया जा रहा है।

रामलला की प्राण प्रतिष्ठा का कार्यक्रम ऐतिहासिक रहा था। सभी हिन्दू धर्मावलंबियों के घर पर भगवा पताका लहरा रहे थे और पूरे देश में दीपावली मनने लगी थी। शाम को अयोध्या का सरयू तट भी दीपों से जगमगाता दिखाई दिया। ऐसा पहली बार हुआ था जब पूरे देश के लोगों ने दो बार दीपावली मनाई थी, घर घर दीप जलाए गए थे। जमकर पटाखे फोड़े गए थे। मर्यादा पुरुषोत्तम श्रीराम के प्रति अपार भक्ति की ऐतिहासिक मिसाल देखने को पहली बार मिली थी। ऐसा लगा जैसे पूरा वातावरण ही भगवान श्रीराम का आह्वान कर रहा था। शहरी क्षेत्र के अलावा ग्रामीण क्षेत्रों में भी वातावरण पूर्ण रूप से राम मय बन गया था।

विदेशों में भी हिन्दू समुदाय ने धूमधाम से अनेको आयोजन किये थे। विदेशी समाचार पत्रों में भी अयोध्या में भगवान श्रीराम की प्राण प्रतिष्ठा की पूरी धूम रही थी, ब्रिटेन से संचालित 'बीबीसी' ने प्राण प्रतिष्ठा के समाचार को प्रमुखता से प्रकाशित किया था। कतर से संचालित होने वाले 'अलजजीरा' ने भी इस समाचार को प्रमुखता दी थी। ब्रिटेन के दैनिक समाचार पत्र 'गार्डियन' ने भी प्रमुखता से प्रकाशित किया था। अमेरिका के प्रमुख समाचार पत्र 'न्यूयॉर्क टाइम्स' ने भी प्राण प्रतिष्ठा समारोह पर एक विस्तृत समाचार प्रकाशित किया था। फ्रांस 24' ने भी इस समाचार को प्रमुखता से प्रकाशित किया था। इसके साथ ही अन्य कई देशों के समाचार पत्रों ने भी इस समाचार को प्रमुखता के साथ प्रकाशित किया था।

भगवान बालक राम की मूर्ति का मूल काशी से ही जुड़ा हुआ है। जिस रेखाचित्र के आधार पर इसे तैयार किया गया है, वह चित्र काशी के कलाकार महात्मा गांधी काशी विद्यापीठ के

ललितकला विभाग के अध्यक्ष डॉक्टर सुनील विश्वकर्मा ने बनाया था। फरवरी 2023 के दूसरे सप्ताह में श्रीराम जन्मभूमि तीर्थ क्षेत्र ट्रस्ट ने देश के लगभग बयासी कलाकारों से भगवान श्रीराम की प्रतिमा के लिए रेखांकन का प्रारूप मांगा था। पांच सदस्यीय ज्यूरी ने सभी रेखाचित्रों का अवलोकन करने के बाद तीन कृतियां चयनित की थी। दूसरे चरण में चयन समिति व प्रमुख ट्रस्टी ने मूर्तिकारों की बैठक बुलाई थी। इसके बाद 24 अप्रैल 2023 को नई दिल्ली स्थित प्रधानमंत्री संग्रहालय की लाइब्रेरी में तीनों चित्रकारों को भी बुलाया गया था। विचार विर्मश करने के बाद इन चित्रों के आधार पर ही तीनों शिल्पियों ने अलग अलग पाषाण खंडों से तीन प्रतिमाएं तैयार की थी, बाद में इन प्रतिमाओं की भाव भंगिमाओं आदि का विश्लेषण हुआ था और डाक्टर सुनील विश्वकर्मा के रेखांकन पर आधारित अरुण योगीराज द्वारा निर्मित प्रतिमा को मंदिर के गर्भगृह में स्थापित किया गया था। रामलला की मूर्ति निर्मित करने वाले अरुण योगीराज ने एक इंटरव्यू में कहा था कि, मुझे लगता है कि मैं अब दुनिया का सबसे भाग्यशाली व्यक्ति हूं, मेरे पूर्वजों, परिवार के सदस्यों और भगवान रामलला का आशीर्वाद हमेशा मेरे साथ रहा है। कभी कभी मुझे ऐसा लगता है कि मैं स्वप्नलोक में हूं। उन्होंने आगे कहा कि प्राण प्रतिष्ठा के बाद जब मैंने रामलला के दर्शन किए तो वे बिलकुल बदल चुके थे, जब मैंने रामलला की मूर्ति बनाई थी तो उस समय वह अलग थे, इस समय उनके आभा मंडल पर अद्भुत चमक थी और छवि बिल्कुल अलग दिख रही थी। मुझे लगा कि जिस मूर्ति को मैंने बनाया था, वह यह नहीं है, ये मेरा काम नहीं है, ये तो बहुत अलग दिखते हैं और अब तो भगवान ने अलग ही रूप ले लिए हैं।

प्राण प्रतिष्ठा के ऐतिहासिक अनुष्ठान से देश की अर्थव्यवस्था पर भी काफी प्रभाव पड़ा था, उसमें भी सनातन अध्याय जुड़ गया था। कारोबारी संगठनों के पूर्व के सभी अनुमान ध्वस्त हो गए थे। उस समय देश भर के बाजारों ने लगभग एक लाख पच्चीस हजार करोड़ रुपये से अधिक का व्यापार किया था। इसमें सबसे बड़ा योगदान राम ध्वज, पटके, पोस्टर, बैनर, शोभायात्रा, बैंड बाजे, मंदिर के माडल, दीये, पटाखे और मिठाइयों की बिक्री के साथ भंडारे, राम उत्सव व एलईडी स्क्रीन से लाइव प्रसारण के आयोजन का रहा था, जिसके कारण 22 जनवरी 2024 को महा दीपावली कहा गया था।

बाजार इस राम लहर के लिए पहले से बिल्कुल तैयार नहीं थे। इसलिए देश भर में एलईडी स्क्रीन, हलवाई व बैंड बाजे वालों की किल्लत हो गई थी। पूरे देश के बाजारों में भक्ति के सैलाब के कारण इन सब की बहुत अधिक मांग आ गई थी। इसके अलावा तमाम निर्माता श्रीराम मंदिर के माडल के निर्माण में टूट पड़े थे और इन सब के बीच यह छोटे व्यापारियों व लघु उद्यमियों को मजबूती भी प्रदान कर गया था। देश भर में दस लाख से अधिक मंदिरों में लगभग पचास करोड़ लोगों ने पूजा अर्चना की थी, जिसमें पंचमेवा, पान की पत्ती और सुपारी का भी प्रयोग हुआ था।

कंफेडरेशन आफ आल इंडिया ट्रेडर्स अर्थात कैट के अनुसार राम उत्सव अनुष्ठान में देश भर में हुए एक लाख पच्चीस हजार करोड़ रुपये के कारोबार में अकेले उत्तर प्रदेश का योगदान ही चालीस हजार करोड़ रुपये व दिल्ली में पच्चीस हजार करोड़ रुपये से अधिक का व्यापार सामानों व सेवाओं के माध्यम से हुआ था। केवल दिल्ली में ही दो सौ करोड़ रुपये से अधिक के पटाखे छूटे थे। इतिहास में पहली बार दिल्ली के दिल कनॉट प्लेस में सवा लाख दीयों का प्रज्वलन तथा

भव्य राम उत्सव का आयोजन किया गया था। यहां के व्यापारियों ने लगभग पांच सौ किलो लड्डू प्रसाद के रूप में बांटे थे। लाइटिंग और लाइव प्रसारण सहित अन्य आयोजन में यहां के व्यापारियों ने एक दो दिन में ही लगभग पच्चीस लाख रुपये खर्च किए थे। यही हाल चांदनी चौक, खान मार्केट व सदर बाजार सहित अन्य का था। इसी से अनुमान लगाया जा सकता है कि पूर देश में किस प्रकार का उत्साह रहा था। देश के तीस हजार से अधिक व्यापारिक संगठनों ने देश भर में डेढ़ लाख से ज़्यादा कार्यक्रम आयोजित किए थे। अकेले 22 जनवरी को ही एक लाख से अधिक आयोजन हुए थे। इन कार्यक्रमों में प्रमुख रूप से दो हजार से अधिक शोभायात्रा, पांच हजार से अधिक श्रीराम फेरी, एक हजार से अधिक श्रीराम संवाद, दो हजार पांच सौ संगीतमय श्रीराम भजन व श्रीराम गीत कार्यक्रम आयोजित हुए थे। देश भर में व्यापारी संगठनों द्वारा बाजारों में पन्द्रह हजार से अधिक एलईडी स्क्रीन लगाई गई थी तथा पचास हजार से अधिक स्थानों पर सुंदरकांड, हनुमान चालीसा, अखंड रामायण एवं अखंड दीपक के कार्यक्रम किए गए थे। व्यापारियों द्वारा देश भर में चालीस हजार से अधिक भंडारे भी आयोजित किए गए थे।

दीपावली पर देश भर में लगभग सात से आठ करोड़ दीयों की मांग होती थी, लेकिन 22 जनवरी के लिए बीस करोड़ तक दीये बिके थे। मिठाईयों और लड्डुओं की भी अप्रत्याशित मांग दिखाई पड़ी थी, इसी के कारण मिठाईयों की भी पच्चीस से तीस प्रतिशत अधिक बिक्री हुई थी। दीपावली पर लोग बांटने के लिए ही मिठाई लेते हैं, लेकिन इस बार पूजा व भंडारे में भी मिठाई बांटी गई थी।

23 जनवरी 2024 को प्राण प्रतिष्ठा के अगले दिन रामनगरी में श्रद्धालुओं का ज्वार उमड़ पड़ा था। पहले दिन ही सुरक्षा तंत्र की तैयारीयां धरी की धरी रह गई थी। रोकथाम के बाद भी आस्था के कदम रोकने में प्रशासन असहाय दिखाई दे रहा था। उल्लास से परिपूर्ण रामभक्तों को रोकने में सुरक्षा कर्मियों के भी पसीने छूट रहे थे। रामभक्तों की अप्रत्याशित भीड़ ने शासन को भी चिंता में डाल दिया था।

प्रधानमंत्री नरेन्द्र मोदी और उत्तर प्रदेश के मुख्यमंत्री योगी आदित्यनाथ पहले ही कई बार दर्शन करने को लेकर श्रद्धालुओं से धैर्य एवं संयम बरतने की अपील कर चुके थे। ट्रस्ट भी इस विषय में पहले से ही अपील कर रहा था, कि लोग दर्शन के लिए हड़बड़ी के बजाय कुछ समय ठहर कर आराम से आएं, जिससे कि अव्यवस्था उत्पन्न नहीं हो। लेकिन, श्रद्धालु रामलला के दर्शन प्राप्त करने हेतु टूट पड़े थे। पैदल एवं गांव गलियों से होकर बहुत बड़ी संख्या में लोग रामनगरी पहुंच रहे थे। मंगलवार को पहली बार जब मंदिर के पट खुले थे तो परिसर के बाहर का दृश्य प्रशासन के लिए चौंकाने वाला था। लाखों की संख्या में श्रद्धालु रामलला की चौखट पर खड़े हुए थे। रामनगरी की ओर पैदल जा रहे लोगों को भी रोकने का प्रयास किया गया, लेकिन वह भी नहीं मान रहे थे।

भीड़ के नियंत्रण एवं प्रबंध की समीक्षा के लिए उत्तर प्रदेश के मुख्यमंत्री योगी आदित्यनाथ को भी अचानक रामनगरी आना पड़ गया था। उन्होंने हवाई सर्वे करते हुए व्यवस्थाएं देखीं तथा अधिकारियों को आवश्यक निर्देश भी दिए। उत्तर प्रदेश के प्रमुख सचिव गृह एवं पुलिस

महानिदेशक कानून व्यवस्था यहां पर पहले से ही कैंप कर रहे थे। दोनों वरिष्ठ अधिकारियों को स्वयं गर्भगृह में दर्शन व्यवस्था की कमान संभालनी पड़ रही थी। प्रधानमंत्री की सुरक्षा और प्राण प्रतिष्ठा महोत्सव को सकुशल संपन्न कराने के लिए प्रदेश के अन्य जिलों से आई अतिरिक्त फोर्स को भी यहीं पर रोक लिया गया था। सावधानी बरतते हुए यातायात की पाबंदियों को अभी जारी रखा गया था और जिले की सीमा में बाहरी वाहनों के प्रवेश पर रोक भी जारी रखी गई थी।

जन्मभूमि मंदिर में रामलला की प्राण प्रतिष्ठा के अगले दिन दर्शन से पहले बालक राम भगवान को प्रातः छह बजे प्रार्थना पूर्वक जगाया गया था, मंगला आरती के पश्चात उन्हें लाल रंग के स्वर्ण धागों से सुसज्जित वस्त्र धारण कराए गए थे। प्रातः लगभग सात बजे से श्रृंगार आरती हुई। अलौकिक रूप से सज्जित रामलला को रबड़ी, पंचमेवा, पेड़ा, लड्डू का बाल भोग अर्पित किया गया था। उस समय लगभग आधे घंटे तक आरती और पूजा होती रही थी। इस आरती के बाद ही रामलला के दर्शन का क्रम प्रारंभ हुआ और साढ़े ग्यारह बजे तक चला। बारह बजे भगवान को राजभोग लगाने के लिए पर्दा लगा दिया गया उसके बाद उन्हें आलू, मटर टमाटर की सब्जी, दाल, रोटी व हलुआ प्रस्तुत किया गया। इसके बाद मध्याह्न आरती हुई और साढ़े बारह बजे के लगभग शयन कराया गया। दोपहर एक बजे से पुनः दर्शन शुरू हुआ, जो शाम छह बजे तक चला। लगभग साढ़े छह बजे पंचमेवा अर्पित किया गया। आठ बजे संध्या आरती के बाद से रात्रि दस बजे तक दर्शन चला। उसके बाद भगवान को चावल दाल पूड़ी, सब्जी व खीर का भोग लगाया गया और शयन आरती हुई। नित्य की तरह कुछ ही भक्त श्रृंगार, मध्याह्न की भोग आरती व संध्या आरती में शामिल हुए थे।

प्रथम दिन पांच लाख से अधिक श्रद्धालुओं को सकुशल रामलला के दर्शन कराए गए थे और दर्शन का समय श्रद्धालुओं की अधिक संख्या को देखते हुए प्रातः सात बजे से दोपहर बारह बजे तक और दोपहर दो बजे से रात दस बजे तक कर दिया गया था। नवनिर्मित मंदिर में स्थापित होने के बाद रामलला के दर्शन के लिए न केवल भक्तों का ज्वार उमड़ रहा था, बल्कि भक्तों का निधि समर्पण भी चरम पर था। श्रीराम जन्मभूमि तीर्थ क्षेत्र ट्रस्ट के अनुसार, प्राण प्रतिष्ठा के बाद अगले दिन एक दिन में ही भक्तों ने रामलला को तीन करोड़ सत्रह लाख रुपये समर्पित किए थे। इस राशि में दर्शनार्थियों के अतिरिक्त देश विदेश के भक्तों की ओर से ट्रस्ट के खाते में ऑनलाइन दान भी शामिल था। भव्य, नव्य और दिव्य मंदिर में विराजे बालक राम के दर्शन के लिए लोगों में अति उत्साह था, श्रद्धालुओं की अप्रत्याशित संख्या शासन प्रशासन के लिए लगातार चुनौती बनी हुई थी। यहां पर एक दिन में ही दर्शनार्थियों की संख्या पांच लाख के पार जा पहुंची थी, इसी कारण तीर्थ क्षेत्र ट्रस्ट को नियमों में बदलाव करके दर्शन अवधि को बढ़ा कर शाम सात से रात दस बजे तक करना पड़ गया था, जबकि प्राण प्रतिष्ठा से पहले शाम सात बजे मंदिर बंद हो जाता था।

प्रभु श्रीराम जी की नगरी में संपूर्ण भारत और विदेशों से लगातार प्रति दिन हजारों लाखों की संख्या में श्रद्धालु रामभक्त पहुंच रहे हैं और इस पवित्र स्थान पर आ कर रामलला की चौखट पर उनके दर्शन लाभ को प्राप्त कर रहे हैं, प्रभु की नगरी में यह क्रम अनवरत जारी है। वर्तमान नियमों के अन्तर्गत मंदिर में सुरक्षा कारणों से मोबाइल, पेन व इलेक्ट्रानिक सामान आदि ले

जाने पर पूरी तरह से रोक है, केवल पर्स व चश्मा लेकर भीतर जा सकते हैं। मंदिर में प्रसाद ले जाने की भी मनाही है, इसके साथ ही नारियल, फूल, माला या कोई अन्य वस्तुएं भी रामभक्त वहां नहीं ले जा सकते हैं।

भगवान श्रीराम के भक्त लगातार श्रृंगार, भोग व संध्या आरती में शामिल होने के लिए भी आते हैं। आरती में भाग लेने की सुविधा के लिए ट्रस्ट की ओर से पास जारी करने का भी प्रवधान किया गया है। आधार कार्ड व अन्य पहचान पत्र दिखा कर पूरी तरह से निशुल्क पास की सुविधा दी गई है। पास के लिए ऑफलाइन व ऑनलाइन दोनों प्रकार की व्यवस्था है। ऑनलाइन पास बनवाने के लिए ट्रस्ट की वेबसाइट पर जाकर रजिस्ट्रेशन भी कर सकते हैं।

श्रीराम भक्तों की आस पूरी हुई है, पिछले कुछ वर्षों में मंदिर निर्माण के विषय में लंबा राजनीतिक विवाद भी देखने को मिला था, जिसमें आरोप प्रत्यारोप भी हुए, कीचड भी उछला और राजनीतिक छल भी हुए, लेकिन इसके बाद जिस प्रकार से शांतिपूर्ण और भावपूर्ण माहौल में श्रीराम मंदिर का निर्माण संपन्न हुआ है। इस प्रकार से भव्य नव्य मंदिर की पुनः स्थापना से न केवल पूरे देश की सांस्कृतिक और धार्मिक ताकत को बढ़ाने का अवसर मिला है, इसके साथ ही शेष विश्व के लोगों को भी सबसे लोकतांत्रिक कल्याणकारी राज्य के स्वरूप के दर्शन प्राप्त होंगे और मर्यादा पुरुषोत्तम भगवान श्रीराम के साथ संबंध स्थापित करने का अवसर प्राप्त होगा। विश्व के अंतिम छोर तक भारत के लोकतंत्र की आवाज को पहुंचाने के लिए भी सम्पूर्ण महत्व मिलेगा।

श्रीराम जन्मभूमि पर मंदिर का निर्माण होने से अयोध्या की तस्वीर बदलने की शुरुआत भी हो चुकी है। अब तक अयोध्या के विकास के लिए इतनी वृहत्तर योजनाएं नहीं बनाई गईं थीं जितनी कि वर्तमान समय में बनीं हैं। मंदिर निर्माण से रामनगरी का आर्थिक तंत्र भी तेजी से विकसित हुआ है। पर्यटन उद्योग के सभी आयामों में अभूतपूर्व बढ़ोतरी हो रही है और इससे रोजगार की नई संभावनाएं विकसित हुई। होटल इंडस्ट्री, फूड इंडस्ट्री और रियल स्टेट कारोबार ने भी नई ऊंचाइयों को छूआ है।

अयोध्या मंदिरों का शहर है यह नगरी सदियों से हिन्दुओं की आस्था का शीर्षस्थ केंद्र रही है। श्रीराम मंदिर के साथ ही पर्यटन की दृष्टि से भी यहां पर बहुत सी धार्मिक और पुरातात्त्विक एवं एतिहासिक इमारतें स्थित हैं, इनमें हनुमान गढ़ी, कनक भवन, दशरथ महल, रामकोट, मणिपर्वत, सुग्रीव किला, श्री नागेश्वरनाथ मंदिर, त्रेता के ठाकुर, छोटी देवकाली मंदिर, राम की पौड़ी, भरतकुंड, सूरज कुंड तथा घाट, तुलसी स्मारक भवन, राम कथा संग्रहालय, राजप्रासाद राजभवन, दशरथ समाधि, श्रृंगी ऋषि आश्रम, कामाख्या देवी मंदिर, जैन मंदिर, कोरियन पार्क रानी हो और गुलाबबाड़ी आदि स्थापत्य कला के बेजोड़ नमूने यहां पर स्थित हैं। उन्नीस वीं शताब्दी के प्रथम भाग में सरयू नदी पर राजा दर्शन सिंह ने लंबे घाटों का निर्माण करवाया था, नदी का किनारा सीता राम तथा नरसिंह को समर्पित सुंदर मंदिरों, चक्रहरि तथा गुप्तहरि मंदिरों से भरा है, यह सभी मंदिर इस स्थान की पवित्रता को बढ़ाते हैं।

मुख्य व्यक्ति एवं कुछ जानकारियां

श्रीराम भक्त हिन्दुओं को भगवान की जन्मस्थली पर भव्य मंदिर के निर्माण और उसमें रामलला के विराजमान होने तक चार सौ छियानवे वर्षों के लम्बे अन्तराल में ढेरों कठिनाइयों का सामना करना पड़ा है। विभिन्न मठ मंदिरों के साधु सन्तों के साथ साथ विश्व हिन्दू परिषद, राष्ट्रीय स्वयंसेवक संघ और भारतीय जनता पार्टी की अगुवाई में विवादित स्थान को मुक्त करने और मन्दिर निर्माण के लिये लम्बा आन्दोलन चलाया गया था, इन आंदोलनों में कई प्रमुख हस्तियों का योगदान रहा है। मुक्ति आन्दोलन से लेकर उच्चतम न्यायालय का निर्णय आने तक और उसके बाद सरकार द्वारा श्रीराम जन्मभूमि तीर्थ क्षेत्र ट्रस्ट के गठन से लेकर भूमि पूजन तथा मंदिर निर्माण और रामलला की प्राण प्रतिष्ठा तक प्रभु श्रीराम की सेवा में समर्पित कुछ प्रमुख हस्तियों के योगदान पर प्रकाश डाला गया है।

बैरागी अभिराम दास जी का जन्म बिहार के दरभंगा में हुआ था, वह रामानंदी संप्रदाय के एक तपस्वी और हिन्दू महासभा के एक सदस्य भी थे। उनका नाम 22-23 दिसंबर 1949 की रात को श्रीराम जन्मभूमि के विवादित ढांचे में भगवान श्रीराम की मूर्ति प्रगट होने के बाद सामने आया था। उस समय प्रशासन द्वारा दर्ज प्राथमिकी में उन्हें मुख्य आरोपी भी बनाया गया था। उन्हें अयोध्या में एक योद्धा साधु के रूप में भी जाना जाता था, 1981 में उनका निधन हो गया था।

देवरहा बाबा उत्तर प्रदेश में देवरिया के पास सरयू नदी के तट पर रहने वाले एक उच्च आध्यात्मिक तपस्वी के रूप में जाने जाने वाले साधू थे। उनके अनुयायियों में भारत के प्रथम राष्ट्रपति डा. राजेंद्र प्रसाद और पूर्व प्रधानमंत्री, इंदिरा गांधी, राजीव गांधी और अटल बिहारी वाजपेयी जैसे नेता शामिल थे। देवरहा बाबा ने जनवरी 1984 में प्रयागराज के कुंभ में धर्म संसद की अध्यक्षता की थी, इस धर्म संसद में 9 नवंबर 1989 को अयोध्या में श्रीराम मंदिर की आधारशिला रखने के लिए हिन्दू धार्मिक और आध्यात्मिक नेताओं द्वारा सामूहिक रूप से निर्णय लिया गया था। ऐसा भी कहा जाता है कि जब तत्कालीन प्रधानमंत्री राजीव गांधी शिलान्यास के संबंध में उनकी सलाह और आशीर्वाद लेने गए थे, तो उस समय देवरहा बाबा ने उनसे कहा था कि बेटा मंदिर निर्माण हो जाने दो।

मोरोपंत पिंगले महाराष्ट्र के रहने वाले थे और उन्होंने नागपुर के मॉरिस कॉलेज से स्नातक तक की शिक्षा ग्रहण की थी। पिंगले उस पीढ़ी के लोगों में से थे, जिन्होंने देश की आजादी के बाद संघ की दशा और दिशा तय की थी। कहा जाता है कि मोरोपंत पिंगले हमेशा पर्दे के पीछे से काम करना पसंद करते थे, मोरोपंत पिंगले ने राष्ट्रीय स्वयं सेवक संघ के प्रचारक और विचारक के रूप में राष्ट्रीय स्तर पर ख्याति अर्जित की थी और 1980 के दशक में मंदिर निर्माण आंदोलन के लिए एक प्रमुख रणनीतिकार भी रहे थे। उन्होंने श्रीराम शिला पूजन सहित सभी प्रमुख यात्राओं और देशव्यापी अभियानों को शुरू करने में महत्वपूर्ण भूमिका निभाई थी। 1984 में वे श्रीराम जन्मभूमि मुक्ति के अभियान से जुड़ गये थे और मंदिर आंदोलन में उनकी केंद्रीय भूमिका रही थी और उनके संयोजन में विश्व हिन्दू परिषद् ने देश के तीन लाख से अधिक गांवों में शिलाएं पूजित करवाई थी। शिला पूजन के साथ चरण पादुका पूजन, राम ज्योति यात्राएं और 1989 में श्रीराम मंदिर के शिलान्यास का कार्यक्रम में भी उनका योगदान था। कारसेवा से लेकर ढांचा ढहाये जाने के समय भी वह मंदिर आंदोलन के विचारक की भूमिका में थे।

महंत अवैद्यनाथ 1980 के दशक के मध्य में श्रीराम मंदिर आंदोलन का नेतृत्व करने के लिए गठित 'राम जन्मभूमि मुक्ति यज्ञ समिति' के पहले अध्यक्ष थे, वह एक अन्य प्रमुख संगठन 'राम जन्मभूमि न्यास समिति' के अध्यक्ष भी रहे थे, उन्होंने इस आंदोलन में महत्वपूर्ण भूमिका निभाई थी। उन्हें बाबरी मस्जिद विध्वंस मामले में आरोपी भी बनाया गया था। उनका बचपन का नाम कृपा सिंह बिष्ट था, वह गोरक्षपीठ के महंत दिग्विजयनाथ जी के अनुयायी थे और 1940 में उन्होंने एक तपस्वी के रूप में महंत अवैद्यनाथ का नाम ग्रहण किया था। 1969 में महंत अवैधनाथ को गोरक्षपीठ का प्रमुख बनाया गया था। इसके बाद वह हिन्दू महासभा के सदस्य भी रहे थे, महंत अवैधनाथ जी पांच बार विधायक रहे और गोरखपुर से चार बार लोकसभा सांसद भी चुने गए थे।

महंत परमहंस रामचंद्र दास जी महाराज दिगंबर अखाड़े के बैरागी साधु थे और श्रीराम मंदिर आंदोलन के सूत्रधार रहे थे, उन्होंने वर्ष 1949 से रामलला के मंदिर के लिए कई बार आंदोलन किए थे, एक बार उन्होने कहा था कि मेरे जीवन की अभिलाषा है कि श्रीराम जन्मभूमि पर मंदिर, मथुरा में कृष्ण मन्दिर और काशी में विश्वनाथ मंदिर का निर्माण हो, इसके लिए मैं जीवन भर संघर्ष करता रहा हूं और आगे जीवित रहा तो भी संघर्ष करता रहूंगा। उनका जन्म बिहार के छपरा जिले के ग्राम सिंहनीपुर में वर्ष 1913 में हुआ था, उनका पूर्व का नाम चन्द्रेश्वर तिवारी था, सतरह वर्ष की आयु में साधु जीवन में प्रवेश करने के बाद उनका नाम रामचन्द्र दास हो गया था। मंदिर आंदोलन को धार देने वाले शलाका पुरुष स्वर्गीय रामचंद्र परमहंस दास को पूरी अयोध्या आज भी याद करती है। 1975 में उन्होंने दिगंबर अखाड़ा के महंत का पद संभाला था, वह अपने स्वभाव के लिए भी काफी जाने जाते थे, अप्रैल 1989 में उन्हें श्रीराम जन्मभूमि न्यास का कार्याध्यक्ष घोषित किया गया था, बाद में वे श्रीराम जन्मभूमि मन्दिर निर्माण समिति के अध्यक्ष भी चुने गए थे। 31 जुलाई 2003 को परमहंस जी ने अन्तिम सांस ले ली थी।

स्वामी वामदेव एक मृदुभाषी सन्यासी और गौ रक्षा के लिए प्रतिबद्ध संत थे, उन्होंने 1984 में जयपुर में अखिल भारतीय स्तर की बैठक के माध्यम से विभिन्न हिन्दू, धार्मिक और

आध्यात्मिक नेताओं को एक मंच पर लाने में महत्वपूर्ण भूमिका निभाई थी। उस समय चार सौ से अधिक हिन्दू धर्मगुरुओं ने आंदोलन के भविष्य की रूपरेखा को तैयार करने के लिए पंद्रह दिनों तक मंथन किया था। स्वामी वामदेव ने 1990 में अयोध्या में सामने आकर कारसेवकों का नेतृत्व किया था, उन कारसेवकों में से कई तो पुलिस की गोली बारी में मारे भी गए थे। अपनी वृद्धावस्था के बाद भी वह 6 दिसंबर 1992 को बाबरी मस्जिद गिराए जाने के समय अयोध्या में उपस्थित रहे थे।

अशोक सिंघल जी श्रीराम जन्मभूमि आंदोलन के महान नायकों में से एक थे, वह विश्व हिन्दू परिषद के अंतरराष्ट्रीय अध्यक्ष भी रहे थे। उत्तर प्रदेश के अलीगढ़ जिले के ग्राम बिजौली के मूल निवासी अशोक सिंघल के पिता का नाम राय बहादुर महावीर सिंघल था और वह सरकारी विभाग में अधिकारी थे। अशोक जी 1942 में संघ के स्वयं सेवक बन गए थे, हिन्दुत्व के हित का संरक्षण करने व उसके दायित्व का वहन करने के लिए विश्व हिन्दू परिषद की स्थापना भी उन्हीं के प्रयासों से संभव हो सकी थी। 1966 में विश्व हिन्दू परिषद में अशोक जी का पदार्पण हुआ था, संत समाज व विभिन्न अखाड़ा परिषदों को एक मंच पर लाने का कार्य भी अशोक जी ने ही संभव कर दिखाया था। 1980 के दशक में श्रीराम जन्मभूमि आंदोलन को धार देने का श्रेय उन्हीं को ही जाता है। वह संघ का कार्य करते हुए राष्ट्र के एक सच्चे साधक भी थे और उनके अथक परिश्रम, समर्पित व्यक्तित्व व ओजस्वी भाषणों का ही परिणाम है कि आज हिन्दू समाज में सामाजिक समरसता का भाव दिखाई पड़ता है। उन्होंने हिंदुओं की खोती जा रही स्मृतियों को एक बार फिर से संजोने का काम भी किया था, उन्हीं के प्रयासों का परिणाम हैं कि आज देश का बहुसंख्यक समाज अपने आप को गर्व से हिन्दू कहना चाहता है। पांच शताब्दियों से चल रही श्रीराम जन्मभूमि मुक्ति की लड़ाई 1984 में अशोक जी सहित महान संतों के नेतृत्व और श्रीराम जन्भूमि मुक्ति आंदोलन के साथ पुनः प्रारंभ हुई थी और विवादित ढांचे के विध्वंस और अस्थायी रामलला मंदिर तक पहुंच गई थी। यही श्रीराम जन्मभूमि आन्दोलन का निर्णायक मोड़ और इस विषय पर हिन्दुओं की निर्णायक विजय सुनिश्चित करने का दिन था। अशोक सिंघल ने अपना सम्पूर्ण जीवन भारतीय संस्कृति और श्रीराम मंदिर को समर्पित कर दिया था। श्रीराम जन्मभूमि पर भव्य मंदिर का निर्माण हो यही स्वर्गीय अशोक जी का स्वप्न था। 17 नवंबर 2015 को वह चिरनिद्रा में लीन हो गए थे, लेकिन उनके ही अथक प्रयासों और आंदोलनों के परिणाम स्वरूप उनका सपना अब साकार हो गया था।

श्रीश चंद्र दीक्षित 1980 के दशक में श्रीराम जन्मभूमि आंदोलन के अग्रणी नेता रहे थे। 1982 से 1984 तक वह उत्तर प्रदेश में पुलिस महानिदेशक के पद पर कार्यरत रहे थे और सेवानिवृत्ति के बाद विश्व हिन्दू परिषद में उपाध्यक्ष के रूप में शामिल हुए थे। उन्होंने अयोध्या में कारसेवकों के आंदोलन की रणनीति बनाने और विश्व हिन्दू परिषद द्वारा चलाए जा रहे विभिन्न अभियानों के लिए योजना तैयार करने में महत्वपूर्ण भूमिका निभाई थी। उन्हें 1990 की कारसेवा के समय श्रीराम जन्मभूमि आंदोलन में भाग लेने के आरोप में गिरफ्तार भी कर लिया गया था। दीक्षित जी 1991 में भारतीय जनता पार्टी के टिकट पर वाराणसी निर्वाचन क्षेत्र से संसद सदस्य भी चुने गए थे।

विष्णु हरि डालमिया 1992 से 2005 तक विश्व हिन्दू परिषद के अध्यक्ष रहे थे। जाने माने उद्योगपति परिवार के वंशज एवं लो प्रोफाइल रहने के लिए मशहूर डालमिया जी श्रीराम जन्मभूमि आंदोलन के प्रमुख नेताओं में से एक थे। 1985 में श्रीराम जन्मभूमि न्यास की स्थापना के समय उन्हें इसका कोषाध्यक्ष बनाया गया था। बाबरी मस्जिद के विध्वंस के बाद उन्हें भी गिरफ्तार कर लिया गया था।

दाउदयाल खन्ना ने श्रीराम जन्मभूमि मुक्ति यज्ञ समिति के महासचिव के रूप में आंदोलन की रूपरेखा तैयार करने में मुख्य भूमिका निभाई थी। खन्ना जी अपने शुरुआती वर्षों में कांग्रेस के नेता रहे थे, वह 1960 के दशक में उत्तर प्रदेश में कांग्रेस के नेतृत्व वाली सरकार में स्वास्थ्य मंत्री भी रहे थे। उन्होंने ही 1983 में एक जनसभा में अयोध्या, मथुरा और काशी अर्थात वाराणसी में मंदिरों के पुनर्निर्माण का मुद्दा उठाया था। सितंबर 1984 में उन्होंने बिहार के सीतामढ़ी से इस आंदोलन की पहली यात्राओं में से एक का नेतृत्व किया था, उनकी पहल पर श्रीराम जन्मभूमि आंदोलन को फिर से नई धार मिली थी।

एच वी शेषाद्रि का पूरा नाम होंगसन्द्र वेंकटरमैया शेषाद्रि था, उनकी भी मंदिर आंदोलन में प्रमुख भूमिका रही थी, 26 मई 1926 को बंगलौर में जन्मे शेषाद्रि जी 1943 में स्वयं सेवक बन गए थे। उन्होंने 1946 में मैसूर विश्वविद्यालय से रसायन शास्त्र में प्रथम श्रेणी में स्वर्ण पदक पाकर एमएससी किया था, उन्होंने अपना जीवन प्रचारक के नाते राष्ट्रीय स्वयं सेवक संघ हेतु समर्पित कर दिया था। 1987 से 2000 तक वह राष्ट्रीय स्वयंसेवक संघ के सरकार्यवाह रहे थे, इस नाते उन्होंने पूरे भारत तथा विश्व के कुछ देशों में भी प्रवास किया था। 6 दिसंबर 1992 को वह अयोध्या में ही थे और राष्ट्रीय स्वयं सेवक संघ की ओर से आंदोलन के सचालन का दायित्व उन्हीं पर था। 14 अगस्त 2005 को उनका देहान्त हो गया था।

आचार्य गिरिराज किशोर जी मंदिर आंदोलन का एक बड़ा चेहरा थे। देश के बाहर संगठन को खड़ा करने में उनकी विशेष भूमिका रही थी, इसीलिए वह कभी कभी विदेश जाते रहते थे। एक बार उन्होंने श्रीराम मंदिर से जुड़े दिग्गजों के सामने मंदिर बनने तक अपनी दाढ़ी और बाल नहीं कटवाने की घोषणा की थी। वर्ष 2014 में उनका देहान्त हो गया था लेकिन उन्होंने अपनी प्रतिज्ञा नहीं तोड़ी थी।

जगतगुरु स्वामी रामभद्राचार्य जी सर्वोच्च न्यायालय में श्रीराम जन्मभूमि बाबरी मस्जिद के केस में जन्मभूमि के पक्ष में वादी के रूप में उपस्थित हुए थे, उन्होंने न्यायालय में सरयू नदी के विशेष स्थान से दिशा और दूरी का बिल्कुल सटीक ब्यौरा देते हुए जन्मभूमि की स्थिति बताई थी। जिसके बाद न्यायालय में जैमिनीय संहिता मंगाई गई थी। उसमें जगद्गुरु ने जिन उद्धहरणों का वर्णन किया था, उसे खोलकर देखा गया और सभी विवरण सही पाए गए थे। न्यायालय ने पाया कि जिस स्थान पर जन्मभूमि की स्थिति बताई गई है, विवादित स्थल ठीक उसी स्थान पर स्थित है। जिसका परिणाम यह हुआ कि जगद्गुरु के बयान ने निर्णय का रूख ही मोड़ दिया था। स्वामी जी ने प्राचीन ग्रंथों का उल्लेख करते हुए कहा था कि वाल्मीकि रामायण के बाल खंड के आठवें श्लोक से श्रीराम जी के जन्म के बारे में जानकारी शुरू होती है, यह एक सटीक

प्रमाण है। इसके बाद स्कंद पुराण में श्रीराम जन्म स्थान के बारे में बताया गया है, जन्म के स्थान से तीन सौ धनुष की दूरी पर सरयू माता बह रही हैं, एक धनुष चार हाथ का होता है, सरयू नदी उतनी ही दूरी पर बहती है। इसके पूर्व अथर्व वेद के दशम खंड़ के इकत्तीसवें अनु वाक्य के द्वितीय मंत्र में स्पष्ट कहा गया है कि आठ चक्रों व नौ प्रमुख द्वार वाली श्री अयोध्या देवताओं की पुरी है, उसी अयोध्या में मंदिर महल है। उन्होंने कहा कि वेद में भी रामजन्म का स्पष्ट प्रमाण है, ऋग्वेद के दशम मंडल में भी इसका प्रमाण है। रामचरित मानस में बहुत ही स्पष्ट लिखा हुआ है, तुलसी शतक में कहा गया है कि बाबर के सेनापति व दुष्ट यवनों ने राम जन्मभूमि के मंदिर को तोड़कर मस्जिद का ढांचा बनाया और बहुत से हिन्दुओं को मार डाला था। तुलसीदास ने तुलसी शतक में इस पर दुख भी प्रकट किया था। मंदिर तोड़े जाने के बाद भी हिन्दू साधु रामलला की सेवा करते थे। उन्होंने कहा कि वहां पर मुसलमान कभी नमाज नहीं पढ़ता था, साधु वहीं पर सोते थे और प्रतीक्षा करते थे कि कब रामलला की कृपा होगी। सुनवाई करने वाली सर्वोच्च न्यायालय की पीठ ने भी इसे चमत्कार माना था और सभी हैरान भी थे कि जो व्यक्ति देख नहीं सकती वह कैसे वेदों और शास्त्रों के विशाल संसार से उद्धहरण दे सकता है इसे ईश्वरीय शक्ति बताया गया था।

जगद्गुरु रामभद्राचार्य का जन्म 14 जनवरी 1950 को उत्तर प्रदेश के जौनपुर में हुआ था, वह बचपन में ही ट्रकोम नामक एक बीमारी का शिकार हो गये थे। बताया जाता है कि बचपन में उनकी आंखों में किसी से दवाई डलवायी गयी थी, दवा गलत होने से उनकी आंखों से खून निकलने लगा था, इलाज कराने के बाद भी उन्हें कोई लाभ नहीं मिला था जिससे उनकी आंखो की रोशनी चली गई थी। रामभद्राचार्य महाराज को तुलसीदास जी के विषय में देश के सर्वश्रेष्ठ विशेषज्ञों में गिना जाता है। उन्होंने संत तुलसीदास के नाम पर चित्रकूट में एक धार्मिक और सामाजिक सेवा संस्थान तुलसी पीठ की भी स्थापना भी की थी, केवल सुनकर शिक्षा प्राप्त करने और बोलकर अपनी रचनाएं लिखवाने वाले जगद्गुरु ने बाईस भाषाओं में रचनाएं रची हैं, उन्होंने संस्कृत और हिंदी के साथ ही अवधि, मैथिली सहित अन्य भाषाओं में अस्सी से अधिक पुस्तकों की रचना की है, जिसमें दो संस्कृत और दो हिंदी के महाकाव्य भी शामिल हैं। उनको वर्ल्ड ह्यूमैनिटी पार्लियामेंट संयुक्त राज्य अमेरिका ने 2023 का प्राइड ऑफ सनातन विश्व प्रसिद्ध पुरस्कार से विभूषित किया था।

त्रिलोकी नाथ पांडेय श्रीराम मंदिर बाबरी मस्जिद विवाद में रामलला के सखा के रूप में पक्षकार रहे थे। उन्होंने जीवन पर्यंत भगवान रामलला के साथ मित्रता निभाई। उनका जन्म उत्तर प्रदेश के बलिया जिले के दया छपरा गांव में हुआ था, वह 1964 में राष्ट्रीय स्वयं सेवक संघ के संपर्क में आ गए थे और हाईस्कूल के बाद पढ़ाई छोड़ दी थी और कुछ वर्ष के बाद फिर से पढ़ाई की ओर ध्यान दिया। 1975 में जिस समय वह बीएड कर रहे थे आपात काल का समय था बलिया में प्रचारक रहते हुए विरोध में उन्होंने पढ़ाई छोड़ दी थी। 1984 में विश्व हिन्दू परिषद ने मंदिर आंदोलन शुरू किया तो वह संघ की संस्कृति रक्षा योजना के प्रांतीय प्रभारी के रूप में आजमगढ़ में सक्रिय रहे थे। मई 1992 में उन्हें श्रीराम जन्मभूमि मामले की न्यायालय में पैरवी के लिए आजमगढ़ से अयोध्या बुला लिया गया था और अयोध्या में कारसेवक पुरम उनका निवास रहा

था। वह जन्मभूमि के मुकदमे में अक्टूबर 1994 से इलाहाबाद उच्च न्यायालय की बेंच में पैरवी करते रहे और बाद में रामलला का सखा घोषित होने पर पक्षकार के रूप में लखनऊ से दिल्ली तक पैरवी की, वह अस्वस्थ रहने पर भी लखनऊ से दिल्ली तक रामलला के लिए न्यायालय का चक्कर लगाते थे। मुकदमे में वह रामलला के तीसरे सखा के रूप में पक्षकार थे। इलाहाबाद उच्च न्यायालय में चले मुकदमे में रामलला के सखा के रूप में प्रथम वादी जस्टिस देवकीनंदन अग्रवाल थे, वर्ष 2002 में उनके निधन के बाद बनारस हिन्दू विश्वविद्यालय के रिटायर्ड प्रोफेसर टीपी वर्मा सखा के रूप में नियुक्त हुए थे और वर्ष 2010 में त्रिलोकी नाथ पांडे रामलला के सखा के रूप में नियुक्त हुए थे। मंदिर के पक्ष में सर्वोच्च न्यायालय के निर्णय में रामलला के सखा के रूप में उनका मुकदमा बहुत ही महत्वपूर्ण रहा था। सर्वोच्च न्यायालय ने रामलला को प्राण प्रतिष्ठित विग्रह माना था और त्रिलोकी नाथ पांडेय को रामलला का सखा मानकर मुकदमे में पक्षकार के रूप में स्वीकार किया था। इसी आधार पर न्यायालय से रामलला के पक्ष में निर्णय भी आया था और एक प्रकार से मुकदमें में जीत रामलला के सखा के रूप में त्रिलोकी नाथ पांडेय की भी हुई थी। 24 सितंबर 2021 को लखनऊ में उनका निधन हो गया था।

महंत नृत्य गोपाल दास जी को श्रीराम जन्मभूमि तीर्थक्षेत्र ट्रस्ट के अध्यक्ष पद का प्रभार सौंपा गया, दशकों से वह आंदोलन के संरक्षक रहे थे। 11 जून 1938 को उत्तर प्रदेश के मथुरा में जन्में नृत्यगोपाल दास जी ने बारह वर्ष की आयु में ही वैराग्य धारण कर लिया था और अयोध्या आ गए थे। मंदिर आंदोलन में जिन प्रमुख संतों ने अयोध्या में सड़क से लेकर न्यायालय तक संघर्ष किया था उनमें सबसे प्रमुख रुप से महंत जी का नाम आता है। मंदिर निर्माण के लिए चंदा जुटाने से लेकर बहुत से कार्य इन्हीं के नेतृत्व में हुए थे। 6 दिसंबर 1992 को कारसेवकों द्वारा बाबरी मस्जिद गिराए जाने की घटना के पहले और बाद में उत्तर प्रदेश की कांग्रेस, बसपा और सपा सरकारों ने कई प्रकार से उनका उत्पीड़न भी किया था।

चंपत राय जी लंबे समय से श्रीराम मंदिर आंदोलन से जुड़े रहे थे, मंदिर आंदोलन को राष्ट्रव्यापी जन आंदोलन बनाने में उन की मुख्य भूमिका रही थी। मंदिर मामले की सर्वोच्च न्यायालय में सुनवाई के समय चंपत राय सदैव वहां पर उपस्थित रहते थे, साथ ही वह हमेशा से कहते आए थे कि श्रीराम मंदिर का निर्माण विश्व हिन्दू परिषद के मॉडल पर ही किया जाएगा। उनके पास विश्व हिन्दू परिषद के विस्तार की कमान भी थी, विश्व हिन्दू परिषद के उपाध्यक्ष रहते हुए ही उनको श्रीराम जन्मभूमि तीर्थ क्षेत्र ट्रस्ट के महासचिव जैसे प्रमुख पद की जिम्मेदारी सौंपी गई।

स्वामी गोविंद देव गिरि जी महाराज को श्रीराम जन्म भूमि तीर्थ क्षेत्र ट्रस्ट के कोषाध्यक्ष की जिम्मेदारी दी गई। मंदिर निर्माण के लिए जुटाए जाने वाले चंदे का पूरा लेखा जोखा इन्हीं के पास था। महाराष्ट्र के अहमदनगर जिले में 1949 में जन्मे देव गिरी महाराज ने सतरह वर्ष की उम्र से ही उपदेश देना शुरु कर दिया था। दर्शनशास्त्र में स्नातक स्वामी जी ने वाराणसी से दर्शनाचार्य की उपाधि भी प्राप्त की थी। रामायण, भगवत गीता सहित पौराणिक ग्रंथों का देश विदेश में प्रवचनों के साथ ही हिंदी, अंग्रेजी, मराठी, गुजराती के साथ कई भाषाओं के जानकार स्वामी देव गिरी महाराज ने गीता परिवार की स्थापना की थी।

के.परासरन जी लंबे समय से न्यायालयों में हिन्दू पक्ष की पैरवी करते आए थे, सर्वोच्च न्यायालय के वरिष्ठ वकील परासरन जी को को श्रीराम जन्मभूमि तीर्थ क्षेत्र ट्रस्ट का सदस्य बनाया गया। ट्रस्ट के गठन के बाद उन्हें ही श्रीराम मंदिर की भूमि का कब्जा भी सौंपा गया था। सर्वोच्च न्यायालय में अन्तिम समय तक चली सुनवाई में भी पराशरण स्वयं ही बहस करते थे, उन्होंने अकाट्य दलीलें दे कर मंदिर के पक्ष में निर्णय आने में महत्वपूर्ण योगदान दिय था। भारतीय इतिहास, वेद पुराण और धर्म के साथ ही संविधान के व्यापक ज्ञानी पद्मभूषण और पद्म विभूषण पुरस्कार प्राप्त बानवै वर्षीय पराशरण जी ने श्रीराम मंदिर केस के समय स्कन्ध पुराण के श्लोकों का वर्णन करते हुए मंदिर का अस्तित्व सिद्ध करने की कोशिश की थी। सर्वोच्च न्यायालय में चालीस दिन तक प्रतिदिन चली सुनवाई में इस आयु में भी उन्होंने हार नहीं मानी थी।

नृपेंद्र मिश्रा जी 2014 से भारत के प्रधानमंत्री नरेंद्र मोदी जी के प्रधान सचिव रहे थे और उन्होंने सरकार की कई महत्वपूर्ण योजनाओं पर काम किया था। मंदिर निर्माण की सबसे महत्वपूर्ण जिम्मेदारी 1967 बैच के उत्तर प्रदेश काडर के पूर्व आईएएस अधिकारी रहे नृपेंद्र मिश्रा के पास थी, नृपेंद्र मिश्रा मंदिर निर्माण समिति के अध्यक्ष बनाए गए। नृपेंद्र मिश्रा को निर्माण समिति का अध्यक्ष इसलिए भी बनाया गया था जिससे कि मंदिर तय समय सीमा में और बिना किसी विवाद के साथ पूरी भव्यता के साथ तैयार हो सके।

जगतगुरु शंकराचार्य स्वामी वासुदेवानंद सरस्वती जी महाराज का आश्रम प्रयागराज के अलोपीबाग में स्थित है, स्वामी जी श्रीराम जन्मभूमि आंदोलन में प्रारम्भ से ही जुडे हुए थे और उन्होंने कारसेवा में भी बढ़ चढ़ कर हिस्सा लिया था। स्वामी जी को भी श्रीराम जन्मभूमि तीर्थ क्षेत्र ट्रस्ट में सदस्य के रूप में स्थान मिला।

जगतगुरु माधवाचार्य स्वामी विश्व प्रसन्नतीर्थ जी महाराज को भी ट्रस्ट का सदस्य बनाया गया। कर्नाटक के उडुपी स्थित पेजावर मठ के पीठाधीश्वर स्वामी विश्वेशतीर्थ के निधन के बाद उन्होंने दिसंबर 2019 में तैतीसवें पीठाधीश्वर की पदवी संभाली थी।

युगपुरुष परमानंद जी महाराज भी ट्रस्ट में शामिल किए गए, उनको भी तीर्थ क्षेत्र ट्रस्ट में सदस्य के रूप में स्थान मिला। अखंड आश्रम हरिद्वार के प्रमुख महाराज जी की वेदांत पर एक सौ पचास से अधिक किताबें प्रकाशित हो चुकी हैं। उन्होंने वर्ष 2000 में संयुक्त राष्ट्र में आध्यात्मिक नेताओं के शिखर सम्मेलन को भी संबोधित किया था।

विमलेंद्र मोहन प्रताप मिश्र को अयोध्या राज परिवार के वंशज, रामायण मेला संरक्षक समिति के सदस्य और समाजसेवी होने के नाते ट्रस्ट में सदस्य के रूप में शामिल किया गया।

डॉ अनिल कुमार मिश्र भी श्रीराम मंदिर आंदोलन के समय विनय कटियार के साथ जुड़ गए थे और बाद में वह राष्ट्रीय स्वयं सेवक संघ में शामिल हो गए थे, उस समय वह संघ के अवध प्रांत के प्रांत कार्यवाह थे। पेशे से होम्योपैथी के डॉक्टर मिश्र उत्तर प्रदेश होम्योपैथिक मेडिसिन बोर्ड के रजिस्ट्रार पद पर भी कार्यरत रहे थे। उनको भी श्रीराम जन्मभूमि तीर्थ क्षेत्र ट्रस्ट का सदस्य बनाया गया।

कामेश्वर चौपाल जी 1984 से विश्व हिन्दू परिषद से जुड़े हुए थे। मंदिर निर्माण के लिए विश्व हिन्दू परिषद की ओर से दिल्ली के विज्ञान भवन में आयोजित सम्मेलन में चौपाल भी बिहार की ओर से भाग लेने पहुंचे थे, 1989 के मंदिर आंदोलन के समय हुए शिलान्यास में कामेश्वर चौपाल ने ही मंदिर की पहली ईंट रखी थी। राष्ट्रीय स्वयंसेवक संघ ने उन्हें प्रथम कारसेवक का दर्जा भी दिया था। शिलान्यास कार्यक्रम के बाद वह देश भर में चर्चा में आ गए और भारतीय जनता पार्टी ने उन्हें विधिवत पार्टी में शामिल कर लिया था। 24 अप्रैल 1956 में जन्मे चौपाल जी ने जेएन कॉलेज मधुबनी से स्नातक की परीक्षा पास करने के बाद मिथिला विश्वविद्यालय दरभंगा से 1985 में एमए की डिग्री ली थी। उनका बचपन बहुत ही अभावों में बीता था, उनके पिता धर्मपरायण थे और परिवार सदैव वैष्णव रहा था। बिहार में चौपाल जाति अनुसूचित जाति की श्रेणी में आती है। मंदिर के लिए बनने वाले ट्रस्ट में एक सदस्य को दलित समुदाय से स्थान दिया गया।

महंत दिनेंद्र दास जी को भी ट्रस्ट का सदस्य बनाया गया। उन्हें दस वर्ष की आयु में ही मठिया के आश्रम का महंत बना दिया गया था, उसी के बाद वह साधु परंपरा में शामिल हो गए थे। वह बीए की पढ़ाई करने के समय अयोध्या में रहने लगे थे और उसी समय निर्माही अखाड़ा से जुड़ गए थे। उसके बाद वह वर्ष 1992 में निर्मोही अखाड़ा के नागा साधु बने और बाद में 1993 में उन्हें पंच और उप सरपंच बना दिया गया था। वर्ष 2017 में वहां के सरपंच महंत भास्कर दास ने उन्हें पावर ऑफ अटॉर्नी दी और महंत भास्कर दास के निधन के बाद 2017 में पंचों ने उन्हे निर्मोही अखाड़ा का महंत बना दिया था।

ठाकुर गुरुदत्त सिंह की सूझ बूझ ने मंदिर आंदोलन को 1949 में उग्र होने से रोक दिया था। 22-23 दिसंबर 1949 की रात में विवादित ढांचे में रामलला के प्राकट होने के समय वह सिटी मजिस्ट्रेट थे। उस समय जिलाधिकारी केके नैयर छुट्टी पर गए हुए थे इसलिए जिले का प्रभार गुरुदत्त सिंह के पास ही था। रामलला के प्राकट होने के बाद से ही अयोध्या में गहमा गहमी शुरू हो गयी थी। शासन प्रशासन पर मूर्ति हटाने का दबाव पड़ने लगा था। तत्कालीन प्रधानमंत्री जवाहरलाल नेहरू से लेकर उत्तर प्रदेश के मुख्यमंत्री गोविंद वल्लभ पंत की ओर से गुरुदत्त सिंह को मूर्ति हटाने का आदेश दिया गया था। उस समय गुरुदत्त सिंह ने एक जिम्मेदार एवं संवेदनशील अधिकारी होने का परिचय देते हुए कह दिया था कि रामलला की मूर्ति को हटाना अब आसान नहीं होगा, क्योंकि रामलला के प्राकट्य की खुशी में उस समय हजारों की संख्या में रामभक्त रामनगरी में जमा हो गए थे ऐसे में मूर्ति हटाना टकराव को दावत देने जैसा ही था। उन्होंने सरकार का आदेश मानने से मना कर दिया था और अपने पद से इस्तीफा दे दिया था। उसके बाद देश की आजादी के अन्तिम दशक के मध्य में वह सिटी बोर्ड के चेयरमैन भी रहे थे। बाद में भारतीय जनता पार्टी के पूर्ववर्ती जनसंघ ने उन्हें समुचित सम्मान दिया। सिविल लाइंस स्थित उनका आवास रामभवन आंदोलन से जुड़े बड़े नेताओं का पहला पड़ाव होता था। उस समय जनसंघ के शीर्ष नेता अटलबिहारी वाजपेयी जी से भी गुरुदत्त सिंह के अच्छे संबंध रहे थे।

कृष्ण मोहन पांडेय उस समय फैजाबाद के जिला न्यायाधीश थे जब 1 फरवरी 1986 को श्रीराम जन्मभूमि का ताला खुलने की महत्वपूर्ण घटना हुई थी। पांडेय जी ने ही फैजाबाद प्रशासन को

जन्मभूमि का ताला खोलने का आदेश दिया था, जिससे कि वहां पर श्रद्धालु रामलला के दर्शन और पूजा कर सकें। लेकिन इसके कारण उन की उच्च न्यायालय के लिए प्रोन्नति रुक गई थी। इस विषय में 13 सितबंर 1990 को विश्व हिन्दू परिषद अधिवक्ता संघ की ओर से संघ के महासचिव ने इलाहाबाद उच्च न्यायालय में एक याचिका दाखिल की थी और उन्हें प्रोन्नत करने का आदेश मांगा था। इस याचिका में दस अन्य वकील भी याचिकाकर्ता थे। इसमें आरोप लगाया गया था कि तत्कालीन मुख्यमंत्री ने फाइल पर एक नोट लिख कर पांडेय को उच्च न्यायालय का न्यायाधीश बनाने पर आपत्ति की थी और उनकी सिफारिश करने से इन्कार दिया था और कहा गया था कि पांडेय जी सुलझे हुए ईमानदार एवं कर्मठ न्यायाधीश हैं, फिर भी 1986 में श्रीराम जन्मभूमि का ताला खुलवाने का आदेश देकर उन्होंने साम्प्रदायिक तनाव की स्थिति पैदा की थी, इसलिए उनके नाम की संस्तुति नहीं की जाती है। उस समय उत्तर प्रदेश सरकार ने पन्द्रह लोगों का नाम केन्द्र सरकार को भेजा था जिसमें मुख्यमंत्री का नोट भी लगा हुआ था। केन्द्रीय कैबिनेट ने वह सूची विचार के लिए भारत के मुख्य न्यायाधीश को भेजी थी, उन्होंने उसमें से सात नामों को स्वीकृति दी थी जिसमे पांडेय जी का नाम भी शामिल था। लेकिन केन्द्रीय मंत्रिपरिषद ने मुख्य न्यायाधीश की ओर से सूची में स्वीकृत करके भेजे गए सात नामों में से छह को नियुक्ति की स्वीकृति दी थी और सातवां नाम रोक लिया गया था। बाद में पांडेय जी से कनिष्ठ न्यायाधीश को प्रोन्नत कर दिया गया था। लगभग एक वर्ष तक लटके रहने के बाद केन्द्र में सरकार के बदलने पर दोबारा उनकी प्रोन्नति की फाइल स्वीकृत हुई थी और वह उच्च न्यायालय के न्यायाधीश बने थे।

कोठारी बंधु दो भाई राम कुमार कोठारी आयु तेईस वर्ष और शरद कुमार कोठारी जिनकी उम्र बीस वर्ष थी। 22 अक्टूबर 1990 को दोनो भाई कोलकाता से ट्रेन द्वारा अयोध्या के लिए रवाना हुए थे, उत्तर प्रदेश की सरकार कारसेवकों को अयोध्या पहुंचने से रोक रही थी, इसलिए दोनों ने ट्रेन को उत्तर प्रदेश की सीमा में पहुंचते ही छोड़ दिया था। आगे का रास्ता उन्होंने टैक्सी से पूरा किया था, जब आजमगढ़ के फूलपुर कस्बा पहुंचने के बाद टैक्सी से आगे बढ़ना भी असंभव हो गया तो दो सौ किलोमीटर की दूरी उन्होंने पैदल ही तय की थी। वह दोनों भाई कारसेवा के लिए कोलकाता से अयोध्या आए थे, देनों 30 अक्टूबर 1990 को कारसेवकों के पहले दल के सदस्यों के रूप में अयोध्या में कारसेवा में भाग लेने पहुंचे थे। 2 नवंबर 1990 को जिस समय दोनो कार सेवा कर रहे थे उन्हें पुलिस ने गोली मार दी थी और दोनों वहीं पर बलिदान हो गए थे। कोठारी बंधुओं की मौत ने देश भर के हिन्दुओं को आक्रोशित कर दिया था, दोनों भाइयों की मौत ने उस समय बड़ी संख्या में युवाओं को इस आंदोलन की ओर खींचा था। उन्हें श्रीराम जन्मभूमि आंदोलन के नायकों और शहीदों के रूप में माना गया है। इस आंदोलन का नेतृत्व विश्व हिन्दू परिषद के शीर्ष नेता एवं संत कर रहे थे, जिसे कोठारी बंधुओं जैसे उत्साही और संकल्पबद्ध युवाओं का संबल मिला हुआ था। उनके बलिदान के बाद पिता हीरालाल में इतनी भी हिम्मत नहीं बची थी कि वह अपने बेटों का शव देख पाएं। 4 नवंबर 1990 को रामकुमार कोठारी और शरद कोठारी के बड़े भाई ने सरयू के घाट पर दोनों भाइयों का अंतिम संस्कार किया था। उनके पिता हीरालाल ने अपने दोनों बेटों को घर से विदा करते हुए कहा था कि अपना हाल

चाल पोस्ट कार्ड के माध्यम से लिखते रहना। लेकिन उनका यह पोस्ट कार्ड पहुंचने से पूर्व ही उनकी मौत की सूचना कोलकाता पहुंच गई थी। अंतिम संस्कार के एक माह बाद दोनों भाइयों की ओर से लिखा गया पोस्ट कार्ड उनके परिवार को मिला था, इसमें उन्होंने अपनी बहन पूर्णिमा कोठारी को संबोधित करते हुए लिखा था, कि तुम चिंता मत करना, तुम्हारी शादी से पहले हम घर वापस लौट आएंगे। 4 अगस्त 2020 को कोठारी बंधुओं की बहन पूर्णिमा कोठारी अयोध्या पहुंची थी और मंदिर के लिए भूमि पूजन के कार्यक्रम में शामिल हुई थी। भूमि पूजन के लिए उन्हें ट्रस्ट की ओर से आमंत्रण मिला था। उन्होंने कहा था कि इस घड़ी का इंतजार उन्हें कई वर्षों से था, तीस वर्ष में मेरे लिए यह निमंत्रण सबसे बड़ी खुशी की खबर थी।

देबेंद्र बहादुर राय भी श्रीराम मंदिर आंदोलन के प्रमुख किरदारों में से एक रहे हैं। जब विवादित ढाचा ढहाया गया था, उस समय वह फैजाबाद अब अयोध्या के एसएसपी थे। निहत्थे कारसेवकों पर गोली चलाने के सरकार के आदेश को नहीं मानने पर राय को 7 दिसंबर 1992 को निलंबित कर दिया गया था। 1971 बैच के पुलिस सेवा के अफसर राय पर ढांचा ढहाने के षडयंत्र में शामिल होने के आरोप में मुकदमा भी चला था। छह माह बाद वह बहाल हो गए थे, लेकिन उसके बाद उन्होंने अपने पद से इस्तीफा दे दिया था और रामलला के लिए नौकरी त्याग दी थी। इस्तीफा मंजूर न होने पर उनको न्यायालय की शरण भी लेनी पड़ी थी। वर्ष 1996 में उनका इस्तीफा तो मंजूर हुआ, लेकिन वेतन व पेंशन को रोक दिया गया था। वर्ष 1996 व 1998 में वह भारतीय जनता पार्टी के टिकट पर सुल्तानपुर से सांसद भी चुने गए थे।

कल्याण सिंह उत्तर प्रदेश के पूर्व मुख्यमंत्री और भारतीय जनता पार्टी के दिग्गज, तेज तर्रार और लोकप्रिय नेताओं में शामिल थे। उन्होंने बाबरी मस्जिद गिराए जाने की पूरी ज़िम्मेदारी अपने ऊपर लेते हुए मुख्यमंत्री पद से त्यागपत्र दे दिया था, इसके बाद में उनकी सरकार को बर्खास्त कर दिया गया था। उन्होंने सर्वोच्च न्यायालय में हलफनामा देकर मस्जिद का नुकसान नहीं होने दिए जाने का भरोसा दिया था लेकिन फिर भी मस्जिद गिरा दी गई थी। अन्य नेताओं के साथ उन पर भी इस मामले में साजिश रचने के आरोप लगे थे और सब लोगों पर केस भी दर्ज हुआ था।

उन्होंने कहा था कि 'बाबरी मस्जिद विध्वंस' भगवान की मर्जी थी, मुझे इसका कोई अफसोस नहीं है और कोई दुख और पछतावा भी नहीं है। यह सरकार श्रीराम मंदिर के नाम पर बनी थी और उसका उद्देश्य पूरा हुआ, ऐसे में सरकार मंदिर के नाम पर कुर्बान है, मैं श्रीराम मंदिर के लिए एक क्या सैकड़ों सत्ता को ठोकर मार सकता हूं। केंद्र सरकार कभी भी मुझे गिरफ्तार करवा सकती है, क्योंकि मैं ही हूं, जिसने अपनी पार्टी के बड़े उद्देश्य को पूरा किया है। मैंने सुरक्षा के सारे इंतजाम किए थे, उत्तर प्रदेश के मुख्यमंत्री के रूप में मैंने पुलिस को 1992 के मंदिर आंदोलन को लेकर अयोध्या में जमा हुए भक्तों पर गोली नहीं चलाने का आदेश दिया था, इसके चलते ही बाबरी मस्जिद गिराई गई थी और मैं इसकी पूरी ज़िम्मेदारी लेता हूं। उन्होंने यह कभी नहीं कहा कि यह किसी अधिकारी की गलती है या अन्य की, उनका साफ कहना था कि यह न किसी की प्लानिंग थी और न ही इसकी किसी को जानकारी थी। जो घटना घटित हुई थी वह

पूर्व नियोजित नहीं थी, एक लंबे समय से करोड़ों हिन्दुओं की भावनाओं को कुचला गया था, यह उन भावनाओं के कुचले जाने की प्रतिक्रिया में विस्फोट था।

न्यायालय ने अपने निर्णय में कहा था कि कल्याण सिंह ने न्यायालय की अवमानना की है और देश के धर्मनिरपेक्ष तानेबाने को प्रभावित किया है, इसलिए उन्हें एक दिन के लिए सांकेतिक रूप में जेल भेजा जाए। साथ ही उनपर बीस हजार रुपए का जुर्माना भी लगाया गया था। इसके बाद उन को एक दिन की जेल की सजा हुई थी और एक दिन के लिए दिल्ली की तिहाड़ जेल भेज दिया गया था।

पीवी नरसिंह राव बाबरी मस्जिद विध्वंस के समय देश के प्रधानमंत्री थे, ऐसा भी कहा जाता है कि वह बचपन से ही संघ के राष्ट्रवाद को बडे आदर भाव से देखते थे, उनके भीतर छिपी धर्मभीरु हिन्दू मानसिकता भी थी, प्रधानमंत्री बनने के बाद भी वह संघ के कुछ बड़े पदाधिकारियों से प्रधानमंत्री आवास में गोपनीय बैठक करते थे और उनकी बात भी मानते थे। 1992 में अयोध्या में मंदिर निर्माण के विषय में उनके बुलावे पर प्रधानमंत्री निवास पर श्रृंगेरी, पुरी, द्वारकापीठ और कांची के शंकराचार्य पहुंचे थे। उस समय राव उनके स्वागत में नंगे पांव धोती पहने हुए और शरीर पर केवल अंगवस्त्र डाले हुए खडे थे एवं शंख बजा कर स्वस्ति वचन पढ़ रहे थे। इतना धार्मिक प्रधानमंत्री देख कर शंकराचार्यों के आश्चर्य का भी ठिकाना नहीं रहा था।

कहा जाता है कि राव की पक्की राय थी कि जब तक बाबरी मस्जिद है, वहां पर मंदिर का निर्माण नहीं हो सकता है। शायद यह एक बडी सोची समझी योजना थी जिसका ताना बाना दिल्ली से लेकर नागपुर तक बुना गया था। राव भी जानते थे कि कारसेवा के समय यदि बाबरी मस्जिद ढहा दी गई तो उसका कलंक भारतीय जनता पार्टी के माथे पर लगेगा और इसके बाद मंदिर निर्माण का श्रेय वह स्वयं ले सकेंगे। उनके जमाने में प्रधानमंत्री कार्यालय, केन्द्र और राज्य खुफिया एजेंसियों में रहे कुछ अधिकारी भी उनको बाबरी मस्जिद विध्वंस के लिए बराबर का दोषी मानते थे, क्योंकि उनके द्वारा दी गई बाबरी मस्जिद के लिए खतरे की खुफिया सूचनाओं को प्रधानमंत्री कार्यालय ने अनदेखा किया था।

मनमोहन सिंह लिब्राहन के नेतृत्व में 6 दिसंबर 1992 को विवादित ढांचा गिराए जाने के दस दिन बाद 16 दिसंबर 1992 को एक सदस्यीय जांच आयोग बनाया गया था। सैकड़ों नेताओं व लोगों की गवाहियों के बाद न्यायाधीश लिब्राहन ने तत्कालीन प्रधानमंत्री एवं गृह मंत्री को 30 जून 2009 को अपनी रिपोर्ट सौंपी थी, जिसमें उन्होंने माना था कि एक प्लानिंग के अर्न्तगत विवादित ढांचा गिराया गया था। तीन माह के लिए गठित लिब्राहन आयोग को तत्कालीन कांग्रेस सरकार को अपनी एक हजार चार सौ पन्नों की जांच रिपोर्ट सौंपने में सत्रह वर्ष का लंबा समय लग गया था। उन्होंने सर्वोच्च न्यायालय का निर्णय आने के बाद एक बार कहा था कि उन्हें पहले से ही पता था कि अयोध्या में एक दिन मंदिर अवश्य बनेगा। किसी को शक नहीं था कि वहां राम मंदिर नहीं बनेगा। मुझे विवादित ढांचा गिराए जाने की जांच 1992 में मिली थी, लेकिन मुझे इस बात का आभास 1981 से ही था कि मंदिर बनकर ही रहेगा। उनका यह भी सोचना था कि जांच आयोग केवल राजनीतिक समस्याओं को शांत करने के लिए गठित हुआ था। उन्होंने

साफ साफ कहा था कि मेरे ऊपर दबाव भी आए थे, लेकिन मैं किसी तरह के दबाव में नहीं आया था। मुझ पर सिर्फ भगवान ही दबाव दे सकता था, वह उसने नहीं दिया। दबाव तो यही था कि हमारे पक्ष में फैसला करो, लेकिन मैंने अपनी रिपोर्ट में पूरी सच्चाई प्रस्तुत की थी। दबाव देने वाले ने कहा था कि यदि पक्ष में फैसला नहीं आया तो हम सर्वोच्च न्यायालय का न्यायाधीश नहीं बनने देंगे। यदि मैं राजनीतिक दबाव में आ जाता तो सर्वोच्च न्यायालय के मुख्य न्यायाधीश पद से रिटायर हुआ होता। उन्होंने तो यहां तक कह दिया था कि अब जग जाहिर हो चुका है कि विवादित ढांचा उत्तर प्रदेश की कल्याण सिंह सरकार ने गिरवाया था, लेकिन ऐसा नहीं था कि वहां क्या हो रहा है, यह कांग्रेस को नहीं पता था। कांग्रेस उस समय चुप रहने की भूमिका में थी। उसने जो हो रहा है, होने दिया। कौन सा कांग्रेसी ऐसा था, जो यह कह रहा था कि अयोध्या में राम मंदिर नहीं बनना चाहिए। रिपोर्ट पर देरी के लिए उनका कहना था कि जब मुझे जांच सौंपी गई थी, उस समय मैं मद्रास उच्च न्यायालय में मुख्य न्यायाधीश था। मुझे दोहरे मोर्चे पर काम करना पड़ रहा था। जब भी सुनवाई होती थी, कोई न कोई न्यायालय इस प्रक्रिया पर स्थगन आदेश दे देती थी, इसलिए हम मजबूर थे। अड़तालीस बार आयोग का कार्यकाल बढ़ाना पडा था, इसलिए जांच में देरी हुई थी। राजनीतिक दलों की राजनीतिक ज़रूरतों के कारण से भी जांच रिपोर्ट देने में देरी हुई थी। सुबूतों को सुरक्षित रखना इस जांच के समय सबसे मुश्किल काम था। मुझे लगता है कि मैंने जो किया अच्छा किया और मुझे कभी इस आयोग को लेकर अफ़सोस नहीं हुआ। जिन लोगों को मैंने विवादित ढांचा गिराने का दोषी माना, वह अपराधी की श्रेणी में आते थे या नहीं, यह तय करना सर्वोच्च न्यायालय का काम था। इस जांच के बहुत से तथ्य सार्वजनिक नहीं हुए थे और अब उनका सार्वजनिक होना आवश्यक भी नहीं था। उन्होंने स्पष्ट कहा था कि न तो मैं हिन्दू हूं और ना ही मुस्लिम या ईसाई और न सिख, जिस समय मैं आयोग के अध्यक्ष के रुप में काम कर रहा था, उस समय मैं केवल एक न्यायाधीश था और उसी भूमिका में मैंने अपनी रिपोर्ट तैयार की थी। लेकिन मैं स्वयं हैरान था कि मेरे आयोग के सामने कोई मुस्लिम नेता या उलेमा अथवा धर्मगुरु पेश नहीं हुआ था। मैंने भी उन्हें नहीं बुलाया था, यदि किसी को पैरवी करनी थी तो उसे स्वयं मेरे सामने पेश होना चाहिए था।

सुधीर अग्रवाल इलाहाबाद उच्च न्यायालय के न्यायाधीश पद से 23 अप्रैल 2020 को सेवानिवृत्त हुए थे, वह 2010 में श्रीराम जन्मभूमि बाबरी मस्जिद मुकदमे में एक महत्वपूर्ण निर्णय देने वाली इलाहाबाद उच्च न्यायालय की खंडपीठ का हिस्सा थे। उन्होंने मंदिर का निर्माण कार्य शुरू होने पर एक बड़ा बयान दिया था और एक कार्यक्रम में कहा था कि मुझ पर श्रीराम जन्मभूमि मामले में निर्णय नहीं सुनाने का बहुत दबाव था, उन्होंने कहा था कि यदि इस मामले में 30 सितंबर 2010 को निर्णय नहीं सुनाया गया होता तो अगले दो सौ वर्षों तक भी इस पर कोई निर्णय नहीं आने वाला था। मीडिया से बात करते हुए अग्रवाल ने कहा था कि निर्णय सुनाने के बाद मैं धन्य महसूस कर रहा हूं। मुझ पर इस मामले में निर्णय टालने का दबाव घर के भीतर से भी और बाहर से भी था। उन्होंने कहा था कि परिवार के सदस्य और रिश्तेदार सलाह देते थे कि किसी तरह समय कटने का इंतजार करो और निर्णय मत सुनाओ।

चंद्रकांत भाई सोमपुरा और उनके दोनों बेटों निखिल सोमपुरा और आशीष सोमपुरा ने वास्तुकार के रूप में श्रीराम मंदिर को यह भव्य रूप दिया है। भारत की बहुसंख्यक आबादी की आस्था के स्थल का नक्शा तैयार करना इतनी आसान बात नहीं थी। सोमपुरा परिवार की पन्द्रह पीढ़ियों का सबसे बड़ा प्रोजेक्ट श्रीराम मंदिर था, अब तक उनका परिवार एक सौ इकत्तीस मंदिरों के डिजाइन तैयार कर चुका है। मंदिर निर्माण के शिल्पी चंद्रकांत सोमपुरा ने 1987 में विश्व हिन्दू परिषद के अंतरराष्ट्रीय अध्यक्ष अशोक सिंघल के कहने पर मंदिर का मॉडल तैयार किया था और 1989 में उन्होंने मंदिर का पूरा खाका तैयार कर दिया था।

भारत में मूलतः दो शैलियों के मंदिर बनाए जाते हैं, एक द्रविड़ शैली में जिसके मंदिर दक्षिण भारत में बनते हैं और दूसरी शैली को नागर शैली कहा जाता है, यह शैली उत्तर भारतीय मंदिरों में दिखाई देती है। गुजरात से सम्बन्ध रखने वाला सोमपुरा परिवार इसी नागर शैली के मंदिरों की वास्तुकला का जानकार माना जाता है उनका पूरा परिवार ही नागर शैली के मंदिर बनाने में महारत रखता है। चंद्रकांत सोमपुरा के पिता प्रभाकर सोमपुरा ने ही गुजरात के ऐतिहासिक सोमनाथ मंदिर का डिजाइन तैयार किया था और उन्होंने ही मथुरा का मंदिर भी बनाया था। उन्होंने नागर मंदिरों के निर्माण की शैलियां अपने परिवार को भी सिखाई हैं, इसी कारण परिवार के लगभग सभी सदस्य मंदिर निर्माण के काम से जुड़े हुए हैं और देश विदेश में हिन्दू मंदिरों का नक्शा बना रहे हैं। श्रीराम मंदिर भी नागर शैली में ही बनाया गया है और प्रभु श्रीराम के मंदिर के निर्माण का निर्णय भारतीय शिल्प शास्त्र के अनुसार किया गया है। मंदिर निर्माण के लिए श्रीराम जन्मभूमि न्यास और विश्व हिन्दू परिषद की ओर से पत्थरों को मंगाने और तराशने का कार्य सितंबर 1990 में शुरू किया गया था। लार्सन एंड टुब्रो कंपनी और चंद्रकांत सोमपुरा ने मिलकर मंदिर का निर्माण किया है। अपनी डिजाइन संरचना के अनुसार, अयोध्या का श्रीराम मंदिर भारत का सबसे बड़ा मंदिर है।

अरुण योगीराज की बनाई गई मूर्ति रामलला के दरबार में विराज रही है। कर्नाटक के मैसूर के रहने वाले यह मशहूर मूर्तिकार भगवान रामलला की मूर्ति बनाने के लिए आठारह घंटे तक काम करते थे, लगभग सात महीनों में उन्होंने बालक राम की यह अचल मूर्ति गढ़ी थी। प्रति दिन काम शुरू करने से पहले वह श्रीराम जी की आरती और उनकी पूजा व हनुमान चालीसा का पाठ करते थे। वह पन्द्रह दिन तक अपने परिवार से बात भी नहीं कर पाते थे। सात महीने के कठिन परिश्रम ने अरुण योगीराज का मान आज पूरे विश्व में बढ़ा दिया है। उनके परिवार में एक से बढ़कर एक मूर्तिकार रहे हैं, उनकी पांच पीढ़ियां मूर्ति बनाने या तराशने का काम कर रही हैं, उनके दादा बसवन्ना शिल्पी भी मैसूर राज्य के जाने माने मूर्तिकार थे। अरुण को बचपन से ही मूर्ति बनाने का शौक था, वह एमबीए किरने के बाद एक प्राइवेट कंपनी में नौकरी करने लगे थे, लेकिन वहां पर भी अपनी मूर्तिकला को नहीं भूल पाए और 2008 में उन्होंने नौकरी छोड़कर मूर्तिकला में कॅरियर बनाने का जोखिम ले लिया था। उनका यह जोखिम लेना सफल रहा और वह देश के जाने माने मूर्तिकार बन गए। उन्होंने दिल्ली के इंडिया गेट पर नेताजी सुभाषचंद्र बोस की अट्ठाइस फीट की मूर्ति और केदारनाथ में आदि शंकराचार्य की बारह फीट एवं रामकृष्ण परमहंस की दस फीट की प्रतिमा का निर्माण भी किया था।

एक बंदर भी श्रीराम जन्मभूमि मुक्ति आंदोलन के समय बहुत चर्चा में रहा था, उस बंदर विषय में कहा जाता है कि, 1 फरवरी 1986 को आम लोगों के साथ साथ देश और दुनिया भर के मीडिया की नज़रें जब फैजाबाद के जिला न्यायालय के विवादित स्थल का ताला खोलने के निर्णय पर टिकी हुई थी और न्यायालय में निर्णय सुनने के लिए तमाम लोग खड़े हुए थे तथा न्यायालय पुलिस प्रशासन और आम लोगों से खचाखच भरा हुआ था। उस दिन सुनवाई शुरू होने से पहले एक बंदर न्यायालय में लगने वाले तिरंगे झंडे को पकड़े हुए खडा था। जिला न्यायाधीश ने जब न्यायालय में प्रवेश किया तो उनकी नज़र उस बंदर पर पड़ी और उसे भगाने के प्रयास किए गए, लेकिन बंदर वहीं पर झंडा पकड़े हुए खड़ा रहा था। शाम के समय चार बजकर चालीस मिनट पर जब जिला न्यायाधीश ने विवादित स्थल का ताला खोलने का आदेश पारित किया तो उसके बाद सबने उस बंदर को वहां से जाते हुए देखा था।

जैसे ही जिला न्यायाधीश पांडेय जी अपने घर पहुंचे तो वह बंदर उन्हें उनके घर के बरामदे में बैठा हुआ मिला था। यह देखने के बाद न्यायाधीश और उनको उनके घर पर सुरक्षा सहित पहुंचाने वाले पुलिस कर्मियों और अन्य लोगों के आश्चर्य का ठिकाना नहीं रहा था। लेकिन पांडेय जी के घर पहुंचने के बाद वह बंदर वहां से चला गया था और दोबारा कभी भी किसी को दिखाई नहीं दिया था। साथ में गए लोगों ने उस बंदर के विषय में कई तरह की बातें बनानी शुरू कर दीं थी। किसी ने उसे हनुमान जी का रूप बताया तो किसी ने उसे भगवान श्रीराम का दूत बताया था, स्थानीय लोग अभी भी इस बात को मानते हैं कि वह बंदर उस समय जिला न्यायाधीश को सुरक्षित देखकर ही उनके निवास से वापस गया था।

मीर बाकी की मजार के विषय में देश के सामने जानकारी उस समय आई थी जब आल इंडिया शिया कांफ्रेंस ने विवाद के समाधान के लिए 12 जनवरी 1991 को अशोका होटल नई दिल्ली में एक कांफ्रेंस आयोजित की थी, जिसमें इस मजार का विवरण भी दिया गया था। उसके बाद से मुगल शासक बाबर के सेनापति मीर बाकी की मजार भी चर्चा में आ गई थी, यह मजार अयोध्या के निकट पूराबजार ब्लाक की ग्राम पंचायत सहनवा गांव में ही स्थित है। इस समय जीर्ण शीर्ण हो चुकी इस मजार को देखने से यह नहीं लगता है कि यह उसी मीर बाकी की है, जिसके कृत्य के कारण लगभग पांच सौ वर्ष पूर्व भारतीय बहुसंख्यक हिन्दू समाज की आस्था, अस्मिता और गौरव को आघात पहुंचाया गया था और उसके बाद जन्मभूमि की मुक्ति के लिए कई युद्ध लड़े गए, आंदोलन हुए और अनेकों लोगों ने बलिदान दिया तथा वर्षों तक विभिन्न न्यायालयों में मुकदमे लड़ने पड़े थे।

फोटो गैलरी

श्री
सीता राम
श्रीराम

श्री राम जन्मभूमि
मंदिर निर्माण कार्यशाला
ICICI Bank
SHRI RAM JANAM BHUMI NYAS (Trust)
ॐ WORKSHOP - कार्यशाला ॐ
श्रीराम जन्मभूमि मंदिर निर्माण हेतु
दान दें एवं रसीद अवश्य प्राप्त करें।
सम्पर्क सूत्र: 05278-232154

श्रीराम जन्मभूमि तीर्थ क्षेत्र
रामो विग्रहवान धर्मः

प्रधानमन्त्री श्री दामोदर दास मोदी जी
के कर
जय श्री राम
चाँदी 22600
दिनांक 5 समय दोपहर 12:15:15

श्रीराम जन्मभूमि
TEREX

www.ingramcontent.com/pod-product-compliance
Lightning Source LLC
LaVergne TN
LVHW040424051026
849517LV00002B/462
* 9 7 9 8 8 9 3 6 3 6 9 4 9 *